农产品冷链仓储管理

主 编 韩璞 周洁 周启荣

中华工商联合出版社

图书在版编目（CIP）数据

农产品冷链仓储管理 ／ 韩璞，周洁，周启荣主编.
--北京 ： 中华工商联合出版社，2021.9
　ISBN 978-7-5158-3146-6

　Ⅰ．①农… Ⅱ．①韩… ②周… ③周… Ⅲ．①农产
品－冷冻食品－仓库管理－研究 Ⅳ．①F253

中国版本图书馆 CIP 数据核字(2021)第 199241 号

农产品冷链仓储管理

作　　者：韩　璞　周　洁　周启荣
出 品 人：李　梁
责任编辑：于建廷　王　欢
封面设计：书海之舟
责任审读：傅德华
责任印制：迈致红
出版发行：中华工商联合出版社有限责任公司
印　　刷：北京毅峰迅捷印刷有限公司
版　　次：2022 年 1 月第 1 版
印　　次：2022 年 6 月第 1 次印刷
开　　本：710mm×1000 mm　1/16
字　　数：380 千字
印　　张：16.5
书　　号：ISBN 978-7-5158-3146-6
定　　价：78.00 元

服务热线：010－58301130-0（前台）
销售热线：010－58301132（发行部）
　　　　　010－58302977（网络部）
　　　　　010－58302837（馆配部、新媒体部）
　　　　　010－58302813（团购部）
地址邮编：北京市西城区西环广场 A 座
　　　　　19－20 层，100044
http://www.chgslcbs.cn
投稿热线：010－58302907（总编室）
投稿邮箱：1621239583@qq.com

编 委 会

本书编写成员如下：

主　编：韩　璞　周　洁　周启荣

副主编：陈　刚　刘禹露　梁海波

　　　　农丽艳

参　编：简永富　罗桂莲　赖　卫

　　　　张　宸　朱曼秋　周美锋

　　　　宋　军　苏　奕　傅渝萱

随着中国社会经济的发展和人民生活水平的提高，社会对于低温冷冻品的需求越来越大。中国作为农业大国，农副产品的生产、流通和消费也越来越巨大。因此，曾经离我们很远的低温技术悄悄地来到了我们的身边。如今，在国民经济的各个领域，几乎都能感觉到低温制冷技术的存在。尤其是在与人们生活紧密相关的农副产品、水产品，肉食品，饮料等行业，都与低温技术紧紧相关。这些行业的生产和流通都需要制冷技术，已经在社会上形成了一个完整的低温冷链。

"农产品冷链仓储管理"是理论与实际相结合，且实践性较强的一门课。本书的编写原则是：基础理论以"必需、够用"为度、实践技能以动手能力为主，突出职业特色，不拔高，以岗位职业能力培养为主线，强调基础理论知识的应用和实践技能的培养。

另外，目前社会上对于冷链物流的研究愈来愈多，相关的理论研究资料不断地完善和趋于专业化。本书就是在这样一个背景下组织编写的。我们的目的是总结前人的研究成果，系统、全面地介绍冷链物流的相关知识和实际运作经验。

本书阐述了农产品的冷却、冻结、冻藏及解冻等方面的基本理论和方法，详细介绍了肉禽、水产品、蛋类、果蔬类等的保鲜技术，另外还介绍了农产品冷链物流相关知识和冷库管理相关的知识。每章后附有习题内容，可供参考与练习。

本书由广西物资学校智慧物流专业群教学团队编写。

CONTENTS

目　录

项目一　农产品冷链仓储管理概述

任务导入

农产品的仓储活动是为了保留存货与保存产品，仓储活动主要通过改变农产品的时间来创造价值。虽然农产品仓储活动一般不改变农产品本身的功能、性质和使用价值，只是保持和延续其使用价值，但是农产品仓储是农业生产的延续，是农业再生产不可缺少的环节。农产品仓储和农业生产一样创造社会价值，农产品由生产地向消费地转移，是依靠仓储活动来实现的，农产品仓储在物流活动中发挥着不可替代的作用。

学习大纲

1. 学习冷链仓储管理的流程
2. 了解货品出入库及管理相关知识
3. 学习冷链仓储的安全与卫生管理
4. 掌握冷链仓储的节能及成本管理

任务一　冷链仓储管理

一、冷库作业流程

冷链物流中心的基本作业有：入库作业、搬运作业、出库作业、盘点作业、补货作业、退货作业、配送作业。

入库作业流程：入库作业流程分为卸货、质量验收、数量复核、打印商品条码、贴商品条码、库区分配、码盘、复核以及上架九大步。

出库作业流程：出库作业流程由订单处理、作业调度和拣货出库组成。

订单处理：信息系统传出发货通知单，库存管理系统收到发货通知单后，调度员进行处理，检查库存商品数量，如果数量不够则做差货处理，生成差货处理单，差货处理单将作为系统校对和盘点的依据，同时差货处理单与拣货过程中产生的差货数量合并。

作业调度：系统把生成的检货作业单分配到各拣货区。分配作业单的主要储区有AS/RS区、托盘货架区、流动货架区、搁板货架区、托盘码放区、堆区、出库暂存区。对一个订单而言，将产生一个或多个作业单，需要分配到一个或多个拣货区。作业分配方式：一种通过RF，采用无纸化作业，另一种打印出作业单据分发给各拣货员。

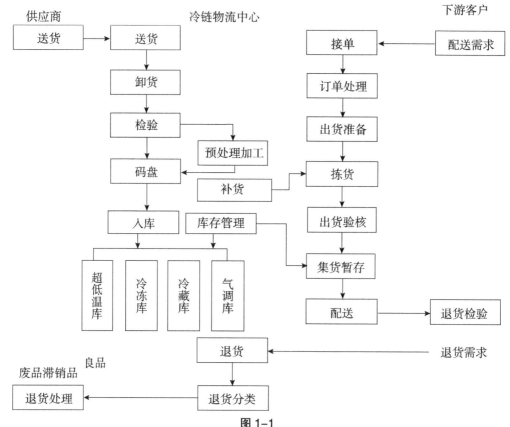

图1-1

拣货出库：系统将作业单信息传递到各区的检货员手中的RF。补货作业流程：整个配送中心的主储区分为四个部分：AS/RS区、托盘货架区、流动货架区、搁板货架区。因此，补货作业的流程比较复杂。补货作业的原则是外库向AS/RS区和托盘货架区补货，AS/RS区向托盘货架区和流动货架补货，托盘货架区向流动货架区和搁板货架区补货，即整货区向零货区补货，但因为搁板货架区储存的是出货频率较低的货物，所以直接由托盘货架区补货就可以了。

退货作业：退货作业主要包括购进退回和销售退回作业。购进退货是指公司从厂家购进的货品由于某种原因，公司或者生产商要求退回。销售退回是指客户从公司进货后，由于质量或其他原因，要求退货。

盘点作业流程：根据实际情况，由管理人员确定盘点方式（循环盘点、抽查盘点、全面盘点等）。确定盘点方式后，获取要盘点商品的有关信息，生成盘点计划单。在零货区由盘点人员用纸张进行盘点，在整箱货区由盘点人员用RF进行盘点。

配送作业：由于配送作业占销售总金额的比重越来越大，配送的质量也直接影响到客户对公司的信任度，成为公司形象业务中很重要的一个环节。并且配送销售也是未来冷链物流销售方式的发展趋势，因而力求配送作业能安全畅通快捷地完成。冷链物流中心的配送作业的去向主要有两个：直接配送到物流中心内部的商品展示交易区，或者按照外部客户的要求配送到相应的销售区。

二、冷库技术工人配备规定

冷库技术工人是执行冷库管理制度，是实施直接操作的工人骨干，其配备人数和人员素质直接关系到冷库的生产与食品的质量。

三、对冷库技术工人的要求

（一）必备知识（见表 1-1）

表 1-1

序号		知识要求
1	文化基础知识	具有高中文化程度（含同等学力），并具有一定的自学能力
2	技术业务基础知识	具有与本岗位有关的物理、化学、微生物、食品冷藏加工工艺的系统知识
3	经营管理知识	具有企业全面质量管理和系统的经济核算知识
4	工具设备知识	通晓本厂主要的工具、测量仪表、制冷机械设备的使用和保养知识
		了解本厂冷库的建筑结构等技术指标
5	工艺技术知识	掌握食品冷藏加工的一般理论知识和制冷的基本原理，以及食品冷藏加工、冷藏储运的全部生产工艺
		了解冷库内气流组织及气流分布的机理，掌握各种冷却、冻结、快速冻结、冷藏装置的配套选择及其理论依据
6	质量标准知识	通晓各种内、外销冷冻食品、冷冻方便食品、冷冻品的等级、规格、包装、标签、保藏及其质量要求或标准
7	安全防护知识	通晓各种制冷装置的安全规范

（二）技能要求（见表 1-2）

序号	分类	具体要求
1	实际操作能力	能组织本工种各工序的生产操作和商品保管工作
		能对本工种的生产工艺提出改进意见

序号	分类	具体要求
2	应用计算能力	能正确计算和合理安排库房库位
		能对本厂（车间）的产品成本进行计算，并能分析出问题，提出改进措施
		能绘制冷库的平面布置图、库房管路系统图、设备安装图
		能进行库房维修用工、用料的概算或预算
3	工具设备使用、维护和排障能力	能指导制冷设备、货架、管道、传送装置的正确安装
		能协助进行机械设备的整修
4	应变及事故处理能力	发现库内及速冻装置内的气流组织问题，并予以解决
		能解决冷藏加工生产中出现的重大技术疑难问题
5	语言文字能力	能对冷库的设计安装提出鉴定意见
		能编写本厂（车间）的年度总结及年度计划
		能参加编写食品冷冻加工教材
6	其他相关能力	能参加新工程、新设备、新产品的研制、试验工作
		能协助本厂（车间）领导全面管理生产
		能对中级工进行技术培训和指导

四、冷库维护和保养

冷库是用隔热材料建筑的低温密闭库房，结构复杂，造价高，具有怕潮、怕水、怕热气、怕跑冷的特性。最忌有冰、霜、水，一旦损坏，就必须停产修理，严重影响生产。为此，在使用库房时，要注意以下问题：

防止水、气渗入隔热层。库内的墙、地坪、顶棚和门框上应无冰、无霜、无水，要做到随有随清除。没有下水道的库房和走廊，不能进行多水性的作业，不要用水冲洗地坪和墙壁。库内排管和冷风机要定期冲霜、扫霜，及时清除地坪和排管上的冰、霜、水。经常检查库外顶棚、墙壁有无漏水、渗水处，如一旦发现，须及时修复。不能把大批量没有冻结的热货直接放入低温库房，防止库内温升过高，造成隔热层产生冻融而损坏冷库。

防止因冻融循环把冷库建筑结构冻酥。库房应根据设计规定的用途使用，高、低温库房不能随意变更（装配式冷库除外）。各种用途的库房，在没有商品存放时，要保持一定的温度，冻结间和低温间应在0℃以下，高温间在露点温度以下，以免库内受潮滴水，影响建筑（装配式冷库除外）。原设计有冷却工序的冻结间，如改为直接冻结间时，要设有足够的制冷设备，还要控制进货的数量和掌握合理库温，不使库房内滴水。

防止地坪（楼板）冻藏和损坏。冷库的地坪（楼板）在设计上都有规定，能承受一定的负荷，并铺有防潮和隔热层。如果地坪表面被砸，保护层被破坏，水分流入隔热层，会使隔热层失效。如商品堆设超载，会使楼板裂缝。因此，不能将商品直接散铺在库房地坪上冻结。拆货垛时不能采用倒垛方法。脱钩和脱盘时，不能在地坪上摔击，以免砸坏地坪或破坏隔热层。另外，库内商品堆垛重量和运输工具的装载量，不能超过地坪的单位面积设计负荷。每个库房都要核定单位面积最大负荷和库房总装载量（地坪如大修改建，应按新设计负荷），并在库门上作出标志，以便管理人员监督检查。库内吊轨每米长度的载重量，包括商品、滑轮和挂钩的总重量，应符合设计要求，不许超载，以保证安全。特别要注意底层的地坪没有做通风等处理的库房，使用温度要控制在设计许可范围内。设计有地下通风的冷库，要严格执行有关地下通风的设计说明，定期检查地下通风道内有无结霜、堵塞和积水，并检查回风温度是否符合要求。应尽量避免由于操作不当而造成地坪冻脏。地下通风道周围严禁堆放物品，更不能搞新的建筑。

库房内货位的间距要符合要求。为使商品堆垛安全牢固，便于盘点、检查、进出库，对商品货位的堆垛与墙、顶、排管和通道的距离都有一定要求，如表1-3所示。

表1-3　库房内货位的间距要求 单位：mm

建筑物名称	货品应保持的距离（应大于）
低温库顶棚	200
高温库顶棚	300
顶排管	300
墙	200
墙排管	400
风道底面	200
冷风机周围	1500
手推车通道	1000
叉车通道	1200

库内要留有合理宽度的走道，以便运输、操作，并利于安全。库内操作要防止运输工具和商品碰撞冷藏门、电梯门、柱子、墙壁、排管和制冷系统的管道等。

冷库门要经常进行检查。如发现冷库门变形、密封条损坏、电热器损坏，要及时修复。当冷库门被冻死拉不开时，应先接通电热器，然后开门。冷库门是冷热气流交换最剧烈的地方，地坪上容易结冰、积水，应及时清除。

五、货品出入库

（一）入库前的准备工作

对库房的要求如表1-4所示。

表1-4

序号	具体要求
1	冷库应具有可供食品随时进出的条件，并具备经常清洁、消毒、晾干的条件
2	冷库的室外、走廊，列车或汽车的月台，附属车间等场所，都要符合卫生要求
3	冷库要具有通风设备，可随时除去库内异味
4	库内的运输设备及所有衡器如地秤、吊秤等都要经有关单位检查，保证完好、准确
5	冷库中应有完备的消防设施
6	将库房温度降到所要求的温度

对库内运输工具的要求如表1-5所示。

表1-5

序号	具体要求
1	冷藏室中的一切运输工具和其他一切用具都要符合卫生要求
2	所有手推车（含电动）都要保持干净，并将运输肉和鱼的手推车（电动）区分开来
3	运输工具要定期消毒

禁止入库食品如表1-6所示。

表1-6

序号	禁止入库食品情形
1	变质腐败、有异味、不符合卫生要求的食品
2	患有传染病的畜禽商品
3	雨淋或水浸泡过的鲜蛋
4	用盐腌或盐水浸泡（已作防腐处理的库房和专用库除外）、没有严密包装的食品
5	流汁流水的食品

部分食品要经过挑选、整理或改换包装后才能入库（见表1-7）

表1-7

序号	食品情形
1	质量不一、好次混淆及水果、蔬菜腐烂率在5%以上的食品
2	污染或夹有污物的食品
3	肉制品及不能堆垛的零散商品

（二）货品出入库作业

货品出库时应认真核对。由于冷库内储存的货品大多相同，所以要核对货品的货主、进出库时间、凭证号码、品种、数量、等级、质量、包装和生产日期。要按垛挂牌，定期核对账目，出一批清理一批，做到账、货、卡相符。对于出库时需要做升温处理的货品，应按照作业规程进行加热升温，不得自然升温。

货品入库时，除了冷链通常所进行的查验、点数外，还要对送达货品的温度进行测定。查验货品内部状态，并详细记录，对于已霉变的货品不接收入库。货品入库前要进行预冷，保证货品均匀地降到需要的温度。未经预冷冻结的货品不得直接进入冷冻库，以免高温货品大量吸冷造成库内温度升高，影响库内其他冻货。

在货品到达前，应当做好一切准备工作。货品到达后，必须根据发货单和卫生检查证组织验收。双方在冷库的月台上交接验收后，立即组织入库。在入库过程中，对有强烈挥发性气味和腥味的食品、要求不同储藏温度的食品、需经高温处理的食品应用专库储藏，不得混放，以免相互感染、串味。

为了减少冷耗，货品出入库作业应选择在气温较低的时间段进行，如早晨、傍晚、夜间。出入库作业时集中仓库内的作业力量，尽可能缩短作业时间。要使装运车辆离库门距离最近，缩短货品露天搬运距离；防止隔车搬运。若货品出入库时库温升高，应停止作业，封库降温。出入库搬运应用推车、铲车、输送带等机械搬运，用托盘等成组作业，提高作业速度。作业中不得将货品散放在地坪，避免货品和货盘冲击地坪、内墙、冷管等，吊机悬挂重量不得超过设计负荷。

六、货品保管

（一）货品堆垛

库内堆垛严格按照仓库规章进行，合理选择货位。将存期长的货品存放在库里端，存期短的货品存放在库门附近，易升温的货品存放在接近冷风口或排管附近。根据货品或包装形扶合理采用垂直叠垛或交叉叠垛，如冻光猪要肉皮向下、头尾交错、腹背相连、长短对弯、码平码紧。货垛要求堆码整齐、货垛稳固、间距合适。货垛不能堵塞或者影响冷风的流动，避免出现冷风短路。堆垛完毕应在垛头上悬挂货垛牌。

堆垛间距要求：低温冷冻库货垛距顶棚 0.2m；高温冷藏库货垛距顶棚 0.3m；距顶排水管下侧 0.3m；距顶排水管横侧 0.3m；距未装设墙冷排管的墙壁 0.2m；距冷风机周围 1.5m。拆垛作业时应从上往下取货，禁止从垛中抽取。取货时要防止因货品冻结粘连强行取货而扯坏包装。

（二）严格掌握库房的温度、湿度

根据食品的自然属性和所需要的温度、湿度选择库房，力求保持库房温度、湿度的稳定。对冻结物，冻藏间的温度要保持在 -18℃以下，库温只允许在进、出货时短时间内波动，正常情况下温度波动不得超过 1℃；在大批冻藏食品进、出库过程中，一昼夜升温不得超过 4℃。冷却物冷藏间在通常情况下，库房温度升降幅度不得超过 0.5℃，在进、出库时，库温升高不得超过 3℃。

对运来的温度不合要求的冷却或冻结食品，允许少量进入冷藏间储藏，但应保持库内正常储藏温度。如温度高于 −8℃，应当在冻结间中进行再冻后方能进入冷库储藏。为了减少食品的干耗，保持原有食品的色泽，对易于镀冰衣的食品，如水产品、禽、兔等，最好镀冰衣后再储藏。

（三）冷库的通风换气

按照货品所需要的通风要求，进行通风换气。其目的是保持库内合适的氧气和湿度，冷库一般采用机械通风，要根据货品保管的需要控制通风次数和通风时间，如冷藏库每天 2～4 次，每次换气量为冷藏间体积的 1～2 倍，或者使库内二氧化碳含量达到适合的范围，如表 1-8 所示。通风将外部的空气带入库内，也将空气中的热量、水汽带入库内，因而要选择合适的时间通风换气。

表 1-8　冷藏货品二氧化碳含量控制表

品名	梨	青香蕉	柑橘	苹果	柿子	西红柿
二氧化碳容积百分比（%）	0.2～2	0.6	2～3	8～10	5～10	5～10

（四）认真掌握储藏安全期限

对冷藏食品要认真掌握其储藏安全期限，执行先进先出制度，并经常进行定期或不定期的食品质量检查。如果食品将要超过储藏期，或发现有变质现象时，应及时处理。根据我国商业系统的冷库使用和维修管理试行办法，对各种不同食品保质期的规定如表 1-9 所示。

表 1-9　冷藏商品保质期

品名	库温	保质期
冻猪白条肉	−18℃	12 个月
冻分割肉	−18℃	12 个月
冻牛羊肉	−18℃	11 个月
冻禽、冻兔	−18℃	8 个月
冻鱼	−18℃以下	9 个月
鲜蛋	−1℃	3～9 个月
冰蛋（听装）	−18℃	15 个月
冻畜禽副产品	−18℃	10 个月
苹果	0℃	3～8 个月
大白菜	1.5℃	3 个月
蒜苗	0℃	2 个月
冰激凌	−20℃	5～6 个月

七、冷库的安全管理

冷链安全管理主要从以下几个方面进行：

第一，健全和完善冷库的安全生产管理规章制度。目前从全国冷藏行业来看，还没有一份可供全行业共同执行的《冷库安全生产管理的规范》。因此当务之急，是在广泛调研的基础上，以我国《安全生产法》为纲，紧密结合冷库安全生产这种特殊环境，组织行业内的标准化工作者，尽快编写出食品冷藏业《冷库氨制冷装置安全技术规程》，而各食品冷藏企业可结合本企业的生产特点，制定出本企业《冷库安全生产管理规程》《制冷机安全操作规程》等，形成国家、行业、企业三级完善的安全生产管理规章制度体系。

第二，提高认识，加强管理。冷库的安全问题和肉类食品的安全问题同等重要。冷库的安全已引起社会高度关注，希望各企业将冷库安全摆上工作日程，开展自检自查，对事故隐患采取补救措施；建立规范性管理和应急处理及报告制度。各地肉类协会有条件的应组织冷库技术及安全管理的培训、冷库安全的互检工作，总结案例，交流经验。

第三，规范冷库的设计、施工秩序。要求各企业和主管部门在工程立项、招投标、设计、施工全过程中，严格介入单位的资格审查，杜绝"长官工程""人情工程"，杜绝"边设计、边施工、边投产"以及"自我设计、自我安装、自我施工"，尤其注意聚氨酯施工单位的资质审查，加强工程现场管理。

第四，开展安全生产知识和相关法规的宣传工作。可以以一个省（自治区）为单位，由食品冷藏行业组织出面，在各省安全生产主管部门的指导下，通过办培训班、搞知识竞赛等多种灵活的形式，对全体职工进行安全生产知识及相关法规的教育。宣讲食品冷藏行业特别是有关冷库安全生产管理的相关规程，有关压力容器、压力管道的安全知识，车间火灾的防控安全捕救方法及遇险后逃生的方法。必要时要注意纠正习惯性违章作业。当前有关国家及行业内安全生产法规的宣传，其重点对象应是非公有制食品冷藏企业的经营者及乡、镇一级食品冷藏企业主。

第五，加强冷库生产人员的人身安全。冷库虽然不会发生爆炸、燃烧等恶性危险事故，但冷库低温、封闭的库房对人员还是会产生伤害，低温会造成设备的材料强度、性能降低，需引起足够的重视。①防止冻伤。进入库房的人员，必须做好保温防护，穿戴手套、工作鞋。鼻体裸露部位不得接触冷冻库内的物品，包括货品、排管、货架、作业工具等。②防止人员缺氧窒息。冷库特别是冷藏库内的植物和微生物的呼吸作用使二氧化碳浓度增加，冷媒泄漏入库内，会使得库房内氧气不足，造成人员窒息，所以人员在进入库房，尤其是进入长期封闭的库房前，需进行通风，避免氧气不足。③避免人员被封在库内。库门应设专人开关，限制无关人员进库。人员入库，应在门外悬挂告示牌。作业工班要有核查人数的责任人，在确定人员都出库后，才能摘除告示牌。

第六，保证制冷系统的安全运转。制冷系统中的安全装置对生产运行中所出现的异常危险情况、防止发生爆炸或重大事故起到了良好的保证作用。但是，由于错误的操作或违反安全技术规程而造成的重大事故还时有发生。因此，还必须制定科学而合理的安全操作规程并严格遵守执行才能杜绝事故发生。

为了使制冷系统安全运转，有三个必要的条件。第一是使系统内的制冷剂蒸汽不得出现异常高压，以免设备破裂；第二是不得发生湿冲程、液爆、液击等误操作，以免设备被破坏；第三是运动部件不得有缺陷或紧固件松动，以免损坏机械。

第七，加强对冷库设备的检查工作。食品冷藏业冷库在每年的淡季应抓紧时间，组织厂内技术人员，在专职安全管理人员的安排、带领下，对全厂各个安全生产环节、设备进行一次全面检查，并做好各设备安全检查记录。比如：压力容器的外部检验；压力管道的外部检验；对冷库制冷系统上在用的各类安全监察仪表进行校验和检查；对冷库建筑物进行宏观检查；对冷藏企业现场摆放的各类消防器材、救护用品可用性的检查。

第八，加强冷库职工职业病危害的监控与防治工作。对在冷库低温下常年作业冷藏工穿着的防寒服，根据作业环境温度的状况，参照国外标准，制定出我国冷藏工防寒服的行业标准，体现我国食品冷藏行业的人文关怀。对在冷库一线生产作业的冷藏工、制冷工，除参加企业组织的定期健康体检外，还应对其骨关节的健康状况、脊柱健康状况、口腔咽部健康状况作增项检查，以便及时掌握本企业员工职业病的发病状况，为研究和改善防治措施提供科学的依据。

八、冷库卫生管理内容

（一）冷库的环境卫生

食品进出冷库时，都需要与外界接触，如果环境卫生不良，就会增加微生物污染食品的机会，因而冷库周围的环境卫生是十分重要的。冷库四周不应有污水和垃圾，冷库周围的场地和走道应经常清扫，定期消毒。垃圾箱和厕所应离库房有一定距离并保持清洁。运输货品用的车辆在装货前应进行清洗、消毒。

（二）库房和工具设备的卫生

冷库的库房是进行食品冷加工和长期存放食品的地方，库房的卫生管理工作是整个冷库卫生管理的中心环节。

在库房内，霉菌较细菌繁殖得更快，并极易侵害食品。因此，库房应进行不定期的消毒工作。运货用的手推车以及其他载货设备也能成为微生物污染食品的媒介，应经常进行清洗和消毒。库内冷藏的食品，不论是否有包装，都要堆放在垫木上。垫木应刨光，并经常保持清洁。垫木、手推车以及其他设备，要定期在库外冲洗、消毒。加工用的一切设备，如秤盘、挂钩、工作台等，在使用前后都应用清水冲洗干净，必要时还应用热碱水消毒。冷库内的走道和楼梯要经常清扫，特别在出入库时，对地坪上的碎肉等残留物要及时清扫，以免污染环境。

（三）冷库工作人员的个人卫生

冷库工作人员经常接触多种食品，如不注意卫生，本身患有传染病，就会成为微生物和病原菌的传播者，因此对冷库工作人员的个人卫生应有严格的要求。

冷库作业人员要勤理发，勤洗澡，勤洗工作服，工作前后要洗手，经常保持个人卫生。同时必须定期检查身体，如发现患传染病，应立即进行治疗并调换工作，未痊愈时，不能进入库房与食品接触。

库房工作人员不应将工作服穿到食堂、厕所和冷库以外的场所。

九、冷库卫生管理

（一）消毒

库房内消毒有以下几种方法。

漂白粉消毒。漂白粉可配制成含有效氯 0.3% ～ 0.4% 的水溶液（1L 水中加入含 16% ～ 20% 有效氯的漂白粉 20g），在库内喷洒消毒，或与石灰混合，粉刷墙面。配制时，先将漂白粉与少量水混合制成浓浆，然后加水至需要的浓度。

在低温库房进行消毒时，为了加强效果，可用热水配制溶液（30℃ ～ 40℃）。用漂白粉与碳酸钠混合液进行消毒，效果较好。配制方法是，在 30L 热水中溶解 3.5kg 碳酸钠，在 70L 水中溶解 25kg 含 25% 有效氯的漂白粉。将漂白粉溶液澄清后，再倒入碳酸钠溶液。使用时，加两倍水稀释。用石灰粉刷时，应加入未经稀释的消毒剂。

次氯酸钠消毒。可用 2% ～ 4% 的次氯酸钠溶液，加入 2% 碳酸钠，在低温库内喷洒，然后将门关闭。

乳酸消毒。每立方米库房空间需用 3 ～ 5mL 粗制乳酸，每份乳酸再加 1 ～ 2 份清水，放在瓷盘内，置于酒精灯上加热，再关门消毒几小时。

福尔马林消毒。在库温 20℃ 以上的库房，可用 3% ～ 5% 的甲醛消毒（75% ～ 125% 的福尔马林溶液），空间喷射 0.05 ～ 0.06kg/m³。在低温库房内喷射，效果较差。每立方米空间可用 15 ～ 25g 福尔马林，加入沸水稀释，与 10% ～ 20% 的高锰酸钾同置于铝锅中，任其自然发热和蒸发，闭门 1 ～ 2 天后，经过通风，消毒工作即完成。因福尔马林气味很大，肉吸收后即不能食用。为了吸收剩余的福尔马林，可在通风时用脸盆等容器盛氨水放在库内。福尔马林对人体有很大的刺激作用，使用时要注意安全。

（二）除霉

除霉方法有机械除霉、物理除霉和化学除霉三大类。

机械除霉法。用机械进行打扫和铲除生霉的部分，要和其他除霉方法结合进行。在机械除霉法中有一种空气洗涤法，就是在进风口处装一喷水器，空气在循环时通过水幕而将霉菌的拖子洗去，这种方法就像现在的湿式冷风机一样，可以起到减少霉菌的效果。

物理除霉法。利用温度、湿度、紫外光、高频电和铜丝网来除霉。

化学除霉法。化学除霉主要是利用抗霉剂。冷库用的抗霉剂有很多种，常与粉刷材料混合在一起进行粉刷，方法主要有以下几种：第一，氟化钠法。在白陶土中加入 5% 的氟化钠（或氟化铁）或 25% 的氟化铑，配成水溶液粉刷墙壁。白陶土中钙盐的含量不应超过 0.7% 或最好不含钙盐。第二，羟基联苯酚钠法。当发霉严重时，在正温的库房内，可用 2% 的羟基联苯酚钠溶液刷墙，或用同等浓度的药剂溶液配成刷白混合剂进行粉刷。消毒后，地坪要洗刷并干燥通风后，库房才能降温使用。用这种方法消毒，不可与漂白粉交替或混合使用，以免墙面呈现褐红色。第三，硫酸铜法。将硫酸铜 2 份和钾明矾 1 份混合，取此 1 份混合物加 9 份水在木桶中溶解，粉刷时再加 7 份石灰。第四，用 2% 过氧化钠盐水与石灰水混合粉刷。

（三）除异味

防止异味产生主要有以下几种方法：

入库冷藏的食品，必须经过检验，没有变质的方可入库存放。

库房在进货前不得有异味存在。若有异味，必须经过技术处理，排除异味后方可进货。

平常要加强冷藏设备的维护，严禁倒堆卸货，防止因此砸坏管路，造成制冷剂外泄。

食品在冷加工过程中，必须使库房保持一定的温度，不得将冻制食品进行转库或存放；若库房温度降不下来，应查找原因，待排除后再进行食品入库。

冷库内不得混合存放互相感染的食品。

冷库排除异味主要有以下方法：

臭氧法。臭氧具有强烈的氧化作用，不但能消除库房异味，还能制止微生物的生长。采用臭氧发生器，可实现对库房异味的排除。若库内存放含脂肪较多的食品时，则不宜采用臭氧处理，以免脂肪氧化而产生酸碱现象。

甲醛法。将库房内的货品搬出，用2%的甲醛水溶液（福尔马林溶液）进行消毒和排除异味。

食醋法。装过鱼的库房，鱼腥味很重。不宜装其他食品，必须经彻底清洗排除鱼腥味后方可装入其他食品。一般清除鱼腥味的方法是采用喷洒食醋的方法。具体方法为：鱼出库后，将蒸发管组上的冰霜层清除干净，并保持库房温度在 $-50℃$ 以下，然后按库房每立方米容积用食醋量 $50 \sim 100g$ 配制，用喷雾器向库内喷射，先将库房门关闭严密，断断续续地开动鼓风机，让食醋挥发并在库内流动，使食醋大量吸收鱼腥味。一般经 $4 \sim 24h$ 后打开库门，连续鼓风数小时可将醋味吹出库外。

若采用 $5\% \sim 10\%$ 的醋酸与 $5\% \sim 20\%$ 的漂白粉水溶液进行库内喷射，也可起到良好的消毒和排除异味的作用。

（四）灭鼠

消灭鼠类的方法很多，可用机械捕捉、毒性饵料诱捕和气体灭鼠等方法。用二氧化碳气体灭鼠效果较好。由于这种气体对食品无毒，用其灭鼠时，不需将库内食品搬出。在库房降温的情况下，将气体通入库内，将门紧闭即可灭鼠。二氧化碳灭鼠的效果取决于气体的浓度和用量。如在 $1m^3$ 的空间内，用浓度为25%的二氧化碳0.7kg，或用浓度为35%的二氧化碳0.5kg。一昼夜即可彻底消灭鼠类。二氧化碳对人有窒息作用，可造成死亡。操作人员需戴氧气呼吸器才能入库充气和检查。在进行通风换气降低二氧化碳浓度后，方可恢复正常进库。用药饵毒鼠，要注意及时消除死鼠。一般是用敌鼠钠盐来作毒饵，效果较好。

十、冷库的节能管理

冷库节能措施主要有以下几个方面：

及时进行冷藏食品的结构改革。从卫生角度出发，市场出售的新鲜肉均应进行冷却，可达到明显的节能效果。推广销售冷却肉，不仅在外观、营养等品质方面保持肉的最佳质量，在能耗上也只有冻结肉的40%左右。

将肉胴体进行分割剔骨，改变过去白条肉冻结和冷藏的做法，据统计资料介绍，肉胴体经剔骨、去肥膘处理后进行冻结储藏，可节省25%劳动力，节省50%冻结能耗，节省50%低温冷藏空间。

冷藏食品如无包装，能量消耗较大。包装的冷冻食品在储藏期间的干耗基本上接近于零。由于食品的干耗大大减少，减少蒸发器融霜次数，制冷压缩机的无效功率也降低到最小的程度，实际也就起到了节约能源的作用。

采用新工艺、新技术、新设备的设计方案。缩小制冷剂蒸发温度与冷库内温度的温差。当库房内温度一定时，随着蒸发温度与库房内温度温差的缩小，蒸发温度就能相应提高，此时，如果冷凝温度保持不变，则意味着制冷压缩机制冷量的提高，也可以说在获得相同的制冷量的情况下，可以减少电能的消耗。根据估算，当蒸发温度每降低1℃，则要多耗电3%～4%。另外，缩小温差值对降低库房内储藏食品的干耗亦是极为有利的。因为小的温差值能使库房获得较大的相对湿度，能减缓库房内空气中热负荷的交换程度，从而达到减少储藏食品的干耗，尤其对未进行包装处理的储藏食品，更应采用小的温度差。

根据不同的冷藏食品和不同的储藏期，确定相应的储藏温度值。针对各类食品，特别是肉食类在低温储藏期间的生化变化及嗜低温细菌滋生和繁殖被抑制的程度，可确定相应最佳的储藏温度，如不超过半年的低温储藏，一般采用的储藏温度为-18℃～-15℃；超过半年时间的储藏，应采用低于-18℃的低温；对于含脂肪量大的食品，如含脂肪较多的鱼类，为防止低温储藏期脂肪的氧化，应采用低于-18℃的储藏温度，最好为-24℃～-20℃的温度。由此可见，采取了不同的储藏温度后，对于某些食品，特别是短时期储藏，就相当于上述分析提高了制冷系统的蒸发温度，从而也就提高了制冷压缩机的制冷量。

冻结间配用双速或变速风机。食品在冻结过程中，实际上释放热量是不均匀的放热过程，而相应对冷却设备的需冷量也是不均匀的。食品的冻结过程可分为三个阶段：第一个阶段是冷却阶段，食品的温度由大于0℃降至0℃左右；第二个阶段是冰晶生成阶段，食品的温度由0℃左右降至-5℃左右；第三个阶段是冻结降温阶段，食品的温度由-5℃降至-15℃左右。

在冷库设计中减少冷库围护结构单位热流量的指标，低温冷库的外墙的单位热流量q一般在11.63W左右，如果能将q降至6.9W，则对于一座5000～10000t级的低温冷库，据估计，动力费可下降10%左右。当然，单位热流量指标的降低，就意味着围护结构的隔热层要加厚，一次性的投资费用提高了，但与冷库经常运行费用的减少相比较，无论是从经济角度还是从技术管理角度来考虑，采用降低冷库围护结构单位热流量指标还是合理、合算的。

加强科学管理。填写工作日记，坚持填写设备运行日记。主要填写内容是，压缩机、氨泵、水泵、风机等动力设备的启动和停车时间，每隔两小时记录各种制冷设备工作的温度、压力状况（如蒸发温度、冷凝温度、中间温度和压力、排气温度、吸气温度、膨胀阀前液体温度、库温、水温、室外温度、相对湿度等），以便检查各种设备的工作状态和工作效率。

制定单位冷量耗电量定额。单位冷量耗电定额是考核压缩机操作管理是否正常、合理的指标。压缩机的蒸发温度应根据库房温度要求掌握。蒸发温度过低或压缩机无负荷运转，都会导致单位冷量耗电量增加。单位冷量耗电定额就是按库房设计温度要求达到的蒸发温度来计算的单位冷量耗电量。

制定单位产品耗电量定额。单位产品耗电量是按每吨产品耗电量来计算的。单位产品耗电量是衡量冷库耗电的综合指标，它不但反映制冷设备的设计、运行和管理情况，而且还反映冷库结构的设计、使用情况和冷库储藏货品的管理情况（如库门的开启、人员进出时间和货品进出时间等）。每座冷库的单位产品耗电量是不可能相同的，应根据各自不同的情况制定单位产品耗电量定额。

及时进行技术改造，淘汰能耗大的设备。科学技术在不断地发展，各种能耗低、效益高的设备会不断地出现。要及时进行技术改造，用新技术、新设备替代老技术、旧设备。根据实际测定，各类橱型号制冷压缩机单位轴功率制冷量普遍比新系列的制冷压缩机低，能耗指标高。

合理堆垛，提高库房利用率。对商品进行合理堆垛，正确安排，能使库房增加装载量，提高库房的利用率（在设计许可条件下）。

改进堆垛方式或提高堆垛技术可提高商品堆垛密度。如冻猪肉的堆垛，四片井字垛头，平均储存库容为 375 ～ 394kg/m³；三片井字垛头，储存库容只能是 331 ～ 338kg/m³。可见四片井字垛头比三片井字垛头能提高约 13% 的装载量。

近年来，有的冷库广泛采用金属框架堆放猪肉为垛头，中间进行分层错排填装，平均储存库容可达 420 ～ 435kg/m³。

充分利用有效容积。由于商品质量、批次、数量、级别等不同，虽在货源充足的情况下也会有部分容积利用不足。因此，在使用中应采取勤整理、巧安排等办法，减少零星货堆，缩小货堆的间隙，适当扩大货堆容量，提高库房有效容积利用率。

节约用水。节约用水既能达到节省水源，又能达到节省电能的目的。制冷系统用水主要是下列三个方面：冷凝器用水、压缩机汽缸冷却用水和冷风机冲霜用水。为了节约用水，大多数采用循环用水。

食品冷加工（冷却、冻结）工程中的节能措施：按产品品种和加工要求合理选择冷加工方法以降低能耗费用；合理的气流组织设计，对强制通风式冷却（冻结）间，要按产品形式选择合理的空气流动方向；尽量避免有碍传热的包装；合理选择风速。对于间隙式隧道冻结装置内的空气流速以 5m/s 为最佳。食品在冻结过程中释放的热量是一个不均匀的放热过程。在冷却、冰晶生成、冻结降温三个阶段中所需的送风量和制冷量是不同的，因而在冻结装置中配用双速或变速风机，以达到节电目的。

冷藏库操作的节能措施：合理设定冷库储藏温度。应根据储藏食品的种类和不同的储藏期来确定储藏温度，对于大多数商品来说，冻结物冷藏库采用 –18℃ ～ –25℃的温度是适宜的。应采用节能型隔热层厚度以减少冷间渗热量，有利于减小制冷装置运行电耗和降低储藏商品的干耗。减少门洞渗入热：为减少开门渗入热，要确保门开启时间为最短；在需要开启的冷藏门上方安装空气幕；在频繁出入的进出口处设置门斗；在门内装半透明、耐低温的柔性塑料门帘。

十一、控制和降低冷库运营成本

控制和降低冷库的经营成本，在机器设备的运行管理中，要围绕"油、氨、水、电"

做文章；在库房管理中，要严把"冰、霜、水、门、灯"五关；在质量管理中，采用先进工艺和技术，提高产品质量。

（一）合理调整制冷系统运行参数，提高设备效能

制冷系统蒸发压力及温度和冷凝压力及温度是主要参数，是进行操作与调整的重要依据。根据实际条件和系统变化，不断调整和控制运行参数，使其在经济合理的参数下运行，可保证机器设备和储藏产品的安全，充分发挥设备效率，并节约水、电、油等。

引起冷凝器压力升高的原因及解决方法：

①冷凝器选得过小。更换或增加冷凝器。

②冷凝器投入运行台数少。增加运行台数。

③冷却水流量不足。增加水泵运行台数，加大水流量。

④冷却水温度过高。补充低温水（自来水或井水）；利用冲霜水；保证冷却塔的冷却效果，冷却塔是在室外安装，由于风机的作用，会有大量的灰尘、树叶、昆虫等进入塔内，时间长了会造成冷却塔填料、管道等的堵塞，另外，使用时间久了，布水器喷孔也会被杂物或水垢堵塞，影响冷却效果，因而需对冷却塔定期清洗，保持清洁。当水温接近空气湿球温度时应关闭冷却塔风机，减少电耗。

⑤冷凝器换热面积减少。充足的换热面积是冷凝器换热效果的重要保障。特别是采用压缩冷凝机组的制冷系统，因为这种机组的冷凝器兼有贮液器的功能，当冷凝器内液位过高时，会严重影响冷凝器的冷凝效果，冷凝温度和压力升高，制冷压缩机耗电量增加，因此，操作时应注意液位变化，及时排放冷凝器中的冷凝液体，加注制冷剂时，严格控制加入量，确保冷凝器充足的换热面积。

⑥冷凝器布水不均匀。当布水不均匀时，部分管子内水流量大，部分管子内的水流量小，将使传热效率降低，冷凝温度升高。良好的水流分布，应是水流沿管壁旋转流下，若水流从管子中间流下，则大部分水流起不到冷凝效果。因此当布水器布水不均匀时，应更换布水器。

⑦冷凝器管道上有水垢。冷凝器管道上的水垢导致热阻增大，传热系数降低，热交换效果下降，使冷凝温度上升。应改善水质，及时除垢。

⑧冷凝器中有空气。冷凝器中的空气使系统中分压力增加，总压力升高，空气还会在冷凝器表面形成气体层，产生附加热阻，使传热效率降低，导致冷凝压力和冷凝温度升高。应及时放空气。

防止排气温度过高。排气温度过高，会使压缩机的润滑情况恶化，增加摩擦力，能耗增加；同时，排气温度过高还会使制冷剂气体与汽缸壁的热交换增强，导致压缩机效率下降。引起排气温度过高的原因及解决办法：

第一，压缩机汽缸冷却不良。增加冷却水，改善冷却条件。

第二，压缩机吸气过热度太大，改善吸气管保温或增加蒸发器的供液量。

第三，吸气压力过低。解决办法同"防止蒸发温度过低"。

第四，冷凝压力过高。解决办法同"防止冷凝压力过高"。

（二）防止杂质进入制冷系统

制冷系统是一个密封的循环系统，循环于系统的制冷剂要求干净无杂质，但在实际运行中不可能完全干净，这与工作条件及加入系统的制冷剂不够干净等有关。属于杂质的有：润滑油、空气、水等，这些杂质进入制冷系统对制冷装置的工作非常不利，应及时排除。

润滑油。油进入系统后，由于油的黏度大，遇到污物和机械杂质易混合成为胶状物质，当其聚积在截面小的管路或阀门中时，易堵塞；油的导热系数远比金属小，当附着在热交换器壁面上时，将使传热恶化，引起冷凝温度升高和蒸发压力降低，排气温度上升，工作效率降低。据有关资料介绍，冷凝器内表面有 0.1mm 的油膜，将使压缩机制冷量下降 16.6%，用电增加 12.4%。为了避免和减少油进入系统，应降低压缩机排气温度，正确掌握压缩机加油量，在运行中有计划地从设备中定期防油。

水。水进入系统会导致蒸发温度升高，以氨为制冷剂的制冷系统，氨中含有水分对锌铜、青铜以及铜合金（磷青铜除外）有腐蚀作用。以氟利昂为制冷剂的制冷系统，氟利昂中含有水分，对金属有腐蚀作用（允许含量 0.0025%）；由于氟利昂微溶入水，因此还容易在膨胀阀等处造成冰塞。水进入系统的途径及预防措施：①安装或检修时未将空气抽空，或抽空不彻底。安装或检修时将空气抽空，并安装干燥器。②从不密封处进入。不要有泄漏点，避免负压运转。③油或制冷剂中有水分。应严格控制加入的油或制冷剂水分含量。另外，由于油是吸水的，长期敞开的贮油容器会吸收水分，应封闭油桶。

空气。空气进入系统，会使系统中的冷凝水压力增加，总压力升高，空气还会在冷凝器表面形成气体层，产生附加热阻，使热传效率降低，导致冷凝压力和冷凝温度升高，冷凝压力每升高 $1kg/cm^2$，耗电量增加 6% ～ 8%。

（三）及时清除热交换设备上的污垢、结霜等，提高热交换设备传热效率

及时清除蒸发器上的结霜。蒸发器工作一段时间，就会在盘管上形成霜层，甚至会结成冰，因为冰霜的导热系数（冰 1.9kcal/mh℃）比钢或铜的传热系数小很多，因此，蒸发器盘管上的冰霜会增加传热热阻，降低传热效果，影响降温速度，增加开机时间，耗电增加。所以要根据蒸发器的结霜情况，及时除霜。

及时清除冷凝器上的水垢。在水冷式冷凝器制冷系统中，由于水中含有矿物质，受热的作用，冷凝器运行一定时间后会形成水垢及沉积物。由于水垢的导热系数很小（约 0.2kcal/mh℃），这样就导致冷凝器管壁的传热热阻增加，使冷凝器的冷凝效果恶化。有资料统计，冷凝器水侧表面 1.5mm 的水垢会造成冷凝温度升高 2.8℃，使制冷装置功耗增加 9% 左右。此外结垢还会腐蚀设备，缩短设备的使用寿命。所以要经常清洗冷凝器，水垢厚度最多不能超过 1mm。

（四）正确选择和使用润滑油

润滑油对压缩机的功耗及制冷系统的经济性与安全性都有一定影响，对润滑油的正确使用，应引起足够重视。

正确选用润滑油。润滑油应有适当的黏度，黏度太大，流动阻力大，摩擦功增加；黏度太小，摩擦面不能形成油膜，摩擦力增大，摩擦功也会增加。

润滑油的黏度随温度升高而下降，将会导致润滑恶化，摩擦功增加。因此，当其温度升高时应及时冷却或提高冷却效果，以降低油温。

当润滑油与制冷剂相互溶解时，应保证回油顺畅，否则会导致压缩机缺油而损坏；同时也会因制冷剂中含油太多而使蒸发压力下降，最终导致制冷系数下降。

（五）保持压缩机处于完好状态

压缩机运行一段时间后，可能出现零部件磨损或损坏、装配间隙变动、密封性能下降、过滤器堵塞等情况，这些都可能导致功耗增加。因此，应当安排好大、中、小修理计划，加强平时的维修保养，以保证压缩机处于完好状态。

压缩机修理要求：小修理：压缩机累计运行 700 小时左右进行。中修理：压缩机累计运行 2000 ～ 3000 小时进行。大修理：压缩机运行一年进行。

（六）采用夜间或气温较低时段开机运行

冷间负荷大部分时间低于设计负荷，因此，压缩机的运行降温并不是连续进行的，可能的情况下，可以采用夜间多运行的操作方式。夜间运行外界气温低，冷却水温下降，冷凝压力和冷凝温度都随着降低，制取同样的冷量，压缩机的功耗减少，达到了节能的目的。此外，大部分地区都实行了昼夜不同的峰谷平电价，充分利用夜间较低的电价，也是企业减少电费开支，提高效益的重要方法。

【知识链接】

将食品的温度降低到接近食品的冰点，但不冻结的一种冷加工方法称为食品的冷却。食品冷却后的贮藏称为冷却冷藏。冷却是冷藏的必要前处理，有些冻结食品在冻结前也要先进行冷却。

在食品冷却冷藏过程中，与食品接触并将食品热量带走的介质，称为冷却介质。食品在冷却中可采取的冷却介质有气体冷却介质、液体冷却介质和固体冷却介质。食品冷却常采用的方法有冷风冷却、冷水冷却、碎冰冷却、真空冷却等。

食品在冷却贮藏时，虽然温度较低，但还是会发生水分蒸发、生理作用、成熟作用、淀粉老化、低温冷害、寒冷收缩、串味等一系列的变化。所有的变化中除肉类在冷却过程中的成熟作用外，其他变化均会使食品的品质下降。

任务二　农产品仓储管理概论

一、农产品仓储管理概述

（一）农产品仓储的概念

1. 仓储及仓储业务

"仓"也称为仓库，为存放、保管、储存物品的建筑物和场地的总称，可以为房屋建筑、大型容器、洞穴或者特定的场地等，具有存放和保护物品的功能。

"储"表示将储存对象收存以备使用，具有收存、保护、管理、贮藏物品、交付使用的意思，也称为储存。

"仓储"是利用仓库存放、储存未及时使用的物品的行为，是保护商品使用价值的重要措施。简言之，仓储就是在特定的场所储存物品的行为。仓储管理就是对仓库及仓库内的物资所进行的管理，是仓储机构为了充分利用所具有的仓储资源，提供高效的仓储服务所进行的计划、组织、控制和协调过程。

图1-2

仓储的物资储藏的基本功能决定了仓储的基本任务是存储保管、存期控制、数量管理和质量维护，同时，利用物资仓储，开发和开展多种服务是提高仓储附加值、促进物资流通、提高资源效益的有效手段，因而也是仓储的重要任务。

（1）仓储的基本业务

①物资存储

物资的存储有可能是长期的存储，也可能只是短时间的周转存储。进行物资存储既是仓储活动的表征，也是仓储的基本任务。

②流通调控

流通控制的任务就是对物资是仓储还是流通做出安排，确定储存时机、计划存放时间，当然也包括储存地点的选择。

③数量管理

仓储的数量管理包括两个方面：一方面为存货人交付保管的仓储物的数量和提取仓储物的数量必须一致，另一方面为保管人可以按照存货人的要求分批收货和分批出货，对储存的货物进行数量控制，配合物流管理的有效实施，同时向存货人提供存货数量的信息服务，以便客户控制存货。

④质量管理

为了保证仓储物的质量不发生变化，保管人需要采取先进的技术、合理的保管措施，妥善和勤勉地保管仓储物。

（2）仓储新业务

随着现代物流业的不断发展，相关理论不断出现并日渐成熟，大数据、互联网在物流管理中得到运用，仓储业务不断创新。

①交易中介

仓储经营人利用大量存放在仓库里的有形资产，与物资使用部门进行广泛的业务联系，同时利用现货交易中介较为便利的条件，有利于加速仓储物的周转。

②流通加工

加工本是生产的环节，但是随着满足消费多样化、个性化以及变化快的产品生产的发展，为了严格控制物流成本的需要，生产企业将产品的定型、分装、组装、装潢等工序留到最接近销售的仓储环节进行，使得仓储成为流通加工的重要环节。

③配送

仓储配送业务的发展，有利于生产企业降低存货，减少固定资金投入，实现准时制生产；有利于商店减少存货，降低流动资金使用量，且能保证销售。

④配载

货物在仓库集货，按照运输的方向进行分类仓储，当运输工具到达时出库装运。在配送中心就是在不断地对运输车辆进行配载，确保配送的及时进行和运输工具的充分利用。

2. 农产品仓储活动相关概念

仓储就是运用仓库寄存、储存物品的行为，利用仓储存放暂未使用的物品的行为，是物品在供需之间转移过程中存在的一种暂时的滞留。农产品仓储活动一般不改变农产品本身的功能、性质和使用价值，只是保持和延续其使用价值。农产品仓储是农业生产的延续，是农业再生产不可缺少的环节。农产品仓储和农业生产一样创造社会价值。农产品由生产地向消费地转移，是依靠仓储活动来实现的，农产品仓储在物流活动中发挥着不可替代的作用。

以下介绍与农产品仓储活动相关的概念。

（1）农产品仓储

农产品仓储指通过仓库对农产品进行储存和保管的过程。农产品离开生产过程，在流通过程中任何环节都需要停留。由于农产品有产地集中、季节性强以及易腐烂等特点，在农产品流通的各个环节都需程度不同地对农产品进行仓储。仓储的时间不同，要求不同，可以在产地仓储也可以在销地仓储。

（2）农产品库存

库存指的是仓库中处于暂时停滞状态的物资。库存的位置，不是在生产基地，也不是在加工车间，更不是在非仓库中的任何位置，而是在仓库中。与其他大宗商品一样，大宗农产品库存的高低会对其现货价格和期货价格产生影响。一般情况下，农产品库存低，农产品的价格较高；农产品库存高，农产品的价格较低。

（3）农产品储备

储备是一种有目的的储存物资的行为，也是对这种有目的的行动及其对象的总体称谓。农产品储备是出于政治、军事的需要或为了防止各类自然灾害，对农产品进行有计划的战略性仓储。

（4）农产品储存

农产品在没有进行生产加工、消费、运输等活动之前，或在这些活动结束之后，总是要存放起来，这就是储存。

（二）农产品仓储管理的定义

农产品是关系国计民生的物资。农产品能否及时供应，不仅关系到社会大众的生活水平，还关系到市场的供给关系、物价涨跌，甚至还关系到农民及相关行业人员收入高低的问题。农产品自身具备的时效性、季节性、易损性都会带来很多负面的影响。为了解决农产品的供需矛盾、价格变动及损耗等问题，必须加强农产品仓储管理。

农产品仓储管理是指对农产品仓库或仓库内的农产品所进行的管理，是农产品仓储机构为了充分利用所具有的农产品仓储资源来提供农产品仓储服务所进行的计划、组织、控制和协调活动。

具体来说，农产品仓储管理包括仓储资源的获得、仓库管理、经营决策、商务管理、作业管理、仓储保管、安全管理、劳动人事管理、财务管理等一系列管理工作。

农产品仓储管理是农产品生产和商品消费之间的客观矛盾决定的。开展农产品仓储管理，发挥仓储活动连接生产和消费的纽带和桥梁作用，在农产品物流系统中具有重要的意义。

农产品仓储管理是社会再生产过程顺利进行的必要条件。克服农产品生产与消费空间上的分离，衔接生产与消费时间上的缺口，调节生产与消费方式上的差别。

农产品仓储管理是保持农产品原有使用价值和合理使用物资的重要手段，是提高经济效益的有效途径。

农产品仓储管理加快资金周转，节约流通费用，降低物流成本，提高经济效益。

（三）农产品仓储管理的性质、作用及特点

1. 农产品仓储管理的性质和作用

虽然农产品仓储活动一般不改变农产品本身的功能、性质和使用价值，只是保持和延续其使用价值，但是农产品仓储是农业生产的延续，是农业生产不可缺少的环节。农产品仓储和农业生产一样创造社会价值，农产品由生产地向消费地转移，是依靠仓储活动来实现的。农产品仓储是社会再生产过程中不可缺少的一环，在物流活动中发挥着不可替代的作用，是农产品物流三大支柱之一，其主要作用体现在以下方面：

（1）空间效用

农产品生产与消费的矛盾主要表现在生产与消费地理上的分离。农产品的生产主要在农村区域，而消费农产品的人则遍及整个消费市场。农产品仓储通过选择靠近生活区的位置建立仓库，防止人们购买农产品时出现短缺现象，拉近了农产品产地与市场的距离，为人们提供满意的仓储服务，体现出明显的空间效用。

（2）时间效用

由于自然条件、作物生长规律等因素的制约，农产品的生产往往具有季节性，而作为人们生活的必需品，人们的需求却是长年的、持续的。为使农产品满足消费者的需求，农产品生产经营者利用仓库储存农产品进行调节，以确保在农产品生产的淡季也能满足人们日常需求，创造了明显的时间效用。例如，国家的战略粮食储备，即是通过仓库完成的，这就产生了时间效用。许多产品在进入最终卖场以前，要进行挑选、整理、分装、组配等工作，这也需要农产品仓储来实现农产品在流通中的停留。

（3）调节供需矛盾

生产与消费的矛盾还表现在品种与数量方面。随着社会分工的进一步发展，专业化生

产将越来越广,人们都把自己的资源集中到生产效率最高的项目上,人们生产的产品品种越来越集中。农产品生产者必须把农产品放到市场上进行交换来满足自己其他方面的需求,这就要求通过农产品仓储来调解生产与消费方式上的差别,通过仓储这一方式来解决供需矛盾。

(4)规避市场风险

市场经济条件下的农产品价格变化频繁,经常给农产品生产者、经营者带来价格风险。为了对市场需求做出有效反应,农产品生产者、经营者需保持一定的存货来避免缺货损失。另外,为了避免战争、灾荒等意外引起的农产品匮乏,国家也要储备一些生活物资、救灾物资及设备。大宗农产品的中远期交易市场正是提供给广大生产者、贸易商和原材料需求商规避库存带来的价格风险的场所。

(5)实现农产品增值

农产品仓储是农产品在社会再生产过程中必然出现的一种状态,农产品仓储是加快资金周转、节约流通费用、降低物流成本、提高经济效益的有效途径。搞好农产品仓储可以减少农产品在仓储过程中的损耗和劳动消耗,可以加速农产品的流通和资金的周转,从而节省费用,降低物流成本,开拓"第三利润源",提高物流社会效益和企业的经济效益,同时还可以通过农产品的加工等实现增值。

(6)流通配送加工的功能

目前,农产品仓库从储存、保管货物的中心向流通、销售的中心转移。仓库不仅要有储存、保管货物的设备,而且还要增加分拣、配套、捆装、流通加工、信息处理等设施。这样,既扩大了仓库的经营范围,提高了物资的综合利用率,又方便了消费,提高了服务质量。

(7)信息传递功能

以上功能的改变,促使仓库对信息传递的需求加强。在处理仓储活动有关的各项事务时,需要依靠计算机和互联网,通过电子数据交换(Electronic Data Interchange,EDI)和条形码等技术来提高仓储物品信息的传递速度,及时而准确地了解仓储信息,如仓库利用水平、进出库的频率、仓库的运输情况、顾客的需求以及仓库人员的配置等。

2. 农产品仓储管理的特点

农产品的仓储管理,是农产品在贸易流通过程中的一个重要环节,是农产品离开生产过程,尚未进入消费领域以前,在流通过程中的停留。它包括生产部门的商品储存、商业部门的商品储存以及运输途中的农产品储存。农产品的第一个特点是生产的季节性和消费的常年性。另一个特点是农产品都是鲜活产品,易腐烂变质,仓储起着保护农产品使用价值在一段时间内不变质的作用。另外,对某些农产品来说,只有经过仓储管理,才能提高使用价值。

(1)农产品仓储具有专业性

由于农产品所具有的生化品质特性,使得农产品物流具有很强的专业性,这就要求农产品生产、流通加工、包装方式、储运条件和技术手段具有专业性。同时,农产品物流的设施、设备和仓储、运输技术和管理方法也应具有专业性。

（2）农产品仓储具有特殊性

农产品是具有生命的动物性和植物性产品，这样的鲜活产品在物流过程中对包装、装卸、运输、仓储和防疫等均有特殊的要求。

（3）农产品仓储难度大

农产品生产具有季节性和区域性，因此要求物流具备及时性。同时要求一些农产品具有较好的贮藏特性和较长的储运期，以利于扩大农产品市场的供应时间和空间，反映出农产品物流具有难度相对较大，要求相对较高的特点。

（四）农产品仓储的作用

农产品仓储活动是农业生产不可缺少的环节。农产品仓储和农业生产一样创造社会价值，农产品由生产地向消费地转移，是依靠仓储运输活动来实现的。农产品仓储在物流活动中发挥着不可替代的作用，是农产品物流三大支柱之一，其主要作用体现在以下方面：

1. 空间效用

空间效用就是通过农产品流通过程中的仓储克服农产品生产和消费在地理空间上的分离。不同地区具有不同的生产优势和生产结构，但是农产品的消费可能分布在另外的地区甚至是全国、全世界，所以这种农产品流通中的仓储创造的空间效用使我们可以享受来自异地的农产品。

2. 时间效用

通过农产品流通过程中的仓储克服了新产品生产和消费时间上的不一致。农产品之类的商品只能间断性生产而不必连续消费，又像一些时令性或集中性消费商品，它们的生产是长期连续的，有一些情况使得虽然生产和消费都是连续的，但是农产品从生产到消费有一定的时间差，这种时间差造成了农产品生产与消费的时间矛盾。农产品仓储恰好可以解决这种矛盾，使得农产品商品的时间效用增加。许多农产品在进入最终卖场以前，要进行挑选、整理、分装、组配等工作，这也需要农产品仓储来实现农产品在流通中的停留。

3. 调节供需矛盾，稳定物价

社会化大生产需要的是专业化和规模化，但很多时候消费的需求量却是很有限的。农产品在流通过程中将生产的大批量分割成最终的小批量需求，也可以理解为由整到散的分流过程；反过来也有由散到整的过程。农产品生产中的小批量、多品种的生产，与大批量流水生产共同存在。仓储可在供过于求时吸纳商品，增加库存；在供不应求时吐放商品，有效地调节市场供求关系，缓解供求矛盾，防止物价的大起大落。仓储是平衡市场供求关系，稳定物价的重要环节。

4. 规避风险

缺货损失是由于存货量不足，不能及时满足顾客或者生产上的需要而引起的缺货损失费用。例如，当客户要货但是仓库没有存货时所造成的损失，还有当客户由于订货或送货时间太长，送货时间不稳定或者因为其他的一些物流原因造成顾客不在企业购买农产品所造成的损失。市场经济条件下的农产品价格变化频繁，经常给农产品生产、经营者带来价格风险，大宗农产品的中远期交易市场正是提供给广大生产者、贸易商和原材料需求商规避库存带来的价格风险的场所。

5. 实现农产品增值

农产品仓储活动是农产品在社会再生产过程中必然出现的一种状态，农产品仓储是加快资金周转、节约流通费用、降低物流成本、提高经济效益的有效途径。仓储活动直接影响农产品管理工作的质量，也直接关系到农产品从实物形态到经济关系的实现，仓储是物资供销管理工作的重要组成部分。

6. 流通配送加工的功能

农产品从储存、保管货物的中心向流通、销售的中心转移。仓库不仅要有储存、保管货物的设备，而且还要增加分拣、配套、捆装、流通加工、信息处理等设施。这样，既扩大了仓库的经营范围，提高了物资的综合利用率，又方便了消费，提高了服务质量。

7. 信息传递功能

伴随着以上功能的改变，导致仓库对信息传递的需求也发生了改变。在处理仓储活动有关的各项事务时，需要依靠计算机和互联网，通过电子数据交换（EDI）和条形码等技术来提高仓储物品信息的传递速度，及时而准确地了解仓储信息，如仓库利用水平、进出库的频率、仓库的运输情况、顾客的需求以及仓库人员的配置等。

（五）农产品仓储的基本要求

为保证农产品仓储的质量、安全，对农产品仓储的基本要求有以下几点。

1. 合理选择仓储地点和规模

必须根据仓储点的分布和对农产品储存量的要求，以及储存农产品应承担的职能和费用来确定储存仓库的地理位置和规模。农产品的采购储存、批发储存、中转储存、加工储存等要求都不同，应根据具体情况，分别对待。

2. 改进仓储设施的技术条件

因为每种农产品对储存条件的要求是不同的，所以要将传统的混合型储存逐步更新为专业性储存。有条件的仓储业经营者，应积极采用计算机控制的自动化仓储系统。

3. 实现系统化管理，提供综合性服务

仓储业经营者在保证仓储质量的基础上，可向客户提供包装、代办托运、配送等综合性业务。

4. 努力降低储存保管费用

农产品储存费用因储存保管农产品的特点而不同。被储存的农产品保管技术越复杂，费用越高。农产品应尽量降低和节约储存保管费用，如实行规模经营和集约经营，改善经营管理等。

5. 加强农产品储存的组织管理

建立健全农产品保管制度，提高保管人员的责任心和劳动积极性。要建立行之有效的责任制，特别是对农产品的出入库检验、装卸、搬运、包装、接收、发运等工作，应有明确的责任制。设置严密的保管账卡，准确记录农产品的仓储动态，严格规章制度，责任到人，确保农产品储存安全。

（六）农产品仓储现状及存在的问题

农产品仓储行业主要分布于农产品批发市场、农产品物流园区、农产品物流中心等。

近年来，随着农产品物流园区、物流中心的蓬勃发展，我国农产品的仓储水平和管理技术方法已上了一个新台阶。

由于农产品具有量大且频繁、点多且面广、季节性以及易耗性等特性，决定了农产品仓储在实际运作中的复杂性。特别是仓储环节中的物流职能要素的衔接，比如流通加工、包装、分拣配货、配送及信息服务等一体化，均来自仓储环节对管理技术和方法的运用。

1. 农产品流通基础设施装备较为薄弱

大多数农产品批发市场服务功能比较单一，只有部分批发市场有冷库等设施。进行农产品仓储的设施设备简陋落后，具有冷藏设备的厢式车和专用车辆比例较小。由于冷链技术水平低，农产品仓储是以常温仓储或自然仓储形式为主，不但使鲜活农产品损耗率大，而且在食品安全方面存在隐患。

2. 农产品仓储组织化程度较低

由于缺乏大型农业龙头企业和批发市场等的支撑和带动，农产品一家一户的产销方式很难与消费市场实现有效的对接，没有与购买方建立稳定的供销关系。加之农业信息化网络不健全，使得农产品仓储无法高效掌握市场信息，加大了农产品仓储环节的风险。

3. 农产品的价值分配不合理

农产品基本是农民先自行生产，商贩收购，转售给加工企业，然后才是批发商、零售商、消费者，具有数量大、规模小、操作不规范的特点。中间环节过多，使农产品产销总成本中生产成本所占比重低，而仓储、加工、配送等环节对最终价格影响很大。农产品仓储环节中物流加工增值程度低，农产品破损率和加工率低，主要以初级产品为主。

4. 基础设施不完善，相关技术和设备落后

主要表现在储存条件和加工能力较差。保鲜技术和加工能力制约着农产品物流运营的质量。农产品物流多以常温物流或自然形态下仓储，缺乏冷冻、冷藏、防潮设备和技术，使农产品在物流过程中损失很大。另外，农产品加工技术水平低，只进行简单的筛选，而没有进行分级、分类、包装等增值服务，使得农产品优劣混杂，从而影响了农产品的价格和收益。

二、农产品仓库的分类与经营

农产品仓库是农产品进入商品流通环节的基础设施，直接影响到农业生产的稳定性和持续性，影响到国家经济的稳定和繁荣。根据农产品仓库的职能进行仓库分类，对开展农产品仓库经营管理意义重大。

（一）农产品仓库的职能

随着商品生产规模的发展，仓库业务活动范围也日益扩展，它不仅同生产者、农产品市场的联系更加频繁，而且同运输业的联系也更加频繁了。仓库已成为农业生产者与农产品市场之间的纽带，成为向生产者传递农产品市场情报的中心，并代理销售业务。也就是说，农产品仓库的职能随着仓库业务的扩展、信息技术的应用，其职能不断拓展。

调节供需，稳定物价。农产品仓库调节农产品供需的经济功效，可分时间上及空间上的调节。由于农产品生产具有季节性和区域性，在供需上有过剩或不足之别，这就需要依

赖仓库的储藏和运销来调节供求和稳定市场物价。

实现区间交换，促进地区专业化。农业生产具有鲜明的地区性特点。为了充分发挥地区优势，节约投资，节约劳力，降低成本，提高劳动生产率，必须逐步实现农业生产地区专业化。农产品仓储业的发展，有利于农产品在地区间的相互交流、相互调剂，有利于农业生产地区专业化的形成。

开展流通加工，适应市场需要。农业生产经营分散，品种繁多，品质不一，市场则要求整齐和规格划一的产品。为了适应市场需要，必须对农产品进行分类、分级、分等，并改进包装。这些对农产品的整理加工，多数应在农产品储存过程中进行。

农产品市场信息传递，延伸市场服务。农产品仓库是农业生产者和农产品市场之间的纽带，农业仓库与运输业是紧密联系的，所以它很自然地成为农产品市场情报传递的中心，开展农产品交易展示、农产品电子商务、农产品大数据及信息发布等业务，进一步成为农户与批发商的中间人，为农户代理销售业务，以节约开发商及农场的购销费用。

提供农产品供应链金融、物流金融服务。农产品仓库为了融通资金，可以向银行办理抵押贷款。农产品储存、保管的目的，在于将现有农产品延期利用，因而影响资金周转，有必要向银行融通资金。为达此目的，可以农产品为担保，由农业仓库填发仓单（即存储农产品的凭证），银行凭证办理贷款。

节省仓储设备方面的开支，降低物流成本。由于仓库有专门设备，有专职人员，善于收藏保管，可以避免意外损失。仓库有较先进的设备，如冷藏库、新式仓以及产品加工、包装等设备，便于农产品集中，也便于农产品分级，节约生产者的开支，这在农产品贸易上符合经济效益的原则。

调节供需平衡，保证农产品原料的供应。农业生产比较分散，只有通过仓库收集和储存农产品，才能向加工业和其他工业及时提供原料。农产品加工业以及许多轻工业部门的原料都来自农业。由于农业生产有季节性，农产品输送不均衡，有赖于仓库储备以调剂供应，才能使工业生产能正常进行。

开展农产品加工，有利于农产品贸易企业开展经营活动。农业生产是分散经营的，农产品的品质繁复，市场要求则是品种规格划一的产品。为了适应市场需要，方便交易，需要有专门机构来从事农产品的整理加工工作，而仓库本身也要求产品质量划一，才易于保藏。因此，农产品的整理加工，就与仓库业务经营结合起来了。仓库对储藏的产品具有检验、分级、加工、包装的职能，有利于农产品贸易企业开展经营活动。在一些发达国家，仓库业对寄存的农产品在存仓以前要进行严格的检验、分级、适当的加工、包装等各项工作，使之标准化，交易双方在交易过程中无须再在农产品质量、级别等问题上磋商，只需确定价格、交货月份和合同数目，一切交易条件以规定的标准为准。

（二）农产品仓库的分类

按照农产品仓库的不同用途，对各种农产品仓库进行科学分类，是有计划进行农产品仓库建设，规划农产品仓库布局，合理组织农产品仓库业务，加强农产品仓库科学管理的前提。

1. 按仓库储存的适应性分类

通用仓：指能够储存一般农产品的仓库。通用仓主要用来储存保管没有特殊要求的农产品。

专用仓：指专门储存某类农产品的仓库，如粮仓、饲料仓、茶叶仓、烟草仓等。

特种仓：指需要特种设备，储存某种农产品的仓库，比如根据技术装备要求、保管上的要求等建设的仓库，例如肉类冷藏库、水果冷藏库、油脂库等。

2. 按仓库职能的不同分类

收购仓库：指在农产品收获季节，把收购的产品集中起来以便批发的仓库，这种仓库一般设在产区或产品集散地。

分配仓库：指对进仓的农产品进行分类、分级、分等、加工、包装，以待分发销售的仓库。

中转仓库：指农产品从产区向销售区转移过程中需暂时储存的仓库，这种仓库一般设在运输线上的车站或码头。

零售仓库：主要职能是为保证农产品日常销售进行的短期储存。

储备仓库：主要职能是储存国家备战、备荒的战略物资。

加工仓库：主要职能是农产品加工服务，与加工业务结合在一起进行农产品储存。

批发仓库：一般设置在消费市场附近，主要职能是迅速补充零售企业的商品库存。

鲜活产品仓库：指在各种畜禽出售或加工之前，对其进行饲养储存的仓库。

3. 按保管货物的特性分类

原料仓库：是用来储存作为生产企业的原材料的农产品的仓库，例如粮食仓库、辣椒仓库等。

产品仓库：产品仓库的作用是存放通过加工、包装完成的农产品，但这些产品还没有进入流通区域，这种仓库多附属于农产品生产基地、农产品加工基地、农产品电子商务园区等。

冷藏仓库：用来储藏那些需要进行冷藏储存的农产品，用于储存对温度有要求的农产品。

恒温仓库：恒温仓库和冷藏仓库一样，也是用来储存对储藏温度有要求的农产品。

4. 按照仓库的构造分类

单层仓库：单层农产品仓库是最常见的，也是使用最为广泛的一种仓库建筑类型。这种农产品仓库只有一层，不需要设置楼梯，它的主要特点是设计简单，投资较少，搬运、装卸货物比较方便。

多层仓库：多层农产品仓库一般占地面积较小，它一般建在人口稠密，土地使用价格较高的地区。由于是多层结构，因此农产品一般使用垂直输送设备来搬运货物。

立体仓库：立体农产品仓库又称为高架农产品仓库，它也是一种单层仓库，但同一般单层仓库的不同在于它利用高层货架来储存农产品，而不是简单地将农产品堆积在库房地面上。在立体仓库中，由于货架一般比较高，所以农产品的存取需要采用与之配套的机械化、自动化设备。

简仓：用于存放散装的农产品的封闭式仓库，这种仓库一般被置于高架上，例如简仓经常用来存储粮食等。

露天堆场：用于在露天堆放农产品的场所，一般用于存放刚收购的农产品，或者不怕受潮的农产品。

5. 按建筑材料的不同分类

根据仓库使用的建筑材料不同，可以将农产品仓库分为钢筋混凝土仓库、钢质仓库、砖石仓库等。

6. 按仓库所处位置不同分类

根据农产品仓库所处的地理位置结合仓库的特性，可以分为产地仓库、消费地仓库等。

7. 按仓库的管理体制分类

自用仓库：是指某个农产品生产基地、农产品经销商建立的供自己使用的农产品仓库，这种农产品仓库一般由企业自己进行管理。

公用仓库：这是一种专业从事仓储经营管理、面向社会，独立于其他企业的仓库。该类农产品仓库一般设在农产品物流园区、冷链物流中心和农业产业园区内，由第三方修建和经营管理，为农产品生产企业、流通企业提供农产品仓储服务。

（三）农产品仓库经营

合理地组织农产品仓储，合理地确定储存量、储存结构以及农产品商品储存在各个地区、各个商业经营环节之间的分布。

1. 确定自建仓库还是租用仓库

农产品营销企业储存农产品是自己建造仓库还是租用仓库，主要取决于两者费用的比较。比较两者费用须考虑储存数量和储存时间。如果储存数量少，储存时间短，可以租用仓库；如果储存数量多，且为常年性、经常性储存，可以考虑自建仓库。此外，还要考虑企业本身的经济状况是否有能力自建仓库。

2. 确定农产品储存量

农产品储存数量的合理标准是，在保证农产品流通不中断，满足生产和消费需要的前提下，使储存费用最少。如果储存量过多，超过了市场需要，商品就要积压，因而造成损耗大，费用多，而且有可能使企业资金周转困难。如果储存量过少，满足不了市场需要，就会出现供应中断，即脱销，不能保证生产和流通的顺利进行。

影响农产品储存量的因素主要有：①农产品需求量大小。一般来讲，市场需求量越大，储存量越大；反之越小。②农产品再生产周期长短。一般来讲，农产品储存量与农产品再生产周期成正比，生产周期长的农产品应多储存，生产周期短的农产品应少储存。③农产品产销地的距离及交通运输条件。运输距离越远，交通条件越差，应保持较多的储存量；反之储存量则少。④农产品本身的特性。农产品的理化性质决定农产品储存的时间限度，如粮食、肉类、水果等都有一定的储存期限，过期则会变质或失效，降低或失去原有的使用价值。储存期限短的商品，储存量相应要少一些。⑤企业管理水平。企业管理水平高，商品周转快，商品储存量就少，反之储存量则多。

3. 仓储费用

仓储费用包括：①储存商品占用资金的利息。②仓库保管费用。专业仓库则为仓租，即每单位农产品每月应付的保管费。商业企业自设仓库则把仓储费用列入营业费。③仓储损耗。专业仓库一般均规定一定的损耗率，超过损耗率的由仓库负赔偿责任。但对包装的农产品只负包装完好的责任，不负损耗责任。④包装材料折旧费。入库农产品的包装材料如果由委托人自备，仓库为了减少责任，对不合格的包装材料，有权拒绝入库保管，以免将来发生损耗时产生责任纠纷。⑤保险费。入库农产品一般均须保险，以防水、火、地震等意外风险。

三、农产品仓库结构与布局

农产品仓库是农产品进行仓储活动的场所，是组织农产品流通必需的基础设施。农产品仓储必须首先搞好仓库设置，加速仓库建设，提高仓库经营的经济效益。

（一）仓库地址的选择与使用

农产品仓库是农产品储存的基本设施和条件。它作为存放大量农产品商品的基础设施和农产品流通中的重要环节，仓库地址选择一般要求符合下面三个条件。

第一，便于交通运输。农产品仓库的建设与分布要与交通运输条件相适应。尤其是那些吞吐量大，属于中转性质的农产品仓库，要建在交通枢纽或靠近交通沿线的城镇，便于农产品搬运采集，加速流通。

第二，便于购销集散。农产品仓库地址的选择要兼顾农产品收购集中与销售扩散两个方面，即要求按照农产品的产销特点建设仓库。一般而言，储存数量大，储备时间长，属于未加工和初加工的原料型农产品仓库，如原粮仓库，应接近产地或建在农产品集中区，而为零售提供货源的批发性仓库以及营销时效性强的鲜活农产品仓库，则应建在重点销售区。

第三，环境卫生安全。农产品储存需要有良好的环境条件。仓库应建在地基坚实，干燥平坦，无水火之患，无污染之危，清洁卫生的地方，确保农产品仓库牢固，储备安全。

（二）农产品仓库建设

仓库在建筑时，为了达到坚固、适用、经济的目的，应在长度、宽度、地面、墙壁、房顶、门窗、库房柱、照明与通风等方面达到规定的技术指标数据要求。具体建库要求可以参照GSP实施细则和《中药商业企业二级仓库标准和验收细则（试行）》中的规定予以设计建造。

在农产品种植基地建造的农产品仓库，除了考虑建筑本身应符合性能和技术要求外，还应充分顾及仓库所处的地理位置。产地的农产品仓库应与农产品种植地邻近，远离家禽、家畜等饲养场所，避免禽畜进入农产品仓库吃食或污染农产品。

1. 农产品仓库的建筑要求

现代农产品仓库建筑的具体要求有以下五个方面：

第一，在性能上，要求仓库的地板和墙壁应是隔热、防湿的，以保持室内的干燥，减少库内温度的变化。

第二，仓库通风性能良好，以散发农产品自身产生的热量，又是保持干燥的重要条件。

第三，仓库密闭性好，避免空气流通而影响库内的湿度和温度，同时对防治害虫也有重要作用。

第四，建筑材料能抵抗昆虫、鼠的侵蚀。

第五，仓库避免阳光照射和冷藏库房。

2．影响农产品仓库建设的主要因素

农产品产区因素。根据农产品产区的产量、品种等建设农产品仓库。如果农产品产区点多面广，各产区分散，则考虑在中心区建设农产品仓库；如果农产品产区品种单一，产量大，则考虑在产区建设专门的农产品仓库，如棉仓主要集中在产棉区。

仓库容量及储藏设施应该多于实际需要，留有余地，以适应丰年所需和季节的变化。

仓储设施的建设应与运输网的建设相配套，以利于产品进仓储存和出仓外运。

注意仓库的通用性，以减少浪费，提高储藏的经济效益。

（三）农产品仓库布局规划

农产品仓库布局就是根据库区场地条件、仓库的作业性质和规模、商品储存要求以及技术设备的使用性能和特点等因素，对仓库的建筑物、站台、货架、通道等设施和库内运输线路进行合理安排和配置，以最大限度地提高仓库的储存和作业能力，降低各项仓储作业费用。仓库布局是仓储业务和仓储管理的客观需要，其合理与否直接影响到仓库各项工作的效率和储存商品的安全。

1．农产品仓库布局影响因素

有许多因素影响农产品布局的选择，选择农产品仓库布局首先要考虑储存目的。目标不同，选择库址的决策也不相同。

如果目标是调节供求，则应根据消费量和常年储备量来计算仓库所需容量，充实消费市场或聚散市场的仓库设备，把库址选建在消费地附近。例如上海米市的储米仓库大部分集中在无锡，因为无锡库存设备充足，交通方便。

如果目标是出口，仓库则应尽可能建在出口口岸，或集中在某个集散市场，以方便运输。

如果目标是获取最大利润，那就必须首先考虑运输费用。一般而言，运输量越大，路线越短，单位运价越低，则运输费用越少。依据这样一个目标，仓库一般适宜于建在产区、销区以及交通发达的地方，使仓库的建设与交通运输网的建设相配套，商品生产与商品交换同步进行。

如果储存的目的是扶持农业生产，则农产品仓库应设立在产地市场。各类地方谷仓靠近谷物产区，一般建在水陆交通沿线，在大城市附近建有中间谷仓，在市场和铁路枢纽中心又建有中心或终点市场谷仓，在港口还有港口市场谷仓。

各类谷仓与便利的交通网连接，有利于谷物出口、流转和销售。

此外，选择农产品仓库布局还要考虑生产的发展、流通的需要以及经济效益的原则统筹兼顾加以安排。农产品仓库布局的选择要求设置在环境安全，便于调运，便于保管的地区。要选择地基坚实，地势较高，没有污染危害，不易发生火灾和水灾的地方。如果是食品仓库，还要求环境清洁卫生。

2．农产品仓库总体布局的基本原则

在进行总体布局时应遵循以下基本原则：

第一，便于储存保管。仓库的基本功能是对库存进行储存保管。总体布局要为保管创造良好的环境，提供适宜的条件。

第二，仓库作业优化指提高作业的连续性，实现一次性作业，减少装卸次数，缩短搬运距离，使仓库完成一定的任务所发生的装卸搬运量最少，同时还要注意各作业场所和科室之间的业务联系和信息传递。

第三，保证仓库安全。仓库安全是一个重要的问题，其中包括防火、防洪、防盗、防爆等。总体布局必须符合安全部门规定的要求。

第四，节省建设投资。仓库中的延伸性设施——供电、供水、排水、供暖、通信等设施对基建投资和运行费用的影响都很大，所以应该尽可能集中布置。

第五，有利于农产品运输合理化。农产品的合理运输，就是通过对运输方式、运输工具和运输路线的选择，进行运输方案的优化，实现运输合理化。运输合理化必然会达到缩短运输里程，提高运输工具的运用效率，从而达到节约运输费用，降低物流成本的目的。

（四）农产品仓库总体构成及规划

1. 农产品仓库的构成

一般而言，农产品仓库通常由生产作业区、辅助生产区和行政生活区三大部分组成。

（1）生产作业区

它是仓库的主体部分，是农产品储运活动的场所，主要包括储货区、道路以及装卸台等。

储货区是储存保管货品的场所，具体分为库房、货棚和货场。货场不仅可以存放商品，而且还起着货位的周转与调剂作用。专用线路是库内外的商品运输通道，商品的进出库，库内商品的搬运都通过这些运输线路。专用线应与库内其他道路相同，保证畅通。装卸站台是供火车或汽车装卸商品的平台，有单独站台和库边站台两种，其高度和宽度应根据运输工具和作业方式而定。

（2）辅助生产区

辅助生产区是为农产品储运保管工作服务的辅助车间或服务站，包括车库、变电室、油库、维修车间等。

（3）行政生活区

行政生活区是指仓库行政管理机构和员工休息的生活区域。一般设在仓库入口附近，便于接洽和管理。行政生活区与生产作业区应分开，并保持一定距离，以保证仓库的安全及行政办公和居民生活的安静。

2. 农产品仓库面积的组成

仓库所占的用地一般由三部分组成。

（1）实用面积

实用面积是指仓库中货垛或货架等占用的面积，也是真正可以完全用来储存货物的面积。

（2）有效面积

有效面积是指仓储作业所占用的面积，包括实用面积、通道以及检验等作业场地面积。

（3）建筑面积

建筑面积也称建筑展开面积，是指以仓库的建筑外墙外围线测定的各层平面面积之总和。

3．仓库内部布局

仓库的内部布局包括库房布局和通道布局。

（1）库房布局

库房布局是指仓库内部库房和货场的设计。库房布局的具体内容包括：

第一，确定仓库形式和作业形式；

第二，确定货位尺寸和库房总体尺寸；

第三，物资堆码设计；

第四，设备配置；

第五，存取模式和管理模式；

第六，建筑和公用工程设计。

（2）通道布局

通道布局是仓库布局的重要内容之一，通道的布置合理与否，将影响仓库作业、物流合理化以及生产效率的提高。

①仓库通道

仓库通道是指出入库区的通道及库区内连接各库房、货场之间的通道。

铁路专线的入库区。铁路专线的长度应根据出入库物资的数量和频度来确定，线路的宽度及两边的留量应根据铁路有关规定执行。

汽车通道。应根据运输量，日出入库的车辆数量，机动车辆的载重量、型号等设计道路的宽度、地面承载能力。库区的出入口应按作业流程设置，做到物流合理化。

②库房通道

一般库房应设有纵向或横向进出库的通道，大型库房应同时设纵向和横向进出库通道，在库房内货位之间还应留有作业通道。通道的宽窄应根据装卸搬运机械的类型确定，同时应考虑对库房面积的充分利用和各种作业的方便、安全。汽车进库房，其通道宽度不应小于 4 米，并应设有进出口（不同道）。叉车作业时，其最小作业宽度分别为：直叉平衡重式叉车为 3.6 米，前移式叉车为 2.7 米，插腿式叉车为 2.1 米。

4．农产品仓库的立体布局

农产品仓库的立体规划是指农产品仓库在立体空间上的布置，即仓库建筑高度的规划。仓库基建时，应因地制宜地将场地上自然起伏的地形，加以适当改造，使之满足库区各建筑物、库房和货场之间的装卸运输要求，并合理地组织场地排水。

（1）库房、货场、站台标高布局

库房地坪标高与库区路面的高度决定了仓储机械化程度和叉车作业情况。库房地坪与路面之间的高差要适当，最多不超过 4% 的纵向坡度，以利于提高机械作业的效率。货场与铁路专用线标高的关系是：货场一般沿铁路线布置，多数跨铁路专用线两侧。在标高上，应确保铁路专用线的正常运营。

（2）合理利用地坪建筑承载能力

仓库地坪单位面积建筑承载能力因地面、垫层和地基结构的不同而不同。应充分利用地坪的承载能力，采用各种货架存货，以充分利用空间，同时使用各种装卸机械设备配合作业，加速库存商品的周转。

（五）仓库的结构设计

1．农产品仓库的结构设计应考虑的因素

仓库的结构对实现仓库的功能起着重要的作用。因此，仓库的结构设计应考虑以下几个方面：

（1）平房建筑和多层建筑

仓库的结构，从出入库作业的合理化方面考虑，应尽可能采用平房建筑。这样储存商品就不必上下移动，因为利用电梯将商品从一个楼层搬运到另一个楼层费时费力，而且电梯往往是商品流转中的一个瓶颈，因为有许多材料搬运机械通常会竞相利用数量有限的电梯，进而影响库存作业效率。在城市，尤其是在商业中心，那里的土地有限或者昂贵，为了充分利用土地，采用多层建筑成为最佳的选择。在采用多层仓库时，要特别重视对上下楼通道的设计。

（2）仓库出入口和通道

仓库出入口的位置和数量是由建筑的开间长度、进深长度、库内货物堆码形式、建筑物主体结构、出入库次数、出入库作业流程、仓库职能等因素决定的。仓库出入口的尺寸是由卡车是否出入库内，所用叉车的种类、尺寸、台数、出入库次数，保管货物尺寸决定的。库内的通道是保证库内作业顺畅的基本条件，通道应延伸至每一个货位，使每一个货位都可以直接进行作业。通道需要路面平整和平直，减少转弯和交叉。

（3）立柱间隔

库房内的立柱是出入库作业的障碍，会导致保管效率低下，因而立柱应尽可能减少。当平房仓库梁的长度超过 25 米时，建无柱仓库有困难，此时可设中间的梁间柱，使仓库成为有柱结构。不过在开间方向上的壁柱，可以每隔 5～10 米设一根，由于这个距离仅和门的宽度有关，为使库内不显露出柱子，因此和梁间柱相比，在设柱方面比较简单。但是在开间方向上的柱间距必须和隔墙、防火墙的位置、天花板的宽度或库内开间方向上设置的卡车停车站台的长度等相匹配。

（4）天花板的高度

由于实现了仓库的机械化、自动化，因此，现在对仓库天花板的高度也提出了很高的要求。使用叉车时，其标准提升高度是 3 米；而使用多端式高门架的时候该高度要达到 6 米。另外，从托盘装载货物的高度看，包括托盘的厚度在内，对于密度大且不稳定的货物，通常以 1.2 米为标准；对于密度小而稳定的货物，通常以 1.6 米为标准。以其倍数（层数）来看，1.2 米 / 层 ×4 层 =4.8 米，1.6 米 / 层 ×3 层 =4.8 米，因此，仓库的天花板高度最低范围应该是 5～6 米。

（5）地面

地面的构造主要是地面的耐压强度，地面的承载力必须根据承载货物的种类或堆码高度具体研究。通常，一般平房普通仓库 1 平方米地面承载力为 2.5～3 吨，也可以是 3～3.5 吨。多层仓库层数加高，地面的负荷能力减少，一层是 2.5～3 吨，二层是 2～2.5 吨，三层是 2～2.5 吨，四层是 1.5～2 吨，五层是 1～1.5 吨甚至更小。地面的负荷能力是由保管货物的量、所使用的装卸机械的总量、楼板骨架的跨度等决定的。流通仓库的地面

承载力还必须保证重型叉车作业的足够受力。

2．农产品仓库数目和容量的确定

（1）农产品仓库数目的确定

确定农产品仓库数目应权衡利弊，应根据具体情况综合考虑。农产品仓库数量多，使农产品仓库接近商业网点，可以减少商品迂回运输和小额运输的距离，有利于迅速补充零售，缩短交货时间，降低库存量。增加农产品仓库数量将增加基建投资和农产品仓库运转费用。农产品仓库越多，投资和租赁费用就越多，可能使利润减少。我国的仓库数量不足，仓储能力低下，严重地制约了农业生产的发展。因此，必须合理地确定农产品仓库数量，基本要求是使总的流通费用最少。

（2）农产品仓库容量的确定

仓库容量是指仓库用于存放货物的空间。一般来说，产地的仓库容量大小取决于季节收获量，另外还应考虑交通条件对仓库容量的影响等因素。交通条件差的产地，其农产品年产量、农产品商品率低。以稳定消费市场的供求关系为目的的仓库，其容量取决于消费量和常年必要的储备量，仓库容量不宜过大。交通条件好的产地仓库容量可以大些，可配备必要的加工设备，兼营加工农副产品等业务。

（六）农产品仓库的合理利用

农产品仓库的合理使用，主要要求做到最大限度地提高仓库利用率。为此，要尽量提高仓库面积和货堆面积的利用率，提高仓库高度的利用率，以及提高仓库负荷利用率和实行科学堆码。

1．提高仓库面积和货堆面积利用率

仓库面积利用率的计算公式是

$$仓库面积利用率 = \frac{堆货面积}{仓库面积}$$

$$= \frac{仓库面积 - （走道面积）+ 墙距面积 + 堆垛面积}{仓库面积} \times 100\%$$

这个公式说明，由于仓库面积是定量，所以仓库面积利用率与货堆面积成正比，与走道、墙距、垛距面积成反比。要提高仓库面积利用率，就应在保证商品储存安全，便于保管养护操作，方便出入库的前提下，按照农产品的类别和属性，出入库的频繁程度，以及发货地点等因素，分区分类确定存放货位，将走道、墙距、垛距所占面积减少到最低限度。

货堆面积利用率的计算公式是

$$货堆面积利用率 = \frac{堆货利用面积}{货堆面积} \times 100\%$$

$$= \frac{堆货面积 - （空堆面积）}{货堆面积} \times 100\%$$

这个公式证明，在货堆面积既定的条件下（确定仓库面积利用率后，货堆面积就是既定的），货堆面积利用率与货堆面积成正比，所以要提高货堆面积利用率，就应充分利用货堆面积，减少空堆面积。

2. 提高仓库高度利用率

仓库高度利用率是指货垛平均高度与库内高度的百分比，其计算公式是

$$仓库高度利用率 = \frac{货垛平均高度}{库内面积}$$

$$仓库平均高度 = \frac{实储商品总体积}{货堆实占面积} = \frac{实储商品总体积}{货堆面积 - 空堆面积}$$

由于库内高度是既定的，所以仓库高度利用率只与货垛平均高度成正比。提高仓库高度利用率，就是要在储存重量不超过仓库负荷的条件下，尽量提高货垛高度。

3. 提高仓库负荷利用率

仓库负荷利用率是指货垛单位面积重量与仓库单位面积负荷定额的百分比，其计算公式是

$$仓库负荷利用率 = \frac{货垛单位面积重量（t/m^2）}{仓库单位面积负荷定额（t/m^2）} \times 100\%$$

$$货垛单位面积 = \frac{储存商品重量}{堆货面积 - 空堆面积}$$

由于仓库单位面积负荷定额是既定量，所以仓库负荷利用率与货垛单位面积重量成正比。提高仓库负荷利用率，就应在仓库单位面积负荷定额之内，尽量提高货垛面积的堆载量。

四、农产品仓储设施与设备

仓储设施是设备保护和增进农产品商品使用价值的必要手段。农产品仓储设施设备缺乏，储存能力落后，势必造成农产品的大量损失。农产品仓储设施设备的建设，要符合农业结构调整和布局的调整。

（一）农产品仓储设施建设原则

保管农产品的仓库应具备隔热、防潮、防漏、坚固耐用，既可通风，又便于密闭等性能。各种保管器具如木板仓、大木桶、泥缸、陶罐等也应具备相应的性能。仓库和保管器具的性能不好，如返潮、漏雨或不能防虫防鼠，质量再好的农产品也不能安全保管。

农产品仓储设施建设应遵循下面三个基本原则：

1. 仓储设施建设与商品生产和商品交换同步进行

农产品储存，从表面上看是流通的停滞。但从它参与整个营销过程来看，它又处于不断的流动之中，是农产品营销不可缺少的重要环节。随着农业商品经济的发展，一方面，农业生产专业化、商品化，使农产品商品量增多，进入流通领域的农业商品量增大，农产品储存的任务便相应地增加；另一方面，农业生产专业化、商品化，客观上要求大力加强农产品仓储设施建设，主要包括增建、扩建仓库、购置仓储设备等，以满足农产品储存的正常需要，适应和推动农业专业化的发展。

2．仓储设施建设与运输网建设相适应

农产品仓库在产地、交通枢纽、江河码头、出海港口合理布局，使仓储设施的地域分布和规模以商品流通为中心，同交通运输相适应。

3．仓储设施建设与投资主体结构改革相配套

农产品仓储设施建设在发达国家受到普遍的重视。一是政府投资建立公有仓库。二是大力鼓励并扶持农民建立仓库。农民建库，藏富于民，增强了农民抗灾保值能力，减轻了收获季节农产品的运输压力。三是实行国家、私人、联合公司一起上的方针，共同投资兴建农产品仓库。我国农产品仓库设施建设可借鉴国外一些有益的经验，改变过去单纯由国家投资兴建仓库和储存农产品的做法，实行国家、地方、农民联合投资，调动各方面的积极性，加快农产品储存设施的建设，搞好农产品储存工作。

（二）农产品仓库设施及设备建设

合理配备仓储设施设备是提高劳动生产率，缩短货物进出库时间，提高仓储服务质量，改进货物堆码，维护货物质量，充分利用仓容和降低仓库费用的必要条件。在库房中，为了完成仓储的基本职能，完全靠封闭式建筑物还远远不够，必须在库房内配备满足各种货物储存及出入库需求的数量充足的设施设备。

1．农产品仓库设施建设

仓库设施主要包括仓库主体建筑、仓库辅助建筑和仓库辅助设施设备三部分内容。

仓库主体建筑分库房、货棚和货场三种。农产品仓库的主体建筑主要用到的是库房。仓库的辅助建筑包括办公室、车库、修理间、装卸工人休息室、装卸工具储存间等建筑物。这些建筑物一般设在生活区，并与存货区保持一定的安全间隔距离。一般来说，办公室可以安排在离仓库大门较近的地方，考虑到安全因素，办公室与库房和货场的距离一般应大于20米。仓库的辅助性设施包括通风设施、照明设施、取暖设施、提升设施（电梯等）、地磅（车辆衡、轨道衡）以及避雷设施等，下面仅介绍前面三种：

（1）通风设施

通风设施用于保持库区内的空气清洁，防止高温和不良空气影响所储存货物的性能。根据通风方式的不同，仓库一般可以采用自然通风和人工通风两种。

自然通风是靠库内外温湿度的差异来实现空气交换，可以利用库房墙壁的空隙、库门和库窗来实现；人工通风则是指利用专门设置的通风装置来实现库内外空气的交换。

（2）照明设施

为便于库房内作业以及夜间作业，仓库内需要设置照明设施。仓库的照明可以分为天然照明和人工照明两种。

天然照明是指通过有效设计的库门和库窗来采光，实现库房内照明的需要。按照我国建筑规程的规定，仓库内的天然照明一般取 $30 \sim 361 \text{m/m}^2$（流明/平方米）。人工照明则是采用电气方式实现仓库的照明。为了提高作业的安全性和工作效率，仓库内人工照明应做到照度均匀，避免库内作业受阴影和炫目的影响。库内选择人工照明方式时，一般采用直射光灯。

（3）取暖设施

根据货物储存的要求和当地的气温条件，仓库内可以设置取暖设施。取暖设施分为汽暖和水暖两种。蒸汽取暖会导致库内空气过分干燥，这对货物的养护不利；热水取暖则能保持库房内有一定的湿度要求，对货物的养护比较有利。

2. 农产品仓库设备建设

仓储设备，泛指除现代仓库主体建筑以外，进行仓储业务所需要的一切设备、工具和用品。其中设备主要有：计量设备、存储设备、检验设备、安全设备等。

第一，计量设备：包括磅秤、地重衡、轨道衡、电子秤、液面液位计、流量计、检尺器、长度计量仪、自动计数器等。计量设备必须具有稳定性、灵敏性、不变性及正确性。

第二，存储设备：主要是货架，有悬臂货架、重力货架、货格式货架、旋转式货架等。

第三，装卸搬运设备：主要有两类，起重吊装机械和搬运机械。起重吊装机械主要有手动或电动葫芦、门式起重机、桥式起重机、履带式起重机、轮胎式起重机、汽车起重机、巷道堆垛式起重机等，搬运机械主要有叉车、载重汽车、平台搬运车、输送机、装卸堆垛机器人等。

第四，货物保养和检验设备：温度仪、测潮仪、吸湿器、烘干箱、空气调节器、商品质量化验仪等。在华南地区，因为常年温度高，湿度大，商品保存的天然环境比较差，所以对货物保养和检验设备要求更高。

第五，机械维修设备：磨床、洗床、篷床、车床、钻床、冲床、刨床、焊机等。

第六，安全设备：报警器、抽水机、灭火器、水枪、消防水源、砂土箱、消防云梯、避雷装置等。

根据仓储品的物理、化学性质进行仓库设备建设。不同的农产品其物理、化学性质不同，对温度、湿度、通风、密封、冷冻等方面的要求不同。只有根据不同农产品的性质建设不同的仓库，才能有效地保证农产品的使用价值。建设仓库采用先进设备的同时，还要注意采用我国传统的技术。

（三）农产品仓储设施建设建议

在仓储设施方面，一方面要加快对常规农产品仓储设施的改造；另一方面要建设一部分现代化的农产品仓储设施，全面提升农产品仓储效益。

1. 对现有仓库的技术改造，完善农产品仓库功能

加快技术改造，实现农产品仓库功能多元化是市场经济发展的客观要求，也是农产品仓库增加服务功能，提高服务水平，增强竞争力，实现农产品仓库社会化的重要途径。在市场经济条件下，农产品仓库不应该仅仅是储存农产品的场所，更要承担农产品分类、拣选、整理、加工、包装、代理销售等职能，还应成为集农产品商流、物流、信息流于一身的农产品配送中心。现在美国、日本等发达国家，基本上都把原来的农产品仓库改造成农产品的流通加工配送中心。我国一些农业产业化程度较高的地区，在农产品仓储建设方面也形成了农产品仓库与流通加工配送中心、农产品电商中心、农产品集配中心等一体化的现象。

2. 多渠道融资，建设一批现代化的农产品仓储设施

现代化要求高度机械化、自动化、标准化。由于我国长期重生产轻流通，重商流轻物

流，造成今天特别是农产品仓储业落后的局面。因此，各级政府应制定相关的优惠政策，积极引导外资和民间资本，形成多元化的投融资体系，多方筹资，尽快建设分布合理、功能完善、符合现代农业物流要求的仓储设施。

3. 加强管理，降低仓储成本

仓储成本是整个物流成本的重要组成部分，因而降低仓储成本对于降低整个系统的物流成本有着举足轻重的作用。从仓储管理技术与手段上降低成本的空间已随着科学化管理大大缩小，因而降低成本的着眼点已从这些方面逐渐转移到仓储管理中的一些小的环节和方面。尽量使每一环节、每一设备的产出率得到最大程度的提高，包括小小的包装箱。最近几年，可回收包装箱的使用程度越来越高，大多数可回收包装箱是塑料的，比纸板箱贵4～6倍，但耐用程度高于纸箱的20～30倍，从而大大节约了成本。

4. 构建冷链物流体系，升级产品仓储设施

冷库是农产品仓储的重要设施，在农产品的生产、仓储、运输、配送、零售等环节，为行业的健康发展提供了坚实保障。完善冷链物流体系，升级产品仓储设施，重点支持龙头企业开展冷链物流体系建设。注重生产、流通和销售，线上与线下相结合，支持生产端、城乡仓储及终端配送等冷链物流设施建设，形成覆盖范围广、运营成本低、使用效率高的"冷藏、运输、加工、销售"一体化的冷链物流体系。

任务三　农产品冷冻冷藏仓储管理

一、冷藏库概述

（一）冷库的定义

冷藏库（简称冷库）是在特定的温度和湿度条件下，加工和贮藏食品、工业原料、生物制品以及医药等物资的专用建筑和装置。农产品冷库是以人工制冷的方法对易腐食品进行加工和贮藏的冷藏设施，是经营肉类、蛋品、蔬菜、水果等食品不可缺少的一项设施。同时，冷库可广泛应用于食品厂、乳品厂、制药厂、化工厂、果蔬仓库、禽蛋仓库等，主要对食品、乳制品、肉类、水产、禽类、果蔬、茶叶等的保质贮藏。

图 1-3

我国冷藏库多以多层建筑为主，并且均按土建工程的模式建造。我国每年大约有 2 亿吨的生鲜农产品进入流通领域，主要为果蔬、肉类、水产品等需要冷藏的产品。我国的冷库呈现出缓中趋好、稳中有升，以及理性化、稳定化、多元化的发展特点。在冷库发展迈入一个新台阶的现在，合理合规、行之有效的管理手段也亟待解决。

（二）冷库的作用与特点

一般冷藏库多由制冷机制冷，利用汽化温度很低的液体（氨或氟利昂）作为冷却剂，使其在低压和机械控制的条件下蒸发，吸收贮藏库内的热量，从而达到冷却降温的目的。冷藏库实际上是一种低温联合起来的冷气设备，冷藏库（制冷库）也属于制冷设备的一种，与冰箱相比较，其制冷面积要大很多，但它们有相通的制冷原理。冷藏库主要用作对食品、乳制品、肉类、水产、禽类、果蔬、冷饮、花卉、绿植、茶叶、药品、化工原料、电子仪表仪器等的恒温贮藏。

比较于制冷库特殊的作用及结构，冷藏库具有以下几个特点：

第一，冷藏库是一种保持较低温度的特殊建筑物，与一般的民用和工业建筑不同。

第二，冷藏库储存的对象多为食物、工业原料、药品、生物制药等对温度有特殊要求的货物。

第三，冷藏库一般安装人工制冷设备，也有少量季节性的冷藏库是利用自然气候达到低温状态。

第四，为了减少外部导入热量，冷藏库的墙壁、地板及屋顶都铺设一定厚度的隔热材料。

第五，冷藏库的外墙绝大多数涂成白色，以反射太阳光，抑制自身温度升高。

二、冷库的分类

冷库按照服务的对象不同、发展的阶段不同以及形式不同、冷藏的货物不同等条件可以分为若干种，根据以上条件，将冷库分为以下几种类型：

（一）按照冷库的使用性质分类

1. 生产性冷库

生产性冷库大多数为食品加工企业采用，是食品加工企业的重要组成部分，一般建在货源集中的地区。将易腐性较强的食品，比如鱼、肉、禽、蛋、果蔬等，经过适当加工后送入冷库进行冷加工或冷藏，然后运往消费地区。生产性冷库的特点为冷加工能力大，冷藏的货物一般都是整进整出。

2. 流通分配性冷库

流通分配性冷库是用于物流流通环节的冷库，为市场、运输中转贮存预备食品时使用。一般建在大城市或水陆交通枢纽或者人口密集、交通便利的地区，拥有冷藏容量大，冻结能力小，并且适宜于多种食品的冷藏。

3. 生活零售端冷库

生活零售端冷库是为调剂生活需要而临时贮存食品的冷库，用于大卖场、连锁店临时储存，目的是保证店面供应和运作。其特点是冷藏库容量小，冷藏期短，产品品种多，货物装卸搬运效率低。

4. 综合性冷库

综合性冷库是配套于城市的综合供应体系的冷库，提供加工、流通、储存等综合性服务的冷库。与生活零售端冷库不同的是，综合性冷库服务整个城市大面积范围，而不单单为小区域的冷库服务。因此，综合性冷库的特点就是冷库容量大，配套设备完善，冷藏品种多，堆货卸货效率高。

（二）按照冷库设计温度分类

1. 高温冷库

一般是指将冷藏库的冷藏温度设计在 –8 ～ –2℃区间的冷藏库。因温度原因，高温冷库主要用于水果、蔬菜的加工与冷藏。

2. 中温冷库

中温冷库是将冷藏设计温度在 –23 ～ –10℃之间的冷库，这一类冷库主要用于对水产品的冷藏与加工。

3. 低温冷库

低温冷库是将冷藏温度一般设计在 –30 ～ 23℃之间。因为温度过低，主要用于冷藏速冻产品与冰淇凌。

4. 超低温速冻冷库

超低温速冻库是目前温度最低的冷藏库，库内温度一般设计为 –80 ～ –30℃。这种冷库大多数运用于冷藏医药物资的生产及运输企业。

（三）按照库体结构分类

1. 土建冷库

这是目前建造较多的一种冷库，建库模式为多层或单层。建筑物的主体一般为钢筋混凝土框架结构或者砖混结构，因此称之为土建冷库。土建冷库的围护结构属重体性结构，热惰性较大，热传导性较差；室外空气温度的昼夜波动和围护结构外表面受太阳光辐射引起的昼夜温度波动较小，故库温易于稳定。土建冷库也是目前我国存在形式最多的冷库。

2. 钢架结构冷库

又称组合板式冷库。这种冷库为单层形式，库板为钢框架轻质预制隔热板装配结构，其承重构件多采用薄壁型钢材制作。库板的内、外面板均用彩色钢板，库板的芯材为发泡硬质聚氨酯或粘贴聚苯乙烯泡沫板，故又叫组合板冷库。由于除地面外，钢结构冷库所有构件均是按统一标准在专业工厂成套预制，在工地现场组装，所以施工进度快，建设周期短，外形美观，容易清洁。

3. 土冷库

又称土窑洞冷库，洞体多为拱形结构，有单洞体式，也有连续拱形式。一般为砖石砌体，并以一定厚度的黄土覆盖层作为隔热层。用作低温的覆土冷库，洞体的基础应处在不易冻胀的砂石层或者基岩上。由于它具有因地制宜、就地取材、施工简单、造价较低、坚固耐用等优点，在我国西北地区得到较大的发展。

4. 山洞冷库

一般建造在石质较为坚硬、整体性好的岩层内，洞体内侧一般做衬砌或喷锚处理，洞体的岩层覆盖厚度一般不小于 20 米。

三、冷库的管理

冷库与一般通用库房不同，它的结构、使用性能都有特殊的要求。冷库是用隔热材料建筑的低温密封性库房,具有怕潮、怕水、怕风、怕热交换等特性。

为了使冷库内保持一定的低温,冷库的墙壁、地板及平顶都敷设有一定厚度的隔热材料,以减少外界传入的热量。为了减少吸收太阳光的辐射能量,冷库外墙表面一般涂成白色或浅色。因而冷库建筑与一般工业和民用建筑不同,有它独特的结构。

冷库建筑要防止水蒸气的扩散和空气的渗透。室外空气侵入时不但增加冷库的耗冷量,而且还向库房内带入水分,水分的凝结引起建筑结构特别是隔热结构受潮冻结损坏,所以要设置防潮隔热层,使冷库建筑具有良好的密封性和防潮隔气性能。

冷库的地基受低温的影响,土壤中的水分易被冻结。因土壤冻结后体积膨胀,会引起地面破裂及整个建筑结构变形,严重的会使冷库不能使用。为此,低温冷库地坪除要有有效的隔热层外,隔热层下还必须进行处理,以防止土壤冻结。

冷库的底板要堆放大量的货物,又要通行各种装卸运输机械设备,因此它的结构应坚固并具有较大的承载能力。低温环境下,特别是在周期性冻结和融解循环过程中,建筑结构易受破坏。因此,冷库的建筑材料和冷库的各部分构造要有足够的抗冻性能。

在管理冷库库房时,与普通仓库库房也有所区别,主要的管理措施如下:

第一,进出冷库时,要检查冷库门应保持"常闭状态";商品出入库时,要随时关门。因为空气对流是温度散失的主要原因,所以要尽量减少冷热空气的对流,凡经常出入库货品的门要安装空气幕、塑料隔温帘或快速门等装置。

第二,冷库内应根据实际情况检查各处(包括地面、墙面和顶棚)应无水、霜、冰,定期为库内的排管和冷风机除霜、化霜。当库房墙面和顶棚出现冰霜时,要认真检查库房是否漏气,隔热层是否失效。这可能是库房漏气或隔热层失效造成的。

第三,冷库是储存冷冻货品的设施,一般设计没有考虑急速降温功能,所以没有经过冻结的温度过高的货品,不能入库。一是由于较高温度的货品会造成库内温度的急速回升,使库温波动过大;二是货品带入库房的热空气会产生凝结形成库房墙面的冰霜,长时间会产生库板夹层分离。

第四,冷库库房必须按规定用途使用,商品入库时注意区分高、低温货品的区位,高、低温库不能混淆使用。没有商品存库时,也应保持一定温度。

速冻间和低温冷藏间应在 $-5℃$ 以下,高温冷藏间在露点温度以下,以免库内滴水受潮,影响建筑。

第五,冷库的地板与一般库房地板不同,有隔热层,当有货品入库时,注意检查货品的量和保存温度的要求。如果地板表面保护层破坏,水分侵入,会使隔热层失效。因此,不能将商品直接铺放在库房地板上冻结;拆垛时不能用倒垛的方法;脱钩或脱盘时,不能在地坪上摔击,以免砸坏地坪,破坏隔热层。

第六,为了防止冷库地板因温度差而发生冻结和鼓胀,要安装自然通风或强制通风装置。要保持地下通风畅通,并定期检查地下通风道内有无结霜、堵塞和积水,检查回风温度是否符合要求,地下通风道周围严禁堆放物品。

第七,冷库货品的堆放要与墙、顶、灯、排管有一定距离,地下通风道周围严禁堆放物品。

第八，冷库内要有合理的走道，方便操作、运输，并保证安全。库内操作要防止运输工具和商品碰撞冷藏门、电梯门、柱子、墙壁、排管和制冷系统的管道，在易受碰撞之处应加保护装置。

总的来说，冷库建筑是以其严格的隔热性、密封性、坚固性和抗冻性来保证建筑物的质量。

本章练习

一、单项选题

1. 水果蔬菜的保鲜温度范围为（　　　）。
A. −15 ～ 0℃　　　　B. −5 ～ 5℃　　　　C. 0 ～ 15℃　　　　D. 10 ～ 20℃

2. 下列属于冷冻农产品的是（　　　）。
A. 冰淇凌　　　　B. 鲜鱼　　　　C. 豆制品　　　　D. 奶酪

3. 下列不属于易腐农产品的是（　　　）。
A. 水产品　　　　B. 小麦　　　　C. 豆制品　　　　D. 水果

4. 冷冻区带仓库内温度保持在（　　　）。
A. −15 ～ 0℃　　　　　　　　B. 0℃以下（不含 0℃）
C. 0 ～ 10℃　　　　　　　　D. 10 ～ 20℃

二、多项选择题

1. 一般的防腐法有（　　　）。
A. 高温处理　　　　　　　　B. 干制
C. 熏制　　　　　　　　　　D. 盐渍　　　　　　　　E. 糖渍
F. 冷藏处理

2. （　　　）类产品必须经过冷链。
A. 生鲜农产品　　　　B. 加工产品　　　　C. 特种商品　　　　D. 普通产品

3. 一般情况下，根据农产品货物品类可以分为（　　　）。
A. 冻畜禽肉类　　　　　　　　B. 水产品
C. 水果　　　　　　　　　　D. 冰淇凌　　　　　　　　E. 奶制品

4. 食品危害是由（　　　）因素引起的。
A. 物理性　　　　B. 化学性　　　　C. 微生物性　　　　D. 放射性

三、简答题

1. 简述我国农产品仓储管理的流程。
2. 冷库卫生管理内容都有哪些？
3. 农产品仓储管理的性质、作用及特点是什么？

项目二 农产品冷链仓储设施管理

任务导入

农产品冷链仓储设施管理是冷链仓储管理的一个重要内容，随着经济社会的高速发展，人们生活水平的不断提高，人们对农产品的需求质量越来越高，农产品冷链仓储设施管理在农产品仓储管理中起到的作用将越来越重要。冷链仓储设备有多重选择，农产品储存方式也多种多样。

学习大纲

1. 学习冷库的相关知识。
2. 了解冷库的规划过程与建设流程。
3. 学习农产品仓储设施与设备都有哪些。
4. 掌握冷库的运作与管理

任务一 冷库概述

一、冷库的分类

冷库是在低温条件下保藏货物的建筑群，是以人工制冷的方法，对易腐物品进行冷加工和冷藏的建筑物，用以最大限度地保持食品原有质量，供调节淡旺季节、保障市场供应、执行出口任务和长期储存之用。

目前，我国的冷库分布在不同的行业，种类比较繁多。为了更好地开发、利用和管理冷库，有必要对各种冷藏库进行分类。冷库分类的方法很多，不同的分类方法可以从不同的角度反映出冷库的特性。

（一）按冷库使用性质分类

1．生产性冷库

生产性冷库主要建在食品产地附近、货源较集中的地区和渔业基地，通常是作为鱼品加工厂、肉类联合加工厂、禽蛋加工厂、乳品加工厂、蔬菜加工厂、各类食品加工厂等企业的一个重要组成部分。这类冷库配有相应的屠宰车间、理鱼间、整理间，有较大的冷却、冻结能力和一定的冷藏容量，食品在此进行冷加工后经过短期储存即运往销售地区，直接出口或运至分配性冷藏库作较长期的储藏。由于它的生产方式是从事大批量、连续性的冷加工，加工后的物品必须尽快运出，故要求建在交通便利的地方。为了便于冻品外运，商业系统对 1500t 以上的生产性冷库均要求配备适当的制冰能力和冰库；水产冷库为了供应渔船用冰，则设有较大的制冰能力和冰库。

2．零售性冷库

这类冷库一般建在工矿企业或城市的大型副食店、菜场内，供临时储存零售食品之用，其特点是库容量小、储存期短，其库温则随使用要求不同而异。在库体结构上，大多采用装配式组合冷库。随着生活水平提高，其占有量将愈来愈多。

3．中转性冷库

这类冷库主要是指建在渔业基地的水产冷库，它能进行大批量的冷加工，并可在冷藏车、船的配合下起中间转运作用，向外地调拨或提供出口。比较大的中转型冷库可发展成冷藏配送中心。

4．分配性冷库

分配性冷库主要建在大中城市、人口较多的工矿区和水陆交通枢纽，专门储藏经过冷加工的食品，以供调节淡旺季节、保证市场供应、提供外贸出口和作长期储备之用。它的特点是冷藏容量大并考虑多品种食品的储藏，其冻结能力较小，仅用于长距离调入冻结食品在运输过程中软化部分的再冻结及当地小批量生鲜食品的冻结。由于这类冷库的冷藏容量大，进出货比较集中（整进零出或整进整出），因此要求库区能与铁路、主要公路、码头相通，做到运输流畅，吞吐迅速。

5．综合性冷库

这类冷库设有较大的库容量，有一定的冷却和冻结能力，它能起到生产性冷库和分配性冷库的双重作用。是我国普遍应用的一种冷库类型。

（一）按结构类别分

1．土建冷库

土建冷库的建筑物主体一般为钢筋混凝土框架结构或混合结构。土建冷库的围护结构属重体性结构，热惰性较大，库温易于稳定。土建冷库是目前我国冷库的主要类型。

2．装配冷库

装配冷库一般为单层库，其库体为钢框架轻质预制隔热板装配结构，其承重构件多为薄壁型钢材制作。由于除地面外所有构件是按统一标准在专业工厂预制，在工地现场组装，所以施工速度快，建设周期短。装配冷库目前的发展速度很快。

3. 覆土冷库

覆土冷库的洞体多为拱形结构，有单洞体或连续拱形式。一般为砖石砌体，并以一定厚度的黄土覆盖层作为隔热层。由于它具有因地制宜、就地取材、施工简单、造价较低、坚固耐用等优点，在西北地区得到较大发展。

4. 山洞冷库

山洞冷库的洞体的岩层覆盖厚度一般不小于20m，连续使用时间越长，隔热效果越佳，热稳定性能越好。

（三）按规模大小分

1. 大型冷库

大型冷库的冷藏容量在10000t以上，生产性冷库的冻结能力每天在120t～160t范围内，分配性冷库的冻结能力每天在40t～80t范围内。

2. 中型冷库

中型冷库的冷藏容量在1000t～10000t范围内，生产性冷库的冻结能力每天在40t～120t范围内，分配性冷库的冻结能力每天在20t～60t范围内。

3. 小型冷库

小型冷库的冷藏容量在1000t以下，生产性冷库的冻结能力每天在20t～40t范围内，分配性冷库的冻结能力每天在20t以下。

（四）按使用库温要求分

1. 冷却库

冷却库又称高温库或保鲜库，库温一般控制在不低于食品汁液的冻结温度。冷却库主要用来储藏果蔬、种子培育、乳制品、饮料、蛋类、茶叶、烟草加工、药材、医药化工储藏等。

2. 冻结库

冻结库又称低温冷库，一般库温在 –20℃以下，通过冷风机或专用冻结装置来实现对肉类食品的冻结。

3. 冷藏库

冷藏库即冷却或冻结后食品的储藏库。它把不同温度的冷却食品和冻结食品在不同温度的冷藏间和冻结间内作短期或长期的储存。通常冷却食品的冷藏间保持库温 2℃ –4℃，主要用于储存果蔬和乳蛋等食品；冻结食品的冷藏间保持库温 –18℃～ –25℃，用于储存肉、鱼及家禽肉等。

（五）其他分类方法

1. 按冷库的建筑层数分

冷库按建筑层数分为单层冷库和多层冷库。这可以反映冷库的建筑结构，多层冷库需考虑垂直运输问题。

2. 按储藏的商品分

按储藏的商品分为畜肉类冷库、蛋品冷库、水产冷库、果蔬冷库、冷饮品冷库、茶叶及花卉冷库等。

3. 按冷库制冷设备选用工质分

氨冷库：此类冷库制冷系统使用氨作为制冷剂。

氟利昂冷库：此类冷库制冷系统使用氟利昂作为制冷剂。

4. 特殊冷库

比如，医药储藏库、生物制品储藏库、化工原料库、试验室冷库、试剂储藏库等。此类冷库面积较小，相对要求较高，比如对库内各点温度、备用机、防爆、选用设备品牌等要求比较高。

二、冷库的组成

冷库，特别是大中型冷库是一个建筑群，这个建筑群的主体我们把它叫做主库，除主库之外，还有其他生产设施和附属建筑。

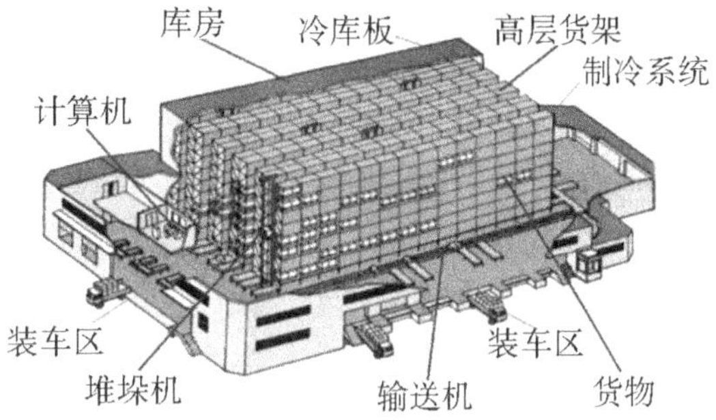

图 2-1

（一）主库

主库主要由下列单元组成：

1. 冷却间

用于对进库冷藏或需先经预冷后冻结的常温食品进行冷却或预冷。水果、蔬菜在进行冷藏前，为除去田间热，防止某些生理病害，应及时逐步降温冷却。鲜蛋在冷藏前也应进行冷却，以免骤然遇冷时，内容物收缩，蛋内压力降低，空气中微生物随空气从蛋壳气孔进入蛋内而使鲜蛋变坏。此外，肉类屠宰后也可加工为冷却肉（中心温度 $0℃ \sim 4℃$ ），能做短期储藏，肉味较冻肉鲜美。对于采用二次冻结工艺来说，也需将屠宰处理后的家畜胴体送入冷却间冷却，使品温由 $35℃$ 降至 $4℃$ ，再进行冻结。冷却间的室温为 $±0℃ \sim -2℃$ ，当食品达到冷却要求的温度后称为"冷却物"，即可转入冷却物冷藏间。当果蔬、鲜蛋的一次进货量小于冷藏间容量的 5% 时，也可不经冷却直接进入冷藏间。

2. 冻结间

对于需长期储藏的食品由常温或冷却状态迅速降至 $-15℃ \sim -18℃$ 的冻结状态，达到冻结终温的食品称为"冻结物"。冻结间是借助冷风机或专用冻结装置用以冻结食品的冷间，它的室温为 $-23℃ \sim -30℃$ （国外有采用 $-40℃$ 或更低温度的）。冻结间也可移出主库而单独建造。

3. 再冻间

它设于分配性冷库中，供外地调入冻结食品中品温超过 $-8℃$ 的部分在入库前再冻之用。再冻间冷分配设备的选用与冻结间相同。

4. 冷却物冷藏间

这种冷藏间又称高温冷藏间，室温为 $4℃ \sim -2℃$ ，相对湿度为 $85\% \sim 95\%$ ，这因储藏食品的不同而异。它主要用于储藏经过冷却的鲜蛋、果蔬；由于果蔬在储藏中仍有呼吸作用，库内除保持合适的温、湿度条件外，还要引进适量的新鲜空气。如储藏冷却肉，储藏时间不宜超过 $14 \sim 20$ 天。

5. 冻结物冷藏间

它又称低温冷藏间，室温在 –18℃～ –25℃，相对湿度在 95%～ 98%，用于较长期的储藏冻结食品。在国外，有的冻结物冷藏间温度有降至 –28℃～ –30℃的趋势，日本对冻金枪鱼还采用了 –45℃～ –50℃所谓超低温的冷藏间。

以上五类冷间的温度和相对湿度，应根据各类食品冷加工或冷藏工艺要求确定，一般按冷藏库设计规范推荐的值选取。

6. 两用间（通用间）

它可兼作冷却物或冻结物的冷藏间，机动性较大，这是通过改变冷间内冷却面积来调节室温的。但鉴于使用条件经常变化容易造成建筑物的破坏，故目前国内已很少设置。这种变温冷藏间采用装配式组合冷库较适合。

7. 气调保鲜间

气调保鲜主要是针对水果、蔬菜的储藏而言。果蔬采摘后，仍然保持着旺盛的生命活动能力，呼吸作用就是这种生命活动最明显的表现。在一定范围内，温度越高，呼吸作用越强，衰老越快，所以多年来生产上一直采用降温的办法来延长果蔬的储藏期。目前国内外正在发展控制气体成分的储藏，简称"CA"储藏。即在果蔬储藏环境中适当降低氧的含量和提高二氧化碳的浓度，来抑制果蔬的呼吸强度，延缓成熟，达到延长储藏的目的。一般情况气体成分控制如下：O_2：2%～ 5%，CO_2：0%～ 4%。控制气体成分有两种方法，自然降氧法和机械降氧法。自然降氧法是用配有硅橡胶薄膜的塑料薄膜袋盛装物品，靠果蔬本身的呼吸作用降低氧和提高二氧化碳的浓度，并利用薄膜对气体的透性，透出过多的二氧化碳，补入消耗的氧气，起到自发气调的作用。机械降氧法是利用降氧机、二氧化碳脱降机或制氮机来改变室内空气成分，达到气调的作用。

8. 制冰间

它的位置宜靠近设备间，水产冷库常把它设于多层冷库的顶层，以便于冰块的输出。制冰间宜有较好的采光和通风条件，要考虑到冰块入库或输出的方便，室内高度要考虑到提冰设备运行的方便，并要求排水畅通，以免室内积水和过分潮湿。

9. 冰库

一般设于主库靠制冰间和出冰站台的部位，也有与制冰间一起单独建造的。若制冰间位于主库顶层，冰库可设在它的下层。冰库的库温为 –4℃（盐水制冰）或 –10℃（快速制冰）。冰库内壁敷设竹料或木料护壁，以保护墙壁不受冰块的撞击。

10. 穿堂

穿堂是食品进出的通道，并起到沟通各冷间、便于装卸周转的作用。库内穿堂有低温穿堂和中温穿堂两种，分属高、低温库房使用。目前冷库中较多采用库外常温穿堂，将穿堂布置在常温环境中，通风条件好，改善了工人的操作条件，也能延长穿堂使用年限。常温穿堂的建筑结构一般与库房结构分开。

11. 电梯间

它设置于多层冷库，作为库内垂直运输之用，其大小数量及设置位置视吞吐量及工艺要求而定。一般按每千吨冷藏量配 0.9t～ 1.2t 电梯容量设置，同时应考虑检修；通常小于

5000t 的冷藏库配 3t 货梯两台，5000t ～ 9000t 的冷藏库配 3t 货梯 2 ～ 4 台，10000t 冷藏库配 3t 货梯 3 ～ 4 台。在电梯间上部设有电梯机器间，内装电梯的电动机及滑轮组。

12. 冷库站台

冷库站台供装卸货物之用。有铁路专用线的大中型生产性和分配性冷库均应分别设置铁路站台和公路站台。

铁路站台最普通的形式是罩棚式，在气温高或多风沙地区宜建封闭式站台。

公路站台是汽车用的装卸站台，它可布置在冷库与铁路站台相对的另一面，或与铁路站台连接。小型冷库只设公路站台。公路站台应高出路面 0.9m ～ 1.1m，与进出最多的汽车高度相一致。它的长度按每 1000t 冷藏容量约 7m ～ 10m 设置，其宽度由货物周转量的大小、搬运方法不同而定。一般公称容积小于或等于 4500m³ 的冷库的站台宽度为 4m ～ 6m；公称容积大于 4500m³ 的冷库的站台宽度为 6m ～ 8m，用手推车作业时取 4m ～ 6m，用电动叉车作业时取 6m ～ 8m。

13. 其他

如挑选间、包装间、分发间、副产品冷藏间、饮品冷藏间、楼梯间等。

（二）制冷压缩机房及设备间

1. 制冷压缩机房

它是冷库主要的动力车间，安装有制冷压缩机、中间冷却器、调节站、仪表屏及配用设备等。目前国内大多将制冷压缩机房设置在主库邻近单独建造，一般采用单层建筑。国外的大型冷库常把制冷压缩机房布置在楼层，以提高底层利用率。对于单层冷库，也有在每个库房外分设制冷机组，采用分散供液方法，而不设置集中供冷的压缩机房。

2. 设备间

它安装有卧式壳管式冷凝器、储氨器、气液分离器、低压循环储液桶、氨泵等制冷设备，其位置紧靠制冷压缩机房。在小型冷库中，因机器设备不多，压缩机房与设备间可合为一间，水泵房也包括在设备间内。

3. 变、配电间

它包括变压器间、高压配电间、低压配电间（大型冷库还设有电容器间）。变、配电间应尽量靠近负荷大的机房间，当机房间为单层建筑时，一般多设在机房间的一端。变压器间也可单独建筑，高度不得小于 5m，要求通风条件良好。在小型冷库中，也可将变压器放在室外架空搁置。变、配电间内的具体布置视电器工艺要求而定。

4. 锅炉房

锅炉房应设置在全年主导风向的下风向，并尽可能接近用气负荷中心。它的容量应根据生产和生活的用气量（并考虑到同期使用系数，管网热损失等）确定。锅炉房属于丁类生产厂房，其建筑耐火等级不低于二级。

（三）生产厂房

1. 屠宰车间

它的任务是为宰杀生猪加工成白条肉提供空间，是根据建库地区正常资源和产销情况来确定。根据冷库加工对象的不同，还可设清真车间（或大牲畜车间），宰鸡、宰兔车间。

2. 理鱼间或整理间

理鱼间是供水产品冻结前进行清洗、分类、分级、处理、装盘、过磅、包装等工序的场所，一般按每吨冻鱼配 10m ～ 15m 操作面积计算，处理虾、贝类则根据具体操作方式适当扩大。果蔬、鲜蛋在冷加工前先在整理间进行挑选、分级、整理、过磅、包装，以保证产品的质量。理鱼间或整理间都要求有良好的采光和通风条件，地面要便于冲洗和排水。

3. 加工车间

商业冷库常设有食用油加工间、腌腊肉加工间、熟食加工间、副产品加工间、肠衣加工间、制药车间等。水产冷库常设有腌制车间、鱼粉车间等。

4. 其他

如化验室、冷却塔、水塔、水泵房、一般仓库、汽车库、污水处理场、铁路专用线、修理间等。

（四）办公、生活用房

办公、生活用房包括办公楼、医务室、职工宿舍、俱乐部、托儿所、厕所、浴室、食堂等。

（五）其他

危险品仓库是单独建筑的专储汽油、酒精、丙酮、制冷剂等易燃、易爆物品的库房，它应距其他建筑 20m 以上。另外还有传达室、围墙、出入口、绿化设施等。

三、冷库的功能分析

冷库的功能是对需要储藏的物品（主要指食品）进行一定的生产加工，然后在适宜于存放的低温环境中储藏。也可以说，冷库的功能就是在低温环境中储藏物品。为了能够在低温环境下储藏物品，必须在储藏前进行冷却、冻结加工，还要在进库前进行检验、过磅，出库前过磅等一系列工序。下面根据冷藏物品的货流路线，作出各类冷库的功能分析图，以表示各生产工序之间的相互关系，物品入口和出口的相互关系，为冷库建筑的平面设计提供明确的功能要求。

（一）禽类生产性冷库功能分析

食品入库后经过检验、分级后进行冷却加工，在常温下进行过磅、包装，再运入冻结间，冻结结束后将食品转入冻结物冷藏间储藏，最后过磅出库。在整个加工过程中，除冷却后的过磅、包装工序是在常温下进行的之外，其他工序（冷却、冻结、冻藏）都是在低温下进行的，这样在平面设计时就比较容易处理冷热分区的问题。

中小型禽类生产性冷库的出入口可布置在一个方向，只要站台够长，不会出现货流交叉。对于大型冷库，进出口可布置成 90° 方位。

（二）肉类生产性冷库功能分析

大部分食品经过检验、分级、过磅后进入冷却间，成为冷却品后又转入冻结间冻结，冻结品再经脱钩（钩、轮等返回屠宰间）、过磅，进入冻结物冷藏间，最后过磅、出库。

一部分食品冷却后经冷却物冷藏间冷藏，而后过磅、出库，或冷却后直接出库。一次冻结的食品不经冷却直接进入冻结工序。

冻结间和冻结物冷藏间联系密切，且库温都较低，这部分算作低温区；冷却间和冷却物冷藏间关系密切，且库温相同（近），相对前者而言，可称为高温区；检验、分级、过磅部分称为常温区，这三个区之间用穿堂联系。在平面设计时，要注意低、高、常温区的隔离问题。

为避免进出货物路线交叉，较大型冷库或进出货物频繁的冷库，进出货物口至少应保持 90° 的方向差。

（三）鱼、虾生产性冷库功能分析

该工序比较简单，水产品在理鱼间清洗、分级、装盘、过磅后直接进入冻结间冻结，再经脱盘、包装（也有不包装的）即运入冻结物冷藏间储藏，最后过磅、出库。脱盘后有一回盘（笼）工序返回理鱼间。

（四）分配性冷库功能分析

运来的食品经检验、过磅后大部分直接送入冻结物冷藏间储藏，其中温度高于 -8℃龙的食品进入再冻间冻结，然后再进冻结物冷藏间。这类冷库工序简单，进出口一般都在一个方向。

四、冷库的特点

（一）冷库建筑的特点

冷库建筑不同于一般的工业与民用建筑，主要表现在不仅受生产工艺的制约，更主要的是受冷库内外温度差和水蒸气分压力差的制约，以及由此引发的温度应力、水蒸气渗透和热量传递的制约。它要为易腐食品在低温条件下"冷却—保鲜—冻结—冷藏"，为保持食品的色泽、味道和营养价值提供必要条件——"冷"。按冷库使用性质的不同，库房温度一般相对稳定在 0℃～ -40℃之间某一温度，使建筑物内部经常处于低温条件下，而建筑物外部则随室外环境温度的变化经常处于周期性波动之中（有昼夜交替的周期性波动，也有季节交替的周期性波动），加之冷库生产作业所需经常开门导致库内外的热湿交换等，促使冷库建筑必须采取相应的技术措施，以适应冷库的特点。这也是冷库建筑有别于普通建筑的特点所在，具体体现在以下几个方面：

1. 冷库既是仓库又是工厂

冷库是仓库，要有仓储的功能，且载货量、吞吐量大，库温低。冷库又是工厂，必须要满足各种不同食品冷加工生产工艺流程的合理要求，受生产工艺流程的制约。它与库内外运输条件、包装规格、托板尺寸、货物堆装方式、设备布置等有关。

2. 冷库在"门、窗、洞"方面的特殊性

为了减少库内外温度和湿度变化的影响，冷库库房一般不开窗。孔洞尽量少开，工艺、水、电等设备管道尽量集中使用孔洞。库门是库房货物进出的必要通道，但也是库内外空气热湿交换量最显著的地方，由于热湿交换使门的周围产生凝结水及冰霜，多次冻融交替作用，将使门附近的建筑结构材料受破坏。所以，在满足正常使用的情况下，门的数量也应尽量少。《冷库设计规范》规定，面积在 1000m² 以下的冷藏间可只设一个门，在 1000m² 以上的可最多设两个门。同时，在门的周围应采取措施，如加设空气幕、电热丝等。

3. 冷库需要减少"冷桥"现象

"冷桥"是传递热量的"桥梁"。在相邻库温不同的库房或库内与库外之间，由于建筑结构的联系构件或隔热层中断等都会形成"冷桥"。如在冷库围护结构的隔热层中，有热导率比隔热材料的热导率大得多的构件（如梁、板、柱、管道、支架等）穿过或嵌入其中，以及管道穿墙处松散隔热材料下沉脱空等，都是比较典型的冷桥。由于冷桥的形成，在冷桥处容易出现结冰、霜、露现象，如不及时处理，该现象逐渐加重，致使冷桥附近隔热层和构件的损坏。所以，可以说冷桥是冷库土建工程破坏的主要原因之一。为此，为防止热量传递影响库房温度和防止建筑结构的损坏，在设计、施工和使用时应注意尽量减少冷桥的形成，出现冷桥的地方，必须及时处理。这也是与普通建筑不同的地方。

4. 冷库需要有隔热、隔汽和防潮的结构

隔热冷库库房温度一般较库外环境温度低（北方高温库在冬季除外），而且受外界环境温度波动的影响，导致库内温度产生波动。这时，需用制冷的方法来补充库房所需冷量，维持冷加工和储藏所需的低温功能。为减少冷量的损耗，减少或阻止外界热量通过库房的围护结构进入库内，需在冷库建筑的围护结构上设置具有隔热性能的隔热层，且要有一定的厚度和连续性。

围护结构设置隔热层可以减少热量的传递，但水蒸气的渗透和水分的直接浸入将导致隔热材料受潮，使材料的热导率大大增加，隔热性能降低。为此，在冷库围护结构中应增设隔汽层以减少蒸汽的渗透，增设防潮层以防止屋面水、地下水、地面水、使用水浸入隔热层。

5. 冷库需要有防热辐射的结构

为减少太阳辐射热的影响，冷库表面的颜色要浅，表面光滑平整，尽量避免大面积日晒。层顶可采取措施，如架设通风层来减少太阳辐射热直接通过屋面传入库内影响库温。

6. 冷库需要有地坪防冻的措施

冷库地坪虽然铺设了与库温相适应的隔热层，但它并不能完全隔绝热量的传递，只能降低其传递的速度。当冷库降温后，库温与地坪下土层之间产生较大的温差，土层中的热量就会缓慢地通过隔热层或冷桥传至库内，也可以说冷量由库内传至土层，使土层温度降低。低温库房的温度常年在0℃以下，若地坪下土层得不到热量的补充，将使0℃等温线（冰点等温线）逐渐移至土层中，使土层中的水分受冻成冰。由于温差的存在及冰晶的形成，土壤上、下层之间产生了水蒸气分压力差，使下层土壤中的水蒸气不断向上层移动，导致冰冻体逐渐扩大。随着时间的推移，0℃等温线不断向土层深入，土层中的冰冻体也不断加大，水分结冰产生的体移膨胀力最终将引起地坪冻臌或地基冻臌现象，危及建筑结构安全。因此，低温冷库的地坪除了设置隔热层、隔汽层防潮层之外，还要采取地坪防冻措施。龙以上。冷库地坪冻臌现象还与土壤的结构有关，粗质土壤，包括砾石、粗沙等不致引起冻臌的危险；但在细质土壤中，如细沙、黏土、淤泥等容易引起冻臌现象。

（二）冷库结构的特点

结构主要是指承担建筑物各部分质量和建筑物本身质量的主要构件，如屋架、梁、楼板、柱子、基础等，这些构件构成了建筑的传力系统。

1. 冷库结构类型

按承重部分组成的材料不同，一般可分为以下几种结构类型：

（1）钢结构

主要承重结构构件（如梁、柱、桁架等）是由各种类型的钢材组成的叫钢结构，在冷库建筑中多用于大型装配式冷库。

（2）钢筋混凝土结构

主要承重构件是由钢筋混凝土组成，如钢筋混凝土梁、板、柱、基础等组成的钢筋混凝土框架系统，多用于单层冷库，多层冷库多用钢筋混凝土无梁楼盖结构。

（3）砖混结构

主要承重部分由砖、钢筋混凝土梁、板组成，如砖墙、砖柱、钢筋混凝土梁、钢筋混凝土板等。较大型冷库一般不用该方式，单层小型冷库如采用砖混结构时，应采取措施防止因冻融循环而损坏结构。

（4）砖木结构

主要承重部分由砖木组成，如砖墙、砖柱、木楼板、木屋架等。这类结构在冷库中很少使用。

2. 冷库结构的特点

由于冷库库房具有低温的特殊性，因此冷库结构也有较一般建筑不同的特点：

（1）载荷冷库

库房主要用作存放食品，其载荷大，活载荷可达 $1t/m^2 \sim 3t/m^2$。

（2）温度内力

冷库建筑结构在冷间降温后，由于建筑材料的热胀冷缩，产生垂直或水平方向的胀缩变形，在构件之间的相互约束作用下产生温度内力，如设计不当，易产生裂缝。必须加以注意，采取必要的措施，减少温度变化作用对结构引起的破坏。

（3）建筑材料

冷库库房经常处于低温潮湿或冻融频繁的环境下，因此建筑结构所采用的材料应耐低温、耐湿、抗冻性能好。一般多采用钢筋混凝土结构。钢筋混凝土构件除应保证结构上的安全、耐久要求外，还要考虑受冻融、炭化、风化和化学侵蚀等影响，冷间内钢筋混凝土受力钢筋宜采用Ⅰ、Ⅱ级热轧钢筋；冷间钢结构构件应按现行国家标准《钢结构设计规范》GBJ17 中的规定选用钢材。

（4）锚系梁的设置

库房外墙与库内承重结构之间每层均应设置锚系梁。锚系梁间距可为 6m。墙角处不宜设置，墙角至第一个锚系梁的距离不宜小于 6m。墙角砖砌体应适当配筋。

（5）钢筋保护层厚度

冷间内钢筋混凝土构件的受力钢筋保护层厚度应符合规定要求。

（6）伸缩缝的设置

库房现浇钢筋混凝土楼板温度伸缩缝间距不应大于 50mm，在有充分依据或可靠措施的情况下，伸缩缝间距可适当增加。

（7）降温要求

钢筋混凝土结构及砖混结构的库房，投产前必须逐步降温，每日降温不得超过 3℃，当库房温度降到 4℃时，应保温 3 ～ 4 天，然后再继续降温。

五、土建式冷库

（一）土建式冷库的结构形式

土建冷库库房的结构形式常用梁板式结构和无梁楼盖结构两种。

1. 梁板式结构

梁板式结构由梁、板、柱三种构件组成，楼面载荷由楼板传给主梁，再由主梁经柱子传给基础。

梁板式结构多用于小型单层冷库库房，具有技术简单、施工方便的特点。冷库要求整体性好，宜用现浇梁板结构。为方便制冷管道安装和便于库内气流组织，库房内的梁多做成反梁。

2. 无梁楼盖结构

多层冷库不宜采用梁板式结构，因板底有主、次梁通过，不利于隔热层和隔汽层的施工，也不利于制冷管道的安装和气流组织，更不能充分利用建筑空间。目前，多层冷库库房多采用无梁楼盖结构。

无梁楼盖结构是由楼板、柱帽、柱组成。为了整体性好，多用现浇无梁楼盖。无梁楼盖结构的特点是：

第一，现浇板底光滑平整，有利于顶排管和风道的设置，同时也有利于库内气流组织。

第二，因板底无梁，库房内的空间可充分利用，节省土建投资。

第三，板底如需倒贴隔热层和隔汽层时，施工方便，且节省材料。

第四，板底光滑平整，不易积聚灰尘，卫生条件好。

（二）土建式冷库的构成要素

土建式冷库主要由围护结构和承重结构组成，围护结构除承受外界风雨侵袭外，还要起到隔热、防潮的作用。承重结构则主要支撑冷库的自重及承受货物和装卸设备的重量，并把所有承重传给地基。

土建式冷库结构应有较大的强度和刚度，并能承受一定的温度应力，在使用中不产生裂缝和变形，冷库的隔热层除具有良好的隔热性能并不产生"冷桥"外，还应起到隔汽、防潮的作用。冷库的地坪通常应作防冻胀处理，冷库的门应具有可靠的气密性能。

1. 冷库地基与基础

土建式冷库的地基是指承受全部载荷的土层；基础是直接承受冷库建筑自重并将全部重量传递给地基的结构物。基础应具有较大的承载能力、足够的强度，并将冷库载荷均匀地传到地基上，以免冷库建筑产生不均匀沉降和裂缝，同时基础也应具有足够的抗潮湿、防冻胀的能力。一般冷库多采用柱基础。

2. 冷库的柱和梁

柱是冷库的主要承重物件之一。土建式冷库均采用钢筋混凝土柱,柱网跨度大。一般冷库柱子的纵横间距多为 6m×6m,大型冷库为 16m×16m 或 18m×18m。为施工方便和敷设隔热材料,冷库柱子的截面均取方形。大型单层冷库库内净高一般不小于 6m,中小型单层冷库为 4m～8m,多层冷库通常亦不小于 4m～8m。

梁是冷库重要的承重物体,有楼板梁、基础梁、圈梁和过梁等形式,冷库梁可以预制或现场钢筋水泥浇制。

3. 冷库墙体

墙体是冷库建筑的主要组成部分,墙体可以有效地隔绝外界风雨的侵袭和外界温度的变化及太阳的热辐射,并有良好的隔热防潮作用。冷库外墙主要由围护墙体、防潮隔汽层、隔热层和内保护层等组成。围护外墙一般采用砖墙,其厚度为 240mm～370mm,在特殊条件下,也有现场浇制钢筋混凝土墙或预制混凝土墙等。对于砖外墙,其外墙两面均以 1：2 水泥砂浆抹面。外墙内依次敷设防潮隔汽层、隔热层及内保护层。目前新建冷库防潮隔汽层多为油毡或新型尼龙薄膜,并敷设于隔热层的相对高温侧,油毡隔汽一般为二毡三油。冷库隔热层可用块状、板状或松散隔热材料,如泡沫塑料、软木、矿渣、棉等敷设或充填。

在某些分间冷库中,设有内墙,把各冷间隔开。当两邻间温差 ≤ 5℃时,可采用不隔热内墙,以 120mm 或 240mm 厚砖墙,两面水泥砂浆抹面;隔热内墙多采用块状泡沫塑料与混凝土作衬墙,再作隔热防潮,并以水泥砂浆抹面,隔热内墙的防潮隔汽层做在两侧,亦可只做在高温侧。

4. 冷库屋盖、楼板及阁楼层

冷库屋盖应满足防水防火、防霜冻、隔热和密封坚固的要求,同时屋面应排水良好。冷库屋盖主要由防水护面层、承重结构层和隔热防潮层等组成。冷库的屋盖隔热结构有坡顶式、整体式和阁楼式三种结构。阁楼式隔热屋盖又分为通风式、封闭式和混合式三种。

多层冷库的楼板为货物和设备重量的承载结构,应有足够的强度和刚度。冷库楼板可采用预制板,但以现场钢筋混凝土浇制为多。

（三）土建式冷库围护结构的防潮

冷库由于内外空气温差较大,则必然形成与温度差相应的水蒸气分压力差,进而形成水蒸气从分压力较高的高温侧通过围护结构向分压力较低的冷库内渗透。当水蒸气经过围护结构内部后到达低于空气露点温度的某温区时,水蒸气即凝结为水或结冰,造成隔热结构的破坏,隔热性能下降,因此在冷库结构两侧,当设计使用温差等于或大于 5℃时,应采取防潮隔汽措施,或者在温度较高的一侧设置防潮隔汽层。

冷库设计防潮隔汽层应符合下面几种情况:砌砖外墙外侧应作水泥砂浆抹面;外墙体防潮隔汽层应与地面、层盖防潮隔汽层良好地搭接;冷却间与冻结间隔墙隔热层两侧宜设防潮隔汽层;隔墙的隔热层底部应作防潮处理;所有防潮隔汽层敷设时均应顾及冷库其他隔热结构防潮隔汽层的连续性。

冷库常用的防潮隔汽材料有石油沥青、油毡、沥青防水塑料和聚乙烯塑料薄膜等。其中石油沥青的防水蒸气性能好，又有一定弹性、抗低温、防潮隔汽性能稳定等特点。若与油毡结合使用，能达到良好的防潮隔汽效果。塑料薄膜的透气性好和吸水性低、机械强度大、柔软性好，但耐老化、耐低温性能差。目前多数冷库仍以沥青、油毡作防潮隔汽层。

（四）土建式冷库的隔热

冷库隔热对维持库内温度的稳定、降低冷库热负荷、节约能耗及保证食品冷藏储存质量有着重要作用，故冷库墙体、地板、屋盖及楼板均应作隔热处理。

冷库的隔热结构除具有良好的隔热、防潮性能外，还应有一定的强度，其楼板和地坪应有较大的承载能力。隔热层内应避免产生"冷桥"，具有持久的隔热效能。冷库隔热层内壁设有保护层，以防装卸作业时损坏。

土建式冷库常用隔热材料有：

1. 软木

常用的软木又称碳化软木，为板、管、壳等形的制品。碳化软木导热系数小，抗压强度大，无毒，施工方便，可用于冷库隔墙、地面、楼板、管道等的隔热，但价格较高，且容易虫蛀、鼠咬和霉烂受潮。

2. 玻璃棉及制品

玻璃棉导热系数小，不燃烧，不霉烂，价格便宜。目前多制成隔热板或管壳，使用方便，抗冻性好。

3. 聚苯乙烯泡沫塑料

自熄性的聚苯乙烯泡沫塑料有着良好的隔热性能。但遇有明火或受热易产生对人体有害的气体，故目前已不使用。

4. 聚氨酯泡沫塑料

该类型隔热材料可预制成各种厚度或直径的板料或管壳，用于冷库墙体、地板、屋盖隔热及至表面直接喷涂或灌注发泡成型，使用方便。聚氨酯泡沫塑料导热系数小，吸水率低，耐低温和自熄性好，是冷库隔热中选用较多的材料。

（五）土建式冷库的地坪防冻胀

土建式冷库建筑在地面上，由于地基深处与地表的温度梯度而形成热流，造成地下水蒸气向冷库基础渗透。当冷库地坪温度降到0℃以下时，则导致地坪冻胀，毁坏冷库地坪。

冷库地坪防冻胀的方法有地坪架空、地坪隔热层下部埋设通风管道或对地坪预热等。小型冷库多采用预制梁把地坪架空。架空式地坪防冻，其进、出风口高于室外地面应不小于150mm，并在进、出口设置气流网栅。在采暖地区架空式地坪进出口，还应增设保温的启闭装置。架空层进风口宜面向当地夏季最大频率风向。

另外，当采用预热式地坪防冻胀时，其机械送风温度取10℃，热液温度取15℃，排风或回液5℃。通风水泥管宜取250mm～300mm，无缝钢管取38mm～57mm。载热液体须经过滤后送入。加热管应设在地坪隔热层下的混凝土垫层内，并采用钢筋网将加热管固定。金属加热管须采用焊接连接，混凝土施工前应作表面0.6MPa/24h的校漏试验。

六、装配式冷库

（一）装配式冷库的特点

装配式冷库是由预制的库板（夹芯隔热板）拼装而成的冷库，称为装配式冷库，又称组合式冷库。根据用户的需要，可以方便而迅速地组合成不同尺寸、不同库内间壁、不同库门位置、不同类别（高温库、低温库、气调库）的冷库。因此，装配式冷库广泛适用于各企业、事业单位、宾馆、饭店、酒店、商店等部门作为蛋、禽、乳制品、肉、海产品及其他食品冷冻、冷藏之用。

装配式冷库与其他小型冷库相比，具有如下特点：

第一，由于库板（夹芯隔热板）是在工厂里批量生产的，所以装配式冷库组装周期短，投产使用见效快。

第二，具有结构简单，能反复拆卸，运输方便，便于移动，因此，它很适宜于库址不定，需迁移的单位使用，故又称为移动式冷库。

第三，装配式冷库的库板是采用先进水平生产线专用设备制造成型的，加工精度高，库板相互间采用偏心钩联结，库板拼装后板缝均匀，涂以密封胶后密封性良好。

第四，库板采用硬质聚氨酯泡沫塑料板芯或膨胀的聚苯乙烯泡沫塑料板芯，面板材料常采用 0.5mm ～ 1.0mm 厚的镀锌钢板、不锈钢板、涂塑钢板或合金铝板，因此，库板加工的保温性能良好。如 ZL–26m^3 装配式冷库，库板的传热系数 K=0.208W/（m^2·K）[0.179kcal/（m^2·h·℃）]，同时也具有很好的防火性能和防水性能。

第五，装配式冷库外形美观、大方。

第六，库体质量轻。

（二）装配式冷库的分类

装配式冷库按其容量、结构特点有室外装配式和室内装配式之分。

室外装配式冷库均为钢结构骨架，并辅以隔热墙体、顶盖和底架，其隔热、防潮及降温等性能要求类同于土建式冷库。室外装配式冷库一般容量在 500t ～ 1000t 的范围内，适用于商业和食品加工业使用。

室内装配式冷库又称活动装配冷库，一般容量在 5t ～ 100t 的范围内，必要时可采用组合装配，容量可达 500t 以上。室内装配式冷库最适用于宾馆、饭店、菜场及商业食品流通领域内使用。

（三）室内装配式冷库的结构

冷库库体主要由各种隔热板组即隔热壁板（墙体）、顶板（天井板）、底板、门、支撑板及底座等组成。它们是通过特殊结构的子母钩拼接、固定，以保证冷库良好的隔热、气密。冷库的库门除能灵活开启外，更应关闭严密，使用可靠。

室内装配式冷库的隔热板均为夹层板料，即由内面板、外面板和硬质聚氨酯或聚苯乙烯泡沫塑料等隔热芯材组成，隔热夹层板的面板应有足够的机械强度和耐腐蚀性。

夹层板的内外面板多为玻璃钢板，亦有薄钢板、铝合金板或其他塑料板。冷库以夹层板做墙体，其接缝连接应牢固、平整、严密。其密封材料应无毒、无臭、耐老化、耐低温，有良好的弹性和隔热、防潮性能。

（四）室内装配式冷库的分级表示

室内装配式冷库常用 NZL 表示（NZL——大写汉语拼音字母，分别表示室内装配式冷库），根据库内温度控制范围它分为 L 级、D 级和 J 级三种类型。

室内装配式冷库标记示例：NZL-20（D）表示库内公称容积为 $20m^3$，库内温度为 $-18℃\sim -10℃$ 的 D 级冷库。

室内装配式冷库所有焊接件、连接件必须牢固、防锈。所有镀铬或镀锌的镀层应均匀。冷库的木制件应经过干燥防腐处理，冷库门装锁和把手及安全脱锁装置，其 D 级、J 级冷库门或门框上暗装电压 24V 以下的电加热器，以防冷凝水和结露，库内装防潮灯，测温元件置于库内温度均匀处，其温度显示装在库外壁易观察位置。冷库地板应有足够的承载能力。大中型室内外装配式冷库还应考虑装卸运载设备的进出作业。另外，冷库的底部应有融霜水排泄系统，并附以防冻措施。

七、气调冷库

（一）气调储藏的形成与发展

所谓气调储藏就是同时利用人工制冷制造低温环境和调节气体介质成分的方法，抑制果蔬生理活动（主要是呼吸作用），达到延长储存时间、保持果蔬新鲜程度和延长果蔬销售货架期的目的。目前气调储藏在国外极为普及（气调库在果蔬库中占 1/3 以上），美国更是高达 75%，法国、英国约占 40%。我国气调储藏技术应用较晚。

在商业上的应用还是近十几年的事情，早期少数较完善的气调库大部分是从国外引进。随着我国国民经济的发展，人民生活水平不断提高，人们对跨地区、反季节高档水果、蔬菜的需要量越来越大。气调冷库储藏是调节区域、季节需求的最佳途径之一，也是推进农业产业化的基础工作。

（二）气调冷库保鲜原理

气调冷库保鲜原理是：在冷库冷藏的基础上提高冷库储藏环境的相对湿度，并人为地调节冷库中特定的气体成分，在维持水果正常的生理活动的前提下，有效地抑制呼吸、蒸发、激素、微生物和酶的作用，延缓其生理代谢，推迟后熟衰老进程和防止变质腐坏，使水果更长久地保鲜。气调冷库的气体调节就是将空气中的氧气浓度由 21% 降到 3% ～ 5%，即保鲜冷库是在高温冷库的基础上，加上一套气调系统，利用温度和控制氧含量两个方面的共同作用，以达到抑制果蔬采摘后的呼吸状态。

根据不同的气调原理，气调方式有以下类型。

1. 按调节方法分

（1）自然降氧（简称 MA 储藏）

降氧是指靠果蔬自身的呼吸作用，来改变氧和二氧化碳的含量。该方法的优点是操作简便，成本低。但降氧时间长，气体成分不能较快地达到一定的配比，影响果蔬气调效果。

（2）机械降氧（简称 CA 储藏）

机械降氧是利用机械设备快速降氧，使果蔬短时间内进入气调环境。

第一，充氮降氧。将制氮机产生的氮气充入库内来置换空气，以达到快速降氧和控制适量二氧化碳的目的。

第二，最佳气体成分置换降氧。人为地将氧、二氧化碳、氮等气体，按最佳气体成分指标要求，配置成混合气体充入储藏环境。充入前先对储藏环境抽空。这种方式储藏效果最好，但成本高。

第三，减压气调。利用真空泵将储藏环境中的一部分气体抽出，同时将外界空气减压加湿后输入，储藏期间抽气、输气装置连续运行，保证果蔬储藏的低压环境。应用该方式是靠降低气体密度来产生低氧环境的，只要控制好储藏环境的真空度，就可以得到不同的低氧含量。但减压储藏对设施的密闭性和强度要求较高。

2. 按气调设备分

（1）塑料薄膜帐气调

利用塑料薄膜对氧和二氧化碳有不同渗透性和对水透过率低的原理，来实现气调和减少水分蒸发。塑料薄膜对气体有选择性渗透，可使塑料帐内气体成分自然地形成气调储藏状态，对需要快速降氧的塑料帐，封帐后可用机械降氧机快速实现气调条件。应用该方式帐内二氧化碳含量会不断升高，应定期用专门仪器检测，及时调整气体的配比。

（2）硅窗气调

根据不同的果蔬及储藏条件，选择面积不同的硅橡胶织物膜，热合于用聚乙烯或聚氯乙烯制作的储藏帐上，作为气体交换的窗口，简称硅窗。

硅橡胶织物膜对氧和二氧化碳具有良好的透气性和适当的透气比，不但可以自动排出储藏在帐内的二氧化碳、乙烯等有害气体，还有适当的氧气透过率，避免果蔬发生无氧呼吸。

（3）催化燃烧降氧气调

采用催化燃烧降氧机，以工业汽油、液化石油气等为燃料，与从冷藏间排出的空气混合，进行催化燃烧反应。反应后的无氧气体再返回冷藏间，如此循环，直至把含氧量降到要求值。这种方法加之果蔬的呼吸作用，会使冷间二氧化碳含量升高，可结合使用二氧化碳脱除机降低二氧化碳含量。

（4）充氮气降氧气调

用真空泵从冷间抽出空气，然后充入氮气。抽气、充气交替进行，使冷间氧气含量降到要求值。氮气源为液氮钢瓶充氮或氮分子筛制氮机制氮，后者一般用于大型气调库。

（三）气调冷库的使用特点

气调冷库采用一种间接制冷方式，即采用乙二醇作载冷剂。其与直接制冷方式不同，系统主机是低温盐水机组（将压缩机、冷凝器、蒸发器、膨胀阀以及其他附属设备组装在一起，直接可以提供要求温度的低温水，大部分采用氟利昂做工质，当然也可采用氨做工质，用压缩机及其附属设备配成制冷系统制取低温盐水或乙二醇水，具有占地面积小、可缩短安装时间、节省投资等优点），用以制取乙二醇低温水，用专用水泵将低温水送至库内换热器中，再由换热器对库内环境进行制冷。除此之外还在系统中增加了一套蓄冷罐，在每个供液回路上增加了增压泵、温度控制电动调节阀等。

该制冷系统的冷却系统与一般制冷系统基本相同，由于是冷水机组，需要的冷却水量比一般冷库小。电气控制系统的控制精度高于普通冷库，也更复杂，价格则相对稍高（如果不追求过高精度，价格可和普通冷库的控制系统持平）。与普通冷库相比，采用间接制冷具有如下优点：

1. 控制精度高

气体成分、温度、湿度是气调库的三个基本参数，除了有一定的基本值（每种果蔬均有不同的数值要求）要求外，对控制精度和稳定性的要求更高。如前所述，气体成分必须准确检测并精确控制，更重要的是气体成分必须稳定。同样，库内温度、湿度也必须稳定、精确。气调库要求的温度范围应该不大于 ±0.5℃。采用间接制冷由于控制的是水流量，很容易采用较高控制精度的自控元件（可采用成套进口的电动调节阀，温度传感器的精度可以达到 ±0.2℃，最关键的是可以实行无级调节，准确地控制进入库内换热器的冷水流量）。

2. 节省运转费用

加厚保温层减少了外界传入热量而减少了设备运转时间，节省部分费用。更重要的是，间接制冷系统中增加了蓄冷罐，可以任意选择开机的时间，比如选择夜间制冷，将制好的冷水储存在蓄冷罐中，白天冷库需要降温时再进行循环。由于夜间的冷凝温度低，制冷效率要比白天高出许多，克服了一般冷库越在白天高温时间越需要开机多耗电而效率低的缺点。

3. 保证库内湿度恒定

在间接制冷系统中，由于采用的是制冷剂在表冷器中换热的方法，换热温差一般设定在 3℃，增加了换热面积，但不增加太多的风量，基本可以保证库内湿度恒定，这也是一个标准气调库长时间储存的水果出库后与新鲜水果相比外观、色泽并无太大差距的主要原因之一。

4. 系统运行安全

气调库一般长时间不开库门，库内设备的运转情况也不能向普通冷库那样可以随时检查。由于采用乙二醇制冷，即使泄漏了也不会污染货物。

5. 操作方便

由于系统中用了蓄冷罐，将制冷系统与后段的用冷系统分开，而后段的冷水输送基本可达到全自动控制，操作者仅需要操作前段的低温盐水机组。由于蓄冷罐的负荷、输出冷水流量稳定，设备运行十分稳定，操作大大简化，设备寿命因此大大延长。后段的自动控制较之于人工操作，又可达到人力无法实现的控制精度。

（四）气调冷库的基本结构

1. 气调库建筑

气调库是建立在冷库的基础上，要求具有良好的保温性。气调冷库围护结构的要求与普通储藏冷库不同。普通储藏库仅要求保温隔热，而气调冷库还要求围护结构的气密性好。

因为气密性好是库内气体成分稳定的前提，若不能达到要求，即使气调设备能力再强也很难保证气体成分的稳定，这对果蔬长期储藏是十分不利的。目前，国内几个能真正达到标准要求的气调库绝大部分采用组合式结构，主要原因就在于组合式冷库的气密性相对容易保证。其采用的是金属面板夹心板，现场装配完成后，仅对板缝、地面以及冷库进出管线孔进行气密处理即可。目前，国内某些公司已经通过引进消化国外的先进技术完全掌握了这种气密处理方法，其气调库的气密性达到甚至超过国际标准的要求。如图 2-2

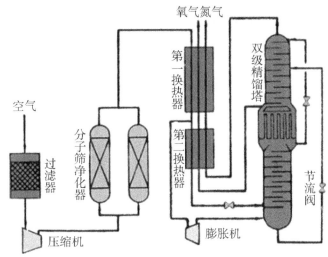

图 2-2　气调冷库的基本结构

气调库的防护结构可以采用土建。现代化气调库已经采用轻钢结构体，具有造价低、不受施工季节的影响、维护简单、残值高等优点。

气调库体可以采用组合式保温板结构。其保温性、防潮性、气密性比较可靠。也可以由土建冷库改造为气调库，但气密处理比较复杂，使用风险很大，日常维护工作较多。

气调库外围区域应该考虑布局合理，预留设备管理区及技术通道，另外在布局规划时应该科学地考虑货物通道、货物滞留区、货物加工整理区、月台等面积。

2．制氮系统

中空纤维膜氮气分离式是比较先进的气体发生系统，通过中空纤维膜，对不同大小的气体分子进行选择性的分离原理，将被压缩空气中的 N_2 与 O_2 分离，达到调节气体组分的目的。由于其技术性能优越，产品质量可靠，因而目前已被广泛选用。

3．气体脱除系统

产品气调储藏时，依然进行微弱的呼吸，并不断排出过多的 CO_2 以及自身释放的乙烯和芳香酯类等催熟性物质。这些物质可以用气体脱除系统清除。这种气体脱除系统通常叫作 CO_2 脱除器。

4．制冷设备

气调储藏需要制冷系统的支持。由于氟制冷系统具有无色无臭、安全可靠、安装简单、自控程度高等优点，被广泛应用于气调库。

5．气体调节站

气调库以集群式建造比较经济合理。通过气体调节站，集群式气调库可以共用一套气体调节设备，大大降低了投资成本。

6．其他设备

加湿器由于气调库内果蔬经过长期储藏，且填充入的氮气也很干燥，果蔬水分蒸发较多。为降低储藏环境与果蔬的水蒸气分压力差，抑制水分的蒸发，保持气调库内最佳相对湿度，减少干耗损失，一般气调库都要设置加湿器。

气体分析仪及气体控制系统。气调库在整个储藏期内都必须精确测量和控制各间库的气体成分。主要是库内 O_2 与 CO_2 的检测，用于适合果蔬保鲜气调储藏库内气体成分的分析，其要求是精度高、操作方便、使用寿命长。检测仪在测出氧超标，就应开启制氮机充氮降氧，直到氧含量达到工艺参数设定值。

任务二　冷库的规划、设计与建设

一、冷库选址

（一）冷库选址的总体原则

冷库建设的第一步是冷库选址。有时候，新建一个冷库项目，在做可行性分析报告之前就要考虑到冷库选址。库址选择得合理与否，关系到工程的建设速度、基建投资和投产后的管理及经济效益。因此，选择库址要根据冷库的性质、规模、建设投资、发展规划等条件，结合拟选地点的具体情况，审慎从事、择优确定。

图 2-3

按使用性质，冷库可分为分配性冷库、零售性冷库、生产性冷库三类。生产性冷库建于货源较集中的产区，还要考虑交通便利、与市场的联系等因素。冷库以建在没有阳光照射和热风频繁的阴凉处为佳，小型冷库最好建造在室内。冷库四周应有良好的排水条件，地下水位要低，冷库底下最好有隔层，且保持通风良好，保持干燥对冷库很重要。

（二）冷库选址的具体条件

为了正确地选择库址，一般应考虑以下的具体条件。

1. 经济依据

首先要考虑当地在原料、材料、能源、用水和其他资源的供应方面，以及在生产协作、货运、销售市场等方面是否具备建库的有利条件。冷库应根据其使用性质，在产地、货源集中地区或主要消费区选址，力求符合商品的合理流向。在总体布局上，不应布置在城镇中心区及其饮用水源的上游，应尽量选在城镇附近。

2. 地形地质

选址时应对库址的地形、地质、洪水位、地下水位等情况进行认真调查或必要的勘测分析。选址应本着节约用地、少占农田、不占良田的原则，尽可能利用荒地、瘠地和坡地，不应片面强调库址的平坦。基地面积以能满足使用要求并适当考虑今后扩展余地为原则，不宜圈地过多，避免多征少用或早征迟用。同时还应注意少拆迁或不拆迁民房，力求用地紧凑。库址外形简单，库址要有良好的地质条件，要求土质均匀，多层冷库库址的地耐力应不小于 $15t/m^2$；并不得在崩塌、滑坡层、淤泥层、流沙层、断层、沼泽、溶洞、有开采价值的矿藏上、古坟、采石场旧址等地选址。地下水位要低，其最高水位应尽可能在拟建冷库的地下室地坪以下，且必须在冻结线以下。库址的标高应高出附近河流的最高洪水位0.5m，以便生产废水、生活污水、地面雨水等能自流排放。选址时还应注意与城镇规划的及现有的公路标高相适应，与铁路、河流、码头的标高相适应，避免大填大挖，尽量减少土方工程量。多层冷库不宜选在烈度9度以上的地震区；如必须在地震区建库时，应以中小型为主，分散设置，尽量选在对抗震有利的地段，并做好基础处理，采取相应的抗震设防措施。

3. 水源

冷库是用水较多的企业，水源是确定库址的重要条件之一。故库址附近必须保证有充裕的水源。水源一般取用江河水或深井水（应掌握其水量、水质情况），如库址的水源充沛，冷却水可采用一次用水，但大多数情况还是采用循环用水。小型冷库在无天然水源时可采用自来水循环使用。屠宰和生产加工用水必须符合饮用水标准。沿海地区的冷库在缺乏淡水的情况下也可用海水作为冷却水，但应注意解决设备防腐蚀和管道寄生贝藻类问题。

4. 区域环境

冷库库址周围应有良好的卫生环境，故选址时应考虑当地城市建设的远期发展规划，了解库址周围环境的卫生情况及今后污染的可能趋势。库址应远离产生有害气体、烟雾、放射物质、粉尘、臭气或对地下水有严重污染的厂矿企业，尽量选择在工业区的上风地带，并宜位于污水处理场排出口的上游。库址还不应设在受污染河流的下游和传染病院附近。冷库的卫生防护距离，必须符合我国《工业企业设计卫生标准》的规定。此外，还需了解本地区的水利规划，避免选在大型水库（包括拟建者）的下游及受山洪、内涝或海潮严重威胁的地段。

5. 电源

冷库供电属于第二类负荷，需要有一个可靠的、电压较稳定的电源。应力求缩短新建高压输电线路至电源接头点的距离。如果附近没有电源，一般应另选库址，不考虑自设发电设备供电（边远地区除外）。因此，选址时应对当地电源及其线路供电量作详细了解，并应与当地电业部门联系，取得供电证明。

6. 交通运输

必须考虑选址附近具有便利的水陆交通运输条件，以利货源调入和调出。对于大中型冷库要求附近有船舶码头或有铁路通过，而且接轨方便或可与附近企业接轨，力求缩短铁路专用线的长度。选址时应向有关部门了解修建专用线的可能性，并取得可以接轨的证明。中小型冷库主要以公路运输为主，故选址应尽量靠近公路，以缩短库外新建道路的长度。应尽量避免修建桥涵和隧道。

此外，还要了解附近有无热电厂和其他热源可以利用；附近有无居民点、公用生活设施、中小学，工人上下班交通是否方便等。

库址选定后，要尽快取得城建部门同意征地建设和卫生部门同意污水排放的文件，铁道部门同意接轨及水运部门同意建设码头的文件，水电及热源供应部门同意供给水、电、热能的文件，并完成技术勘测，取得水文地质、工程地质、钻探等资料，作出 1 ∶ 500 比例的库址地形图，以便完成报批手续及开展设计工作。

二、冷库厂总体设计

冷库的库址一经选定，即应根据现有资料拟出总平面布置方案和草图，以供技术勘测、征地及征求城建部门意见所用。待技术勘测工作全部完成，地形、土壤、地质、水文等资料齐全后，再结合城建等有关部门的意见，修改方案，绘出正式的总平面布置图。

（一）冷库厂总体设计的要求

1. 冷库厂总体设计的依据

冷库厂区总平面布置的依据是冷库要满足所要进行的生产工艺，保证生产流程的连续性。为此，应将所有建（构）筑物、道路、管线等按生产流程进行联系和组合，尽量避免作业线的交叉和迂回运输。具体说，就是要从满足食品冷冻冷藏工艺要求和便利产品运输出发，布置各车间和库房的相互位置。

2. 冷库总体设计的要求

冷库的总平面布置应按批准的设计任务书进行。这项工作包括对冷库区内所有建（构）筑物、道路、铁路专用线、码头、工程管线、绿化设施等进行总体设计和竖向设计。具体任务是：

第一，确定库区建筑物、室外场地、道路、铁路、码头及工程技术管线的标高，并使库区内外各工程的标高能互相衔接。

第二，拟定库区的排水方式，包括采取有效的防洪排涝措施。

第三，按设定的不同标高平整场地，确定土石方工程量。

在具体做法上要结合城镇规划、库址地形地质、生产工艺流程、卫生、防火、劳动保护、交通运输等要求研究确定，在满足使用要求和节约用地的原则下，力求做到各建（构）筑物的布置紧凑，生产流程的组织合理，交通运输方便，工程管线最短，有利于施工操作和便于生产管理。

3. 主要技术经济指标

总平面布置要注意近期建设与远期发展相结合，除已确定建筑的第二期工程可在总平面布置中预留用地外，应避免过早过多地征用土地。总平面布置的主要技术经济指标是：

（1）库址占地面积

（2）建筑物占地面积

（3）构筑物占地面积

（4）露天仓库及操作场地占地面积

（5）铁路、道路、人行道占地面积

（6）土石方工程量

（7）库区土地利用系数

（8）建筑系数

对于生产性冷藏库，库区土地利用系数应控制在不小于40%，建筑系数应控制在不小于30%。分配性冷藏库和水产冷藏库库区土地利用系数应控制在不小于70%，建筑系数则应控制在不小于50%。

变配电间、机房、锅炉房等建筑物应尽量布置在负荷中心区附近。厂前区的布置应与城市规划及周围的环境相协调。

水产冷藏库是渔业基地的一个重要组成部分，它的总平面布置要同基地规划结合考虑。为了缩短运输距离，减少往返运输，其主库位置一般应靠近卸鱼码头。

（二）冷库厂总体建筑设计

1. 库区划分

冷库厂区各建（构）筑物按使用性质和卫生防护要求可分为原料区、生产区、行政福利区和隔离区。布置时应注意做到功能分区明确，运输管理方便，协调生产，方便生活。对于生产性冷藏库，应根据库址的自然条件和卫生防护要求，将产生污染的原料区、隔离区、生产区的锅炉房、煤场等布置在库区的边缘或夏季主导风向的下风带。职工住宅区应尽量与生产区分开建设，最好布置在屠宰车间及原料区的上风地带。

2. 建筑物的布置

（1）建筑物布置总体要求

为了节约用地，紧凑地布置建（构）筑物、铁路、道路、工程管线的位置，在满足生产、防火、卫生、防震、防尘、防噪声、日照、通风等条件的要求下，应采取措施合理缩小区与区、房与房之间的距离。如统一规划，防止各区各自留有余地，合理减少防火、防震、卫生间距等。要充分利用零星边角碎地，布置次要建（构）筑物和堆场。凡生产性质、防火、安全、卫生要求、动力供应、运输条件相类同或联系密切的建（构）筑物应尽可能集中布置或合并向多层发展。

建筑物的布置要符合通风、采光、防尘等要求，如机房、锅炉房和能产生大量热量、烟尘、噪声的车间应布置在通风良好的地段，并远离办公楼、居住区，其长轴最好与夏季主导风向垂直或不小于45°布置。

库区内生产车间与办公室生活用房，应分区规划，避免交错布置，以利于文明生产。办公生活区内各建筑物的布置，要考虑到生产区的噪声干扰及建筑物高度与日照的关系，并应有供职工文体活动的场地和建造必要的设施。对库区内的环境要进行绿化和美化设计。

（2）各建（构）筑物的卫生防护间距

各建（构）筑物的卫生防护间距必须按《工业企业设计卫生标准》的有关条文执行。

"三废"处理的设计应按照《工业"三废"排放试行标准》执行。有生产污水排出的屠宰车间宜布置在住宅区下风向；锅炉房要设置集尘器，加高烟囱，以减少烟尘危害；并采取利用自然地形、种植树木草坪等措施，以减小卫生防护间距。

3. 建筑物及堆场的防火间距

冷库区内的建筑物及堆场的防火间距应按照《建筑设计防火规范（试行）》执行。冷库建筑物的耐火等级取决于建筑物构件的材料和做法；现有冷库的各类建筑物，如冷库、机房、变配电间、一般车间、仓库、办公室等，其耐火等级为 2～4 级不等。

（三）库区的交通运输设计

冷库库区的铁路专用线、道路、码头设置，应分别按照我国《工业企业标准轨铁路设计规范》《工矿道路设计规范》《港口工程设计技术规范》执行。

1. 铁路专用线的设计

铁路专用线布置既要做到经济合理，又要同库区总平面有良好配合，便于车间布置，力求做到线路短而纵坡小，有效直线段长，曲线半径大，弯道短，转折角小，用地省，工程量小。同时，还应该满足以下要求：

第一，进入库区的铁路专用线一般应设机车回车线，其需要的长度为 55m。

第二，站台铁路线股道数，应根据运输量及具体方式而定，铁路双股线之间标准距离为 5m。站台宽度为 7m～9m；站台边缘顶面应高出轨顶 1.1m，站台边缘距铁路中心线的水平距离为 1.75m；站台长度一般为 220m。当受地形等条件限制时，可适当缩短，但不应少于 128m；站台边缘距站台柱净距不应小于 2m。

第三，库区内铁路作业线的有效长度（即警冲标两点之间的距离），应能满足货物装卸运输及车辆调度等方面的要求；对于大型冷藏库，它相当于一大列机械保温列车（23 节、410m）的调车长度，对于中型冷藏库则为一小列机械保温列车（12 节、2Mm）的调车长度。一小列机械保温列车的作业线长度最小为 250m，用 9 号道岔则从末端警冲标志至线路终点的长度为 107.8m。铁路专用线进入库区后，应设在平直的线段上；若受地形限制，允许设在坡度不超过 2.5% 的坡段上。

2. 库区内道路的设计

库区的人行及货运道路应尽量避免与铁路专用线平面交叉，生活区的行车道路更要注意安全。道路与相邻建（构）筑物的距离应尽量取小，以节约用地。但库区道路网的布置也应考虑卫生、防火等方面的要求，使救护车、消防车能开到出事地点，此外还应考虑工程管线的设置及绿化用地的要求。

库房的公路站台设计宜符合下列规定：第一，公称容积大于 4500m³ 的冷库的站台宽度为 6m～8m；公称容积小于等于 4500m³ 的冷库的站台宽度为 4m～6m；第二，站台边缘顶面高出站台下地面 0.9m～1.1m。

对于装卸任务较多的公路站台，其正前方应设回车场，以便车辆掉头。回车场可以根据地形，结合周围场地的情况，做成各种形式（如直角式或斜列式）。大中型冷库回车场的面积应不小于 20m×20m，小型冷库回车场的面积则不小于 15m×15m。回车场地坡度以 0.5%～1% 为宜。考虑到防尘、防震等要求，库区内道路及回车场采用水泥混凝土路面。通道、引道可采用泥结碎石路面。

3. 冷库专用码头的设计

对于渔业基地的冷库，应根据地质、水文、气象、潮汐以及停泊渔船和运输船只的吨位等方面的资料，妥善合理地选择码头形式，确定码头泊位和岸线长度。对于有条件利用内河水运的冷库，在选址时应收集有关水路运输的资料。在总平面设计时，注意把装卸码头的位置布置在河床稳定、河道平直和开阔的河段上，以便船只的回转和停泊。

（四）冷库厂管线设计

建设大中型冷库须绘制管线综合平面图，以解决各种管线在平面和竖向布置方面出现的问题。管线布置的原则是：线路应做到短捷，转弯数量最少，尽量减少相互交叉，要便于施工和检修，不要影响交通和安全，避免相互干扰，节约用地和投资。

1. 工程管线

工程管线宜成直线敷设，一般与道路、建筑物的轴线平行布置。干线应布置靠近主要用户和连接干线较多的一侧。布置工程管线时，应尽量符合下列要求：

（1）临时性的让永久性的

（2）管径小的让管径大的

（3）有压力的让自流的

（4）新设计的让已有的

（4）软的让硬的

管线综合时，还应避开考虑生产发展而预留扩建建筑物和扩建管线的位置。

管线敷设分地下敷设（包括直接埋地或管沟敷设）和地上敷设（包括沿外墙、沿挡土墙、沿地面、架空敷设等）两类。

2. 地下管线

地下管线一般布置在车行道以外的地段，当这样布置有困难时，也可将检修较少的管线（如污水管、给水管）布置在车行道下。消防栓用的给水管可沿路边埋设，饮用给水管的布置应远离污水管。铁路专用线下面不得平行敷设任何管线。

地下管线综合时，要合理安排管线敷设的顺序，一般考虑从建筑物的基础外缘向道路中心由浅到深进行敷设，其顺序依次是：电信电缆、电力电缆、热力管、煤气管、给水管、雨水管、工业污水管。

地下管线布置遇到交叉时，一般应符合下列要求：

（1）煤气管，易燃、可燃液体管在其他管线上面

（2）给水管在污水管上面

（3）电缆在热力管和电信电缆下面，但在其他管上面

（4）热力管在电缆、煤气、给排水管上面

互相干扰的管线（如热力管与易燃液体管、煤气管与电缆等）不应敷设在同一地段或地槽。凡地下敷设制冷剂或载冷剂管道的，最好设专用地沟。

除电力、电信线路外，一般管线大都采取地下敷设，但在遇到下列情况时，可考虑采用架空敷设：

第一，水文地质条件很差（如地下水位很高、有流沙层等），不适宜采用地下敷设时；

第二，地下管线甚多，但不能保证足够的敷设宽度时；

第三，改为地上管线后，有可能节省大量土石方工程时；

第四，山坡地段高差大，如采用地下敷设，管线综合不易处理时。

架空管线应尽可能集中在一种支架上，或利用建筑物的墙壁作为支架。在综合管线时，要注意支架的基础和净空高度符合运输和人行的要求（特别不要影响消防车和救护车的通行），避免挡住建筑物的采光，并注意库区的整齐美观。

凡架空的电力线路尽量不跨越建筑物，如万不得已必须跨越时，须取得有关部门同意，并按电力管理部门的有关规定执行。

（五）冷库冷却系统的选择

冷库冷却系统的选择主要是冷库压缩机与蒸发器的选用。一般情况下，小型冷库选用全封闭压缩机为主。因全封闭压缩机功率小，价格相对便宜；中型冷库一般选用半封闭压缩机为主；大型冷库选用半封闭压缩机，在选用时，也可考虑选用氨制冷压缩机，因为氨制冷压缩机功率大，并可一机多用，但冷库安装及管理比较烦琐。在蒸发器的选用时，高温冷库以选用冷风机为蒸发器，其特点是降温速度快，但易造成冷藏品的水分损耗；中、低温冷库选用无缝钢管制作的蒸发排管为主，其特点是恒温效果好，并能适时蓄冷。

三、冷库的建筑方案

冷库的建筑方案是根据冷库的性质、生产规模、工艺流程、设备安装及所用建筑材料等条件并结合库址的具体情况（地下水位、地质、地形等）而确定的。同时还应满足使用上、卫生上、施工技术上和建筑艺术上的要求。

（一）冷库建筑形式的确定

1. 冷库的建筑形式

目前我国采用的冷库建筑形式大致有三类：第一类是较大跨度的单层土建式冷库；第二类是较大跨度的单层装配式组合冷库；第三类是适当跨度的多层土建式冷库。对于生产性或综合性冷库的建筑层数，应根据屠宰加工工艺流程方向确定，如为竖向布置时应采用多层土建式建筑，如为水平布置时则应采用单层（土建式或装配式）建筑。对于货物进出频繁的中型冷库均宜采用单层（土建式或装配式）建筑。对于小型冷库现普遍采用单层装配式冷库。

2. 冷库建筑层高的确定

随着冷藏食品包装容器的改进，现正逐步采用标准容器包装，适于搬运和堆码工作的完全机械化，因此单层冷库的层高可以达到8m～15m，其建造已日趋广泛。

在冷库建筑中，2～3层的建筑是不适宜的。因为2层以上的冷库，垂直运输需要装设电梯，但2～3层冷库的电梯利用率较低，在投资和设备使用上都不经济。由于冷库的动载荷很大，7层以上的冷库须大大增加基础投资，造价也较高，同时垂直运输量也增大。因此，多层冷库的层数通常宜采用4～6层。同时，冷库主体建筑最好能接近于正方体，以减少外围护结构的表面积。

库房的层高应根据使用要求和堆货方法确定，并考虑建筑统一模数。目前国内冷库堆货高度在3.5m～4m，单层冷库的净高一般为4.8m～5.0m，采用巷道或吊车码垛的自动化单层冷库不受此限制。多层冷库的冷藏间层高应不小于4.8m，当多层冷库设有地下室时，地下室的净高不小于 2.8m。冻结间的层高根据冻结设备和气流组织的需要确定，一般采用 4.2m ～ 4.8m（建筑净高 3.8m ～ 4.3m）。冻结间与冷藏间设于同一层内时，其高度可按后者确定。盐水制冰车间的建筑层高可取 6.7m，人工堆冰的冰库建筑层高一般在 4m 以上，采用机械堆冰时可取 5m ～ 10m。

（二）影响冷藏库容量的因素

1. 冷藏库平面的几何形状

食品冷藏都有一定的保质期，为了保证库存食品的质量，应按先进先出的原则进行储存管理，故冷藏间内必须设置通道。库房宽度在 10m 以内的可在一侧留通道，宽度在 10m ～ 20m 的在库中央留通道，当库房宽度超过 20m 时，每 10m 宽加一条通道，以便货物的分垛装卸。手工搬运的通道宽度为 1.2m，机械搬运的则取 1.8m，货垛之间还应留有 0.3m ～ 0.6m 的间距，这样不仅装卸货物方便，还使得冷藏间内的空气能通畅地自然流动，缩小区域温差。

由于通道的设置，势必影响冷藏间面积的利用，一般来说，冷藏间面积布置成正方形或接近正方形，面积的利用率最高。

2. 冷藏间的净高

在冷藏间有效使用面积不变的情况下，有效容积取决于有效堆货高度。有效堆货高度由冷藏间净高减去平顶（或梁底表面）与顶管的距离、顶管的高度、货垛与顶管的距离及垫木高度而得。可见冷藏间的净高越大，其容积使用率也越大。但是冷藏间的净高也受冷库楼板载荷、库内的区域温差，装卸设备等因素制约。目前国内冷藏库堆码高度一般采用下列数据：

30t 以下的生活服务性冷库　1.8m ～ 2.0m

300t 以下的小冷库　2.5m ～ 4.0m

500t ～ 1500t　3.3m ～ 4.2m

1500t 以上　3.8m ～ 4.5m

3. 使用的冷分配设备

由于货垛与冷分配设备之间要保持一定的间距，因此，大小相同的冷藏间若设置不同的冷分配设备，它们的有效容积显然也不一样。对于冻结物冷藏间来说，采用集中或满铺布置的顶管时，它的容积使用率最高；而对于冷却物冷藏间来说，容积利用率则以采用带均匀送风道的冷风机为最高。至于冻结间，纵向吹风式的容积利用率比横向吹风式较高，使用吊顶式冷风机比落地式冷风机较高。

（三）冷库保温材料的选择与敷设

冷库保温材料的选用必须因地制宜，既要有良好的隔热性能，又要经济实用。冷库隔热材料分几种类型，一种是加工成固定形状及规格的板块，有固定的长度、宽度和厚度，可根据库体安装的需要选择相应规格的库板，高、中温冷库一般选用 10cm 厚的库板，低温冷库及冻结冷库一般选用 12cm 或 15cm 厚的库板；另一种冷库可以用聚氨酯喷涂发泡，把材料直接喷到待建冷库的砖或混凝土仓库中，定型后既防潮又隔热。隔热材料有聚氨酯、聚苯酯等。聚氨酯不吸水，隔热性较好，但成本较高；聚苯酯吸水性强，隔热性较差，但成本较低。现代冷库的结构正向装配式冷库发展，制成包括防潮层和隔热层的冷库构件，做到现场组装，其优点是施工方便、快速，且可移动，但造价比较高。

（四）电梯和电梯间的设计

1. 电梯运载能力的计算

载货电梯运行速度一般为 0.25m/s ～ 0.7m/s。一般四层库的电梯一个小时可以上下工作 10 ～ 12 次。如果运载的货物不是单一品种时，设计计算电梯的运输能力，以主要货物为标准计算。例如采用手推车运输白条猪肉的冷藏库，一台三吨的电梯，轿厢内可同时容纳六部运载小车，每部车载白条肉 10 片，每片平均重 25kg，电梯工作效率 10 次 / 小时，则其运输能力为：0.025×10×6×10=15 Hit/ 台·小时，采用托货板载货，铲车运输时，应根据具体情况确定。

设置电梯的数量，主要根据电梯的实际运载能力和吞吐运输的具体要求。如果是从铁路冷藏列车或冷藏船装卸货物，装卸的时间是有限制的，电梯数量要能满足限定时间内装卸的要求。但在计算时，应扣除底层不需用电梯的货量。对没有规定装卸时间要求，并且是零进零出的库，电梯数量不应少于两台。吞吐量特别大，设在港门的整进整出的对外贸易分配性冷库，电梯数量可根据实际要求适当配置。

2. 轿厢的选择

目前冷藏库内的地面水平运输工具正向机械化发展，铲车就是用得最多的机械化工具。由于铲车的使用，对电梯轿厢的选择就提出了新的问题。使用手推车时，车、货可以同时进电梯轿厢，能充分利用轿厢的进深。最大的轿厢可以同时容纳两排共六部手推车。如使用铲车，载重量 1.0t ～ 1.2t 的国产铲车，其自重为 1.7t ～ 1.9t，有的甚至达 2.4t，不能考虑铲车带货进入电梯轿厢。虽然托货板载货的数量比手推车载货量要大些，但不能充分利用轿厢的进深。所以应根据运输工具的种类选择轿厢的规格，一般采用手推车时，轿厢的进深可以大些，采用铲车时，轿厢的尺寸宜宽不宜深。但如能在轿厢的相对两侧同时作业，可以按两排托货板的尺寸选择轿厢，但电梯布置设计时应考虑能进行两侧作业。

一般载重量两吨的轿厢尺寸有：（以 mm 为单位）2000×2500、2000×3000、2500×2500；载重量三吨的轿厢尺寸有：2000×3000、2500×2500、2500×3500、3500×40000。根据冷藏库使用的运输工具选择轿厢尺寸，能较充分地发挥电梯的使用效率。

3. 电梯间的设计

多层库储存的食品必须利用电梯上下运输。电梯上下工作的效率主要取决于对电梯的每次装卸作业的速率。影响装卸作业速率的因素是多方面的，而电梯间对货物运输是否顺便是主要因素之一。基本要求是：电梯的位置要安排适当，电梯门尽可能靠近冷库门，以方便水平运输工具来回运输。

电梯间的穿堂应有足够的宽度，一般不小于 5m，为适应机械运输宜增加到 7m。这样水平运输工具相互阻碍的情况就可以减少。

（五）制冰系统的设计

1．制冰间

工程制冰方法有盐水制冰、桶式快速制冰和沉箱式快速制冰等。采用快速制冰方法的制冰间，对建筑物的要求比较简单，这里只谈关于盐水制冰的制冰间设计布置。

（1）制冰间的尺度与设备的关系

盐水制冰是在低温（一般为-10℃）的盐水池中，将冰桶中的水冻结成冰。制冰所用的设备是制冰池、融冰池、倒冰架、倒冰台、吊车、加水箱和冰桶。有的还有液压推进装置。冰桶一般有三种规格，50kg、100kg、125kg。因盐水制冰设备目前尚无统一型号，所以制冰间的尺寸各不相同。

（2）倒冰台

倒冰台包括钢筋混凝土台架结构及台面板（以木或竹制）。台架结构可以是平的，台面板则以倒冰架为起点略向下倾斜。冰从桶中倒出后滑撞所及的墙面均要加防撞板。

台的宽度，从倒冰架中线到对墙之间距离不宜小于3m。倒冰台的水可以通过地漏溅落台架下，然后排出，地漏的位置注意距离储冰间外墙不小于1m。

2．冰库（储冰间）

一般把专门用于储冰的冷藏库称为冰库。储冰容量计算与冷藏库容量计算方法相同。冰库设计时要注意确定地面的标高、地面排水及碎冰清除等方面的问题。

3．滑冰道

滑冰道是制冰厂内用来输送冰块的构筑物。它是借助于冰块的重力，在具有一定坡度的滑道内，自行滑动运输冰。这种输送方式的特点是不需要消耗动力，利用起点和终点高差冰块所具有的势能来克服冰块与滑道之间的摩擦阻力，达到运送目的。

一般滑冰道分为水平输送和垂直输送两类。滑冰道的结构形式很多，有木结构、钢筋混凝土结构和钢结构等。几种结构形式各有其优缺点，实用中可根据使用情况和当地具体条件进行选择。

（六）机房的设计

通常把包括压缩机间、设备间、变配电间、水泵房以及油料房、工具房、工人值班休息室等组合在一起统称为机房。这种组合的建筑设计应与制冷、供电、供水等的设计紧密配合。下面主要介绍压缩机间和配电间的设计。

1．设计规范

第一，氨压缩机房的防火要求应符合现行《建筑设计防火规范》中火灾危险性乙类建筑的有关规定。

第二，氨压缩机房的自动控制室或操作值班室应与机器间隔开，并应设固定观察窗。氨压缩机房屋面应采取隔热或保温措施。

第三，机器间的墙裙、地面和设备的基座应采用易于清洗的面层。

第四，变、配电室与氨压缩机房毗邻时，共用的隔墙应采用耐火极限不低于4小时的非燃烧体实体墙，并应抹灰。该墙上只允许穿过与配电室有关的管道、沟道，其孔洞周围应采用非燃烧性材料严密堵塞。

第五，氨压缩机房和变配电室的门应向外开启，不得用侧拉门。配电室可通过走廊或套间与氨压缩机房相通，走廊或套间门的材料应为难燃烧体，并应有自动关闭装置。配电室与氨压缩机房共用的隔墙上不宜开窗；如必须开窗时，应用难燃烧的密封固定窗。

2. 对建筑设计的要求

第一，机房高度。最小型的冷库机房，高度一般不宜低于4m。500t以上的冷库，机房高度应不低于5m，大中型冷库机房高度应不低于6m。

第二，平面尺度。设备台数少的小型冷库，压缩机间宽度一般不宜小于4.5m；布置有两排压缩机的需7m～9m。长度方向宜留有适当余地。

第三，通风采光条件。压缩机间设备发热量比较大，夏天温度较高，一般应有较好的自然通风。两面侧墙应有窗，有可能的话两端墙也应开窗。窗的采光面积通常不小于地板面积的1/7。但要注意在炎热季节里不宜有强烈阳光直射入内。机房侧窗宜分为高低两排，将高低窗之间的墙面留供装设沿墙管道之用。氨压缩机房应设事故排风装置（包括辅助设备间），换气次数取8次/小时，排风机宜选用防爆型。

第四，出入口。要有两个以上的出入口，其中的一个出入口宽度不应小于1.5m。开门位置应考虑设备进出的方便，门应朝外开。

四、冷库的平面布置

冷库建筑平面设计的主要任务是根据设计任务书的要求、总图所限定的客观条件，确定建筑平面中各组成部分的范围以及它们之间的相互关系。冷库建筑平面设计是整个冷库建筑设计中十分重要的部分，它对建筑方案的确定有着重要影响。平面设计与结构方案的选择、设备的布置有直接关系，又与整个建筑造型有密切的关系。可以说，一个好的建筑设计方案，首先要使建筑平面设计合理；反之，如果建筑平面设计不合理，必然就不会是一个好的冷库设计方案。所以，首先要抓住建筑平面设计，综合考虑各方面的因素进行反复细致的推敲，才能为其他部分的设计提供一个良好的基础。

（一）设计布置的原则

1. 要满足制冷和生产工艺的要求

冷库的平面布置和竖向布置首先要满足制冷工艺的要求，考虑到制冷设备、装置在施工安装和生产操作上的方便，尽量简化和缩短管道系统。对于冷却间、冻结间、冷藏间、制冰间、冰库的布置一定要符合冷加工食品的流向，服从生产工艺流程，满足生产能力的要求。

2. 提高使用系数

在进行方案布置时，要进行分析比较，尽量提高冷库建筑面积的使用率。

在不影响生产的前提下，减小穿堂、过道、楼电梯间、站台等辅助部分的面积，并将不需冷却的部分移出隔热体之外。此外，为减少内隔墙和库内走道，冷藏间的分间不宜过多、过小，一个冷藏间的容量一般可取400t左右，有的可在千吨以上。冷藏间的平面宜呈方形，同时要求建筑结构简化，尽可能采用等跨和对称的结构方案。

3. 考虑装卸运输机械的进出

冷库内各冷间、穿堂、过道、楼电梯、站台等的布置、出入口的高度、宽度及与站台的连接、上下站台的坡度都应满足装卸运输机械的要求。

4. 考虑民族习惯

在汉族和少数民族混合居住的地区，除了汉族或少数民族专用的冷库外，对混合使用的冷库，在设计布置时应考虑和尊重各民族的宗教信仰和风俗习惯，将牛羊肉和猪肉分别进行冷加工和储藏。对易散发异味的货物，也应设置专用库房。

（二）关键区域的平面组合

1. 高、低温区的组合

首先，由于各个冷间的作用不同，库温要求也不一致，其组合大致可分为高于0℃的"高温"和低于0℃的"低温"两部分。其中有的冷间库温稳定，如冷藏间；有的冷间库温经常变化，如冻结间。所以，在建筑热工处理上，应根据不同情况分别处理。如果热工状况不同的冷间互相毗邻，其交接部位的构造处理将会很复杂，而且不易取得理想效果。其次，由于库内外热湿交换不同，使库房易损坏的程度有所不同。如高温区只发生结露、凝水现象，一般不会出现冰霜；而低温区则可能产生凝水、结冰霜现象，甚至发生冻融循环。让易损坏与不易损坏的库房互相毗邻，则本来不易损坏的也将被牵连而影响正常使用。因此，应根据各库房的温度要求及热湿交换情况进行组合布置。由功能分析图可以看到，冷却间、冷却物冷藏间属高温区，冻结间、冻结物冷藏间属低温区。按温度分区，可采取以下几种组合方法：

（1）分开布置

将高温区与低温区分为两个独立的围护结构体，在使用上方便，建筑热工处理上互不影响，有利于向库温单一化、专业化、自动化方向发展。

（2）垂直温度划区、结构分立（也称分边布置）

将高温区布置在一边，低温区在另一边，中间用一道隔热墙分隔开，楼板、地板也分隔开，高低温之间不应有连续梁。

（3）分层布置在多层冷库中，同一楼层内应尽量布置同一温度的库房

一般以冷藏冻结物为主的冷库可把冷却物冷藏间布置在冷库的顶层，对于以冷藏冷却物为主的冷库适于布置在底层。在地下水位较低的地方，可把冷却物冷藏间布置在地下室内，这样做可以简化地坪隔热层施工。

2. 分层平面组合

对于多层冷库，可考虑将高低温区分别布置在不同楼层的方法。

（1）高温在底层

将高温区设在底层（或下面几层），低温区设在其上。这种布置冷库地坪可不做防冻处理，适用于储存以高温食品为主的冷库。

（2）高温在顶层

将高温区设在顶层，其下为低温区。这样布置有利于减少冷库屋顶室外传入热量，但地坪防冻处理量大，适用于储存以低温食品为主的冷库。

以上分层布置方案，高低温区之间的楼板都需做好隔热处理。同时，虽然以楼层将不同温度的冷间分开了，但楼层电梯间仍有机会将它们沟通，若处理不当，较强的热湿交换仍将会在其间进行。

对于同温冷间或同温层之间的隔墙（楼板），一般不做隔热处理。但若考虑使用中会出现空库的问题时，可适当增设隔热墙（楼板）。

3. 穿堂与冷间的平面组合

穿堂与冷间的平面组合合理与否，直接关系到使用管理的方便程度、食品干耗率、劳动生产效率及生产管理费用等，甚至影响到冷库建筑的使用寿命。所以，应对其组合做合理布置。

穿堂与冷间有多种平面组合形式。按布置方式分，有库内穿堂、库外穿堂两种。库内穿堂又根据穿堂内的温度分低温穿堂和中温穿堂。低温穿堂（–10℃左右）内设有冷却设备并做隔热处理；中温穿堂（3℃左右）做隔热处理，可设或不设冷却设备。库内穿堂的优点是冷量损失小，缺点是穿堂占去了库内面积，其造价与冷藏间相差不多。而且由于库内穿堂的温度一般低于室外空气的露点温度，在进出货物时冷藏门都开着，冷热空气的交混，在穿堂内产生雾气和凝结水，使穿堂内十分潮湿，甚至在墙壁、屋顶、地坪上结成冰霜，导致冷库建筑受到损害。

库外穿堂和一般常温房间一样，不做隔热处理，因其内温度与自然温度非常接近，故称为常温穿堂。常温穿堂设在主库之外，造价与普通房间相仿，可减少土建投资。常温穿堂内温度较高，外墙可开窗，通风采光较好，一般达不到室外空气的露点温度，改善了工人在穿堂内的劳动环境。但常温穿堂也存在一些问题，如穿堂的地坪、楼板往往与冷间的地坪、楼板连成整体，如处理不当，容易形成"冷桥"，导致穿堂地坪冻臌和楼板结露；冷间直对常温穿堂，库门开启时穿堂内的热湿空气进入库内，热湿交换量大使冷负荷增加；同时，在近门口的屋顶和墙面结霜而影响冷间的使用。为此，必须对冷库门口做相应的处理，如安装隔热性、密封性好的冷藏门，门上设防冻的电热装置，在冷藏门上面装空气幕等，也可在库门口设门斗，以减少热湿交换量。

4. 机器间、设备间、配电间与库房的平面组合

机器间是冷库的心脏，也是用电负荷最大的地方。因此，它既要靠近库房，又要靠近变配电间。设备间与机器间联系密切，不宜远离；同时，也不应远离库房和制冰间。近些年设计的冷库中，机器间、设备间、变配电间的位置，已不单纯考虑接近主库，还考虑了其通风、采光条件、朝向等，使夏季有穿堂风，冬季又有日照。因此，一般都设计成不与库房相邻的单独建筑物，这样布置的同时也避免了高低层建筑物沉降不一致的危害。国外的一些发达国家，考虑到土地利用率问题，往往把集中供冷的机房放在封闭式站台上层或者紧靠冷库的一侧，改变了目前的布置原则。

（三）平面布置应注意的问题

1. 冷库的设计标高和柱网

在冷库设计时，铁路站台面与轨面的高差定为1.1m，公路站台面与站台下地面的高差为0.9m～1.1m，考虑散水需要库内的标高一般要高出站台面标高0.05m。

单层和多层冷库一般采用 6m×6m 的柱网，如果技术条件许可，工艺上有特殊要求，在单层冷库中还可采用 12m×6m 或 18m×6m 的柱网。

2. 冷库的长宽比和伸缩缝

冷库主体建筑的平面宜呈矩形，其长宽比通常取 1.5 ∶ 1 左右。冷库一个方向的长度超过 50m 时，应按规定设伸缩缝，以免建筑物受温度变化的影响而发生裂缝。对于采用 6m×6m 的柱网时，超过 8 跨须设伸缩缝。

3. 冷库无梁楼盖悬臂的长度

多层冷库宜采用钢筋无梁楼盖结构，因外墙隔热体设置需要，都做成悬臂。悬臂的长度应根据生产需要和设备情况确定，一般不宜超过其悬臂方向边跨跨度的 40%。

五、制冷系统设计与设备选型

（一）制冷剂种类的确定

确定制冷剂种类，一般从以下几方面考虑：

第一，热力性质好。情况相同时用同样的输入功率能产生较大的制冷量。

第二，具有适宜的饱和压力和压力比。在工作条件下，蒸发压力不宜低于大气压力，以免容易使空气进入系统、制冷能力下降、功耗增加。冷凝压力不宜过高，冷凝压力和蒸发压力比也不宜过大，否则会导致排气温度过高和输气系数降低。

第三，货源和成本。我国陆上大、中冷库制冷装置多用氨为制冷剂，其价格低廉，容易获得，使运行管理费用降低。国外原来用氟利昂的冷库制冷装置，由于破坏臭氧层问题也有用氨替代的趋势。

第四，蒸发温度和压缩级数。在普通制冷范围内，单级系统选用氨、R134a、R22、R123 等；双级系统选用氨、R22 等作制冷剂。空调用溴化锂制冷机组，采用水为制冷剂。其他如排气温度、换热特性等也应予以考虑。

（二）压缩机类型的选择

1. 压缩机的类型

压缩机是蒸汽压缩式制冷装置中的主要组件之一，通常又称制冷主机，其功能是输送和压缩制冷剂蒸汽，保证制冷循环的进行。制冷压缩机均由电动机直接或间接驱动进行工作。

常用的制冷压缩机有活塞式、螺杆式、离心式及其他各种，回转式等。

第一，活塞式制冷压缩机应用最成熟。但由于活塞式压缩机的活塞是做往复运动，高速运动惯性力大，故其转速、汽缸直径、活塞行程受到一定限制。因此，目前采用的活塞式制冷压缩机都用于中小型制冷装置。

第二，螺杆式具有体积小、重量轻、效率高、易损件少等优点，同时，可在 10%～100% 范围内实现能量调节。当所需制冷量在 60kW～230kW 时，采用螺杆式压缩机较为有利。据资料介绍，美国于 20 世纪 80 年代以来建设的冷库基本上都采用螺杆式压缩机。

第三，离心式压缩机其结构和工作原理与离心泵相似，具有运转平稳可靠、噪声低、振动小、能量调节范围大、易损件少的特点。离心式压缩机尤其适用于 60kW ～ 240kW 的制冷装置。目前陆用大型空调制冷装置，或石油化工等部门多采用离心式。滚动转子式涡旋式制冷压缩机体积小、转速高，但一般制冷能量较小，仅用于电冰箱和中小型空调器。

2. 制冷压缩机选型

第一，无论何种品牌的压缩机组的选型，都是根据活动冷库的蒸发温度及冷库有效工作容积来确定，另外还要参考冷冻或冷藏物品的冷凝温度、入库量、货物进出库频率等参数。

第二，压缩机的制冷量应能满足冷库生产旺季高峰负荷的要求。在选择压缩机时，按一年中最热季节的冷却水温度确定冷凝温度，由冷凝温度和蒸发温度确定压缩机的运行情况。但是，冷库生产的高峰负荷并不一定恰好就在气温最高的季节，秋、冬、春三季冷却水温比较低（深井水除外），冷凝温度也随之降低，压缩机的制冷量有所提高。因此，选择压缩机时应适当考虑到这方面的因素。

第三，单机容量和台数的确定。一般情况下，生产量较大的冷库，应选用大型压缩机，以免使机器台数过多；否则相反。压缩机用机总台数不宜少于两台。对于生活服务性小型冷库也可选用一台。

第四，为不同的蒸发系统配备的压缩机，应适当考虑机组之间有互相备用的可能性，尽可能采用相同系列的压缩机，便于控制、管理及零配件互换。一个机器间所选压缩机的系列不宜超过两种，如仅有两台机器时应选用同一系列。

第五，系列压缩机带有能量调节装置，可以对单机制冷量作较大幅度的调节。但只适用于运行中负荷波动的调节，不宜用作季节性负荷变化的调节。季节性负荷变化的调节宜配置与制冷能力相适应的机器，才能取得较好的节能效果。

第六，一般情况下，小型冷库选用全封闭压缩机；中型冷库一般选用半封闭压缩机；大型冷库选用半封闭压缩机。在选用时，也可考虑选用氨制冷压缩机，因为氨制冷压缩机功率大，并可一机多用，但安装及管理比较烦琐。

3. 压缩级数的确定

在普通制冷范围内，可用单级或双级压缩。单级压缩是指从蒸发器出来的低压蒸汽，经压缩机一次压缩到冷凝压力；双级压缩分两个阶段进行，从蒸发器出来的制冷剂蒸汽先进入低压级压缩机，压缩到中间压力，经中间冷却以后再进入高压级压缩机被压缩到冷凝压力。

目前，活塞式压缩机压缩级数是根据冷凝压力和蒸发压力之比确定的。对 R717，压力比大于 8 时用双级压缩；对 R12 和 R22，压力比大于 10 时采用双级压缩；否则应采用单级压缩。对一些小型制冷装置，当压力比大于 8 或 10，运转时间占的比例很小时，为了简化系统，方便操作，降低造价等，也可采用单级压缩。

（三）蒸发器与冷凝器的选择

1. 蒸发器的选用

蒸发器的功用在于将被冷却介质的热量传递给制冷剂。在蒸发器中，液态制冷剂在低压、低温下蒸发吸热，而被冷却物质或载冷剂（空气或水）则放出热量，温度降低。

蒸发器按其结构特点分为壳管式、盘管式和表面式等。此外，根据被冷却介质的不同，还可分为空气冷却和水冷却等。

蒸发器的选用应该注意以下几点：

第一，所选用冷却设备的使用条件和技术条件应符合现行的制冷装置用冷却设备标准要求。

第二，冷却间、冻结间和冷却物冷藏间的冷却设备应采用冷风机（也称空气冷却器）。

第三，冻结物冷藏间的冷却设备，宜选用冷风机；当食品无良好的包装时，也可采用一排管、墙排管。

第四，根据不同食品的冻结工艺要求，选用合适的冻结设备，如冻结隧道、平板冻结设备、螺旋式冻结设备、流态式冻结设备及搁架排管等。

第五，包装间的冷却设备，对室温高于 -5℃时宜选用冷风机，室温低于 -5℃时应选排管。

第六，冰库使用光滑顶排管。

第七，一般情况下，高温库选用风机为蒸发器，其特点是降温速度快，但易造成冷藏品的水分损耗；中、低温冷库选用无缝钢管制作的蒸发排管为主，其特点是恒温效果好，并能适时蓄冷。

2. 冷凝器的选用

制冷装置中，冷凝器的功用是将压缩机排出的高温、高压和过热的气态制冷剂，凝结成液态，以便供系统循环使用。

根据冷却方式的不同，冷凝器有壳管式、套管式、风冷式、立式、卧式、喷淋式和蒸发式等多种。

冷凝器是蒸汽压缩式制冷系统中的主要换热设备之一。冷凝器的选型取决于建库地区的水温、水质、水量及气候条件，也与机房的布置要求有关。一般根据下列原则来选择：

第一，立式冷凝器适用于水源丰富、水质较差、水温较高的地区。

第二，卧式冷凝器适用于水量充足、水温较低、水质较好的地区。广泛应用于中、小型氨和氟利昂系统中。

第三，喷淋式冷凝器适用于空气湿度温度较低、水源不足或水质较差的地区。

第四，蒸发式冷凝器适用于缺水地区，当水质较差时，须进行处理。

第五，空气冷却只限于在小型冷库设备中应用，水冷却的冷凝器则可用于所有形式的制冷系统。

第六，空气冷却式冷凝器适用于水源比较紧张的地区，在氨制冷系统中一般不采用。

第七，当冷却水为循环使用时，立式冷凝器和卧式冷凝器均可使用。

第八，从设备费和维修费用看，蒸发式冷凝器最高。对大、中型制冷装置，蒸发式冷凝器同立式或卧式冷凝器与冷却塔的组合形式相比，建设初投资不相上下，但运行时节水节能。美国冷库制冷装置中主要使用蒸发式冷凝器。

（四）制冷系统供液方式的确定

制冷系统供液方式分为直接膨胀供液、重力供液、液泵供液和气泵供液四种。

直接膨胀供液适用于小型氨制冷装置、负荷稳定的系统及氟利昂制冷装置。

重力供液适用于中、小型氨制冷装置。在盐水制冰制冷系统中，由于氨液分离器可设在制冰池附近，不必另行加建阁楼放置氨液分离器；同时，盐水蒸发器内热负荷大，换热剧烈，靠自然对流就可得到较好的换热效果。因此，盐水制冰仍以重力供液方式为主。

液泵供液比直接膨胀供液、重力供液优越得多，在国内外制冷装置中已得到日益广泛的应用，是国内大中型冷库制冷装置应用最多的供液方式。

气泵供液有其独到的特点，且在国内外已有成功应用的实例。但鉴于其对自控元件有较高的要求及其他原因，目前国内应用不多。

（五）制冷系统供冷方式的确定

供冷方式分为集中供冷和分散供冷。

1. 集中供冷

将制冷压缩机和辅助设备集中布置在一个机房内集中管理，通过管道把压缩机和冷间蒸发器连接起来，对用冷场所进行降温，这种方式称为集中供冷。

2. 分散供冷

将自动性能好的制冷机组（多为压缩冷凝机组）分散设置在各用冷场所附近（如冷库的站台上），不再集中设置机房，形成多个单独制冷系统的方式称为分散供冷。

（六）冷间冷却方式的确定

1. 直接冷却

制冷剂直接在蒸发器内吸收被冷却物体或冷间内的热量而蒸发的方式叫作直接冷却。该冷却方式的特点是：

第一，制冷剂在蒸发器内直接吸热蒸发，传热温差只有一次，能量损失小，换热效率高。

第二，系统简单，操作管理方便，初投资和运转费用较低。

目前，直接冷却系统在各类冷库制冷装置中得到普遍应用，在船舶制冷装置和一些空调系统中也有采用氟利昂直接冷却系统的。

2. 间接冷却

被冷却物体的热量通过载冷剂传给制冷剂的冷却系统称为间接冷却。间接冷却系统多一个载冷剂循环系统及相关的设备，初投资和运转费用较高，有两次换热，能量损失较大。采用盐水作载冷剂时，对金属有腐蚀作用，需经常维护修理。所以，目前在各种制冷装置中应用不太多，仅在特定情况下及不宜使用直接冷却系统的场所应用。如：

第一，空调制冷系统。

第二，盐水制冰。

第三，间歇性较大的制冷系统。

第四，蒸发温度较多时，采用直接冷却系统比较复杂，而间接冷却系统可采用一个最低蒸发温度，用控制、调节载冷剂流量的办法满足各种冷间的要求，使整个制冷系统简化。

第五，在远距离送冷、回气管阻力损失很大时，使用间接冷却系统有其独到的特点。

（七）除霜、排液方案的确定

1. 除霜方案

蒸发器结霜后，将导致热阻增加，传热系数下降，对冷风机而言，空气流通截面积减小，流通阻力加大，使功耗上升。所以，应及时除霜。

现行的除霜方案有：

第一，人工扫霜。简单易行，对库温影响小。但劳动强度大，除霜不彻底，有局限性。

第二，水冲霜。将冲霜水通过喷淋装置向蒸发器表面喷淋使霜层融化，然后一并由排水管排出。该方案效率较高，操作程序简单，库温波动小。但用水冲霜容易使库内起雾，造成冷间顶棚滴水，使使用寿命降低。

第三，热气融霜。利用压缩机排出的过热蒸汽冷凝时放出的热量来融化蒸发器表面的霜层。其特点是适用性强，在能量利用方面合理，对氨制冷系统而言，除霜的同时还能把蒸发器中的积油冲出。但融霜时间较长，对库温有一定的影响，制冷系统分调节站复杂等，为该除霜方案的不足之处。

第四，电热融霜。利用电热元件发热来融霜。系统简单，操作方便，易于实现自动化。但耗电多。

2. 排液方案

热气融霜、热气结合水除霜法，都需将融霜冷凝液由蒸发器排出，其方案有以下几种：

第一，冷凝液排入排液桶。制冷系统设排液桶，将冷凝液排入排液桶，再进入循环系统。重力供液、液泵供液系统都有应用。

第二，冷凝液排入低压循环桶。仅适用液泵供液系统不设排液桶时，将冷凝液降压后引入低压循环桶。

第三，冷凝液排向工作中的蒸发器。将除霜冷凝液排至其他正在工作中的蒸发器。该方案系统简单，但随冲霜从蒸发器中出来的油又进入了其他蒸发器。仅在小型制冷装置中可以考虑使用。

第四，设置热交换器。利用专用热交换器使冷凝液气化，再被压缩机吸入。

任务三　冷库的运作与管理

一、冷库的经营管理现状

冷库是冷链物流的基础设施，也是在低温条件下储藏货物的建筑群。食品保鲜主要以食品冷藏链为主，将易腐畜禽、水产、果蔬、速冻食品通过预冷、加工、储存和冷藏运输，有效地保持食品的外观、色泽、营养成分及风味物质，达到食品保质保鲜，延长食品保存期的目的，起到调剂淡、旺季市场的需求并减少生产与销售过程中经济损耗的作用。

（一）冷库行业现状

1. 国外冷库行业现状

近年来，国外新建的大型果蔬储藏冷库多是果品气调库，如美国使用气调储藏苹果已占冷藏总数的 80%；法国、意大利也大力发展该项技术，气调储藏苹果均达到冷藏苹果总数的 50% ～ 70% 以上；英国气调库容达 22 万吨。日本、意大利等发达国家已拥有数座世界级的自动化冷库。

2. 国内冷库行业现状

（1）冷库设计制造现状

国内专业生产制冷设备及建造冷库的厂家很多，如开封空分集团制冷工程公司为国内第一家组装式冷库生产厂家，已形成从几立方米库容小型室内库到几万立方米的大型室外库；从高温库、低温库、冻结库到综合库；从全组装式冷库到土建结构内部贴板的混合式冷库；从普通冷库过渡到多品种、多规格的气调冷库系列产品。此外，大连制冷设备厂、天津森罗科技发展有限责任公司等，其制冷设备在冷库行业领域中所占比重较大，天津森罗科技发展有限责任公司采用双面彩钢聚苯乙烯保温板建造的装配式冷库，在国内发展较快。国家农产品保鲜工程技术研究中心（天津）研制开发的微型节能冷库在国内农村各地已广泛推广。

（2）冷库类型现状

水果、蔬菜保鲜一般采用最低温度为 -2℃的高温库，水产、肉食类保鲜采用温度在 -18℃以下的低温库，而我国的储藏冷库大多数为高温库。大型冷库一般采用以氨为制冷剂的集中式制冷系统，冷却设备多为排管，系统复杂，实现自动化控制难度大。小型冷库一般采用以氟利昂为制冷剂的分散式或集中式制冷系统。在建造方面以土建冷库偏多，自动化控制水平普遍较低。装配式冷库近几年来有所发展。

（二）国内冷库存在的主要问题

1. 冷库利用率偏低

（1）空间利用率低

传统的冷库设计一般高 5m 左右，但在实际操作应用中，尤其是无隔架层的冷库利用率低于 50%，如物品堆码的高度一旦达到 3.2m 时，外包装为纸箱的食品，因重压变形、吸潮等原因极易出现包装破裂、倒塌等现象，导致食品品质降低，造成较大的经济损失。

（2）年利用率低

目前，冷库的储存量能够达到其库容量的 70% 就已经是很不错的了，而一般冷库的储存量只占其库容量的 20% ～ 30%，有的甚至达不到 10%。在番禺一个库容量 1 万吨的冷库里，只存了 700t ～ 800t 的食品。可想而知，广州冷库的空置率有多高。冷冻物流发展的缓慢不仅体现在广州冷库高空置率，也体现在冷冻技术的落后。

2. 部分冷库设计不尽规范，设施设备老化严重

大多数冷库都属于无证设计、安装，冷库管道设施简陋、老化，压力容器上的安全附件未定期检验，储罐根部阀门自安装后从未进行维修、试验，根部阀门密封更谈不上定期更换，这样势必难以保证泄漏防护和紧急切断作用。从近年来发生的冷库事故看，管道、

阀门引起的事故占了 80% 以上。

另外，制冷机的正常维修周期一般为运转 8000h ～ 10000h 即应进行大维修；运转 3000h ～ 4000h 进行中维修；运转 10000h 进行小维修。适时对制冷系统进行维修、保养，可以及早消除事故隐患。因为国内大多数冷库，尤其是 20 世纪 90 年代以前所建冷库，设施设备陈旧、管道严重腐蚀、墙体脱落、地基下陷、压力容器不定期检验，普遍开开停停，带病运营现象十分严重。一批冷库损坏，亟待大修。

3. 营运管理水平较低

冷库管理出现的问题，主要表现在：一是冷库管理工作有所放松，尤其是冷库向社会开放后，管理没有跟上，加剧了一部分冷库的损坏。二是冷库正常大修资金和材料无保证，相当一部分资金被挪作他用。三是企业职工素质差，管理干部变动频繁，技术力量削弱。技术熟练的工人退休，年轻工人比例增大。经过专门训练，熟悉管理的企业领导因年龄关系相继离职，新的领导文化水平高于过去，但专业结构不合理。

4. 技术水平较低

在冷库的技术方面，目前有两个比较突出的问题。

一是节能问题。冷库属于耗能大户。有数据表明：蒸发器内油膜增加 0.1mm，会使蒸发温度下降 2.5，电耗增加 11%。冷凝器内若存在油膜、水垢，蒸发器外表结霜等均会导致蒸发温度下降，耗电增加。另外，低温库冻结间或速冻装置进货后压缩比小于 8 时，应先采用单级制冷压缩；当蒸发压力降下来后，其压缩比大于 8 时再改用双级压缩制冷方式，而目前许多低温冷库一开机就启用双级压缩机，使冷库能耗加大。

二是自动化控制水平低。国外冷库的制冷装置广泛采用了自动控制技术，大多数冷库只有 1 ～ 3 名操作人员，许多冷库基本实现夜间无人值班。而我国冷库的制冷设备大多采用手动控制，或者仅对某一个制冷部件采用了局部自动控制技术，对整个制冷系统做到完全自动控制的较少，货物进出、装卸等方面的自动化程度普遍较低。

5. 商业冷库价格竞争激烈

近几年随着冷库数量的增加，竞争激烈、海洋捕捞限制等原因，除部分食品生产企业、科研单位自备用于存放食品原料或用于科研试验的冷库外，商业冷库出租转让频繁，行业内低价竞争激烈，加之高温库和低温库比例失衡以及地理位置的差异，存储肉类及速冻食品的低温库供不应求，大量的高温库闲置待用，导致大多商业冷库经营企业经济效益不佳。

6. 冷库安全生产管理形势依然严峻

从总体上看，我们食品冷藏业冷库现阶段安全生产的形势好于国内其他行业，但是毋庸讳言，这几年冷库安全生产管理的现状已大不如以前，安全事故时有发生，形势依然是严峻的，这主要表现在冷库安全生产的专职管理部门不明确、多数冷库没有设置专职的生产安全管理人员、库安全生产管理的规章制度不健全、在用压力容器、压力管道的安全管理目前才刚刚起步、火灾仍是我国食品冷藏业、冷库建设与生产中的头号多发事故、库中职业危害问题，近十年来在行业管理中有逐渐弱化的趋势等。

二、冷库的人员配备与冷库的使用维护

冷库是担负着水果、蔬菜、畜产、水产等易腐食品以及饮料和部分工业原料等商品的

加工、储藏任务的必要设施，是商品流通中的重要环节。正确掌握冷库的使用和维护方法是延长冷库使用寿命的关键。

（一）冷库技术工人配备规定

冷库技术工人是执行冷库管理制度，是实施直接操作的工人骨干，其配备人数和人员素质直接关系到冷库的生产和食品的质量。

（二）对冷库技术工人的要求

1. 必备知识

第一，文化基础知识具有高中文化程度（含同等学力），并具有一定的自学能力。

图2-4

第二，技术业务基础知识具有与本岗位有关的物理、化学、微生物、食品冷藏加工工艺的系统知识。

第三，经营管理知识具有企业全面质量管理和系统的经济核算知识。

第四，工具设备知识。

其一，通晓本厂主要的工具、测量仪表、制冷机械设备的使用和保养知识。

其二，了解本厂冷库的建筑结构等技术指标。

第五，工艺技术知识。

其一，掌握食品冷藏加工的一般理论知识和制冷的基本原理以及食品冷藏加工、冷藏储运的全部生产工艺。

其二，了解冷库内气流组织及气流分布的机理，掌握各种冷却、冻结、快速冻结、冷藏装置的配套选择及其理论依据。

第六，质量标准知识。通晓各种内、外销冷冻食品、冷冻方便食品、冷冻品的等级、规格、包装、标签、保藏及其质量要求或标准。

第七，安全防护知识。通晓各种制冷装置的安全规范。

2. 技能要求

（1）实际操作能力

第一，能组织本工种各工序的生产操作和商品保管工作。

第二，能对本工种的生产工艺提出改进意见。

（2）应用计算能力

第一，能正确计算和合理安排库房库位。

第二，能对本厂（车间）的产品成本进行计算，并能分析出问题，提出改进措施。

第三，能绘制冷库的平面布置图、库房管路系统图、设备安装图。

第四，能进行库房维修用工、用料的概算或预算。

（3）工具设备使用、维护和排障能力

第一，能指导制冷设备、货架、管道、传送装置的正确安装。

第二，能协助进行机械设备的中修。

（4）应变及事故处理能力

第一，能发现库内及速冻装置内的气流组织问题，并予以解决。

第二，能解决冷藏加工生产中出现的重大技术疑难问题。

（5）语言文字能力

第一，能对冷库的设计安装提出鉴定意见。

第二，能编写本厂（车间）的年度总结及年度计划。

第三，能参加编写食品冷冻加工教材。

（6）其他相关能力

第一，能参加新工程、新设备、新产品的研制、试验工作。

第二，能协助本厂（车间）领导全面管理生产。

第三，能对中级工进行技术培训和指导。

（三）冷库的使用维护

1. 设立专门小组

库房管理要设立专门小组，要特别注意防水、防潮、防热气、防跑冷、防逃氨等。要严格把好冰、霜、水、门、灯五大关。

第一，穿堂和库房的墙、地坪、门框、顶棚等部位有了冰、霜、水等时要及时清除。

第二，库内排管和冷风机要及时扫霜、融霜，以提高制冷效能、节约用电，冷风机水盘内不得有积水。

第三，未经冻结的热货不得进入冻结物冷藏间，以防止冷库损坏，保证商品质量。

第四，要关好冷库门，商品进出时要随手关门，库门损坏要及时维修，做到开启灵活、关闭严密、不跑冷。风幕应运转正常。

2. 做好建筑物的维护和保养

冷库是用隔热材料建筑的低温密闭库房，结构复杂，造价高，具有怕潮、怕水、怕热气、怕跑冷的特性。最忌隔热体内有冰、霜、水，一旦损坏，就必须停产修理，严重影响生产。为此，在使用库房时，要注意以下问题：

（1）防止水、气渗入隔热层

库内的墙、地坪、顶棚和门框上应无冰、无霜、无水，要做到随有随清除。没有下水道的库房和走廊，不能进行多水性的作业，不要用水冲洗地坪和墙壁。库内排管和冷风机要定期冲霜、扫霜，及时清除地坪和排管上的冰、霜、水。经常检查库外顶棚、墙壁有无漏水、渗水处，如一旦发现，须及时修复。不能把大批量没有冻结的热货直接放入低温库房，防止库内温升过高，造成隔热层产生冻融而损坏冷库。

（2）防止因冻融循环把冷库建筑结构冻酥

库房应根据设计规定的用途使用，高、低温库房不能随意变更（装配式冷库除外）。各种用途的库房，在没有商品存放时，要保持一定的温度，冻结间和低温间应在 $-50\,^{\circ}\!C$ 以下，高温间在露点温度以下，以免库内受潮滴水，影响建筑（装配式冷库除外）。原设计有冷却工序的冻结间，如改为直接冻结间时，要设有足够的制冷设备，还要控制进货的数量和掌握合理库温，不使库房内滴水。

（3）防止地坪（楼板）冻臌和损坏

冷库的地坪（楼板）在设计上都有规定，能承受一定的负荷，并铺有防潮和隔热层。如果地坪表面保护层被破坏，水分流入隔热层，会使隔热层失效。如商品堆设超载，会使楼板裂缝，因此，不能将商品直接散铺在库房地坪上冻结。拆货垛时不能采用倒垛方法。脱钩和脱盘时，不能在地坪上摔击，以免砸坏地坪或破坏隔热层。另外，库内商品堆垛重量和运输工具的装载量，不能超过地坪的单位面积设计负荷。每个库房都要核定单位面积最大负荷和库房总装载量（地坪如大修改建，应按新设计负荷），并在库门上作出标志，以便管理人员监督检查。库内吊轨每米长度的载重量，包括商品、滑轮和挂钩的总重量，应符合设计要求，不许超载，以保证安全。特别要注意底层的地坪没有做通风等处理的库房，使用温度要控制在设计许可范围内。设计有地下通风的冷库，要严格执行有关地下通风的设计说明，并定期检查地下通风道内有无结霜、堵塞和积水，并检查回风温度是否符合要求。应尽量避免由于操作不当而造成地坪冻臌。地下通风道周围严禁堆放物品，更不能搞新的建筑。

（4）库房内货位的间距要符合要求

为使商品堆垛安全牢固，便于盘点、检查、进出库，对商品货位的堆垛与墙、顶、排管和通道的距离都有一定要求。

库内要留有合理宽度的走道，以便运输、操作，并利于安全。库内操作要防止运输工具和商品碰撞冷藏门、电梯门、柱子、墙壁、排管和制冷系统的管道等。

（5）冷库门要经常进行检查

如发现冷库门变形、密封条损坏、电热器损坏，要及时修复。当冷库门被冻死拉不开时，应先接通电热器，然后开门。冷库门是冷热气流交换最剧烈的地方，地坪上容易结冰、积水，应及时清除。

三、冷库的仓储管理

（一）冷货出入库

1. 入库前的准备工作

（1）对库房的要求

第一，冷库应具有可供食品随时进出的条件，并具备经常清洁、消毒、晾干的条件。

第二，冷库的室外、走廊，列车或汽车的月台，附属车间等场所，都要符合卫生要求。

第三，冷库要具有通风设备，可随时除去库内异味。

第四，库内的运输设备及所有衡器如地秤、吊秤等都要经有关单位检查，保证完好、准确。

第五，冷库中应有完备的消防设施。

第六，将库房温度降到所要求的温度。

（2）对库内运输工具的要求

第一，冷藏室中的一切运输工具和其他一切用具都要符合卫生要求。

第二，所有手推车都要保持干净，并将运输肉和鱼的手推车区分开来。

第三，运输工具要定期消毒。

（3）对入库食品的要求

凡进入冷库保藏的食品，必须新鲜、清洁、经检验合格。如鱼类要冲洗干净，按种类和大小装盘；肉类及副产品要求清洁干净，无毛、无血、无污染。食品冻结前必须进行冷却和冻结处理工序，在冻结中不得有热货进库。

下列食品禁止入库：

第一，变质腐败、有异味、不符合卫生要求的食品。

第二，患有传染病的畜禽商品。

第三，雨淋或水浸泡过的鲜蛋。

第四，用盐腌或盐水浸泡（已作防腐处理的库房和专用库除外）、没有严密包装的食品。

第五，流汁流水的食品。

下列食品要经过挑选、整理或改换包装后才能入库：

其一，质量不一、好次混淆及水果、蔬菜腐烂率在5%以上的食品。

其二，污染或夹有污物的食品。

其三，肉制品及不能堆垛的零散商品。

2. 冷货出入库作业

货物出库时应认真核对，由于冷库内储存的货物大都相同，所以要核对货物的货主、进出库时间、凭证号码、品种、数量、等级、质量、包装和生产日期，要按垛挂牌，定期核对账目，出一批清理一批，做到账、货、卡相符。对于出库时需要做升温处理的货物，应按照作业规程进行加热升温，不得自然升温。

货物入库时，除了仓储通常所进行的查验、点数外，还要对送达货物的温度进行测定，查验货物内部状态，并详细记录，对于已霉变的货物不接收入库。货物入库前要进行预冷，保证货物均匀地降到需要的温度。未经预冷冻结的货物不得直接进入冷冻库，以免高温货物大量吸冷造成库内温度升高，影响库内其他冻货。

在冷货到达前，应当做好一切准备工作。冷货到达后必须根据发货单和卫生检查证，双方在冷库的月台上交接验收后，立即组织入库。在入库过程中，对有强烈挥发性气味和腥味的食品、要求不同储藏温度的食品、须经高温处理的食品应用专库储藏，不得混放，以免相互感染、串味。

为了减少冷耗，货物出入库作业应选择在气温较低的时间段进行，如早晨、傍晚、夜间。出入库作业时集中仓库内的作业力量，尽可能缩短作业时间。要使装运车辆离库门距离最近，缩短货物露天搬运距离；防止隔车搬运。若货物出入库时库温升高，应停止作业，封库降温。出入库搬运应用推车、铲车、输送带等机械搬运，用托盘等成组作业，提高作业速度。作业中不得将货物散放在地坪，避免货物和货盘冲击地坪、内墙、冷管等，吊机悬挂重量不得超过设计负荷。

（二）冷货保管

1. 冷货堆垛

库内堆垛严格按照仓库规章进行，合理选择货位。将存期长的货物存放在库里端，存期短的货物存放在库门附近，易升温的货物存放在接近冷风口或排管附近。根据货物或包装形状合理采用垂直叠垛或交叉叠垛，如冻光猪要肉皮向下、头尾交错、腹背相连、长短对弯、码平码紧。货垛要求堆码整齐、货垛稳固、间距合适。货垛不能堵塞或者影响冷风的流动，避免出现冷风短路。堆垛完毕应在垛头上悬挂货垛牌。

堆垛间距要求：

（1）低温冷冻库货垛距顶棚 0.2m

（2）高温冷藏库货垛距顶棚 0.3m

（3）距顶排水管下侧 0.3m；

（4）距顶排水管横侧 0.3m

（5）距未装设墙冷排管的墙壁 0.2m

（6）距冷风机周围 1.5m

拆垛作业时应从上往下取货，禁止从垛中抽取。取货时要防止因货物冻结粘连强行取货而扯坏包装。

2. 严格掌握库房的温度、湿度

根据食品的自然属性和所需要的温度、湿度选择库房，力求保持库房温度、湿度的稳定。对冻结物，冻藏间的温度要保持在 -18℃以下，库温只允许在进、出货时短时间内波动，正常情况下温度波动不得超过 1℃；在大批冻藏食品进、出库过程中，一昼夜升温不得超过 4℃。冷却物冷藏间在通常情况下，库房温度升降幅度不得超过 0.5℃，在进、出库时，库温升高不得超过 3℃。

对运来的温度不合要求的冷却或冻结食品，允许少量进入冷藏间储藏，但应保持库内正常储藏温度。如温度高于 -8℃，应当在冻结间中进行再冻后方能进入冷库储藏。

为了减少食品的干耗，保持原有食品的色泽，对易于镀冰衣的食品，如水产品、禽、兔等，最好镀冰衣后再储藏。

3. 冷库的通风换气

按照货物所需要的通风要求，进行通风换气。其目的是保持库内合适的氧气和湿度，冷库一般采用机械通风，要根据货物保管的需要控制通风次数和通风时间，如冷藏库每天 2～4次，每次换气量为冷藏间体积的 1～2 倍，或者使库内二氧化碳含量达到适合的范围。通风将外部的空气带入库内，也将空气中的热量、水汽带入库内，因而要选择合适的时间通风换气。

4. 认真掌握储藏安全期限

对冷藏食品要认真掌握其储藏安全期限，执行先进先出制度，并经常进行定期或不定期的食品质量检查。如果食品将要超过储藏期，或发现有变质现象时，应及时处理。

本章练习

一、单项选题

1. 为保证库内湿度恒定，在间接制冷系统中，由于采用的是制冷剂在表冷器中换热的方法，换热温差一般设定在（　　）。

A. 1℃　　　　　　　B. 2℃　　　　　　　C. 3℃　　　　　　　D. 4℃

2. 产品气调储藏时，依然进行微弱的呼吸，并不断排出过多的 CO_2 以及自身释放的乙烯和芳香酯类等催熟性物质。这些物质可以用气体脱除系统清除。这种气体脱除系统通常叫作（　　）。

A. CO_2 脱除器　　B. O_2 脱除器　　　C. CO 脱除器　　　D. 脱除器

二、多项选择题

1. 冷库按使用性质分类包括（　　）。

A. 生产性冷库　　　　　　　B. 零售性冷库　　　　　　C. 中转性冷库

D. 分配性冷库　　　　　　　E. 综合性冷库　　　　　　F. 装配冷库

2. 冷库由（　　）组成。

A. 冷却间　　　　B. 冻结间　　　　　C. 再冻间

D. 冷却物冷藏间　　E. 冻结物冷藏间　　F. 两用间（通用间）

G. 气调保鲜间

3. 制冷压缩机房及设备间包括（　　）。

A. 制冷压缩机房　　　　　　B. 设备间　　　　　　　C. 变、配电间

D. 锅炉房　　　　　　　　　E. 储物间

4. 冷库结构类型包括（　　）。

A. 钢结构　　　　　　　　　　B. 钢筋混凝土结构

C. 砖混结构　　　　　　　　　D. 砖木结构

三、简答题

1. 为了正确地选择库址，一般应考虑哪些具体条件。

2. 冷库平面布置时应注意的问题？

3. 简述国内冷库存在的主要问题？

项目三 果蔬的冷链仓储管理

任务导入

> 由于果蔬生产具有季节性、地域性和多样性的特点，因此，果蔬生产的淡、旺季十分明显。同时，果蔬是鲜活产品，组织柔嫩、含水量高，易腐烂变质，不耐贮运，采后极易失鲜，品质降低，从而使营养价值和商品经济价值降低或失去。为使人们获得果蔬的均衡供应，除了加强反季种植、促进栽培、选择品种、分期收获等栽培技术措施外，还要做好采后贮藏、加工和运输工作，以调节淡、旺季的矛盾，满足市场常年对果蔬种类的需求。

学习大纲

1. 了解果蔬的主要化学成分、特性及种类。
2. 掌握果蔬冷却贮藏的方法。
3. 掌握果品、蔬菜的速冻加工工艺。

任务一 果蔬的储藏保鲜方式

果蔬保鲜的目的，主要是通过采取适宜的措施，使其在最佳条件下储运，以减少消耗，延缓衰老，保持优良品质，延长储藏期与货架期，提高经济效益。

果蔬的种类很多，一般可做以下分类。

第一，水果分类

其一，仁果类果肉中分布有薄膜状壁构成的种子室，种子内有不带硬壳的种仁，如苹果、梨、海棠、山楂等。

其二，核果类果肉中有带硬壳的核，核内的核即为种子，如桃、李、杏、樱桃等。

其三，浆果类

葡萄、草莓等。

其四，柑橘类等。

其五，复果类。味甜酸适口，如热带的菠萝和面包果等。

其六，坚果类。含水分较少，通常列为干果，果皮为硬壳，壳内可食部分便是种子，如核桃、栗子、榛子等。

第二，蔬菜分类

其一，叶菜类。可食部分是菜叶和叶柄，它含有大量的叶绿素、维生素和无机盐等。这类蔬菜含水分多，不耐储藏，如大白菜、菠菜、甘蓝、油菜、芹菜、韭菜等。

其二，茎菜类。可食部分是茎或变态茎。这类蔬菜大部分富含淀粉和糖分，含水分少，适宜长期储藏，如马铃薯、洋葱、蒜、姜、竹笋等。

其三，根菜类。可食部分是变态的肥大的直根，含有丰富的糖分和蛋白质。这类蔬菜耐储藏，如萝卜、胡萝卜、山药等。

其四，果菜类。可食部分是果实，富含糖分、蛋白质、胡萝卜素及维生素C，如番茄、茄子、刀豆、毛豆、黄瓜、冬瓜、南瓜、丝瓜等。

其五，花菜类。可食部分是花部器官，如菜花、绿菜花、黄花菜、韭菜花等。这类蔬菜大多在高温季节生长，不适应接近0℃的低温，一般较难长期储藏。

其六，食用菌类。这是一类可供食用的低等植物的总称，主要是大型无毒食用真菌子实体。主要品种有蘑菇、香菇、木耳、金针菇、草菇、平菇和猴头菌等。

各种果蔬所具有的特殊的色、香、味、质地和营养，与它们的化学成分及其含量有关。其化学成分、含量及其采后的变化与果蔬的品质和储藏寿命密切相关。因此，在储藏和运输过程中最大限度地保存这些化学成分，就能使果蔬保持或接近新鲜产品。其化学成分主要有水分、糖类、淀粉、纤维素和半纤维素、果胶、有机酸、色素、芳香物质、单宁、蛋白质、维生素、矿物质和酶等。

一、果蔬采后的主要生理及其控制方法

果蔬在采收后仍然是活的生命体，在储藏和运输过程中仍然继续着呼吸、蒸发等生理活动，以维持其生命。在生理活动中不断消耗体内的营养物质，以致组织逐渐衰老，丧失其鲜度，最终腐烂变质失去商品价值。因此，了解和掌握果蔬采后的主要生理活动，才能有的放矢地做好保鲜工作。

（一）呼吸作用

果蔬在采收之后，光合作用基本停止，呼吸作用便成为新陈代谢的主要生理过程。呼吸作用是在酶的参与下将体内的复杂的有机物分解为简单物质，并释放出能量的过程。呼吸作用直接关系到果蔬的成熟、衰老、品质以及整个储藏寿命。呼吸作用越旺盛，各种过程进行得越快。因此，在果蔬的储藏保鲜和运输过程中，应尽量设法抑制和降低呼吸作用。

1. 呼吸类型

呼吸作用可分为有氧呼吸和无氧呼吸两种类型，在正常条件下主要是有氧呼吸。

（1）有氧呼吸

果蔬在有氧的条件下，吸进氧气分解自身的有机物为二氧化碳和水，并释放能量的过程，释放出的热量称为呼吸热。其反应式为：

$$C_6H_{12}O_6 + 6O_2 \rightarrow 6CO_2 + 6H_2O + 2820kJ$$

（2）无氧呼吸

在缺氧条件下，或者即使有氧但缺乏氧化酶或生命力衰退所进行的呼吸称为无氧呼吸或缺氧呼吸。进行这种呼吸时，由于基质没有被彻底氧化，便产生了各种分解的中间产物，如乙醇、乙醛等。因此，这种呼吸又称之为无氧发酵，其反应式为：

$$C_6H_{12}O_6 \rightarrow 2C_2H_5OH + 2CO_2 + 87.9kJ$$

2. 呼吸指标

（1）呼吸强度（RI）

是衡量呼吸作用强弱的指标，用每千克新鲜植物在 1h 内放出二氧化碳的量或吸收氧的毫克量或毫升数来表示，即 $mgCO_2$（$kg \cdot h$），呼吸强度也称为呼吸速度。

呼吸强度的强弱与植物的种类、成熟度及储藏环境的温度、湿度、气体成分及机械损伤等多种因素有关。

（2）呼吸商（RQ）

又称呼吸系数，它是植物呼吸时放出二氧化碳和吸收消耗的氧的容积之比，用 RQ 来表示，即 RQ= $= V_{CO_2} / V_{O_2}$。

呼吸商的大小可反映呼吸基质的种类。如在有氧呼吸时，以葡萄糖为呼吸基质时，RQ=1；以有机酸为呼吸基质时，RQ > 1；以脂类作呼吸基质时，RQ < 1。在实际保鲜工作中，同时存在部分无氧呼吸，那将是一个综合呼吸过程，测定呼吸商和呼吸强度就能综合反映呼吸的总趋势。

3. 呼吸跃变

有些果蔬在成长及成熟过程中，呼吸强度会突然升高，达到一个高峰值后又迅速下降，这种现象称为呼吸跃变，这类果实称为跃变型或高峰型果实，如苹果、杏、鳄梨、香蕉、面包果、柿、大蕉、李、榴莲、无花果、猕猴桃、甜瓜、番木瓜、人心果、桃、梨、芒果、西番莲、油桃、番石榴、番荔枝、番茄、蓝莓。呼吸强度的最高值称为呼吸高峰，这时果实的风味品质最好。过了呼吸高峰后，果实由成熟走向衰老，风味品质逐渐下降。还有些果蔬在其发育及成熟过程中，其呼吸强度始终呈下降趋势或基本保持不变，无呼吸高峰出现，这类果实又称为非跃变型果实，如黑莓、洋桃、樱桃、茄子、葡萄、柠檬、枇杷、荔枝、秋葵、豌豆、辣椒、菠萝、红莓、草莓、葫芦、枣、龙眼、柑橘类、黄瓜、橄榄、石榴、西瓜、刺梨。

为了做好保鲜工作，果蔬采收期要根据其跃变类型而定。一般对跃变型果蔬应在呼吸高峰前适当时期进行采收；而对非跃变型果蔬，则可在成熟后采收。对产于热带、亚热带的跃变型果实，更应掌握好采收期和控制好储运保鲜条件，以推迟呼吸高峰的提前到来。

4. 影响呼吸作用的因素

（1）果蔬本身因素

①种类和品种：在果品中较耐藏的仁果类（如苹果、梨等）的呼吸强度较低，不耐藏的核果类（如桃、李、杏等）呼吸强度较大，最不耐藏的浆果类（如草莓等）呼吸强度最大。蔬菜中较耐藏的根茎、块茎类呼吸强度较低，最难储藏的叶菜类呼吸强度最高。

②成熟度：果蔬在生长、发育、成熟、衰老过程中，呼吸强度有所不同。跃变型果实成熟时呼吸强度增大，高峰过后呼吸强度又下降。幼嫩蔬菜，其表皮保护组织尚未发育完善，呼吸强度较高，很难储藏保鲜。老熟的瓜果和其他蔬菜，新陈代谢缓慢，表皮组织和蜡质、角质保护层加厚，呼吸强度降低，耐储藏；块茎、鳞茎类蔬菜在田间生长期间呼吸强度不断下降，进入休眠期呼吸降至最低点，休眠结束呼吸再次升高。

（2）外界条件因素

①温度：果蔬呼吸作用最敏感的是温度，一般以 35～40℃为高限温度，即在此温度范围内呼吸强度最大。一般在0℃左右时，酶的活性几乎停止，呼吸受到抑制，呼吸强度很低。往往是温度每升高 10℃，呼吸强度增加 1 倍。

果蔬储藏应该严格控制在适宜的稳定温度范围内，因为这时虽仅上升或下降0.5-1℃，会对呼吸强度有相当明显的影响，所以果蔬储藏时要力求温度稳定。

为了抑制呼吸强度，储藏温度并不是越低越好，应该根据各种果蔬对低温的忍耐性，尽量降低储藏温度，但又不至于产生冷害和冻害。冷藏的果蔬发生冷害时，呼吸强度反而上升。储藏环境的温度波动会刺激果蔬中水解酶的活性，促进呼吸，增加消耗，缩短储藏时间。

②气体成分：空气中的氧和二氧化碳对果蔬的呼吸作用、成熟和衰老有很大的影响。适当降低氧浓度和提高二氧化碳浓度，可以抑制呼吸。当氧浓度低于 10% 时，呼吸强度明显降低，氧低于 2% 有可能产生无氧呼吸。对于大多数果蔬来说，比较合适的氧浓度为2%～5%，二氧化碳浓度为1%～5%。二氧化碳浓度大于20%时，容易产生无氧呼吸，使乙醇、乙醛物质积累，并对组织产生不可逆的伤害。氧和二氧化碳之间有拮抗作用，高二氧化碳伤害可因提高氧浓度而有所减轻。氧和二氧化碳浓度的临界值取决于果蔬种类、温度和持续时间。乙烯气体可以刺激呼吸跃变型果实提早出现呼吸跃变，促进成熟。

③湿度：储藏环境湿度对果蔬的呼吸强度也有影响。如大白菜、柑橘类采后要稍稍晾晒，因为产品轻微的失水有利于降低呼吸强度。较湿润的环境条件可促进柑橘类果实的呼吸作用，造成枯水或所谓的浮皮。低湿不仅有利于洋葱的休眠，还可抑制其呼吸强度。然而有些薯芋类蔬菜却要求高湿，干燥会促进呼吸，产生生理伤害。

④机械损伤和微生物侵染：机械损伤可刺激呼吸，呼吸强度的增加与擦伤的严重程度成正比。果蔬受伤后，造成开放性伤口，可利用的氧增加，呼吸强度加大，不利于储藏。果蔬表皮上的伤口，给微生物的侵染提供了方便之门，微生物在产品上生长发育，促进了呼吸作用，也不利于储藏。因此，在采收、分级、包装、运输、储藏各个环节中，应尽量避免果蔬受机械损伤。

（二）蒸发作用

蒸发作用是果蔬采后主要生理活动之一。蒸发是指果蔬在储藏或运输中所含水分的挥发损失。果蔬中若没有水分也就没有了生命活动。果蔬收获后的水分蒸发如得不到补充，就会导致形态的萎蔫，失去饱满新鲜和嫩脆的品质，甚至破坏果蔬正常的代谢作用，引起抗病性和耐储性降低。

1. 影响蒸发的因素

（1）果蔬本身因素

①表面积比：表面积比指果蔬表面积与重量之比，一般用 cm^2/g 来表示。果蔬的表面积比愈大，水分蒸发作用愈强。

②保护层：果蔬的保护层有角质层和蜡质层两种。通常成熟度愈高，蜡质层愈厚，保护力愈强，则水分蒸发受到阻碍，蒸发量愈小。

③细胞持水力：果蔬细胞的持水力大小与水分蒸发也有密切关系。

（2）储藏环境条件

①空气湿度：这是影响果蔬水分蒸发的最主要因素，一般用相对湿度（RH）表示。

$$RH = \frac{绝对湿度}{饱和湿度} \times 100\%$$

其中绝对湿度指单位体积空气中的实际含水量；饱和湿度为一定温度下单位体积空气中所含水汽的最大容量，超过此量就会凝结成水滴，温度越高，饱和湿度越大。因此，在一定的温度下，相对湿度体现达到饱和状态的程度，RH 值越大，水分蒸发越慢。储藏中对空气湿度的要求一般分 3 种：叶菜、幼嫩黄瓜、蒜薹等蔬菜保护组织差，RH 需 90% ～ 95% 或更高；多数果品和蔬菜要求 RH 为 85% ～ 90%；鳞茎、块茎等休眠器官 RH 一般要小于 70%，高湿会打破休眠，引起腐烂。

②温度：储藏环境中温度升高时，果蔬水分蒸发加快；绝对湿度相同时，温度上升，饱和湿度增加，相对湿度下降，蒸发加快；温度下降时，饱和湿度减小，相对湿度增加，甚至达到过饱和，就会产生结露现象。因此，在储藏中应尽可能控制储藏环境中恒定低温，减少蒸发和结露。

（3）空气流动速度

储藏库内的空气流动速度愈大，果蔬水分的蒸发强度也愈大。此外，果蔬在库内堆码的方式以及储藏库的种类都与空气流速和果蔬水分蒸发有关，如通风库比气调库的蒸发强度大。气调库储藏苹果的失水率比一般冷藏库储藏的要低。

2. 抑制蒸发的主要方法

（1）湿度的管理：加强储藏库的开关、洒水、加湿后空气的循环等管理，一般将相对湿度控制在 85% ～ 95%；

（2）温度的管理：用冷藏法；

（3）蒸发抑制剂的涂被：如蜡、塑料乳剂和聚乙烯醇等；

（4）装入容器中和包装：如装到箱、罐、瓶、缸等容器中或用塑料薄膜、油纸等包装；

（5）控制通风：一般将储藏库的风速控制在 0.3 ～ 3m/s 之内。

（三）休眠现象

1. 休眠状况

一些块茎、鳞茎、球茎、根茎类蔬菜，结束田间生长时，产品器官内积累了大量营养物质，原生质内部发生了一系列变化，新陈代谢明显降低，生长停止而进入相对静止的状态，此时物质消耗和水分蒸发都降到最低限度。这一特性有利于储藏保鲜。但不同种类有着不同的休眠期，如马铃薯为 2 ～ 4 个月，大蒜为 2 ～ 3.5 个月，洋葱为 1.5 ～ 2 个月，板栗约 1 个月，姜约 1 个月。

根据休眠的生理状况，可分为休眠前期（准备期）、生理休眠期（或真休眠期）、强迫休眠期（或苏醒期）3 个阶段。生理休眠期也是储藏的安全期，这段时间的长短与产品种类和环境因素有关。但在强迫休眠期时，新陈代谢恢复正常，呼吸加快，在适宜的生长条件下迅速发芽生长，很快消耗储藏物质，失去食用价值。如洋葱发芽后鳞茎变空，马铃薯发芽后则形成有毒的茄碱苷，不能食用。但此时若很好控制环境条件，采用低温、低氧和适宜的高二氧化碳条件能强迫这些产品继续休眠而不发芽。

2. 休眠的控制和利用

休眠是植物为了度过干燥、高温等不良外界环境条件所获得的特性。在休眠准备期应在相对湿度小于 70% 和自然温度下使产品能正常进行生理休眠；而在苏醒期应利用适宜的低温、低湿、低氧和二氧化碳抑制发芽。采前用抑芽丹（青鲜素）喷洒叶片或采后用抑芽丹、萘乙酸甲酯或乙酯及辐射处理均能很好抑制发芽，延长储藏期。

（四）乙烯对果蔬成熟和衰老的影响

1. 乙烯的生理作用

乙烯是一种调节果蔬生长、发育和衰老的植物激素，对采后果蔬具有强烈的催熟作用。呼吸跃变型果实在成熟期间产生的乙烯量要比非跃变型的果实多。呼吸跃变型果实在进入成熟阶段时会出现乙烯高峰。只有在果实的内源乙烯达到起动成熟的浓度之前采用相应的措施，才能够延缓果实的后熟，延长果实的储藏寿命。果实对乙烯的敏感程度与果实的成熟度有关，果实成熟度越高，对乙烯的敏感度越高。因此，果实催熟时要考虑其发育阶段（达到生理成熟）。

乙烯能加快叶绿素的分解，使果蔬转黄，促进果蔬的衰老和品质下降。如结球甘蓝在 1℃ 下，用 10 ～ 100mg/L 的乙烯处理，5 周后结球甘蓝的叶子变黄；抱子甘蓝在 1℃，4mg/L 的乙烯可使叶子变黄，引起腐烂；25℃下，0.5 ～ 5mg/L 的乙烯就会使黄瓜褪绿变黄，增加膜透性，瓜皮呈现水浸状斑点；0.1mg/L 的乙烯可使莴苣叶褐变。乙烯还会促进植物器官的脱落，0.1 ～ 1.0mg/L 的乙烯可以引起大白菜和结球甘蓝的脱帮。乙烯可引起果蔬质地变化，在 18℃下用 5 ～ 60mg/L 的乙烯处理黄瓜 3d，可使黄瓜的硬度下降，因为乙烯加速了果胶酶的活性；用 100mg/L 的乙烯处理芦笋 1 小时，会使嫩茎变老；用 1 mg/L 的乙烯处理猕猴桃可加速果实变软。此外，乙烯还与果蔬体内的其他激素的平衡有关。

2．抑制乙烯生成和作用的措施

为了延缓果蔬采后的成熟和衰老，要尽量控制储藏环境中有乙烯生成，并设法抑制其作用或排除它。主要措施如下：

第一，合理选果，将有病虫害和机械伤的果蔬剔除。

第二，不要将乙烯释放量少的非呼吸跃变型果实和对乙烯敏感的果蔬与大量释放乙烯的果实混合储藏和运输。

第三，控制储藏环境条件，抑制乙烯的生成和作用。降低氧气的浓度，提高二氧化碳的浓度；在不至于造成果蔬冷害和冻害的前提下，尽量降低储藏温度。

第四，排除或吸收储藏环境中的乙烯：通风排除乙烯；用乙烯吸收剂，如高锰酸钾脱除乙烯；用乙烯脱除设备脱除乙烯，如高温或纳米光催化等。

（五）储藏保鲜中的生理病害及控制

果蔬储藏保鲜期间发生的病害，除了由微生物引起的病理病害之外，再就是由于储藏温度、气体成分或其他条件引起的生理生化过程失调的生理病害，主要有冷害、冻害和气体伤害 3 种。

1．冷害

（1）冷害的症状

冷害是指果蔬在其细胞组织冰点以上、较低温度下，所引起的一种采后生理伤害。原产于热带、亚热带的果蔬在储藏保鲜中易发生冷害。冷害时的症状，随果蔬的品种、大小、形状、成熟度以及产地而异，最常见的有以下几种：一是表皮凹陷或出现水浸状区域；二是表皮和内部组织脱色或褐变，出现棕色、褐色或黑色斑点或条纹；三是正常的生理过程受阻，如番茄、桃、香蕉等不能正常着色、变软，香味减少或出现异味，不易成熟；四是耐储藏性和抗病性降低，加速腐烂变质。

（2）冷害的控制

在适当的温度下储藏；缓慢降温及变温储藏；间歇升温储藏；气调储藏；高湿度储藏；化学药剂处理。

2．冻害

冻害是指果蔬在冰点以下的低温条件下，其细胞组织内冻结所造成的伤害。大多数果蔬一旦发生冻结，组织结构受损，就难以恢复到正常状态。因此，在保鲜工作中应尽量避免冻害的发生。

（1）冻害的症状

果蔬受冻害之后，最初的症状一般为水浸状，以后受冻组织变得半透明、透明，产生异味，组织褐变，花瓣褪色和腐败，花蕾停止发育不会开放。

（2）冻害的预防

①控制好不同产品的储藏温度，尤其不要让产品长时间置于冰点温度以下的环境内。

②一旦果蔬发生了冻害，解冻前不应搬动运输，以防冰晶挤压损伤细胞。

③解冻时温度不宜过高，升温也不宜过快，应缓慢升温。

否则会使冰晶融化速度大于细胞的吸收速度，造成汁液外渗，组织结构破坏造成损失。

一般解冻温度在 4.5 ～ 5℃较为合适。

3. 气体伤害

（1）低氧伤害

伤害的主要症状为：造成缺氧呼吸，使所储产品产生酒味，影响正常成熟，表皮或内部组织软化、褐变、局部表皮失水凹陷、腐烂。

低氧伤害与果蔬品种和环境温度有关。如豌豆和胡萝卜的低氧伤害的临界浓度为 4%，而芦笋和菠菜分别为 2.5% 和 1%。随着环境温度升高，产品的低氧伤害临界浓度也稍有升高。

（2）高二氧化碳伤害

主要症状为：表皮或内部组织凹陷、褐变、锈斑、脱水萎蔫、不能正常成熟、有异味等，严重时会出现空腔。

高二氧化碳伤害，不同品种差异很大。如鸭梨和结球莴苣的高二氧化碳伤害的临界浓度只有 1%，而绿菜花、洋葱和蒜薹则为 10% 左右。但随着环境温度的升高以及果蔬的呼吸作用增强，均会增高二氧化碳伤害的临界浓度。因此，在果蔬储藏保鲜过程中要很好掌握氧和二氧化碳所要求的范围，并要经常检测储藏环境中的气体成分，及时通风换气，以防造成气体伤害。

此外，果蔬储藏中，挥发性气体，如乙醇、甲醇、乙酸乙酯等，均会使果蔬衰老或代谢失调。因此，储藏过程中要及时将这些有害气体排除。

综上所述，果蔬采后的生命活动主要是呼吸代谢。因此，在储藏保鲜中首先应控制好储藏温度，在果蔬不受冻害、冷害的前提下，应采取措施尽可能降低温度；同时还可利用适宜的高二氧化碳和低氧条件及抑制和排除乙烯的方法进一步抑制呼吸作用，使果蔬储藏中的代谢处于正常缓慢的状态，延缓衰老，保持抗病性和耐藏性，延长储藏期。为了保持果蔬储后品质和避免失水过多，还要根据不同果蔬的具体要求创造适宜的湿度条件，并需适当通风，排除有害气体。只有通过这些综合措施，才能有效延长果蔬的保鲜期。

二、果蔬的采收与采后商品化处理

果蔬的采收和采后处理是从生产到商品的一个十分重要的环节，也是做好储藏保鲜工作的基本前提。采后处理主要包括挑选、整理、清洗、分级、涂膜、包装、预冷、储藏、催熟、运输和销售等。根据不同果蔬的具体特性和市场商品要求，有的可采用上述全部措施，有的只需其中几种处理方法。采收是果蔬生产中的最后一个环节。而采后处理是保证或改进果蔬产品质量并使其从农产品变成商品所采取的一系列措施的总称。

图 3-1　果蔬的采收与采后商品化处理

（一）采收

采收工作的主要内容为适时掌握采收成熟度和采收期，以及采用正确的采收方法。

果蔬采收的原则是适时、无损、保质、保量（减少损耗）。适时就是在符合鲜食、储运的要求时采收；无损就是避免机械损伤，保持果蔬完整，以便充分发挥果蔬自身的耐储性和抗病性；为保证其采收质量和产量，应考虑果蔬的种类、品种、商品要求以及销地的远近等。

1. 果蔬的成熟度和采收期

果蔬成熟度的判断主要根据其种类、品种特性及生长发育规律，从其形态和生理指标来加以确定。但是果蔬的生理成熟度与商品成熟度之间有着明显的区别，判断果蔬成熟度的方法主要有以下几种：果梗脱离的难易度；表面的色泽的变化；主要化学物质（淀粉、糖、酸和维生素等）含量的变化；质地与硬度；形态；生长期和成熟特征。

由于果蔬品种不同，其食用部分又是植物的不同器官，采收成熟度很难做出统一的规定。一般水果都是在充分成熟后才能体现最佳品质，达到最佳食用期。采收过早，不仅重量不足，而且质量差，未形成品种固有的风味和品质，在储藏期容易失水，有时还会增加某些生理病害的发病率。采收过晚，成熟过度，不仅品质下降，果肉松软发绵，而且还容易在采摘、搬运过程中损伤败坏，同时果实衰老快，会缩短储藏期。适宜的采收期应依据用途和品种特性来决定。如需储藏或长途运输的，应在刚成熟时采收；如在当地鲜销的，应在较为充分成熟时采收。一般苹果的早熟品种不耐储运，应适当早采，晚熟品种则在脱落前尽可能晚采。具有后熟作用的果品，如洋梨、香蕉、菠萝等可适当早采；而必须在树上完成成熟过程的果品，如核果类，则必须到果实具备固有品质条件时方能采收。

蔬菜产品的情况较为复杂，如番茄后熟作用显著，储藏或远销时应在自熟期或变色期采收。产品为储藏器官的鳞茎、球茎、块根、块茎等应在养分基本完成转移、叶部衰败时采收。叶菜类如菠菜、白菜、芹菜、散叶莴苣等，以植株有一定大小时陆续收获为宜。甜椒、茄子、菜豆、黄瓜、丝瓜、苦瓜等以嫩果供食的蔬菜可在果实充分膨大稍前一点采收。多次连续采收的果菜类采收间隔 3 ～ 5d，盛期间隔 1 ～ 2d。采收还应在使用农药后有一定的安全间隔期，以防止污染。

2. 采收方法

作为鲜销和长期储藏的果蔬最好是人工采收。这是因为人工采收，可以有意挑选，准确地掌握成熟度，分批分次地采收，从而确保采收成熟度一致的果蔬。此外，还可以减少机械损伤，保证产品质量。

机械采收可以节省大量劳动力，适用于那些成熟时果梗与果枝间形成离层的果实。但是，机械采收的果蔬容易遭受机械损伤，储藏中腐烂率增加。如果采后立即加工，利用机械采收还是可行的。

采收时还需注意以下几点：

第一，最好在晴天早晨露水干后开始采收，这时气温最低，可减少果蔬所携带的田间热，降低其呼吸强度。不要在阳光曝晒下采收，否则会促使果实衰老及腐烂，叶菜类还会迅速失水而萎蔫。

第二，避免在雨后和露水很大时采收，这时采收极易受病菌侵染引起果蔬腐烂，降低品质，不利于储藏和运输。

第三，采收时要轻拿轻放，尽量避免机械损伤。采收后应立即放到阴凉处散热，不能立即包装。

第四，采果顺序应先下后上、先外后内逐渐进行。

第五，要做到有计划性，根据储运、销售的需要决定采收期和采收量。

（二）分级

果蔬在生长发育过程中，由于受各种因素的影响，其大小、形状、色泽、成熟度、病虫伤害、机械损伤等状况差异很大，采收后须挑选修整并按一定的标准进行分级，使其商品标准化，以利于产品的包装、储运及销售。

1. 挑选整理

果蔬采收之后要经过严格的挑选和细致的修整。主要是剔除有损伤、病虫害以及外观畸形的不符合商品要求的产品。如水果采后即可在田间进行初选，剔除病、虫、伤、残、畸形果和大小不合格的果实。结球生菜、大白菜、结球甘蓝、莴苣、花椰菜等要除去过多的外叶；萝卜、胡萝卜、芜菁则要去掉顶叶和根毛；芹菜要去掉根部和部分叶片，做到净菜上市。

2. 分级标准

果蔬产品分级一般需按国家或行业的分级标准进行。世界各国都有自己的分级标准，我国也已颁布了一些果蔬分级标准。果蔬产品的分级包括品质和大小两项内容。品质等级一般根据品质的好坏、形状、色泽、损伤和病害的有无等质量情况，分为特等、一等、二等、三等等。大小等级则根据重量、果径、长度等，分为特大、大、中、小（用英文字母 LL、L、M、S 分别表示）等。

具体的分级标准因果蔬的种类、品种而有所不同。特级品的要求最高，产品应具有本品种特有的形状和色泽，不存在影响产品特有质地和风味的内部缺陷，大小、粗细、长短一致，在包装内排列整齐。一等品的质量要求大致与特等品相同，只允许个别产品在形状和色泽上稍有缺陷。二等品可以有某些外表或内部缺点，但仍具有较好的商品价值。

水果含糖量	对应水果
低糖水果 （含糖量<10%）	青瓜、西瓜、橙子、柚子、柠檬、桃子、李子、杏、枇杷、草莓、樱桃等
中糖水果 （含糖量11%－20%）	香蕉、石榴、甜瓜、橘子、苹果、梨、荔枝、芒果等。
高糖水果 （含糖量>20%）	红枣、红果、蜜枣、柿饼、葡萄干、杏干、桂圆、果脯等。
含糖量超高的水果	红富士苹果、柿子、莱阳梨、哈密瓜、玫瑰香葡萄、冬枣、甘蔗、黄桃等。

图3-2　水果含糖量标准

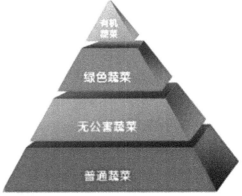

图3-3

3. 分级方法及设施

分级的方法有手工操作和机械操作两种。叶菜类蔬菜和草莓、蘑菇等形状不规则和易受损伤的种类用手工分级；苹果、柑橘、番茄、洋葱、马铃薯等形状规则的种类除了手工操作外，还可用机械分级。分级一般与包装同时进行。

手工分级时应预先熟悉掌握分级标准，可辅以分级板、比色卡等简单的工具。手工分级效率较低，误差较大，但可避免产品受到机械伤害。

机械分级常与挑选、洗涤、打蜡、干燥、装箱等连成一体进行。以苹果、柑橘的分装设备为例，先将果实放在水池中洗刷，然后由传送带送至吹风台上，吹干后放入电子秤或横径分级板上，不同重量的果实分别送至相应的传送带上。在传送过程中，人工拿下色泽不正和残次病虫果，同一级果实由传送带载到涂蜡机下喷涂蜡液，再用热风吹干，送至包装线上定量包装。机械分级需要较大的设备投资，但提高了工作效率和分选精度。

由于果蔬的种类、品种繁多，大小、形状、质地各异，难以设计出通用的分选装置，目前也难以实现全部过程的自动化，一般都是以人工与机械结合进行分选。应用较多的分选设施，主要有以下4种：

第一，重量分选装置：根据产品的重量进行分选。按被选产品的重量与预先设定的重量进行比较分级。有机械秤式和电子秤式等不同的类型。适用于苹果、梨、桃、番茄、甜瓜、西瓜、马铃薯等。

第二，形状分选装置：按照被选果蔬的形状大小（直径、长度等）分选。有机械式和光电式等不同类型。机械式装置适用于柑橘、李子、梅、樱桃、洋葱、马铃薯、胡萝卜、慈姑等；光电式装置克服了机械式装置易损伤产品的缺点，适用于黄瓜、茄子、番茄、菜豆等。

第三，颜色分选装置：根据果实的表皮颜色进行分选，是一种成熟度的分选。例如，利用彩色摄像机和电子计算机处理的RG(红、绿)二色型机可用于番茄、柑橘和柿子的分选，可同时判别出果实的颜色、大小以及表皮有无损伤等。其最精确可判别 $0.2 \sim 0.3mm$ 大小的损伤面；果实的大小以最大直径代表。RGB（红、绿、蓝）三色型机则可用于色彩更为复杂的苹果的分选。

第四，非破坏性内部品质检测：为了适应消费者对产品品质的更高要求，有的产品不仅需要从外观上进行分选，还需对内部品质进行检测。非破坏性内部品质检测是在不损伤产品的前提下对其内部品质做出评价并分出等级。例如，西瓜空洞果的检测、甜瓜成熟度的检测、桃糖度的检测、涩柿的检测等。但是果蔬产品的真正全面的品质评价是非常困难的，需要多项指标的综合判断。目前已实际应用的非破坏性内部品质检测装置，也多是就某一产品的某一重要单项进行检测。

（三）包装

包装是果蔬采收后用适当的材料包裹或装盛，以保护产品，提高商品价值，便于储、运、销的措施。适宜的包装可以减少产品的呼吸消耗和水分蒸散，减少因互相摩擦、碰撞、挤压而造成的损伤，减少病害的传染蔓延。规格化的包装还便于搬运、堆码管理。

果蔬产品的包装按不同的用途和形式可分为运输包装、储藏包装、销售包装或外包装、内包装、大包装、小包装等多种类型。

1. 大包装

大包装指将较多的产品或若干个小包装单位集在一起进行的包装。大包装相对于其内部的内包装而言称为外包装，在用于运输或储藏时则称为运输包装或储藏包装。目前我国常用的大包装容器有如下几种：

第一，软包装容器：如麻袋、网袋等。这种包装无支撑力，只起到便于搬运的作用，多用于应变力强的产品。

第二，条筐或竹筐：透气性好，不怕潮湿，成本低，但不能很好地防止水分蒸散，易刺伤产品，需在筐内衬垫蒲包等物，不易堆码，易变形。

第三，木箱：包括木板箱、条格箱和胶合板箱。支撑力强，坚固耐用，可码高垛，但成本较高。

第四，瓦楞纸箱：重量轻，外形整齐，便于堆码，箱上留有孔以利通风，可对果蔬产品起很好的保护作用。纸箱可折叠，空箱运输方便。

第五，塑料箱：有较强支撑能力，便于洗刷消毒，可多次使用，但空箱运回体积大，多用于近距离装运。

第六，集装箱：体积较大，是上述包装的母容器，只用于运输。集装箱种类很多，有通风式集装箱、冷藏集装箱和冷藏气调集装箱等，由于容量大，需要机械化装卸。

2. 小包装

小包装是以单个或少量产品为单位进行的包装。运输时放在外包装内（称为内包装），销售时可以作为一个单位（称为销售包装）。

内包装是指为了避免或减轻产品散放在外包装内相互碰压和摩擦而采用的单果包纸或少量个体装塑料小袋，或用托盘或分层隔板，分格定位的方法。内包装的材料很多，可以是质地轻软的白纸、泡沫塑料网袋、塑料薄膜袋，也可以是纸浆托盘或瓦楞纸隔板或格子板。

小包装（内包装和销售包装）中最重要的方式之一是塑料薄膜包装。它的主要作用是减少产品水分蒸散，防止萎蔫，有的还可起到自发气调的作用。塑料薄膜包装有多种形式，如有孔包装、不封口包装、密封包装、黏着膜包装和热缩包装等。薄膜的厚度一般为 $0.02 \sim 0.07$ mm。

有孔包装是将一定数量或重量的产品装入带孔（直径 $5 \sim 8$ mm，$6 \sim 12$ 个）的塑料袋内，封住袋口。适用于呼吸量较大的果蔬产品，可避免密封包装易发生的气体伤害，防止水分蒸散。其效果因产品呼吸量不同和孔径、孔数不同而有差异。苹果、番茄、甜椒等多采用有孔包装。

不封口包装是将产品装入无孔的塑料袋，但不封袋口。适用于呼吸量和水分蒸散量均较大的产品，在一定程度上抑制了失水和呼吸。韭菜、葱等常采用不封口包装。

密封包装是将塑料袋完全密封。适用于在低温下储运呼吸量小的产品，要求包装的薄膜透气性要较好，需注意袋内气体成分变化，防止发生气体伤害。

黏着膜包装是使用具有自黏性的薄膜包装。用这种薄膜包裹的产品，膜的搭接处就相互粘上，不需封印。例如将若干个长茄或黄瓜，一个花椰菜或莴苣等分别用黏着膜包起来出售；将苹果、梨、番茄等球状产品和草莓、蘑菇等易受损伤的产品，装入小塑料托盘或盒内再用黏着膜包好出售。这种小包装透明、美观、透气性强，多用于销售包装。

热缩包装是用具有热缩性能的薄膜将产品包裹起来，然后通过温度为 150～200℃ 的通道使薄膜收缩，紧紧地贴在产品的表面。热缩包装的优点是能够利用膜的收缩性使之与各种产品的形状及大小相吻合。

（四）预冷

1. 预冷的作用

预冷是将采收的果蔬在储藏、运输或加工前迅速除去田间热和呼吸热的过程。预冷对于大多数果蔬来说是必不可少的，尤其是在高温季节。此外，果蔬采后的呼吸作用也会释放许多呼吸热，使环境温度升高，而且温度越高呼吸作用越旺盛，释放的热量也越多；加上采收过程中的机械损伤和病虫害感染也会刺激呼吸加快。呼吸强度越高，果蔬所含的有机物质分解得越快，采后保鲜寿命越短。如果果蔬采收后堆积在一起，不进行预冷，便会很快发热、失水萎蔫、腐烂变质。因此，预冷是保持果蔬的新鲜度和延长储藏及货架寿命的关键措施。果蔬从采收到预冷的时间间隔越短越好，最好是在产地立即进行，并在 24h 内完成。特别是那些组织娇嫩、营养和经济价值高、采后寿命短的产品更需要及时预冷。

此外，未经预冷的果蔬直接进入冷库，会加大制冷机的热负荷。例如，将品温为 20℃ 的产品装车或入库时所需排除的热量为 0℃ 产品的 40～50 倍。

2. 预冷方法及设施

（1）自然降温冷却

自然降温冷却是一种最简单易行的预冷方式。它是将采收后的果蔬放在阴凉通风的地方，散去产品所带的田间热。但这种方法降温慢，而且难以达到产品所需要的预冷温度，效果差。

（2）人工降温冷却

人工降温冷却主要有如下 4 种方式：

①加冰冷却法：这是一种古老的方法，在装有果蔬的包装容器内加入细碎的冰块，一般采用顶端加冰。它适用于那些与冰接触不会产生伤害的产品，如菠菜、花椰菜、甜玉米、芹菜、抱子甘蓝、萝卜、葱、胡萝卜和网纹甜瓜等。但其降低产品温度和保持产品品质的作用很有限，因此只能做其他预冷方式的辅助措施。

②空气冷却：有自然对流冷却、冷库空气冷却、强制通风冷却、压差通风冷却等。其冷却速度稍慢，适用于多种水果和蔬菜。

③水冷却：有浸泡式冷却、喷淋式冷却、冷水冷却等。适用于表面积比小的果蔬，成本低，但水湿后产品易腐烂。

④真空冷却：不仅冷却速度快（20～30min），而且还具有冷却均匀、加工时间短、干净卫生、能抑制细菌和霉菌等微生物、无污染、灭虫等特点。此外，它还不受产品包装容器和材料的限制，纸条、塑料箱、木箱等都可使用。冷却费用也不高，如以耗电计算，农产品的冷却费用为每千克 0.01～0.02 元。

但是，以往真空冷却在使用上有一定的局限性，主要适用于表体比大的叶菜类蔬菜。

同时，蔬菜冷却时，菜温每下降 5 ～ 6℃将散失菜体重量 1%的水分。采用近年发展的喷雾加湿式真空冷却装置预冷的蔬菜，则几乎无重量损失，而且还可扩大到水果这类表体比小的产品冷却。此外，近年发展的移动式真空预冷装置可方便地到田间、果园直接进行加工，设备利用率很高。

在选择预冷方法时，要综合考虑设备、成本、包装类型、距销售市场的远近和产品本身的要求。在预冷前后都要测量产品的温度，判断冷却的程度。预冷时要注意产品的最终温度，防止温度过低使产品冷害或冻害，以致产品在运输、储藏或销售过程中腐烂变质。

（五）其他处理

1. 清洗

清洗是采用浸泡、冲洗、喷淋等方式水洗或用干毛刷刷净某些果蔬产品（特别是块根、块茎类蔬菜），除去沾附着的污泥污物，减少病菌和农药残留，使之清洁卫生，符合商品要求和卫生标准。洗涤水一定要干净卫生，必要时可加入适量的杀菌剂，如次氯酸钠、漂白粉等。水洗后需进行干燥处理，除去游离的水分，否则在运输或储藏中容易引起腐烂。

2. 愈伤

果蔬在采收过程中难免机械损伤，特别是块茎、块根和鳞茎类蔬菜。采收时的微小伤口也会招致微生物的入侵而引起腐烂，因此，采收后必须经过愈伤以延长储藏期。愈伤是伤口处周皮细胞的木栓化过程，一般需要高温多湿的环境条件。例如，马铃薯采后在 18.5℃下保持 2 ～ 3d，然后放在 7.5 ～ 10℃和 90% ～ 95%的相对湿度下 10 ～ 12d 可完全愈伤。愈伤的马铃薯比未愈伤马铃薯的储藏期延长 50%，而且腐烂率减少。山药在 38℃和 95% ～ 100%的相对湿度下愈伤 24h，可完全抑制表面真菌的活动及减少内部组织的坏死。成熟的南瓜，采后在 24 ～ 27℃下放置 2 周，可使伤口愈合，果皮硬化，延长储藏时间。也有些产品愈伤时要求较低的相对湿度，如洋葱和大蒜收获后要进行晾晒，使外部鳞片干燥，以便减少微生物侵染，促使鳞茎的茎部和盘部的伤口愈合，以利于储藏和运输。

3. 催熟

果蔬在集中采收时，成熟度往往不一致，还有一些产品为了方便运输，在坚硬的绿熟期采收。为了促使产品上市前成熟度达到一致所采用的措施叫作催熟。要催熟的产品必须是采后能够完成后熟的，而且要达到生理成熟阶段，即离开植株后能够完成后熟的生长阶段。不同的果蔬催熟时有不同的最佳温度要求，一般以 21 ～ 25℃为好。催熟环境应该具有良好的气密性，催熟剂应有一定的浓度，但实际使用浓度要比理论值高，因为催熟环境的气密性常常达不到要求。此外，催熟室内的二氧化碳浓度过高会影响催熟效果，因此催熟室要定期通风，有条件的地方，最好用气流法通入乙烯，以保证催熟室内有足够的氧气。催熟环境的相对湿度以 90%为宜，湿度过低，果蔬会失水萎蔫，果实催熟后外观不好看，湿度过高又易感病腐烂。由于催熟环境的温度、湿度较高，致病微生物容易滋生，因此应该注意催熟室的清洁、卫生和消毒。目前用的催熟剂有乙烯、乙烯利和乙烷。乙烯是一种气体，使用浓度因产品而异，一般在 1 000 ～ 2 000mg/m³ 范围内。把香蕉放在 20℃和 80%的相对湿度的密闭容器或催熟室内，加入 1 000mg/m³ 的乙烯，密闭 24 ～ 48h，期间为避免二氧化碳累积，每隔 24h 通风 1 ～ 2h，密闭后再通入乙烯，待香蕉稍现黄色时即可取出。

乙烯利水剂的催熟效果也不错，将乙烯利（浓度 1500mg/L）喷洒在香蕉上，3 ～ 4d 香蕉就可变黄。电石与水反应生成的乙炔气体也可用来催熟果实。

4. 脱涩

有些果实在完熟以前有强烈的涩味而不能食用，例如，柿子细胞破碎流出可溶性单宁与口舌上的蛋白质结合会产生涩味。设法将可溶性单宁物质变为不溶性的单宁物质，就可避免涩味产生。当涩果进行无氧呼吸时，可形成一种能与可溶性单宁发生缩合的中间产物，如乙醛、丙酮等，一旦它们与可溶性单宁缩合，涩味即可除去。根据上述原理，可以采取下列方法造成果实无氧呼吸，使单宁物质变性脱涩。将柿子浸泡在 40℃ 的温水中 20h 左右或浸入 7% 的石灰水中，经过 3 ～ 5d 即可脱涩。当前比较大规模的柿子脱涩是用高二氧化碳处理（60% 以上），25 ～ 30℃ 下 1 ～ 3d 就可脱涩。此外，还有许多方法都可以使柿子脱涩，如混果法（把涩柿子与少量能释放乙烯的苹果、梨、木瓜、石榴等果实或新鲜的松、柏、榕等树叶混装在密闭的容器中）、乙烯及乙烯利处理法、脱氧剂密封法等。

5. 涂膜或打蜡

涂膜是在果蔬的表面涂一层薄膜，起到调节生理、保护组织、增加光亮和美化产品的作用。涂膜也可称打蜡，但涂料不完全限于蜡质，其种类和配方很多。商业上应用的主要有石蜡、巴西棕榈蜡和虫胶等，也有一些涂料以蜡作为载体，加入一些化学物质，可防止生理或病理病害，但使用前要注意使用范围。果蔬上使用的涂料应具有无毒、无味、无污染、无副作用、成本低、使用方便等特点。涂膜的方法有浸涂法、刷涂法、喷涂法、泡沫法和雾化法。涂膜厚薄要均匀，过厚会导致果实无氧呼吸、异味和腐烂变质。新型的喷蜡机大多由洗果、擦吸干燥、喷蜡、低温干燥、分级和包装等几部分组成，连续作业。

根据不同果蔬产品的要求，采后处理还有晾晒、催色处理以及化学防腐处理等。

三、果蔬的储藏保鲜技术

新鲜果蔬属于易腐商品，要做好储藏保鲜，除了必要的采后处理外，还必须有适宜的储藏设施，并根据果蔬采后的生理特性，创造适宜的储藏环境条件，最大限度地延缓其成熟和衰老进程，有效地防止其腐烂变质，延长采后寿命和货架期。

果蔬的储藏保鲜方式繁多，主要有简易储藏、机械冷藏、气调储藏等。产地和销地可以根据具体条件和要求选择采用。

（一）简易储藏

简易储藏包括堆藏、沟藏（埋藏）、土窖储藏和通风窖储藏。其共同特点是利用自然低温条件来创造维持储藏适宜的环境条件，一般是在晚秋至早春储藏。其结构设施简单，费用较低，是目前农村普遍采用的储藏方式。

1. 堆藏

堆藏是将果蔬直接堆积于地面上，然后进行覆盖以防寒保温，是一种临时性的短期储藏方式。一般不需要特殊设备，所用覆盖物可以就地取材。在北方，大白菜、结球甘蓝、洋葱、马铃薯等常用此法储藏；在南方一些产区，也用此法储藏柑橘类果实。

堆藏应选择地势较高处为宜，地下水位要 1m 以下。堆码方式应根据果蔬的不同种类而定，果品一般装筐堆码 4～5 层，堆成长方形；蔬菜就地堆码成长方形垛或圆锥形垛。堆垛时要注意留出通气孔道，以利放风降温和适当换气。天冷后要用草帘、铺席等覆盖。刚开始储藏时白天气温较高，可在白天覆盖，晚上打开放风降温。当果蔬温度降至接近 0℃ 后，应随外温下降逐渐增加覆盖物，以防储藏的果蔬受冻。

堆藏受外界温湿度环境影响较大，失水、腐烂损耗较大，而且果蔬长期堆藏受到的损伤会影响以后的储藏，因此经长时间堆藏的果蔬不宜再进行长期储藏。

2. 沟藏

沟藏是充分利用土壤保温、保湿的特性进行储藏的一种保鲜方法。其效果比堆藏好，储期较长。果蔬的沟藏一般从地面挖一深入土中的沟，其大小和深浅主要根据当地的地形、气候、储藏果蔬的要求和数量等来决定；然后将果蔬堆积其中或按一定顺序摆放其中，随外界气温降低，用秸秆或塑料薄膜、土覆盖，覆盖厚度以恰能防冻为止。例如，烟台沟藏苹果，选择背风处挖沟，沟深 66～100cm，宽约 100cm，长度随储果量和场地大小情况而定。北京沟藏各种萝卜，一般沟宽 1～1.5m、深 1～1.2m，将萝卜散堆在沟内，厚度一般不超过 0.5m，入沟时在萝卜上覆盖一层薄土，以后根据气温变化逐渐添加。储藏白菜的沟则较浅，北京地区几乎与白菜高度相近，然后将白菜按顺序直立堆码在沟里，上边再覆盖保温物。覆盖技术是沟藏成败的关键，必须根据气温变化分次覆盖。覆盖厚了，储藏的果蔬温度太高，易造成腐烂；覆盖薄了，会使之受冻，也不利于储藏。

沟藏的主要问题是：在储藏初期和后期的高温不易控制，整个储藏期不易检查储藏产品，并占用一定面积的土地，因此，储量受到一定限制，储藏损耗也较大。

3. 窖藏

窖藏是科学利用地温但又较沟藏先进的果蔬储藏方式，有棚窖、窑窖、井窖、通风窖、强制通风窖等多种。苹果、梨、葡萄、柑橘、白菜、萝卜、马铃薯等都可采用窖藏方式。

（1）棚窖储藏

①棚窖的结构：棚窖一般为土木结构，有地上窖、半地下窖和全地下窖，根据各地气候条件而有所不同。北京地区以半地下窖为主，由北京越往北窖越深，到沈阳、长春就是全地下式的。根据当地的气候条件、土壤温度、地下水位高低以及所储的果蔬储藏的适宜温度条件确定窖的宽度和深度。北京地区储藏 0℃ 左右的果蔬，一般窖为半地下式，地下深 1～1.5m，地上墙高 1～1.5m，宽 4～6m，长度按地形和储量而定。如宽 4m 的窖，地下深 1.2m，地上 1m，即可创造。0℃ 的储藏环境。如窖宽 6m，地下深就要 1.5m，才能创造 0℃ 环境。建造时，先在地面挖一长方形的窖身，再用土培起地上部窖四周墙壁，在窖的两侧（东西）靠地面处留出窖眼，窖顶用木料、秸秆、土壤棚窖，在窖顶中央留出 0.5m 左右宽的天窗，储藏时利用窖眼和天窗的开关通风来调节窖内温湿度和气体条件。此种窖一般为季节性的，秋季上冻前做好，深秋至来年早春储藏，春天开始耕作时拆掉后可继续耕种。其优点是不占用土地，但每年修建也比较费工。

②棚窖的管理：白菜、萝卜、结球甘蓝、马铃薯、苹果、梨等均可用棚窖储藏。但由于其储藏前期的降温性能较差，要尽量晚入窖。用棚窖储藏的果蔬收获以后均要在窖外预储，以等待窖温下降。入窖以后，为排除果蔬垛内的田间热和呼吸热以及有害气体，除定

时进行放风外，还要倒垛散热。入窖初期，白天盖上窖口（天窗），晚上打开散热，使果蔬降温。当窖温和外界温度都稳定在适温后，就要选择适宜温度通风。冬天最冷时，要注意防冻保温，把窖眼堵上，天窗加盖覆盖物；遇到晴天，选择白天适宜温度时间适当放风。春天外界温度回升，选择夜间低温打开天窗和气眼通风，白天关闭，防止窖温回升。当外界最低温度都高于果蔬适宜储藏温度后，就要及时结束储藏。

（2）窑窖储藏

在我国西北部高原地区，普遍利用窑窖储藏新鲜水果。由于窖洞深入地下，受外界气温影响小，温度较低而平稳，相对湿度较高，有利于果品的品质保持。随着近年自发气调储藏技术在窑窖得到应用，明显提高了储藏效果。

①窑窖的结构：窑窖一般选择坐南朝北地势较高的地方，窖门向北，以防止阳光直射。窖门宽 1～1.4m、高 3.2m、深 4～6m，门道由外向里修成坡形，可设 2～3 层门，以缓冲温度，最内层门的下边与窖底平。窖身一般长 30～50m、高 3～3.5m，窖顶上部土层厚度 5m 以上，宽 2.5～3.5m，顶部呈圆拱形。靠窖身后壁在窖顶修一内径为 1～1.2m 的通风孔，通风孔高出窖顶 5m，再靠底部挖一气流缓冲坑，通风孔内径下大上小，以利排风。通风孔粗细高矮与窖身长短有关，一般气孔高（从窖顶部起）为窖身的 1/3～1/2，如气孔难以加高，可考虑用机械排风。

②窑窖的管理：窑窖的结构为良好保温和有效通风创造了条件，而科学地控制通风温度和通风时间则是管理的核心。果实采收后，一般散堆于窖内，或将果实堆于秸秆上，底部留有通风沟，以利通风散热。

入窖初期：管理的中心是降温，充分利用夜间低温进行通风降温。降低窖温应从入窖前开始，当果蔬入窖时，窖内已形成了温度较低的储藏环境。白天关闭窖门和通气孔，夜间打开，此时果蔬温度高，窖温也高，通风量大，通风时间长。随着窖温和果温下降，通风温度逐渐接近果蔬所需的适宜储藏温度，通风时间相对缩短，使果蔬温度和窖温稳定在适温范围内。

冬季管理：此期管理核心是保温防冻。经过前期的降温，果蔬温度和窖温都稳定到适温范围。要降低通风量，并依据果蔬温度和外温严格选择适宜通风温度和通风时间；通风量要小，天气太冷时要严封门窗和通气孔。

春夏管理：此期管理中心是防止窖温回升。严封通气孔和门窗，选择夜间低温适量通风，尽量维持窖内果蔬的低温。控制好窖温就为延长储藏期创造了条件。

（3）通风库储藏

①通风库的结构

通风库较棚窖和窑窖的建筑提高了一步。一般为砖木钢筋水泥结构的固定式窖，它有较完善的隔热建筑和较灵活的通风系统，操作比较方便。但通风库仍是依靠自然温度调节窖内温度的，因此其使用受到季节和地区限制。在我国长江以北及长江流域应用较多。

通风库有地上式、半地下式、全地下式，有单体库、连体库和非字形分列式排列库等。通风库多建成长方形或长条形，一般长 30～50m、宽 5～12m、高 3.5～4.5m，面积为 250～4000m^2。库顶有拱形顶、平顶和脊形顶。通风库的四周墙壁和库顶都有良好的隔热效能，达到保温的目的。通风库所用隔热材料一般为较经济的木屑、稻壳、炉渣，也有用膨胀珍珠岩等。由于各地区的气候条件不同，所应达到的保温热阻值有所不同，因此保温材料使用厚度也不尽相同。北京等同气候带地区，通风库墙壁应达到的热阻值是1.52以上，库顶是2.5。热阻值表示每立方米物质在1h内能传导热量4.186kJ时，物质两面温度相差的度数。材料的热阻愈大，隔热效能愈高；反之则小。

通风库的容量以100～150t较普遍，小型库则在100t以内。库房跨度，小型库4～5m，大型库7～10m。跨度不宜太大，一方面对建筑材料要求高、建筑成本高，另一方面保温性能也较差。

②通风库的管理：通风库是在棚窖和窑窖基础上发展的，均是靠自然温度来调节和控制库温的，所以管理的基本原则同棚窖和窑窖，只是管理的效果比两者提高了。

在通风库的基础上增加强制通风设施，即为强制通风储藏库。其特点是将储藏空间纳入通风系统，并通过强制通风，极大地提高了通风效果，更有效地利用了外界温度变化，提高了储藏效果。目前已在白菜储藏中得到了广泛应用，也可用于其他果蔬的储藏。

在简易储藏中，还有蔬菜的假植储藏、冻藏以及利用天然冰作为冷源的果蔬冰窖储藏等方式。但都局限性较大，效果较差。

（二）冷藏

1. 冷藏库

冷藏是在具有良好隔热效能的库房中装置制冷设备，通过机械制冷的作用，控制库内的温度、湿度和通风换气，从而维持适宜的储藏环境。机械冷库储藏不受外界环境条件的影响，可长期维持库内储品所要求的低温，从而大大延长了果蔬的储藏寿命。

以往冷藏库的建造，费用较高。近年来发展的装配式冷库可工厂化生产，建造快，造价较低，又具有良好的保温防潮性能，已在果蔬储藏保鲜中日益广泛应用。

2. 冷藏的管理

（1）温度管理

温度管理是冷藏管理的核心。首先，应确定储藏果蔬适宜的储藏温度，如果储藏温度高于适宜温度，会促进衰老腐败，而低于适宜温度又会导致冷害和冻害。一般都在冷害和冻害温度之上的临近值。果蔬的冷害一般在储藏温度下变化较小，而一旦移至高温环境中就会很快腐败，因此要特别注意防止冷害的发生。不仅不同种类的果蔬适宜储藏温度不同，而且同种果蔬不同品种，同一品种不同栽培季节、不同收获期、不同成熟度，其适宜的储藏温度都有很大差别。如红熟的番茄冷却保鲜温度为0℃，而绿熟的则为10℃，若低于这个温度，番茄就失去后熟能力，不能由绿变红。又如甜椒一般的保鲜温度为7～9℃，但北方秋季产的甜椒可低于这个温度。原产于温带、寒带的果蔬大多数的保鲜温度在0℃左右，而产于热带和亚热带的果蔬的保鲜温度要比0℃高得多。如苹果的最适温度为0℃，而广东香蕉为11℃。

其次，冷藏库的温度波动要小，一般为±1℃。如温度波动过大和过频，就会在果蔬的表面凝露，形成大量水滴，会造成果蔬腐烂变质。防止库温波动的主要方法为采用优质的制冷设备及温度控制系统并经常检查库温，对入库的果蔬要进行预冷。

确定好适宜的储藏温度后，在储藏过程中还应注意如下影响库温变化的因素。

①田间热：果蔬采收后所带的潜热称为田间热。为降低果蔬的田间热，应该在一天中气温最低时收获，并预冷以后再入库，以免对库温影响太大。无条件进行预冷的，一天入库量不要太大，保持在库容量的 1/5 ～ 1/10 为宜。入库量太大，库温难以下降到适温范围。

②呼吸热：由于果蔬的代谢作用，在呼吸的同时会产生大量呼吸热，呼吸强度越高呼吸热越大。为保证果蔬能及时散出呼吸热，入库堆积时，除按一定要求注意通风外，堆积不应过密，库容量不宜过大。冷库超负荷运行将对储藏不利。

③库体的保温性：保温性好的冷库，库内外热交换少，同样的条件运转费用较低。如建库时为了省钱，保温做得不好，将加大运转费，并严重影响储藏果蔬的效果。

（2）湿度管理

一般果蔬储藏的湿度要求在 85% ～ 100%，而通常冷库的相对湿度都比较低，因此储藏果蔬失水损耗较大。一般采用在地面洒水或喷雾等增湿措施。此外，用塑料薄膜包装，对防止果蔬失水的效果也很明显。

（3）气体管理

冷库内由于果蔬的呼吸代谢作用，二氧化碳和其他有害气体积累，尤其乙烯的积累会促进果蔬的衰老败坏，二氧化碳浓度过高也会导致果蔬生理失调。因此，冷库内要依据储藏的具体情况定期通风换气。

（三）气调储藏

气调储藏是在机械冷藏的基础上，通过调节控制储藏环境中的氧和二氧化碳的浓度和限制乙烯等有害气体的积累，抑制果蔬呼吸作用，延长果蔬成熟过程，达到延长果蔬寿命和储藏保鲜的目的。气调储藏是当代果蔬储藏方式中效果最好的先进储藏保鲜技术。

气调储藏可分为人工气调储藏（CA）和自发气调储藏（MA）两大类，设备要求繁简及造价不同。

1. 人工气调储藏（CA）

（1）利用气调库储藏

气调库是在冷藏库的基础上发展起来的，它不仅有冷藏功能，又有气调功能。

①库体隔热良好并有制冷装置，使果蔬在储藏过程中能够达到所要求的适宜低温。

②具有较高气密性。储藏库必须经过特别的建筑测试，确定气密性符合标准规定。

③有调节气体成分的装置，并在短时间内能达到要求的数值。气体成分的调节靠气体发生器完成，而不是靠产品的呼吸而降氧。必要时，应配除乙烯装置。

④有隔热、防潮材料。

⑤有加湿装置。

⑥储藏库内空气必须循环，要有气体压力调节装置。

气调库的主要技术参数如下：温度为 1 ～ 10℃（可控）；湿度为 80% ～ 95%；氧气含量是 1% ～ 8%；二氧化碳含量是 3% ～ 10%。

气调库的气体调节系统主要由制氮机（氮气源）和二氧化碳脱除机组成。通过库内和调气系统的气体循环，将氧和二氧化碳浓度控制在规定范围内。制氮机有 3 种类型：一种是燃烧式，利用燃料烧掉空气中的氧；一种是分子筛式，利用分子筛吸附方式将氧从空气中分离出去；第三种为中空纤维膜分离式，其主要是根据各种气体对膜的渗透系数不同，将空气中的氮分离出来并加以收集利用。二氧化碳脱除机主要是利用活性炭吸附脱除的。

使用时，将果蔬储入库内后，密封库门，开动制氮机，使氧含量快速下降，库内二氧化碳含量随着果蔬的呼吸作用逐渐增高。根据不同果蔬的需要，调整库内氧和二氧化碳的含量。此种方法用电脑控制，使果蔬自始至终都处在适宜的氧、二氧化碳浓度和温湿度的环境中，储藏效果较好。此种方法自动化程度高，管理方便，但成本高。

（2）在机械冷藏库加塑料帐气调储藏

塑料薄膜良好的气密性为果蔬气调储藏开辟了降低成本的新途径。用塑料薄膜做封闭材料，既能达到气调储藏对气密性的要求，又较气调库机动灵活，大小随意，也不受气压变化的影响，并且价格低廉，目前应用较多。一般将储藏的果蔬装筐或装箱，堆成长方形垛或码放在架子上。采用0.1～0.2mm厚聚乙烯薄膜做成与果、菜垛大小相符的大帐。储藏时，先在垛底或架底铺垫同样薄膜，再码垛或放果菜架。产品摆放好后，罩上薄膜帐，将帐子周边与垫底薄膜的四边叠卷、压紧即可。一个塑料帐可储0.5～25t不等。大帐气调可在冷库中，也可在通风库或荫棚（如洋葱）内。塑料气调帐上还要预先做好调气口和采气口，密封后可将制氮机的出口与调气口连接，可循环调气（气调帐另设出气口与制氮机进气口相连），也可开放调气（出气口不与气调机连接通向大气）。为了能较快将二氧化碳浓度升高到规定浓度，可直接通过调气口充二氧化碳或放一定量干冰。停止调气，由于果蔬的呼吸作用，帐内二氧化碳浓度升高，氧不断下降。当氧降到规定的下限浓度、二氧化碳升到规定的上限浓度时就要再调气，使氧达到规定的上限浓度、二氧化碳达到规定的下限浓度。这样使帐内气体维持在规定浓度范围内。在储藏对二氧化碳较敏感的果蔬时，可在垫底薄膜上撒上一层消石灰，用以吸收呼吸所产生的二氧化碳。对乙烯敏感果蔬，要在储藏垛中夹放用饱和高锰酸钾浸泡的砖块或其他乙烯吸收剂，以吸收果蔬释放的乙烯。用这种气调方式储藏时，要特别注意帐内气体成分的检测工作。

2. 自发气调储藏（MA）

是利用果蔬自身的呼吸作用来降低储藏环境的氧和提高二氧化碳浓度的一种方法，不需特殊的调气设备，因此也称为简易气调储藏。

（1）塑料薄膜包装储藏

利用了塑料薄膜的低透气性，使包装袋内维持一定浓度范围的氧和二氧化碳浓度，达到延长保鲜期的目的。塑料薄膜包装有大包装和小包装。大包装一般10～25kg，小包装最小的是单果包装，如柑橘、青椒等，也有多果包装的。此外，还有用大帐简易气调和大袋简易气调的，储藏期间都要定时作气体成分检测并换气，以防止过高二氧化碳和超低氧环境对果蔬的伤害。可用半自动气调保鲜包装机作盒式包装效果较好。包装采用聚乙烯透气薄膜袋，再用外抽式真空充气包装机充氮降氧包装。塑料薄膜包装一般越小效果越好，但大量储藏小包装较费工。塑料薄膜包装除具有气调作用外，还具有保水作用，并能保持果蔬防止机械损伤，而且包装材料来源广泛。目前广泛使用的薄膜厚度，小袋0.04～0.06mm，大袋0.1mm，制造简单，保存方便，费用低。但塑料薄膜包装储藏一定要与适宜温度相结合。

否则，温度过高，将导致袋内缺氧，形成无氧呼吸，会大大降低储藏效果。

（2）硅窗气调储藏

用硅橡胶窗作为气体交换窗，镶嵌在塑料帐或塑料袋上，起自动调节气体成分的作用，称为硅橡胶窗气调储藏，简称硅窗气调储藏。

硅橡胶膜是高分子聚合物中透气性最好的材料，其对二氧化碳的透过率是同厚度聚乙烯薄膜的 200～300 倍，是聚氯乙烯膜的 20 000 倍。它还具有选择性，对二氧化碳的透过率是氧的 5～6 倍，是氮的 8～12 倍。所以，果蔬在呼吸过程中所需要的氧可从硅橡胶窗缓慢透入，而释放的二氧化碳和乙烯则可自动地从硅橡胶窗扩散出去，这就为果蔬的密封储藏提供了有利条件。在塑料薄膜帐（袋）上镶嵌适当面积的硅橡胶窗，经过一定的时间，就能自动地调节和维持一定的气体组成。

果蔬呼吸过程中所需的氧不足时，可从硅橡胶窗缓慢透入，而释放的二氧化碳过多时，也可自动从硅橡胶窗扩散出去，不会发生氧过低和二氧化碳过高的情况。同时，经过一段时间的自动调节，硅橡胶窗帐（袋）内的气体成分可自动地保持在相对稳定的水平，达到气调储藏目的。

用硅橡胶膜做气体交换窗，其面积决定于储藏产品的种类、品种、成熟度及单位容积的储藏量、储藏温度、要求的气体组成、硅橡胶膜厚度等许多因素。采用国产硅橡胶（D45M2T 型）做硅橡胶窗的使用面积随温度而异：$0～3℃$，$0.5m^2/t$；$5～10℃$，$1.0m^2/t$；$3～5℃$，$0.7m^2/t$；$10～20℃$，$1.3～1.5m^2/t$。

不同种类的果蔬对气调储藏的反应不同，同一种类不同品种的反应也有较大差异，即使适合气调储藏的果蔬种类和品种，其适宜的气调条件也各有不同。因此，在应用气调储藏时，应首先考虑要储藏的果蔬是否适宜做气调储藏、气调储藏的适宜浓度是多少，依据果蔬自身的要求，再去选择适宜的材料、方法，创造其适宜的气体环境，才能取得理想的效果。

（四）其他保鲜方式

1. 减压储藏

减压储藏也称为低压储藏或真空储藏，是气调储藏的发展。如图 3-4，它是把农产品储藏在密闭的储藏室内，抽出部分空气，使内部气压降到一定程度，并在储藏期间保持恒定的低压。这样，一方面稀释氧浓度，抑制果实内乙烯的生成；另一方面把果蔬释放的乙烯从环境中排除，从而达到储藏保鲜的目的。

此外，减压储藏也使其他挥发性产物如乙醛、乙醇等向外扩散，因而减少了由这些物质引起的生理病害。减压储藏还可抑制微生物的生长发育和孢子形成，从而减轻某些侵染性病害的危害。减压处理的产品移入正常的空气中，后熟仍然较缓慢，因此有较长的货架期。减压储藏比冷藏更能够延长产品的储藏期。

但是，减压储藏也存在一些缺点，对某些生物体会产生新的生理病害，如急剧减压时青椒等果实会开裂。在减压条件下储藏的产品，有的后熟不好，有的味道和香气较差。再由于减压储藏室或储藏库的结构是耐压建筑，并要求密闭程度高，因此造价比较高，目前这种方式还处在试验应用阶段。

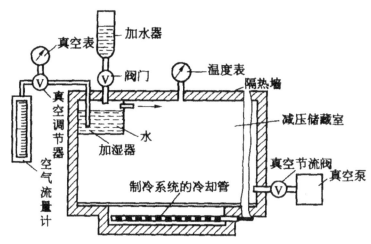

图 3-4　减压储藏的基本设备

2. 电离辐射处理

电离辐射储藏食品，主要是利用 ^{60}CO 或 ^{137}Cs 发生的 γ 射线，或由能量在 10MeV 以下的电子加速器产生的电子流。当它辐照生命有机体时，会影响其机体的新陈代谢过程。如用 γ 射线辐照，可以抑制块茎、鳞茎类蔬菜发芽。

辐射能调节呼吸和后熟。对呼吸跃变型果蔬经适当剂量电离辐射后，一般都表现出后熟被抑制，呼吸跃变后延，叶绿素分解减慢。番茄、青椒、黄瓜、洋梨和一些热带水果都有这种表现。

辐射效应不仅与照射剂量有关，也与剂量率成正相关。在果蔬储藏处理上一般只用低辐照量。

电离辐射储藏食品的优越性主要有以下几个方面：

第一，不需提高食品的温度，处理得适当可保持食品原有的色、香、味、质地和营养成分。

第二，γ 射线穿透力强，可通过各种包装材料，杀灭食品内部的害虫、寄生虫和微生物。

第三，处理后不会留下残留物，可减少环境公害，改善食品卫生质量，远比农药熏蒸等化学处理优越。

第四，应用范围广，能处理不同类型的食品和包装材料。

第五，可节约大量的能源消耗，辐射处理工作效率高，整个工序可连续进行，易于自动化。

其主要存在的问题有以下两个方面：

其一，有关辐射是否会致毒、致畸、致癌、致突变，"照射异味"产生的机理等放射化学的重要问题尚未彻底研究解决，对照射食品尚无完全可靠的安全性保证，故在实用上有一定困难。

其二，应用于鲜活产品需摸索合适的剂量，否则会使食品变色变味，降低商品价值甚至丧失食用价值。此外，射线的能量、穿透力和照射时间都影响辐射保鲜的效果，故应用前须做探索性试验，以求得最佳处理效果。

3. 电磁处理

从分子生物学的角度看，果蔬也是一种生物蓄电池。在采收后发生的一系列生理生化变化，就是电荷不断积累和工作的过程。在储藏中，要减少和避免有机物质的消耗，就必须减少或终止这种电荷积累和工作的过程。使用高压静电处理、电磁场处理、高频电磁波处理、离子空气处理、臭氧处理等，中和果蔬上的电荷，以减缓和停止其生理变化，即可达到长期储藏和保鲜的目的。

（1）高频磁场处理

将产品放在或通过电磁线圈的磁场中，直接受到磁力线的影响。

（2）高压电场处理

将产品放在或通过由两个金属极板组成的高压电场中进行处理。可能会有这样一些作用：电场的直接作用；高压放电形成离子空气的作用；放电形成臭氧的作用等。

（3）离子空气和臭氧处理

据实验，对植物体的生理活动，正离子起促进作用，负离子起抑制作用，故在储藏方面多用负离子空气处理。用风扇将离子空气吹向产品，使产品在发生器的外面接受离子沐浴。

同样也可将臭氧发生器放置在储藏室内，或借风机将臭氧吹向产品。臭氧是强氧化剂，除消毒防腐作用之外，可能还有其他生理效应。

电磁处理用于果蔬储藏是一项新的技术，这方面试验研究还比较少，特别是作用机理方面，有待进一步探讨。

4. 变温处理

把产品放在较高的温度下（一般 $70 \sim 80℃$）处理一定时间，杀死微生物并抑制酶的活力，然后快速放到低温环境中储藏，可延长储期。有些果品储藏期间采用变换温度的办法，也可获得较好的储藏效果。例如，鸭梨入储初期突然降温会发生冷害，得早期黑心病，所以入库时提高温度，储藏一段时间后缓慢降温，是防止储期黑心病的有效措施。鸭梨初入库时温度不能低于 $10℃$。

5. 化学处理

目前应用的化学处理主要有以下几类：

（1）灭菌防腐剂

腐烂是果蔬储藏中一个突出的问题。果蔬腐烂的原因，一是果蔬本身带有病原菌，二是次生感病。为了防止或减少腐烂现象，必须加强消毒。

①库房及包装的消毒：常用漂白粉（0.1%）、过氧乙酸（0.5% ~ 0.7%）和硫磺熏（$0.5g/m^3$）进行消毒。

②储藏环境空气的消毒：用氯气、亚硫酸氢钠和二氧化硫对储藏环境中的空气进行消毒处理。

③表面灭菌剂：常用的有多菌灵、托布津、苯来特、仲丁胺（2-AB）、联苯胺（DP）、二氧化硫、大蒜素等。我国从中药中提取的天然防腐剂，有良好的保鲜效果。如从花椒中提取的有效成分处理柑橘，经过 3 个月储藏，果实特征如初，好果率达 97% 以上。据报道，对良姜、百部、苦楝皮、花椒、大蒜、蒲公英等均有这方面的作用。

（2）生物膜

具有抑制呼吸和蒸腾，以及防腐作用，主要有油乳保鲜剂（主要成分为动物油、面粉、杀菌剂）、复卵磷脂保鲜剂（以卵磷脂为主，与 2，4-D、钠盐、钙盐、高分子聚合物配制而成）、森柏保鲜剂（主要成分为蔗糖脂肪酸酯、梭甲基纤维素钠、CM 保鲜剂等）。

（3）吸氧剂

主要有铁粉、活性炭等，与储藏品一同密封在一定的环境条件下。

（4）二氧化碳吸收剂

有消石灰〔$Ca(OH)_2$〕、碳酸钾（K_2CO_3）、活性炭等。

（5）乙烯吸收剂

主要是高锰酸钾（$KMnO_4$）。用蛭石、沸石、珍珠岩、砖块等为载体，浸沾饱和高锰酸钾水溶液，然后将载体放到果品储藏环境中，利用高锰酸钾来氧化储藏环境中的乙烯。

（6）植物生长调节剂和干扰素

种类繁多，有的在果蔬生长期使用，有的在采后使用。其使用方法和浓度因目的不同而异。

四、果品的保鲜

（一）温带果品的保鲜

1. 苹果

（1）品种及保鲜特性

常见品种有 60 多种。早熟品种一般不宜储藏；中熟品种不能进行长期储藏；晚熟品种主要有国光、富士、红富士系列，最耐储藏。

苹果属呼吸跃变型果实。维持其最低的生命活动，控制呼吸强度，延缓呼吸高峰的到来，是延长苹果储藏寿命的理论依据。储藏温度、二氧化碳浓度、氧气浓度和乙烯含量是影响呼吸强度和储藏寿命的重要因素。富士、国光不耐二氧化碳，而秦冠、金冠、红星比较耐二氧化碳，即使较长时间二氧化碳浓度大于 10% 也不产生伤害。此外，山地果比平地果、小果比大果、外围果比内膛果、高钙果比低钙果更耐二氧化碳。

（2）采收

最适采收期可根据果实生长的天数、果肉硬度以及果实呼吸强度、糖酸比、乙烯释放量等来确定。也可通过碘化钾淀粉染色指数的监测确定。

在采收期内，选择基本上相同的果实分批采摘。采摘时勿使果梗脱落或折断，并要防止一切机械损伤。

（3）分级包装

分级中着色（度、面）、横径、有无病虫害和机械损伤，是 4 个基础性指标。分级有机械和人工两种方法。

内销包装多用黄板纸箱以及白蜡条、紫穗槐条等编制的筒笼；外销出口多用白纸板的高强度瓦楞纸制成的纸箱、木箱包装。单果包装用柔韧、干净、无异味的薄白纸，或含有防腐剂成分的保鲜纸。

（4）适宜保鲜条件

温度 0 ± 0.5℃；氧气 $2\% \sim 5\%$，二氧化碳 $2\% \sim 5\%$，富士苹果无伤害值二氧化碳浓度 $< 2\%$；相对湿度 $85\% \sim 95\%$；乙烯含量 < 1mL/L；冰点 $-1 \sim -1.5$℃；冷害温度 $-0.5 \sim -1$℃；储藏期 $6 \sim 10$ 个月。

（5）预冷

最好采用差压通风冷却或强制通风冷却，也可采用加湿真空冷却法预冷。还可在冷藏库的专门预冷间或冷库内进行。或者采后放在外面，就地利用夜间的低温冷源进行预冷。

（6）保鲜技术工艺流程

无伤适时早采→剔除伤、病、虫、残果→分级→洗果、药剂处理→包装→预冷→运输→入库储藏（冷藏库、气调库储藏或简易储藏）。洗果为除去果面污物，消毒杀菌。打蜡可抑制水分蒸发，保持果实新鲜，减少腐烂，改善外观。

（7）储藏

①冷藏库储藏；库房要经消毒，按 100m^3 用 $1 \sim 1.5$kg 硫磺，密闭熏蒸 2d。苹果采收及预处理后，应尽快预冷。在采收后 $1 \sim 2$d 内储入冷库，入库后 $3 \sim 5$d 内冷却到储藏适温。一次入库的数量不宜太多，每天入库量以占库容总量的 10% 左右为宜。储藏期间管理，主要是调节库内温湿度和排除乙烯、二氧化碳等不良气体。出库前应逐步升温，以每次高出果温 $2 \sim 4$℃为宜，升至与外界温度相差 $4 \sim 5$℃时即可出库。

②气调储藏；可用塑料薄膜袋小包装、塑料薄膜大帐、硅窗气调帐、气调库储藏。良好的气调储藏技术配合适宜的采后处理，可大幅度提高商品价值。

③通风库等简易储藏，效果较差。

2．梨

（1）品种及保鲜特性

我国分白梨、秋子梨、沙梨和西洋梨 4 大系统。白梨系统的大部分品种如鸭梨、雪花梨、砀山酥梨、长把梨、库尔勒香梨、秋白梨等耐储藏，是当前主要储藏品种；蜜梨、笨梨、安梨、红霄梨极耐储藏。秋子梨系统中只有南果梨、京白梨等较耐储藏。沙梨系统中晚三吉梨、今村秋梨等耐储藏。西洋梨系统原产欧洲，耐储性差。

梨属呼吸跃变型果实。在低氧气和低二氧化碳条件下，可使呼吸强度降低到最低程度，从而实现长期储藏的目的。但梨对二氧化碳反应敏感。当环境温度降到 -1.5℃时，就有可能发生冻害。梨若失水达 $5\% \sim 7\%$，则明显皱皮，并出现生理代谢失调现象。梨大多数自身乙烯产量较低，但对乙烯的催熟作用反应明显，故不宜与苹果等乙烯产量较大的果品混储。由于储藏温度不适造成的生理性病害，有褐心、痂皮和丧失后熟能力等。在储藏中主要侵染性病害，有灰霉病、青霉病和牛眼病，可利用采后杀菌剂处理控制。

（2）采收

白梨系统采收标准是种子的颜色由尖部到花粒变褐；果皮颜色黄中带绿；果实硬度达到 5.5kg/cm^2；果实可溶性固形物含量大于 10%。当 80% 的果实达到采收标准时，即为适储采收期。西洋梨系统可用碘—碘化钾紫色反应确定。采收时，尽量避免机械损伤。采收时间与储藏环境和方法有关。如采用气调储藏或储藏期较长时，应适当早采；如采用冷藏或储藏期较短时，则可适当晚采。

（3）分级包装

果实重量一般分为 200g 以下、200～250g、250g 以上 3 个级别。单果先用纸包装，最好用蜡纸或浸有杀菌剂的包装纸包裹，既能抑制失水又可防止病害侵染。再外套聚乙烯或聚氯乙烯发泡网，缓冲运输碰撞，减少机械损伤。

（4）适宜保鲜条件

温度 -1～3℃（中国梨 0℃左右，大多数西洋梨 0±1℃，鳄梨 < 10℃则产生冷害）；氧气 2%～5%，二氧化碳 0～2%；湿度 90%～95%；冰点 -0.5～-1.8℃；储藏期 4～8 个月。

（5）预冷

与苹果类似。采用加湿真空冷却法预冷鸭梨，储藏 6 个月无黑心病。

（6）保鲜技术工艺流程

适时无伤采收→剔除病、虫、伤、烂果实→分级→药剂处理→包装→预冷→运输→入库储藏。单果重 250g 以上的大梨不宜入储，因组织疏松，含糖量高，含钙量相对较少，易坏。

（7）储藏

一般在冬季不太寒冷的产地多采用室内储藏和田间沟藏，冬季严寒的产区则应用地窖和窑洞储藏。洋梨、京白梨等软肉梨宜入冷库或气调储藏。秋子梨系统中的有些品种可以露地堆码冰冻储藏。但由于梨脆嫩含水量较高，以及对二氧化碳较敏感，有些品种如鸭梨迅速降温储藏易发生黑心病，因此在储藏保鲜中需要特殊工艺。

在发达国家长期储藏以 CA 气调库为主，我国目前仍采用塑料袋小包装或大帐 MA 气调储藏为主。

3. 葡萄

（1）品种及保鲜特性

按地理分布和生态特点，葡萄分为欧亚、东亚和北美 3 个种群；按用途，分成酿酒葡萄、制干葡萄、制汁葡萄、制罐葡萄和鲜食葡萄 5 类。欧亚种群比北美种群耐储藏，晚熟的比早熟的耐储藏，有色品种比白色品种耐储藏。耐储品种一般果皮较厚，果面及穗轴蜡质多，果刷长，含糖量高。我国栽培的耐储品种有：龙眼、晚红（美国红提）、秋红（圣诞玫瑰）、秋黑、粉红太妃、新玫瑰、伊丽莎白、牛奶、黑罕、意大利、白连子、红鸡心、脆红、玫瑰香、巨峰、泽香、黑奥林、保尔加尔等。

葡萄属非跃变型果实，采后没有后熟过程。在储藏过程中，乙烯释放量较小，对呼吸强度调节作用不明显。果梗、穗梗中脱落酸的含量比果粒高得多，使果梗成为葡萄果穗中生理活动最活跃部分。果梗不仅有呼吸跃变，而且呼吸强度是果粒的 8～14 倍，导致果梗、穗梗极易衰老。因此，推迟果梗、穗梗的衰老，是保鲜的关键。

（2）采收

供储藏用的葡萄应在充分成熟时采收。成熟的标志是果梗粗、木质化程度高，穗型整齐，穗轴绿色饱满，果粒着色均匀，香味充分，果皮厚、韧性大，表面有层白色粉末状蜡质层，可溶性固形物 17% 以上，总酸 0.6%～0.8%，糖酸比（25～30）：1 原果胶与果胶比（1.8～2.7）：1。剥去果皮有 5%～10% 的维管束由绿变黄。

采收前 7 ～ 10d 必须停止浇水，否则储藏期间会造成大量腐烂。

采收时一定要避开雨、雾天气，选择天气晴好、气温较低的早上露水干了之后或傍晚进行。采收时用剪刀将果穗剪下，但果穗要留适当长度的果梗，剔除烂、瘪、裂、伤、干、病的果粒和穗下 1/4 ～ 1/3 的软尖。

（3）分级包装

鲜食葡萄分为 3 个等级。一级果穗重 150 ～ 450g，果穗完整，果粒大小一致，疏密均匀，着色良好，充分成熟，并具本品种固有的风味；二级果穗重 110 ～ 350g，果穗完整，果粒大小基本一致且排布均匀，着色度 80% 以上，充分成熟，没有破损粒；三级果穗重 100 ～ 300g。

内包装宜采用既能透气又能保水的带有小孔的无毒塑料袋。外包装有木箱、纸箱、抽条筐和定型泡沫箱等。外销多采用纸箱包装。

（4）适宜保鲜条件

温度 –5 ～ 0℃；氧气 3% ～ 5%；二氧化碳 1% ～ 5%；相对湿度 90% ～ 95%。北美种群相对湿度 85% ～ 90%，产于极低湿度环境的如新疆无核白、木那格及巨峰系等，均宜采用低湿度保鲜（80% ～ 85%），但相对湿度低于80%则会引起果梗迅速失水、干梗；当失重 > 5% 时，不仅失去新鲜状态，并使储藏期缩短。冰点 –3℃左右；储藏期 3 ～ 7 个月。

（5）预冷

最好采用差压通风冷却法和加湿真空冷却法。也可采用强制通冷却法。还有用冷藏库进行预冷，果温由 20 ～ 30℃降低到 0 ～ 2℃的时间不宜超过 3d。

（6）保鲜技术工艺流程

选择耐储品种→采收→修整果穗（避免果粒过密或过稀）→库房及包装材料消毒→包装→预冷→入库→防腐处理（入库后立即硫磺熏蒸，用 1% 浓度处理 20min 或 0.25% 浓度处理 30min）；再每隔 10 ～ 15d 一次，用 0.25% 硫磺熏蒸 20min →适时结束储藏（4 ～ 6 个月）→冷藏结束时操作（出库时应避免果实表面凝结水分，必要时可用适当方法预先干燥）。

（7）储藏

有冷库储藏、低压储藏和气调储藏。冷库储藏，巨峰葡萄 192d，好果率达 98.6%，220d 达 97.7%，果柄绿色，并基本保持果实采收时的色、香、味。气调储藏效果不明显，但对果柄保绿有实用价值。若用 S–M 和 S–P–M 防腐保鲜剂储藏，每千克葡萄用药 2 片（每片 0.62g）。

4. 桃

（1）品种及保鲜特性

早熟的品种如水蜜桃、五月鲜等不耐储运，硬肉桃、中晚品种较耐储运。如陕西的冬桃、山东的青州蜜桃和肥城桃、河北的晚香桃以及沙子早生、大久保、深州蜜桃、肥城小密、白凤、京玉、绿化 9 号、北红等一般可储 50 ～ 60d。黄桃耐储性较差。

桃属呼吸跃变型果实，具有明显的呼吸高峰，一般不能在后熟过程中增进其品质。对低温比较敏感，在 –1℃以下就会引起冷害，在储藏保鲜中最大难题是由冷害引起的风味问题。多数品种耐二氧化碳能力较耐低氧能力强，易产生低氧伤害。在储藏期比较容易失水，要求储藏环境有较高的湿度、适当的低温。低氧和高二氧化碳可以减少桃的乙烯的生成量和作用，延长储藏寿命。

（2）采收

桃的品质、色泽、风味必须在树上完成，所以不宜过早采收。但采收过晚，果实会过于柔软，易受机械伤害而造成大量腐烂。就地鲜销的宜于八九成熟时采收，长途运输与储藏的七八成熟时采收，加工用桃在七成熟时采收。

采收时，应在晴天早上或傍晚进行。采摘时要轻采轻放，要带果柄，否则容易引起腐烂。桃在树上成熟有先后，要分期分批采收。

（3）分级包装

剔除伤、病、烂、软、裂果及畸形果，再根据果形、大小、颜色、品质等分级装箱。由于桃柔软多汁，耐压性差，现在多采用单果包纸，用塑料薄膜袋或用软泡沫塑料垫衬，纸箱、木箱装运均可。为了有利于果实通风，应在包装箱壁上打孔。

（4）适宜保鲜条件

温度 $0 \sim 1℃$；氧气 $2\% \sim 3\%$，二氧化碳 $3\% \sim 5\%$，相对湿度 $90\% \sim 95\%$；冰点 $-0.9 \sim -1.5℃$；冷害温度 $-1 \sim 0℃$；储藏期 $30 \sim 50d$；最佳后熟温度 $18 \sim 29℃$。长途运输最好采用机械冷藏车，适宜的温度 $1 \sim 2℃$，不能超过 $12 \sim 13℃$。

（5）预冷

主要为冷风冷却和水冷却。采用真空冷却法效果良好，只需 20min 就可将桃从 30℃下降到 10℃左右。如用加湿真空冷却（真空度为 680Pa），20min 就可下降到 4℃左右。

桃在运输前也应进行预冷，使果温降到 4.4℃以下，可减少损耗，增进商品价值。

（6）保鲜技术工艺流程

适时按成熟度无伤采收→剔除伤、病、烂、软、裂果→树下分级包装、预冷→装入内衬专用保鲜袋的箱中→下层放入保鲜剂（乙烯吸收剂和二氧化碳吸收剂），中层放入仲丁胺 $1^\#$ 防腐剂（62g/kg）→扎紧袋口→储藏（冷库或气调储藏）。

防腐处理：采后用 $100 \sim 1\,000mg/L$ 苯莱特和二氯硝基苯胺 $450 \sim 900mg/L$ 混合药液浸果；$52 \sim 53.8℃$ 热水里浸果 $2 \sim 5min$，或 46℃ 热水中浸 5min；利用臭氧及负离子空气等。

（7）储藏

①冷库储藏：入库前应先预冷。冷藏期湿度过高，常会引起果皮病害，并注意及时通风排气，除去乙烯、高二氧化碳等有害气体。冷藏到末期，要进行后熟，后熟时间越短，品质越佳。用变温储藏能较好地保持桃的品质，减少储藏伤害。入冷库前先在 $21 \sim 24℃$ 环境中存放 $1 \sim 5d$，然后再入库；或在冷库中储藏一定时间，移至 $18 \sim 20℃$ 环境中放置 2d，再返回冷库。

②气调储藏：有抑制桃组织中叶绿体分解、减缓呼吸及乙烯释放、保持营养物质的作用；可储藏 $6 \sim 9$ 周。

③MA 气调储藏：在 $0 \sim 2℃$ 下，储藏期 2 个月；在 $25 \sim 30℃$ 下，保鲜期为 $8 \sim 10d$ 或以上。黄桃可储藏 30d，好果率达 95.3%。

④低压储藏：在温度 0 ～ 1℃、低压力 10 650Pa 下，储藏 28 ～ 35d，质量和保鲜效果比气调储藏好。

5. 杏

（1）品种及保鲜特性

以肉质分，有水杏类、肉杏类、面杏类。水杏类不耐储运；面杏类品质较差；肉杏类不易软烂，较耐储运，且适于加工，如河北的串枝红、鸡蛋杏，山东招远的拳杏、崂山红杏，辽宁的孤山杏梅等。无毛杏果面光滑，较耐储运，如甘肃敦煌的李光杏，河北隆化的李子杏、平乡的油光杏等。

杏属呼吸跃变型果实，采后呼吸十分旺盛，很快进入完熟衰老阶段，只宜作短期储藏。杏果肉质软，皮薄，保护性差，很易造成机械损伤。

（2）采收

用于储藏的杏果大致八成熟时采收。采收方法同桃。为节省劳力，用化学药剂辅助采收。据试验，硬核期喷布 $0.1\%B_9+0.1\%$ 的展着剂，可使成熟期提前 3d，且成熟期一致，并对杏果品质有良好影响。采后用加有二氯硝基苯胺的温水溶液进行浸果处理。

（3）分级包装

包装采用格箱，利用聚乙烯薄膜袋，每袋装果 3kg 左右，每箱装量以 8 ～ 10kg 为宜。尽量采用低温储运。

（4）适宜保鲜条件

温度 –0.5 ～ 0℃；氧气 2% ～ 3%，二氧化碳 2% ～ 3%；相对湿度 90% ～ 95%；冰点 –1.1℃；储藏期 10 ～ 20d。

（5）预冷

真空冷却法预冷效果显著，原处在 31.5℃的杏经 20min 处理后，在真空度达到 690Pa 时，可迅速冷却到 12.5℃，且温度均匀，果肉外表面及果肉内部温差在 2℃以内。如采用加湿真空冷却，可冷却到 4.6℃。

（6）保鲜技术工艺流程

八成熟果实无伤采收→剔除伤、病、烂果→树下分级→装入聚氯乙烯袋内→装入大包装箱中→预冷至 15 ～ 20℃→加入 50% 仲丁胺液体防腐保鲜剂（用量 0.1mg/kg）→扎紧袋口→集中装入大箱中→入库码垛于 –1 ～ 0℃或 0 ～ 1℃下储藏。

（7）储藏

①冷库储藏：可延缓成熟，减少腐烂，平均储藏期 2 ～ 3 周，耐藏品种可达 1 个月。要注意冷害和褐变及软化。后熟温度为 18 ～ 24℃。

②气调储藏：除对低温较敏感外，有些品种会发生果肉褐变，储藏期不宜过长。

③低压储藏：储藏 3 个月仍能保持杏的商品价值。

6. 李

（1）品种及保鲜特性

早熟品种耐藏性较差，中晚熟品种耐藏性较好。主要耐藏品种有西安的大黄李、河南济源的甘李、广东从化的三华李、辽宁葫芦岛的秋李、辽宁盖州市及黑龙江的牛心李、河北的冰糖李等。

李对低温比较敏感，其冰点为 –2.2℃，–1℃就会有冷害危险。与桃和杏相似，低温、低氧和高二氧化碳均可减少乙烯的生成和影响。不宜作长期储藏，否则风味变差。

（2）采收

宜在果实充分长大，果粉形成，并开始呈现固有色泽、芳香，但肉质仍紧密的硬熟期采收。鲜食用的李应在干燥气候条件下采收。尽量保存果粉并尽量做到无伤采收。李果在同一树上成熟有早有迟，分批采摘有利于提高品质。

（3）分级包装

果肉质软易于压伤，宜采用格箱包装。先用聚乙烯袋装果，再装入容器中，每箱装 8～10kg。若采用小篓盛装，每篓装的层数不宜多，避免压伤。运输时保持适宜温度为 0～5℃。

（4）适宜保鲜条件

温度 0～1℃；氧气 3%～5%，二氧化碳 2%～5%，相对湿度 85%～90%；冰点 –2.2℃；冷害温度 –1℃；储藏期 40～60d。

（5）预冷

采收后在常温下变化很快，应尽量快速使果温降至 4～5℃。一般采用冷空气冷却法或水冷却法，也可采用真空冷却法预冷。

（6）保鲜技术工艺流程：适时无伤采收→剔除伤、病、烂果→树下分级→装入内衬 0.03～0.05mm 厚聚氯乙烯专用保鲜袋箱中→预冷至 4～5℃→加入 50% 仲丁胺液体防腐保鲜剂（用量 0.1mg/kg）→扎紧袋口→入库于 0～1℃下储藏。

（7）储藏

①冷藏库储藏：可储藏 3～4 周。储藏期间温度波动要小。若温度低于 –1℃，将会出现冷害，易发生内部腐变，采用间歇升温处理可以减轻这种病害。储藏末期要进行后熟处理，在温度 18～19℃下后熟 2～3d 即可。

②MA 气调储藏：可储藏 70d，并能明显抑制果实腐烂、变软及可溶性固形物的降低。

7．樱桃

（1）品种及保鲜特性

目前栽培的有中国樱桃、毛樱桃、欧洲甜樱桃和欧洲酸樱桃 4 种。晚熟品种耐储运性较强。但是樱桃果实普遍不耐储运，其采后极易过熟、褐变和腐烂，常温下很快失去商品价值。山东烟台的那翁甜樱桃、大连的红蜜、红艳以及滨库、鸡心等晚熟品种耐储藏性较好，而早红、早紫、黄玉、大紫、毛把酸、短柄樱桃等不耐储运。

（2）采收

在充分成熟后采收，一般为人工采摘。由于成熟时间不一，需分批适时采摘。采时带果柄，要轻采、轻放。用于储运的，比在本地销售的适当早采 5～7d。

多雨季节成熟的樱桃易发生裂果，采前喷消石灰溶液可以降低损失。采后用 100～500mg/kg 苯莱特浸果或二氧化硫片剂熏蒸（用量为 1.4g/kg），可延长樱桃储藏寿命。

（3）分级包装

采用较小的包装，一般每盒 2～5kg 或 1～2.5kg。包装容器外可用薄膜包裹，以减少水分蒸发。在储运过程中果梗极易脱落，可以在采后用 1%～8% 的氯化钙溶液浸果 5～6min。

（4）适宜保鲜条件

温度。～氧气 3%～5%，二氧化碳 10%～25%，二氧化碳伤害浓度 30%；相对湿度 90%～95%；冰点 –1.8℃；储藏期 30～40d。运输时温度在 0～3℃，销售温度以 0～5℃ 为宜。

（5）预冷

以真空冷却为最好，也可采用差压通风冷却法或强制通风冷却法预冷。不宜采用水冷却法预冷，因它会导致裂果和果面斑点。预冷至 10℃ 以下，若能降至 2℃ 以下更好。

（6）保鲜技术工艺流程

八九成熟时无伤采收→剔除伤、残、裂、病、烂果→树下直接放入内衬保鲜膜的小盒中→集中装到大包装箱中→3～4h 内预冷至 2℃ 左右…加入保鲜剂→扎紧袋口→于 0～1℃ 下低温储藏，最好再充入二氧化碳。

（7）储藏

①机械冷库储藏：储藏期为 20～30d。若放在 50℃ 热水中浸果 3min，并用苯莱特等杀菌剂防腐，可延长储藏期。

②MA 气调储藏：目前应用较多，可储藏 30～45d。若采用硅窗气调保鲜袋，效果更好。

③CA 气调储藏：储量较大，但应用不多。

8. 梅

（1）品种及保鲜特性

大多用作加工，只有少量鲜食，如江南的"白糖梅子"。采收时正值初夏，果温高，呼吸作用也较旺盛。在储运过程中梅果易变黄、软化，商品性变差。梅在 20℃ 条件下只能存放 2～3d，15℃ 下能存放 6d。

（2）采收

鲜食用青梅的适采期是种子胚乳已硬化到内果、果皮开始黄化这段时间。大宗的梅加工初产品为盐梅干，一般在黄熟前 10d 采收。用于加工糖梅、陈皮梅的，采收更早些，在果皮颜色未转淡前采收。制乌梅干、梅酱的，要求果实完熟变软时采收。制果酒的则在果皮黄化后采收。

（3）适宜保鲜条件

温度 10～13℃；冷害温度 5℃（在 0℃ 的冷水中浸果 5～60min 可抑制冷害）。

（4）预冷

同桃。

（5）保鲜技术工艺流程

适时无伤采收→预冷→晾干→装入 0.02～0.03mm 厚的聚乙烯薄膜袋中，放入吸收乙烯的饱和高锰酸钾载体（硅藻土、蛭石、砖块等）10g/kg，密封装箱，每箱 10kg 储藏。

（6）储藏

储藏温度为 12±1℃。日本用 0℃，能储藏 30～40d，但出库后果实后熟的速度较快，货架期极短。

9. 柿子

（1）品种及保鲜特性

可分为涩柿和甜柿两大类。涩柿在软熟前不能脱涩，采后必须经过人工脱涩或后熟作用，才能食用。甜柿在树上软熟前即能完成脱涩。甜柿中的富有、次郎等耐储藏。涩柿中广东、福建的元宵柿，陕西乾县的木娃柿，河北赞皇的绵羊柿，河北、河南、山东、山西的大磨盘柿，陕西三原的鸡心黄柿、火罐柿，河北的镜面柿等耐储藏。

柿受冻害则脱涩软化。柿表皮厚不易失水。对低氧、高二氧化碳的忍耐力比较强，但对乙烯的催熟作用较为敏感。

（2）采收

鲜食的脆柿，宜在果实已达应有的大小、皮色转黄、种子呈褐色时采收。作软柿的柿果，最好在树上黄色减退、充分转为红色，即完熟后再采。甜柿在树上已脱涩，采收后即可食用，在外皮转红色、肉质未软化时采收。

采收时，用采果剪自果梗近蒂部剪下，要保留完好的果蒂，否则易在蒂部腐烂。采摘后尚需修短，以免在包装储运中相互刺伤。采收宜选晴天，久雨初晴不可立即采收，否则果肉味淡或在储运中易腐烂。

（3）分级包装

装入筐篓，内衬干净稻草、蒲包或 2～3 层纸，每筐装 10～20kg。

（4）适宜保鲜条件

温度 –1～0℃；氧气 2%～5%，二氧化碳 3%～8%，二氧化碳阈值＜20%；相对湿度 85%～90%；冰点 –2.2℃；储藏期 2～6 个月。

（5）预冷

冷藏库预冷。也可在阴凉通风处散热。

（6）保鲜技术工艺流程

脆柿鲜销出口：七八成熟无伤采收→剔除伤、病、烂、过熟果实→树下装箱（包装）→按成熟度和大小分级→高二氧化碳脱涩处理（30℃下用 80% 二氧化碳处理 20～25h 或 20～25℃下处理 35～40h）→及时散热预冷→挑选装入内衬 0.06～0.08mm 厚保鲜袋箱中→ –2～0℃下预冷 24h →加入乙烯吸收剂及防腐剂→冷藏储运（–1～0℃）→及时出口。

软柿储藏保鲜：八九成熟无伤采收→剔除伤、病、虫、烂果实→按成熟度和大小分级→树下散热预冷→装入内衬 0.06～0.08mm 厚的保鲜袋中的箱中（每箱 10～20kg）→加入脱氧剂、乙烯吸收剂和防腐剂→及时运输入库→于 –1～0℃下储藏→于出库前 15d 打开袋口→加入专用脱涩剂使其进一步完全脱涩→自然温度下（停机让库温逐渐回升，冬季注意保温）继续储藏→及时销售。

（7）储藏

产地一般采用室内堆藏、冻藏（自然冻藏和机械冻藏）。出口的鲜柿多采用冷藏或冷库加简易气调储藏。冷藏可参照苹果。最好采用 0.06～0.08mm 厚的聚乙烯薄膜或硅窗（硅窗面积 0.5～0.8cm²/500g）气调储藏。在袋内放一定量的乙烯吸收剂会获得更好的效果。

脱涩处理方法，主要有温水脱涩、二氧化碳脱涩、冷水脱涩、乙醇脱涩、熏香脱涩、乙烯（250 ～ 550μl/L）脱涩、γ 射线脱涩以及石灰水脱涩等。

10. 猕猴桃

（1）品种及保鲜特性

目前经济价值最高的是中华猕猴桃（软毛猕猴桃）和美味猕猴桃（硬毛猕猴桃）。一般硬毛果实耐储藏，软毛果实不耐储藏。优良耐藏品种有秦美、铜山 5 号、海沃德、周至川等；中华 61-36、硬毛 57-26、华光 5 号、华光 10 号、通山 5 号等耐藏性也较好。

猕猴桃是浆果中特殊水果，属典型的呼吸跃变型果实，一般很难储藏。其具有生理后熟期，采收时比较生硬，酸度和淀粉含量都比较高，此时基本不释放内源乙烯。在常温下，一般 5 ～ 7d 内源乙烯的释放骤增，硬度、淀粉含量下降，糖分增多，形成离层，果柄脱落。接着内源乙烯很快达到高峰，此时的果实酸甜可口，为最佳可食期。随着进一步发展，果实内部发酵变质，迅速腐烂，失去商品价值。储藏中的关键问题是保硬。

（2）采收

成熟度判断方法：一是测定果实中的可溶性固形物含量，如含量在 7% ～ 10% 为已经成熟，6.5% ～ 7.5% 为可采成熟度，9% ～ 12% 为食用成熟度，超过 12% 时属生理成熟度；二是测算果实从开花到成熟所需的天数，一般中华猕猴桃的生长期为 140 ～ 150d，美味猕猴桃则需要 170d；三是果实硬度，一般在临近 8.2kg/cm² 时采收较为适宜。

采收要在无风晴天的早或晚进行。采收时要轻采、轻放，不留果柄防止机械创伤。一般用人工，分期分批采收。采摘后应在 4 ～ 12h 内运去预冷。全部操作过程必须在 48h 内完成。

（3）分级包装

优质品的单果重应在 100g 以上，次级品 80 ～ 100g，低于 60g 不宜作鲜果销售。根据猕猴桃的大小形状，准备好各种规格的单层果盘或果箱，以利储藏和销售。

（4）适宜保鲜条件

温度 0 ～ 1℃；氧气 2% ～ 4%，二氧化碳 5%，二氧化碳伤害阈值 8%；乙烯含量＜ 0.02μl/L；相对湿度 90% ～ 98%；冰点 –1 ～ –1.5℃；储藏期 2 ～ 8 个月。

（5）预冷：最好采用加湿真空冷却法预冷，可在 20min 内冷至 5℃以下。也可采用差压通风冷却法或强制通风冷却法。目前生产上预冷，主要在 2 ～ 5℃的冷库内放置 3 ～ 4d。

（6）保鲜技术工艺流程

适时无伤采收→剔除伤、残、病、软、烂果→树下分级→装入内衬专用保鲜袋的箱中→底层加入专用保鲜剂→运输→预冷→中层放入专用防腐剂→于 0 ～ 1℃储藏。

（7）储藏

猕猴桃的保鲜效果，CA 气调库＞现代冷库＞普通冷库＋小包装（MA 自发气调）＞普通冷库＞常温储藏。

猕猴桃对乙烯反应极为敏感，低乙烯气调储藏是目前猕猴桃保鲜中最先进的储藏方法。它是在 CA 气调储藏的基础上采用乙烯净化装置把储藏环境的乙烯浓度降至极低水平（如 0.02/μl/L 以下），储藏期可延长至 6 ～ 8 个月。

低压储藏时压力控制在 2 666.4 ～ 8 000Pa，储藏效果最好。产地有通风库储藏、窑洞储藏、缸藏以及农户小包装简易气调结合保鲜剂（SM-8）处理储藏。

11. 草莓

（1）品种及保鲜特性

较耐藏的品种有戈雷拉、宝交早生、鸡心、狮子头、绿色种子、布兰登保、硕丰、硕密等。

草莓属非跃变型。果实采后水解酶活性大，常温下呼吸强度较大，并极易感染灰霉病、根霉病。极不耐储藏，在常温下 1～2d 就变色、变味和腐烂；在 -3℃ 下储藏 4d 可发生冻害。高湿也极易使草莓腐烂，并产生异味。对气体反应不敏感，高二氧化碳 10%～30% 或 0.5%～2.0% 氧气处理和储藏，有利于抑制呼吸和降低腐烂。但长时间 30% 或更高的二氧化碳会引起风味失调。气调状态能保持较高的酸度和叶柄、萼片的绿色。

（2）采收

成熟的标志是果实色泽的转变。一般在表面 3/4 颜色变红或于八成熟时采收，分批进行。

采收最好在晴天早上露水干后进行，气温高时应避免在中午采收。采收后轻轻放在特制的果盘（90mm×60mm×150mm）或高度在 10cm 以内的有孔筐内。

（3）分级包装：分级标准一般以单果大于 15g，为一级。包装纸箱常用 380mm×280mm×100mm 的规格，商品包装为每包 300～500g。

（4）适宜保鲜条件

温度 0～0.5℃；氧气 5%～10%，二氧化碳 10%～20%，二氧化碳＞30% 有异味；相对湿度 90%～95%；冰点 -0.7～-0.8℃；储藏期 10～20d。运输最好用冷藏车或保温车，如充入 10% 二氧化碳，可大幅度降低腐烂率。

（5）预冷

采用真空预冷效果最好，可在 15～20min 内将其品温从 30℃ 下降到 2℃ 左右。也可用强制通风冷却。但不适宜冰水冷却，否则会失去表面光泽。

（6）保鲜技术工艺流程

八九成熟无伤采收→剔除伤、病、烂、残果→地里手工分级→装入内衬保鲜袋的箱中→无伤运输→采后 6～8h 内及时预冷至品温 2℃→加入保鲜剂、防腐剂→扎紧袋口→集中装入大箱中→入冷库储藏。

速冻工艺：选果→洗果→消毒→淋洗→除萼→水洗→控制水分→称量→加糖摆盘→速冻→装袋→密封→装箱→冷藏。

防腐处理：采后用二氧化硫缓释剂（0.5～1g/kg）或过氧乙酸（0.2g/m³）熏蒸。

（7）储藏

①冷藏：冷藏是短期储藏的首选方法。冷藏时，储藏温度切忌波动。冷藏前使用适当的药物保鲜及防腐处理效果更好。

②气调储藏 10%～20% 的高二氧化碳可明显减少腐烂而不造成异味，可储藏 20d 左右。配合综合保鲜措施，最长可储 60d。

③速冻储藏：在 -34℃ 低温、风速 3m/s 下，20min 内冻结完毕，然后在 -18℃ 下储藏，可储藏 18 个月。出库前，应在 5～10℃ 下缓慢解冻 80～90min，品质最佳。加糖的草莓

比不加的解冻速度要快。

④药物保鲜：采用糖－酸保鲜处理、赤霉素和二氧化碳保鲜处理或植酸（肌醇六磷酸钙镁）保鲜处理也有较好效果。

12. 石榴

（1）品种及保鲜特性

晚熟品种比早熟品种较耐储藏，气候干燥地区生产的果实较湿润地区产的耐储藏。耐藏性较好的品种主要有陕西的大红甜、净皮甜、天红蛋、三白甜石榴，山东的青皮甜、大马牙甜、钢榴甜、青皮酸、马牙酸、玉泉殿石榴，山西的水晶姜、青皮甜石榴，云南的青壳石榴、江驿石榴、铜壳石榴，安徽的玛瑙子石榴，江苏南京的红皮冰糖石榴，四川的大青皮石榴，广东的深沃石榴等。

石榴属非跃变型果实，自身乙烯产生量极少，而且对外源乙烯无明显反应。采后萼筒对呼吸强度和蒸腾作用影响较大。一般温度＞10℃时呼吸作用旺盛，＜－1℃或有的品种＜0℃时即有冷害发生，表现为果皮褐化，表皮凹陷。受冷害的果实在20℃常温下，货架寿命仅3～4d。果实腐烂，果皮变黑、干缩，籽粒中花青素降解等是影响商品价值的主要因素。

（2）采收

成熟标志是果皮由绿变黄，充分着色，果面出现光泽；果棱显现；果肉细胞中的红色或银白色针芒充分显现，红粒品种色彩达到固有的程度。

应在晴天采摘，一手扶枝，一手摘果，带1cm左右的果柄。要防止内伤。

（3）分级包装

根据果实大小分成五级：特级350g以上，一级250～350g，二级150～250g，三级100～150g，等外100g以下。用保鲜剂2号1000倍液浸果，稍晾即装入塑料袋内，单果包扎，放入果筐内储藏。

（4）适宜保鲜条件

温度1～5℃；氧气3%～5%，二氧化碳3%～8%；相对湿度85%～95%；冷害温度－0.5～1℃；储藏期3～5个月。

（5）预冷

一般采后就地风冷或在1～2℃冷库内存放15～20h预冷。

（6）保鲜技术工艺流程

八成熟无伤采收→剔除伤、裂、病、烂果实→树下分级→装入内衬0.03～0.04mm厚聚氯乙烯保鲜袋的箱中→扎紧袋口→运输→及时入库→敞开袋口→于1～2℃下预冷15～20h→加防腐剂→扎紧袋口→入冷藏库于1～2℃下储藏。

防腐处理：采收后用50%的多菌灵1000倍液或45%噻菌灵悬浮剂800～1000倍液，浸果3～5min，晾干后储藏。储量大时可用上述药剂喷到果面上，晾干后储藏。

（7）储藏

宜用冷藏法。在温度稍高、相对湿度稍低的条件下储藏期一般较长，反之较短。如1～1.5℃和80%的相对湿度下可储5～6个月；0℃和90%的相对湿度下储期为2～4个月。

结合防腐处理措施，低温储藏可达 7 个月。

简易储藏有挂藏，缸、瓮（罐）藏，堆藏，干井窖储藏，聚乙烯塑料袋储藏等。

13. 山楂

（1）品种及保鲜特性

有北方山楂、湖北山楂、云南山楂 3 种。一般肉质致密而硬、较晚熟、含可溶性固形物 10% 以上者，适于储藏。生长在山地的果实，果皮较厚，蜡质较多，较耐储藏。早熟品种不耐储藏。果肉发绵的山楂也不耐储藏。耐藏品种有山东的大金星、白瓤绵（大金星）、敞口、铁球、大货、歪把子红，辽宁的辽红、西丰红、甜水，河北的燕瓤青、淀红、北红、青口、涞短 1 号、紫珍珠、朱砂红，北京的金星、小金星、寒露红，山西的艳红果、临汾山楂、泽州红，吉林的大旺、集安紫、太平州，河南的豫北红，天津的荆子，云南的白山楂、糯山楂、硬头红等。

山楂属呼吸跃变型果实，随着成熟，会出现呼吸高峰。腐烂与失水萎蔫是储藏中的两大难题。生理特点是前期比较耐低氧、高二氧化碳，而后期既不耐低氧，也不耐高二氧化碳。对储藏温、湿度反应都比较敏感，低于 1℃ 时呼吸强度低，高于 4℃ 时呼吸骤增。

（2）采收

在果实充分成熟，达到本品种的固有色泽（红色），果面出现果粉或蜡质层，果点明显，个头长足，果柄产生离层以及在呼吸跃变出现之前采收。

最好人工采收。采摘时应用剪刀剪断果柄或用手摘。其次为摇楂（下用布接）。用棒打效果最差，极易造成机械损伤，使烂果率提高。用（600～800）X10T 乙烯利在采收前 1 周喷布果实，落果率达 68%～98%，可节省采果用工量。

（3）分级包装

箱装较好，其次为筐装。麻袋装果不宜用于储藏。

（4）适宜保鲜条件

温度 -1～0℃；氧气 2%～3%，二氧化碳 3%～5%；相对湿度 90%～95%；冰点 -4.4℃；储藏期 6～8 个月。

（5）预冷

采后放在阴凉处散热 1～2d 降温。

（6）保鲜技术工艺流程

无伤适时早采→剔除伤、病、烂果→树下分级装入普通包装箱中→无伤运输→及时挑选→分装于聚乙烯或聚氯乙烯保鲜袋中（装袋后不要过早扎口入库，否则会因受热而出现生理褐斑）→敞开袋口于 -2～0℃ 温度环境下预冷 24～48h→挽口→入库于 -1～0℃ 储藏。

（7）储藏

①简易气调储藏：用厚 0.08mm 的聚乙烯薄膜制成硅窗袋（硅窗面积 35cm²/kg），或用 0.03～0.05mm 厚的聚乙烯袋装果，每袋 20～25kg。预冷后扎口，置冷库（窖）内储藏。当袋内氧气 < 2%，或二氧化碳 > 5% 时，开袋换气。如在袋内按果重的 1/25 的量放入乙烯吸收剂和保鲜剂，储藏可进一步延长。

②塑料大帐储藏：塑料薄膜厚度为 0.08mm，硅窗面积 3cm²/kg。前 10d 氧气 4%～6%、

二氧化碳 10%～12%，中后期氧气 8%～10%、二氧化碳 3%～6%。储藏 130d，好果率为 95%。

③冷藏：储藏期间温度 0℃左右、相对湿度 90% 为宜。利用通风换气或用气体洗涤器除去二氧化碳和乙烯等有害气体。但雨天、雾天不要通风换气。

在产地也有采用缸藏、埋藏、沟藏、土窑洞储藏、沙藏等。

14．无花果

（1）品种及保鲜特性

无花果结果较早、成熟期较长，每年约有 5 个月的鲜果上市时间。充分成熟的无花果比较柔软，不耐储藏和运输，且易机械损伤和感染腐烂。

（2）采收

储藏用果实宜随成熟随采收。但此时果实已变软，要谨防挤压伤。采收宜在干燥的晴天进行，手摘，果柄向下平放于箱中。

（3）分级包装

箱容量不宜过大（一般 10～15kg），以防挤压损伤引起腐烂。

（4）适宜保鲜条件

温度 -0.5～0℃；相对湿度 85%～90%；储藏期 7～10d。

（5）预冷

最好采用真空冷却法或差压通风冷却，及时预冷至目前一般在温度 -1～0℃ 的冷藏库进行预冷。

（6）保鲜技术工艺流程

适时无伤采收→剔除伤、病、烂果→分级包装→预冷→防腐处理→储藏。

（7）储藏

主要为冷藏。在储藏环境中适当增加二氧化碳浓度有利于保鲜。主要病害是交链孢腐、曲霉属菌腐和软腐。这些病原菌耐低温力强，特别是在 0℃ 左右，会继续发展，因此在采前及采后均应进行药物防腐处理。

（二）热带、亚热带果品的保鲜

1．柑橘

（1）品种及保鲜特性

主要有甜橙类、宽皮橘类、柠檬类、柚类和金柑类等 5 类。柠檬最耐储藏，以下依次为柚类、橙类、柑类和橘类。一般晚熟品种较耐储藏，中熟品种次之，早熟品种不耐储藏。主要耐藏品种有：甜橙类有广东新会甜橙，四川锦橙，湖南脐橙；宽皮橘类有原产浙江台州的黄岩蜜橘，原产广东的蕉柑、芦柑；柚类有广西的沙田柚，福建漳州的坪田柚；柠檬类有原产美国、四川栽培较多的尤力克，香柠檬（北京柠檬）。

柑橘属非跃变型果实，采后无呼吸高峰出现，也无内源乙烯合成的高峰，但对二氧化碳较敏感。因此，多数品种储藏宜选择低中温度、低湿、低氧和低二氧化碳。最不耐低温的是柠檬、葡萄柚，其次是柚、柑，橘和甜橙类一般较耐低温。柑橘类果实无后熟作用，在储运过程中可继续着色，10℃ 以上的温度有利于着色。冷害、水肿和枯水是储藏中的主要生理病害，与温度、湿度、气体成分等有关。在储藏环境中，乙烯、乙醇含量增高会促进果实成熟。

（2）采收

采收成熟度主要根据果皮色泽的变化、可溶性固形物和固酸比的变化以及果汁含量来判定。供储运的柑橘应在八九成熟、果皮有 2/3 ～ 3/4 转黄时采收。

采收时应采黄留青，分批采收，做到从上到下、由外向内分次采摘。以"一果两剪法"（第一剪先剪离果蒂 3 ～ 4mm 处，第二剪齐果蒂把果柄剪去）。

（3）分级包装

按大小、颜色及果型，一般分为 3 级。长期储藏的柑橘，采后必须严格挑选，经过药剂处理，然后用 0.01 ～ 0.02mm 厚的聚乙烯薄膜单果包装。采用塑料真空封口机包装效果更好。

（4）适宜保鲜条件

温度：宽皮橘 6 ～ 10℃，橙类 3 ～ 5℃；相对湿度：宽皮橘 80% ～ 90%，橙类 90% ～ 95%；氧气 15% ～ 20%，二氧化碳 0 ～ 4%；气体伤害阈值，氧气 < 3%，二氧化碳 > 5%；储藏期 2 ～ 5 个月。

（5）预冷

采收后在包装前应进行短期预储处理。温度一般为 7℃，相对湿度在 80% 左右，时间为 3 ～ 4d。但宽皮橘类要 7 ～ 10d，多雨年份预储时间要适当延长。一般控制宽皮橘类失重率 3% ～ 5%，甜橙类失重率 3% ～ 4%。待伤口愈合，果温降低，用手轻压果实，感觉果皮已软化但仍有弹性时，即可出库。

（6）保鲜技术工艺流程

选择八九成熟果实→用剪刀剪下果实→剪去过长果柄→剔除伤、病、烂果→分级→防腐保鲜处理→预冷、发汗、愈伤预储处理 3 ～ 4d → 0.01 ～ 0.02mm 厚聚乙烯薄膜单果包装→装箱→于通风库或冷库中适温储藏。

防腐处理常用的杀菌剂是 2，4–D（200 ～ 250）× 10^{-6} 加托布津或多菌灵 [（500 ～ 1 000）× 10^{-6}] 浸果 0.5min，每 1 000kg 果实用 30kg 药液。还要进行涂膜处理。

（7）储藏

①冷库储藏：橙类在 3.5 ～ 9℃、85% ～ 90% 相对湿度下，储藏寿命为 8 ～ 12 周；宽皮橘在 0 ～ 3.5℃、85% ～ 90% 相对湿度下为 2 ～ 4 周；葡萄柚在 14.5 ～ 15.5℃、85% ～ 90% 相对湿度下为 4 ～ 6 周。在储藏过程中，要防止温湿度波动过大和湿度偏低。长期冷藏必须考虑冷害的影响，防止柑橘产生褐斑病和水肿病。要注意通风换气，使库内的二氧化碳含量控制在 1%、氧气保持在 17% ～ 19%。出库时，先将冷冻机械停止运行，使库温缓慢上升，在果温上升到与外界温度相差不到 5℃时，才可出库。

②气调储藏：可减轻柑橘的低温病害，但目前在生产上还未大规模应用。

2. 香蕉

（1）品种及保鲜特性

分为香蕉、大蕉和粉蕉（包括龙牙蕉）3 类。香蕉类经济价值最高，栽培面积最大，可分为高型蕉、中型蕉和短型蕉等品系；其中耐储性较好的有广东的高脚顿地雷、油蕉、大种高把、那龙香蕉、矮脚顿地雷、威廉斯、高州矮香蕉及河口香蕉，台湾北蕉，天宝蕉等。大蕉类中有大蕉、粉大蕉和金山蕉，金山蕉不耐储运。粉蕉类中的西贡蕉和美蕉不耐储藏。

香蕉属典型的呼吸跃变型果实，具有明显的后熟性。跃变期间，果实内源乙烯明显增加，乙烯浓度在 0.1～1mg/kg 就能促进呼吸高峰的出现。保鲜的主要任务就是要尽量延迟呼吸高峰的出现，并抑制和消除乙烯。降低环境温度是延迟呼吸高峰到来的有效措施。但是香蕉对低温十分敏感，11℃是冷害的临界温度。控制氧气含量，提高二氧化碳的浓度，可抑制香蕉的后熟过程。香蕉保鲜的另一关键技术是防腐处理。

（2）采收

一般北运的香蕉应掌握在七八成熟时采收，当地销售的在八九成熟时采收。主要根据果实棱角的变化、断蕾的天数、果皮和果肉的比率、果实断面的比率以及果实饱满度结合果皮色泽，来判断成熟度。采收时应选择晴天，采用无着地采收，要尽量避免机械损伤。

（3）分级包装

广东的购销质量标准分为优质（出口规格）、一级、二级和三级。大蕉和粉蕉只分一级和二级。普通包装，主要用竹箩，每箩约25kg。出口香蕉采用耐压耐湿纸箱，每箱4～6梳、12～15kg。夏季高温时长途运输，常在纸箱内放入乙烯吸收剂，每袋20g左右。

（4）适宜保鲜条件

温度 12～16℃；相对湿度 90%～95%；氧气 2%～5%，二氧化碳 3%～6%；冷害温度气体伤害阈值：氧气＜1%，二氧化碳＞10%；储藏期 30～60d。采用冷藏集装箱或冷藏汽车运输效果最佳。冬天北运香蕉，要用草帘防寒、防冻。

（5）预冷

在防腐处理浸药时一并实现。用机械冷藏车运输时开机制冷，经过 14～26h，可使平均货温降到 13～15℃。用加湿真空冷却法预冷，只需 20～30min，可将品温降到 13～15℃。也可采用差压通风冷却法或强制通风冷却法预冷。

（6）保鲜技术工艺流程

适时采收→蕉镰割断果轴（将条蕉放到事先割下的蕉叶上）→去轴落梳→剔除伤果、尾梳（果轴上最后一梳蕉果）、鬼头黄蕉（一梳中个别蕉指变软、变黄）、回水蕉→清水洗去伤口乳汁、污物→晾干→防腐保鲜处理（500mg/kg 多菌灵、甲基托布津喷果或 500mg/kg 抑霉唑浸果 30s）→蕉轴切口、果柄等伤口防腐处理（苯莱特、特克多 1 000mg/kg 浸 30s 或药纸、海绵覆盖）→沥干、晾干→装入内衬 0.03～0.04mm 厚的保鲜袋的箱中→箱底部放入保鲜剂（每 10～15kg 蕉果加入吸足饱和高锰酸钾的珍珠岩 150～200g、消石灰 80～120g）→分层装入蕉果→松扎袋口→装车运输（生产中常带蕉轴运回后再做防腐保鲜、装箱处理）→及时预冷→入库储藏。

（7）储藏

①低温冷藏：适当的低温储藏对保持品质十分有效，要避免储藏温度出现低于10℃的情况。储藏期间要注意通风换气，排除乙烯。七八成熟的香蕉，储藏30d左右，仍然保持青绿，在长途运销时，最佳运输温度为13℃。

②MA 气调储藏：二氧化碳不超过 10%，否则会产生二氧化碳伤害。用此法在 30℃下存放 6d 不熟化，在 20℃下可存放 6 周。

③低压储藏：在 10kPa 或 20kPa 低压下，存放 90 ～ 150d 仍保持青绿，而在常压下 30d 内已全部成熟。

④人工催熟：香蕉在硬绿期含有单宁物质，吃时具有很强的涩味，上市前要经过催熟处理。人工催熟有乙烯利催熟、熏香催熟、乙炔催熟、乙烯催熟等方法。

3. 荔枝

（1）品种及保鲜特性

一般晚熟品种较早中熟品种耐储藏。耐藏性能较好的品种有白糖罂、白蜡、妃子笑、黑叶、大造、状元红、桂味、灵山香荔、淮枝、桂绿、雪怀子、尚书杯、兰竹、鹅蛋黄、合浦鸡嘴荔等，而三月红和糯米糍则耐储性较差。

荔枝属非跃变型果实，但呼吸强度比苹果、梨、柑橘、香蕉等高出 1 ～ 4 倍。当果实变褐腐烂时，呼吸强度上升。乙烯释放量始终保持在较低水平，也没有明显的呼吸高峰。但果皮乙烯释放量为果肉和种子释放量的 80 多倍。果实表皮上覆盖的自然蜡薄且呈不连续状，水分特别容易蒸发，在温度 20℃以下不经包装的荔枝 10d 内可失重 18% ～ 30%。荔枝对低温不太敏感，能耐受较低温度，冷害症状为果皮褐变。褐变的原因主要是由于果皮含有多酚氧化酶的作用。

果肉极易感染霉菌，如霜疫霉、炭疽病和绿霉等。因此，控制果皮的褐变和腐烂是荔枝保鲜技术的关键。

（2）采收

八九成熟是鲜销和加工采收的适期，远销和外运的在七八成熟采收。六成和十成熟都不利于储藏保鲜。成熟度的判断方法是以收获期划分，以果皮颜色划分，从绿黄变为红色，如黑叶和兰竹，当果皮红色部分不超过果面 1/2 为八成熟，大部分转红或全部转红但内膜仍白色为九成熟、果皮全部转红、龟片尖端开始褐色、内膜呈红色为十成熟；糖酸比 70 ∶ 1 时为成熟。把颜色和糖酸比结合起来比较合理。

在晴天的早、晚或阴天采收，否则采后果皮会脱水引起变色，并容易造成裂果和果实病害。采收时用采果剪在结果母枝与果穗之间的"龙头丫"或"葫芦头"处将果穗剪下，然后在果柄处逐个细剪，留 1 ～ 2 片果叶或不留果叶（如采用速冻法储藏，仅留果蒂）。采收要轻拿轻放，避免内外伤。

（3）分级包装

分级主要有按品质、大小和重量 3 种。分级方法有人工和机械两种。常借助于分级板或分级机。

通常用纸箱或内衬有多层纸的竹篓包装，每件重 20kg 以内。也可用 0.3 ～ 0.5mm 厚的塑料薄膜袋，每袋装 10 ～ 15kg，然后置于纸箱内。采收后应在 3h 内处理完毕。

（4）适宜保鲜条件

温度 1 ～ 5℃；相对湿度 90% ～ 95%；氧气 3% ～ 5%，二氧化碳 3% ～ 5%；气体伤害阈值：二氧化碳＞ 8% ～ 10%；储藏期 15 ～ 40d。常温下泡沫箱加冰运输防腐后的荔枝，经

3 昼夜好果率达 93% 以上，水分损失不超过 3%。

低温运输时，适温 3 ～ 5℃，切忌变温。最好采用机械冷藏车或冷藏列车、冷藏货船或空运。

延长货架期方法：一是放置在低温（3 ～ 5℃）货架或陈列柜内；二是出冷库后不打开聚乙烯薄膜袋，可维持果皮颜色 24 ～ 36h；三是出冷库后，用 5% ～ 10% 的柠檬酸加 0.1% 抗坏血酸浸果 15 ～ 30min。

（5）预冷

真空冷却法速度最快，效果最好。经过 22min，当真空度达到 620Pa，荔枝温度从 33.5℃快速冷却至 6.8℃，且温度均匀，这时可直接入储或用保温车送到近地销售。一般采用以冰水配药防腐处理后进入预冷间选果和包装，利用工作时间进行预冷。但果温要 24h 左右才可降至储温。

（6）保鲜技术工艺流程

八九成熟果实无伤采收→去掉穗枝、叶（保留果蒂）→选果，分别剔除伤、病、烂果→预冷→防腐保鲜处理→包装→气调储藏或冷藏→低温运输→市场销售。

防腐处理方法：一是用苯莱特或涕必灵 $1\,000 \times 10^{-6}$ 浸果 1min 晾干；二是用 2% 次氯酸钠浸果 3min；三是在 3% ～ 9% 蜡液中加入 0.25% 邻苯基酚钠涂果；四是用 0.5% ～ L5% 脱氢醋酸钠浸果；五是用二氯胺加苯莱特溶液浸果 10min。

护色处理方法：一是用 100℃水蒸气烫荔枝 20s（时间长短依品种而定），并立即冷却降低果温；二是将荔枝放入沸水中热烫 7s 后，立即投入冰水中，待果实冷却后再浸入 5% ～ 10% 柠檬酸和 2% 氯化钠溶液中浸 2min，取出晾干；三是使用荔枝保色剂 GOS-L89。

灭虫处理方法：常用方法有二溴乙烷和溴甲烷熏蒸处理，在 1.10℃进行 14d 的低温处理。

（7）储藏

①冷藏：经预冷、防腐护色处理及包装后入冷藏库，储藏温度 4 ～ 5℃，淮枝、糯米枝、桂味等可储藏 30d 左右。

②MA 气调储藏：用 0.24 ～ 0.25mm 厚的聚乙烯袋密封包装，每袋装果 15kg，在 1 ～ 5℃ 条件下，可储藏 30 ～ 40d。

③塑料薄膜大帐气调储藏：选用 0.12mm 厚的无毒聚氯乙烯薄膜或 0.075 ～ 0.2mm 厚的聚乙烯塑料薄膜做成大帐。应定期检测，及时调整气体成分。

④硅窗气调储藏：保鲜效果比塑料薄膜大帐气调法更好。

⑤真空储藏：既有真空快速预冷，又有低氧低乙烯储藏保鲜的功能，储藏 60d 仍新鲜如初。

4. 龙眼

（1）品种及保鲜特性

耐藏性较好的品种主要有福建的油潭本、冰糖肉、东壁（糖瓜蜜）、有本，广东的石秧等；福建的福眼、普明庵、赤壳，广东和广西的大乌圆等较差。

龙眼属非跃变型和低酸高糖果品。采后在常温（25℃）下呼吸强度接近直线上升，没有明显的呼吸高峰，但呼吸强度达 80 ～ 130mg/（kg·h），为香蕉、柑橘等的 2 ～ 3 倍。

在 1 ~ 3℃下，呼吸强度大大降低，而且随储藏时间的延长逐步下降，延缓了衰老。在 0℃ 时即受到明显冷害。在缺乏酸的保护下，长期储藏的龙眼维生素 C 含量明显下降。二氧化碳伤害阈值为 13%，过高容易出现中毒，产生酒味，口感差。鲜果乙烯释放量较低，对乙烯不敏感。多酚氧化酶是导致龙眼褐变的主要原因。腐烂进程是果肉流汁→蒂周腐烂→果肉全部腐烂→整果腐烂长霉。

（2）采收

采前用 1 000 × 10^{-6}B$_9$ 喷布龙眼树，也可用 2，4–D 等处理。采收标准为可溶性固形物 18% ~ 20%；果实呈固有的色、香、味、形。以八九成熟时为宜。

采收应在晴天的早晨露水干后或傍晚进行。供储藏的果实要整穗采收。采时用采果剪在果穗基部 3 ~ 6cm 处剪断，可带 1 ~ 2 片复叶，不可伤及树体。果实要轻采轻放，以免损伤。采后应放在树荫下，不能在烈日下曝晒，及时送库房分级包装。

（3）分级包装

分为优等品、一等品和合格品。分级方法有人工和机械两种。为了提高人工分级的准确度和效率，常用分级板。大量分级时使用分级机。包装与荔枝相类似。

（4）适宜保鲜条件

温度 1 ~ 3℃；相对湿度 85% ~ 90%；氧气 6% ~ 8%，二氧化碳 4% ~ 6%；储藏期 30 ~ 50℃赤龙眼经储藏出库后，所用的运输工具应继续维持相应的低温，切忌温度波动过大。可采用加冰保温车或冷藏车。批发市场应有临时冷藏箱或冷藏设施。销售处也应设置冷柜，以延长货架期。

（5）预冷

最好采用真空冷却法预冷，温度 35.3℃的龙眼经 16min 处理后，在真空度达到 825Pa 时，可冷至 9.5 ~ 11℃。可采用差压通风冷却法或强制通风冷却法。冷藏法预冷，需要 2d 左右，效果较差。

（6）保鲜技术工艺流程

以真空预冷结合气调储藏和药物处理为基础的储运全程冷链保鲜，主要工艺流程：采前处理→适时采收→选果，分级，剔除伤、残、病、裂果→预冷→化学处理→包装→气调储藏→低温运输→市场销售。

熏硫处理：具有消毒、杀菌、漂白作用。熏蒸 20min（二氧化硫浓度 1% ~ 2%，不能超过 2%）后抽气 20min，经活性炭吸附后通入水中溶解。二氧化硫残留量，果皮 < 300 × 10^{-6}，果肉 < 30 × 10^{-6}。

护色处理：用护色剂 HSJ–1、HSJ–2 浸果，晾干，冷库储藏；或用 0.5% 柠檬酸加 0.03% 维生素 C 溶液或 1% 柠檬酸溶液浸泡果实，可延缓果皮褐变。

（7）储藏

①MA 气调保鲜：经预冷分级选果后，用 0.1% 甲基托布津淋洗果穗，装在 0.04mm 厚的聚乙烯薄膜袋中，或先装在塑料周转箱中再套上厚 0.04mm 塑料袋，在相对湿度 85% ~ 95%、温度 0 ~ 5℃的库中储存，温度波动不超过 ±1℃。袋内氧气 6% ~ 8%、二氧化碳不高于 13% 或低于 3%，可保鲜 40d 左右，好果率达 90% 以上。

②塑料薄膜大帐保鲜：经预冷分级选果后，用仲丁胺、多菌灵、甲基托布津等洗果4～5min，熏果处理30～35h后，把龙眼放在竹箩、塑料箱或木箱里。用0.04mm厚的聚乙烯薄膜密封式大帐，每帐储果350～400kg，储藏温度2～5℃，其余储藏条件及保鲜效果与MA气调法相似。

5. 芒果

（1）品种及保鲜特性

我国有100多个品种，耐藏性较好的有哈登爱文、台农1号、吕宋芒、椰香芒、白象牙芒、象牙22号芒、田阳香芒、粤西1号、金煌1号、秋芒、紫花芒、桂香芒、红象牙、黄象牙等，夏茅桂花香芒、留香芒、秦国白花芒等较差。

芒果为浆果状核果，属典型的呼吸跃变型果实。采后呼吸强度大，在常温下迅速后熟，衰老腐烂。对低温十分敏感，在10℃左右即出现冷害。通常安全储藏温度为12～13℃，但如哈登爱文等比较耐低温，最佳储藏温度为6～10℃。芒果喜潮湿环境，湿度较低易引起失水皱皮和失重。二氧化碳对芒果的伤害阈值＞15%。芒果对乙烯的催熟作用较敏感。芒果皮薄多汁，易造成机械损伤。生长和采收季节正值高温多雨，易受病虫侵害，常见的有炭疽病、蒂腐病，以及果实蝇、蛀果蛾的危害。

（2）采收

采收成熟度通过采用挂果天数和果实颜色进行判断。近地销售时，在挂果120～130d、果皮褪绿转为淡黄色，果肉变为纯黄色时采收；远地销售时，在挂果110～120d，果实端部果肉明显转为淡黄色时即可收果。也可用比重法，即根据果实在水中的沉浮程度判断。如需作长期储藏或需远距离运输的，以果实在水中半下沉为宜。通过芒果的理化指标，并结合外观、果龄等综合判断，更为全面可靠。采收以晴天上午为宜。

采收时必须做到轻收轻放，严格做到无伤采收。采收人员应戴手套，用"一果两剪"法采果。第一剪果柄长约5cm，第二剪留果柄长约1.5cm。每采一果即在果柄端部贴一小纸片，以防果浆流出污染果实。

（3）分级包装

按商品标准，分为一级、二级、三级和等外。也有按品种类型和果实大小分级的。内销采用带通气孔的瓦楞纸箱包装，装40～60个（10～15kg），纸箱分两层，两层之间用纸板隔开，内包装用白纸或0.1～0.2mm厚的聚乙烯薄膜单果包装。出口采用单果包装，果蒂口用封口剂处理，用含混合杀菌剂的波纹保鲜纸包裹，竖放在板条箱内，果蒂朝上，分层装箱，并放入10g乙烯吸附剂，每箱装果12.5～13kg。

（4）适宜保鲜条件

温度12～13℃；相对湿度85%～90%；氧气3%～5%，二氧化碳3%～8%；冷害阈值＜10℃；气体伤害阈值：二氧化碳＞15%；储藏期20～40d。

（5）预冷

采收后及时运到阴凉处，常温"发汗"15～20h。也可采用冷藏或强制通风冷却至15℃。

（6）保鲜技术工艺流程

"低温+气调+除乙烯+除腐"综合治理技术，工艺流程：采前处理→成熟果实适时无伤采收→果柄修整（留 20 ～ 50mm 长果柄）→树下直接装入内衬软材料（如纸、稻草等）的箱（筐）中→果柄朝下摆实→及时运到阴凉处→常温"发汗"15 ～ 20h→湿布擦净果乳汁等污物→分级→洗果防腐处理→阴凉风干→保鲜膜单果包装→装入包装箱中→储藏（12 ～ 13℃低温储藏或气调储藏）→低温运输→市场销售。

防腐处理：用 0.1% 的苯莱特或特克多溶液浸果 1 ～ 3min，浓度为 1 000 × 10⁻⁶。如将杀菌剂溶液加热至 52℃，防腐效果更好。单独用 50 ～ 52℃ 的热水浸果 5 ～ 15min，可防治炭疽病。热水浸泡后，应立即放入冷水中降温。

涂蜡时将水蜡按比例配成水溶液，把果实浸入溶液中约 1min，捞起晾干。

（7）储藏

①低温储藏：根据国际储藏保鲜导则，储藏青熟果的温度为 12 ～ 13℃，相对湿度为 85% ～ 90%。储藏期间要经常通风换气。储藏结束后转入室温下进行后熟。经过后熟的机果容易腐烂，要及时上市销售。这种方法一般只可保鲜 14 ～ 20d。

②CA 气调储藏：秋芒在低氧（3% ～ 5%）和高二氧化碳（3% ～ 10%）以及低温（12 ～ 13℃）和高湿（90%）的储藏条件下，可保鲜 39d。

③简易 MA 气调储藏：经防腐处理的果实用 0.06mm 厚的聚乙烯薄膜单个包装密封，袋内加入适量的脱氧剂和乙烯吸附剂，使氧气浓度为 3% ～ 5%，二氧化碳浓度为 2.5% ～ 10%，在温度 12℃ 下储藏，可保鲜 30d 左右。如二氧化碳超过 15%，则不能正常转色和成熟。

④减压储藏：在真空度为 2.6kPa 左右、温度为 10℃ 时，芒能保鲜 21 ～ 28d，移到 25℃ 室温下还要经过 3 ～ 4d 才完熟。

（8）运输销售

近销只作分级灭菌防腐处理，可不放冷库，并按客户要求加入催熟剂。远销及出口则要严格按储运保鲜综合规则，催熟处理在销售地根据情况分批进行。运输工具主要采用温度为 13℃ 左右的冷藏保温车及冷藏集装箱，应带有加湿功能。

6. 菠萝

（1）品种及保鲜特性：分为卡因类、皇后类、西班牙类、卡泊宋那类、马依普里类、勃兰哥类、阿马多类 7 个品种群。其中皇后类中的巴厘品种、西班牙类中的武鸣和中国台湾地区本地种以及勃兰哥类较耐储运，但有刺的品种不耐储运。我国栽培的神湾耐储运，巴厘较耐储运，卡因类一般不耐储运。

菠萝属非跃变型果实，无呼吸高峰，没有明显的后熟变化。采后其冠芽呼吸强度大，果柄伤口创面大，伤呼吸大，又易感染病菌。低氧、高二氧化碳气调有利于保持菠萝的色、香、味。对低温敏感，成熟果低于 7℃ 则产生冷害，绿熟果往往低于 10℃ 即产生冷害，成熟度越高对冷害抗性越强。采后果实伤口和冠芽蒸腾失水量大，应适当提高储藏环境湿度。

（2）采收

成熟期一般为夏季和冬季。采收成熟度对耐藏性有较大影响，25% 小果转黄较 50% 转黄者更耐储藏。判断成熟度标准：青熟期（七八成熟）适于长途运输或长期储藏，黄熟期（九成熟）适于短运或鲜销，过熟期（十成熟）逐渐失去鲜食价值。

采收时间以早上露水干后为宜。采收时用刀切取，留 2cm 左右的果柄，小心轻放，避免机械伤。为了防止病原菌入侵，采收用刀必须不断消毒。果实采后用一般内吸性杀菌剂浸果，或者用稍高浓度的药液涂抹伤口。

（3）分级包装

按品种和果实大小分级，分级标准是卡因品种 1.5kg，菲律宾品种 1kg 以上为一级。各级等差 0.25kg，共分 4 级。

装箱（筐）时，一般直立排列，每箱装果 1 ～ 2 层，10 ～ 20 个重叠，5kg 左右。用厚纸单个包裹，并在果间填充干燥柔软材料。包装容器应能通气，便于内外气体交换。

（4）适宜保鲜条件

温度 10 ～ 13℃；相对湿度 85% ～ 90%；冷害温度小于储藏期 15 ～ 30d。

（5）预冷

采后随即移至阴凉通风处，并于 8 ～ 10℃冷库中预冷 1 ～ 2d 至 12℃左右。

（6）保鲜技术工艺流程

八成熟果实无伤采收（保留 2cm 左右长果柄）→剔除伤、病、烂果→修整（保留冠芽，但去顶托芽）→防腐保鲜处理→晾干→放于内衬保鲜袋的箱中→敞开袋口于 8 ～ 10℃下预冷 1 ～ 2d → 10 ～ 13℃低温储藏或气调储藏。

防腐方法：一是经预冷散热后，用 1% 二苯胺或用 2.55% 丙酸钠或用 1% 山梨酸水溶液浸过的包裹纸包裹；二是用复方多糖保鲜剂喷涂果实，晾干；三是将果柄在用联苯酚 2.7kg 加水 378.5kg 配成的药液中浸一下。

（7）储藏

①冷藏：可储藏 20d 以上，好果率为 50%。

②塑料薄膜袋包装储藏：在果皮色泽全青时采收，采收后用 1 000mg/L2，4–D 钠盐或 0.2% 重亚硫酸钠水溶液浸果，晾干后装入预先放在箱（筐）内的薄膜袋中，袋底及四周垫草纸。果实放满后，面上再覆盖一层草纸，然后密封袋口。在 10℃左右冷藏库内储藏。

③石蜡涂封储藏：在菠萝七八成熟时无伤采收，经预冷散热后浸入已溶化且凉至有凝结的蜡液中，待上层小果没入蜡液后随即取出，置于 7 ～ 10℃、相对湿度 80% ～ 90% 的冷藏库内储藏。

（8）运输：长途运输一般采用低温运输，应注意果实的冷害。其防止措施是用 20% ～ 50% 的石蜡—聚乙烯制成的乳剂涂被果体及冠芽，同时要控制运输途中的温度不低于 7℃，相对湿度在 90% 左右，以防失水。

7. 枇杷

（1）品种及保鲜特性

以果肉色泽分为红肉和白肉两大类。红肉类果皮较厚，肉质稍粗糙，较白肉类耐储运；主要有江苏的富阳种，浙江余杭的大红袍、宝株，湖北武汉的华宝 3 号等。白肉类著名品种有照种白沙，余杭的软条白沙、丽白，福建莆田的乌躬白、白梨等。

枇杷属非跃变型果实，无后熟作用，同时又是非冷敏果实，可在 0 ～ 1℃及相对湿度 90% 左右下储藏。若辅以气调储藏，温度可放宽至 3 ～ 8℃。枇杷皮薄，果肉柔软多汁易受机械损伤，伤口易腐烂，不耐储藏。

（2）采收

一年中3次开花，3次结果，分为头花果、二花果和三花果。头花果生长期长，发育充实，宜作储运。一般将枇杷充分着色时间作为果实的采收期。皮面绿色减退，表现特有黄色或乳白色，即为完熟，宜采摘。如欲远运，宜提早数日在八九成熟时采收。

采摘时需用剪刀逐个剪取，保留的果梗宜短，剪口要平整，以免相互刺伤。采果篮内壁应平整光滑，并用软纸衬垫，防止果实碰伤。采时应从树冠外围下部开始，渐向上部和内部采收。

（3）分级包装

近销的可用浅篮或竹篓盛装，每篮约装5kg。远运的必须用木箱，一箱仅装果一层，其上盖纸，并衬以软稻草或纸屑。然后以三箱重叠，最上一箱加木板盖，用绳缚紧。

（4）适宜保鲜条件

温度0～1℃；相对湿度85%～90%；氧气2%～5%，二氧化碳0～1%；储藏期15～60d。

（5）预冷

分级后在通风处"发汗"2d，降低果温。

（6）保鲜技术工艺流程

无伤采收八九成熟果实→剔除病、虫、伤、畸形及未熟果→室内分级→于通风处"发汗"2d降温→防腐处理→包装（装竹篓或木箱）→储藏→冷藏运输→销售。

（7）储藏

在常温下，用沟藏、窖藏，可储藏25d左右。利用气调储藏效果较好。目前多采用薄膜袋、塑料帐、硅窗袋等自发气调或人工降氧。结合化学药剂防腐杀菌后低温储藏效果更好。选果后，用1 000mg/L多菌灵浸4min，或用1 000mg/L多菌灵加200mg/L2, 4–D浸果处理后，放在通风场所"发汗"2d，蒸发果实表面多余水分。然后用0.02mm厚的聚乙烯薄膜包装，再装入竹篓或竹筐。在筐外套聚乙烯袋，每个袋上有8个直径1.5cm的圆孔，扎紧袋口储藏。用塑料袋或塑料帐自发气调结合冷藏可储藏2～3个月。冷藏温度5～9℃，相对湿度85%。采用塑料帐或硅窗气调技术，储藏温度为7.5～9.5℃。

8. 杨梅

（1）品种及保鲜特性

我国栽培的杨梅约有17个品种。根据色泽，可分为粉红、深红、紫色、白色等种类。优良品种多为深色，主要有荸荠种、东魁、丁蚕梅、乌酥核、大野乌、大叶细蒂、流水头、温岭大梅、大杏杨梅、永嘉刺梅等。其中荸荠种最为著名，但不耐储运；东魁果形特大，较耐储运；乌酥核则特别适于储运。苏州的洞庭东山杨梅品质亦佳，其中尤以白杨梅更为著名。

杨梅属非跃变型果实，但其呼吸强度高、含糖量高达92.5%、含水量达80%，在温度<–1℃下储藏会出现冷害。

（2）采收

果实充分成熟时采收，随熟随采。成熟度常以色泽判定。杨梅品种群分黄绿色、黄橙色、红色、紫红色4个成熟度，如荸荠种、丁蚕梅等，以果实呈紫红色或紫黑色时为最佳采收期。

晴天采收，以早晨和傍晚为宜。雨天或雨后初晴，不宜采收，但果实已充分成熟，也应采收。采时要轻采轻放，避免一切机械损伤。不要采取摇落果实的做法。采收的杨梅轻放在垫有草的小竹篓内，装满后先置于树下的阴凉处，切勿在日光下曝晒。采收完毕，及时运送下山。

（3）分级包装

按地区标准分级。一般采用小口有盖的竹篓或镂空的无毒塑料箱包装。装箱时，先在四周和底部垫以羊齿类植物老鸡草，然后将杨梅轻轻装入。一般 2.5kg、5kg、10kg 一篓或一箱。出口包装采用 1kg 装的镂空塑料箱，9 箱装入泡沫聚苯乙烯箱内，再外套瓦楞纸箱。在国内超市冷藏货架上供应的杨梅，用吸塑盒包装，每盒 500g。

（4）适宜保鲜条件

温度 0 ～ 1℃；相对湿度 85% ～ 90%；氧气 3% ～ 5%，二氧化碳 5% ～ 6%，二氧化碳 > 20% 会产生异味；储藏期 15 ～ 20d。远销和出口杨梅的运输应采用具有加湿功能的冷藏车、冷藏集装箱或空运。

（5）预冷

真空预冷，经 11min 在真空度达到 210Pa 时，

杨梅温度从 28.7℃降到 6.8℃，且温度均匀（±1℃左右）。而用冷藏库预冷，需要 20h 左右。

（6）保鲜技术工艺流程

适时无伤采收→剔除病、虫、伤、烂、残果→分级包装→预冷→防腐处理→冷藏或 MA 气调储藏→低温运输→销售。

防腐处理：用 1000×10^{-6} 水杨酸浸果 2min，取出晾干，能较好地保持果实的品质和风味。

（7）储藏

①低温冷藏：经选果、防腐处理及包装后，放入温度 0 ～ 1℃、相对湿度 85% ～ 90% 条件下，可储藏 7 ～ 14d。

②MA 气调储藏：真空预冷后，装入 0.04mm 厚的聚乙烯薄膜袋中，充氮气后密封，使袋内气体成分控制在氧气 3% ～ 5%、二氧化碳 5% ～ 6%，并在温度 2 ～ 10℃冷藏库内储藏，温度波动 < ±1℃，储藏 15 ～ 20d，好果率为 90% 左右。

9. 番木瓜（木瓜）

（1）品种及保鲜特性

主要品种有岭南种、穗中红、蓝茎、泰国红肉、普通木瓜、苏劳等。一般均不耐储藏。

番木瓜属呼吸跃变型果实，其在后熟过程中有呼吸高峰出现。随着果实呼吸跃变的出现，乙烯果腔内源释放量与着色面积同步增长。对冷害十分敏感，7℃以下易发生冷害。遭受冷害的果实后熟缓慢，甚至不能后熟，低于 0.8℃易引起冻害。气调储藏、热水处理，对控制储藏损耗比二氧化碳更为有效，低氧储藏加强了用热水处理来控制损耗的效果，可进一步延长货架寿命。

（2）采收

果皮色泽的变化是由嫩绿向浓绿、绿、浅绿、果端黄色转化。通常以果皮、果汁的色泽来确定成熟度。当果皮出现3～4条黄色条纹（俗称"开眼"）为七成熟果。用小针刺一小孔观察流出液汁的颜色，接近于透明无色，即为成熟果，可采收运销。用于储藏的，应在果实刚着色或着色面积达1/3即八九成熟时采收最好。

采收最好在晴天上午晨露散尽后进行。采收时应切断果柄，而切勿去扭断。

（3）分级包装

通常将果实竖立，瓜蒂向下，环排于筐箱内。一般排放两层，不宜多层装载。出口外销的用纸箱包装，箱内有塑料成形槽的衬垫将瓜横装在槽内，只放一层。

（4）适宜保鲜条件

温度8～10℃，气调储藏时10～15℃；氧气1%～2%，二氧化碳5%；相对湿度85%～90%；冷害阈值7℃或5～10℃（因品种而异）；储藏期20～25d。

（5）预冷

采用差压通风冷却法或强制通风冷却法可缩短预冷时间。一般在7～8℃的冷藏库内存放24h预冷。

（6）保鲜技术工艺流程

八九成熟无伤采收→剔除伤、病、烂果实→防腐处理风干→装入聚乙烯或聚氯乙烯保鲜袋的箱中→预冷→储藏。

（7）储藏

常用冷藏法，如采用气调并结合热水与辐射处理，可获得良好的品质。在10～15℃、氧气1%、二氧化碳5%的条件下，用50℃热水处理后，再用（7.5～10）×10^{7}Gy γ射线照射，可延长储藏期6d。

热水处理法可抑制乙烯酶活性，杀菌。先浸入42℃热水30min，再在49℃水中浸20min。在热水中加入0.05%～0.1%的杀菌剂，则效果更佳。也可用饱和蒸汽法，仅用于1/4成熟转色的果实。

10. 杨桃

（1）品种及保鲜特性

果实具棱，皮薄，肉脆多汁，极易损伤腐烂，不耐储运。在室温条件下，保鲜期仅7d左右。采后呼吸旺盛，养分迅速分解，失水萎蔫。当储温低于6℃易发生冷害。杨桃的5条棱先变黑褐色，之后全果变黑褐色。尽管杨桃果皮薄，但保水力强。

（2）采收

用于储运的，最好在七成熟时采收。这时果皮由浅绿变为浅黄色，并有透明感，又无涩味。采收时要轻拿轻放，尽量避免机械损伤。

（3）分级包装

内包装用0.04mm厚的聚乙烯袋，每袋1～2kg。也可用聚乙烯或聚丙烯薄膜单果包装。外包装用耐压的纸箱或木箱。

（4）适宜保鲜条件

温度 5.5 ~ 6.5℃；相对湿度 85% ~ 90%；冷害阈值 < 2℃；储藏期 50 ~ 60d。

（5）预冷：最好采用加湿真空冷却法或差压通风冷却法预冷。一般采用在温度 7℃ 的冷库内存放 24h 预冷。

（6）保鲜技术工艺流程

八九成熟适时无伤采收→剔除病、虫、伤果→防腐等处理预冷包装→5.5 ~ 6.5℃下储藏。

打蜡、浸钙处理：采后打蜡及用 5% ~ 10% 的氯化钙溶液浸泡或真空浸钙处理。

防腐处理：采后在 52 ~ 55℃ 下，用 0.5 ~ 1mg/L 的特克多、苯莱特等溶液浸果 5 ~ 15min，晾干。

（7）储藏

主要采用冷藏法，并结合打蜡、浸钙和防腐处理（防治炭疽病）。

11．柠檬

（1）品种及保鲜特性

我国主要有尤力克、里斯本、北京柠檬等品种。国外还有费米耐劳、维巴柠檬等品种。柠檬是柑橘中最耐储藏的种类。

柠檬属非跃变型果实。在自然成熟过程中没有呼吸高峰，也没有乙烯生成高峰。柠檬含酸量高，表面蜡质较厚，果皮也较宽皮柑橘果皮致密。但机械损伤会降低其抗性，导致腐烂。过低的温度会使果实出现冷害，相对湿度以 85% ~ 90% 为宜。二氧化碳可推延褪绿，但 7% 以上的二氧化碳和较低浓度的氧气会提高腐烂率，损害风味。

（2）采收

适时早采有利于储藏，一般可在果皮颜色从深绿转为淡绿时采收。果汁含量达到 30%，是柠檬采收的最低标准。

储藏果实需用采果剪精细采收，应尽可能短地保留果梗，避免在运输时造成机械损伤。

（3）分级包装

按大小、颜色及果形分级。用 0.01 ~ 0.02mm 厚聚乙烯薄膜小包装袋单个包装，放入纸箱或木箱。与柑橘类相同。

（4）适宜保鲜条件

温度 12 ~ 15℃；相对湿度 85% ~ 90%；氧气 5% ~ 8%，二氧化碳 0 ~ 5%（试验数据）；储藏期 4 ~ 6 个月。

（5）预冷

一般采用强制通风冷却或水冷，也可用冷藏库预冷至 10℃。

（6）保鲜技术工艺流程

适时无伤采收→剪去过长果柄→剔除伤、病、烂果→分级→防腐保鲜处理→预冷→洗果（主要除去果实表面的尘垢，提高光洁度，降低腐烂率），打蜡（为抑制水分蒸发，减少腐烂，改善外观）→储藏。

（7）储藏

一般采用通风库或机械冷藏库储藏。采用气调储藏将会取得更好的效果，但温度、湿度的波动不能太大。

储藏期间的病害主要为真菌病害和生理性病害。其防治方法与柑橘类相同。

（三）干果的保鲜

1. 枣

（1）品种及保鲜特性

晚熟品种、干鲜兼用品种、小果品种、抗裂果品种比较耐储，如山西的襄汾圆枣、太谷葫芦枣、临汾团枣和蛤蟆枣以及河北、北京西峰山的小枣和小牙枣等。

枣属非跃变型果实，对外源乙烯的催化作用反应明显。但引起枣果衰老的主要激素物质是脱落酸。枣对二氧化碳非常敏感，并由于果肉细胞结构致密，即使在不缺氧的环境下，内部也有可能缺氧或积累二氧化碳，从而导致酒化现象。只有低温、高湿才有利于鲜枣保脆，防止失水酒化。

（2）采收

成熟过程分为两个阶段：脆熟期，鲜食、储藏枣在此阶段采收；糖化软熟期，用于干制的此时采收。依据果面转红的程度分全红（着色100%）、半红（着色约50%）和初红（着色25%以下）3种成熟度。用于储藏的鲜枣，以初红期至半红期初（果面1/3红）之间采收为宜。

采收时要带果柄无伤采收。传统的"杆打"和"摇枣"等法不利于储藏。

采前半个月喷0.2%氯化钙，采前5d喷0.3%氯化钙+30mg/kg赤霉素（GA_3），以及在采后及时用2%氯化钙溶液浸果30min，捞出晾干均有利于延长储藏寿命。

（3）适宜保鲜条件

温度 $-1 \sim 1℃$；氧气 $5\% \sim 8\%$，二氧化碳 $1\% \sim 3\%$；二氧化碳伤害阈值 $> 5\%$；相对湿度 $90\% \sim 95\%$；冰点 $-5℃$；储藏期 $50 \sim 90d$。

（4）预冷

一般采用冷藏降温，$0℃$下预冷 $24 \sim 48h$。最好采用加湿真空冷却法预冷，只需20min可将枣果的品温降到 $2 \sim 5℃$。这对有效保持枣果的营养成分，特别是减少维生素C的损失十分有利。

（5）保鲜技术工艺流程

选择优良耐储品种→半红期熟枣无伤采收→剔除病、伤、烂果→按成熟度和大小分级→药剂浸果处理→晾干→装入侧面带有 $2 \sim 3$ 个直径 $3 \sim 4mm$ 小孔的小塑料袋中（每袋 $0.5 \sim 1kg$）→敞开袋口预冷→加入乙烯、乙醇吸收剂→扎紧袋口→集中装箱或摆放到货架上→于 $-1 \sim 1℃$ 储藏。

（6）储藏

冷藏时使用打孔的塑料袋冷藏。储藏温度不能低于 $-2.5℃$，否则易引起冷害。要保持温度及湿度恒定，并随时检查气体成分。当塑料袋内二氧化碳含量高于4%时，要立即通风换气。可储藏 $2 \sim 3$ 个月，好果率达 $90\% \sim 95\%$。

一般不适于塑料袋密闭条件下的自发气调储藏。干枣通常采用冷藏或通风库储藏。

2. 核桃

（1）品种及保鲜特性

主要品种有山西的光皮绵核桃和穗状绵核桃、河北的露仁核桃、陕西的隔年核桃、山东的麻皮核桃、新疆的薄皮核桃以及浙江的山核桃等。皮薄，种仁饱满，耐藏性好。

核桃富含脂肪和蛋白质，采收后在储藏期间容易发生氧化败坏、霉变、虫害和变味。要求低温、干燥、低氧和背光储藏。但低于 $-2℃$ 时，将影响蛋白质结构，反而不利于长期储藏。极耐高二氧化碳和低氧，不会产生伤害。烘干的核桃的呼吸强度较低，用小包装或大帐 MA 自发气调储藏效果颇佳。

（2）采收

用于储藏的核桃应在充分成熟时采收。成熟发育时间，北方一般为 120d 左右，南方为 170d 左右。当全树 80% 成熟时为最适采收期。主要采用人工敲击的传统方式采收，适于分散栽培。大面积的采收，可用激素处理。

（3）适宜保鲜条件

温度 0 ～ 5℃；相对湿度 50% ～ 60%；氧气 2% ～ 3%，二氧化碳 15% ～ 20%，二氧化碳伤害阈值 ＞ 50%；储藏期 6 ～ 12 个月。

（4）保鲜技术工艺流程

适时采收→树下垫放塑料膜等防止摔、振、伤→去掉外果皮→ 3h 内用清水漂洗→晾晒或 40 ～ 50℃烘干→防虫防霉处理→装入内衬 0.06 ～ 0.08mm 厚的聚乙烯或聚氯乙烯保鲜袋的麻袋或编织袋中→ 0 ～ 1℃储藏。

防虫防霉处理：每 100m³ 容积使用二硫化碳 1.5kg 或溴甲烷 1.7kg 熏蒸 24h。

（5）储藏

冷库储藏时，冷库在储前 1 ～ 2 周必须彻底清扫和杀菌消毒。储藏时不宜与含水量高的新鲜果蔬混放。保持低温、低湿及通风的环境。最好在通风库或冷库中进行大帐气调储藏。

3. 板栗

（1）品种及保鲜特性

主要有中国板栗、欧洲栗、日本栗和美洲栗等 4 种。一般嫁接板栗的耐储性优于实生板栗，中、晚熟品种较早熟种耐储藏，北方栗较南方栗耐储藏，同品种内大果比小果耐储藏。如山东的晚熟种焦扎、青扎、薄壳、红栗，陕西的明拣栗，湖南的虎爪栗，河南的红油栗等耐储藏。

采收初期呼吸作用强烈，采后 1 个月由于栗果自身温度高，体内活性水多，淀粉酶活跃，水解代谢旺盛，极易受病虫害侵害，发生大量腐烂、虫果、霉变等。板栗既怕热、怕冻，又怕湿、怕干，采后应及时预冷及通风降温并维持低而平稳的储藏温度。同时在采后 2 ～ 3d "发汗" 结束后，及时装入塑料袋内，防止采后初期大量失水。对低氧和高二氧化碳反应比较敏感，如二氧化碳 ＞ 10%，则易导致生理病害和栗果糖化。

（2）采收

当栗苞由绿色变为黄褐色，并有 1/3 栗苞顶端呈十字形开裂，栗果呈棕褐色时采收为宜。北方产区大多采用待树上的栗果完全成熟自然落地后，拣拾落栗的采收方法。南方产区大多采用人工打栗苞法。这种方法虽简便、省工、省时，但栗果成熟度不一致，影响质量，并易损伤树体。

（3）适宜保鲜条件

温度 -2 ～ 0℃；氧气 3% ～ 5%，二氧化碳 3% ～ 5%；二氧化碳伤害阈值＞ 10%；相对湿度 90% ～ 95%；储藏期 6 个月以上。

（4）预冷

把采收的栗果放在阴凉通风处，摊开降温，效果较差。采用鼓风机降温及冷风降温稍好。最好的是用真空冷却法，一般只需 20 ～ 30min 就可将品温降至 5℃以下，且可抑制其呼吸强度而失水很少（约 2%），同时还有利于杀灭果虫。若再结合气调，可储藏 5 ～ 9 个月，好果率达 95% 以上。

（5）保鲜技术工艺流程

选择耐藏品种→适时采收→及时脱粒去掉栗苞→装箱或袋运输→杀虫、防腐处理→及时于阴凉通风处的货架上分层摊开→预冷→装入内衬保鲜袋的箱或麻袋中→于 -2 ～ 0℃下储藏并定期测气（当袋内二氧化碳＞ 10% 时，打开袋口 2 ～ 3h 再扎口）。

防虫处理：主要采用低氧（真空预冷气调）窒息、入库熏蒸以及在采前进行田间喷药防治。

防发芽处理：主要有药剂处理、盐水处理、高二氧化碳处理、低温处理以及 γ 射线辐照处理。

（6）储藏

①冷藏：较理想的储藏方法，可储藏 4 个月。要尽可能保持稳定的储藏温度，防止由于温度的波动而致袋内积水引起大量腐烂。

②气调储藏：除了气调库或塑料大帐气调外，还可用厚 0.04 ～ 0.06mm 打孔聚乙烯薄膜袋或硅窗气调袋储藏。经真空预冷和药剂处理的栗果用气调储藏可以有效地控制发芽、虫害和霉烂，但是要注意二氧化碳浓度不能超过 10%。

4．银杏

（1）采收

在果实由绿变为金黄色，叶子出现脱落时采收。采收时，用竹竿摇动树梢或人爬在树上摇动树体，使果实脱落，树下垫塑料膜收集。果实采收后，在常温下 2 ～ 3d 后用清水浸泡除去果肉、果皮，获得银杏种果。注意不能用手直接接触，否则，时间稍长手上皮肤会破裂。

（2）适宜保鲜条件

温度 1 ～ 2℃；氧气 2% ～ 3%，二氧化碳 3% ～ 5%；相对湿度 50% ～ 60%；储藏期 1 年左右。

（3）预冷

入库于 0 ～ 1℃预冷（散摊放置或装入麻袋中）2 ～ 3d。

（4）保鲜技术工艺流程

果实充分成熟时采收→及时去掉果肉和果皮→用水清洗干净→防腐处理（用 600 ～ 800 倍甲基托布津浸果处理 3min，或 0.9% ～ 1% 漂白粉水溶液浸果 5 ～ 6min，再用清水洗 4 ～ 5 次，也可用硫磺熏蒸）→及时通风晾干→剔除伤残果→预冷→再装入内衬打孔塑料袋的麻袋或编织袋中→扎紧袋口→于温度 1 ～ 2℃的冷藏库内储藏。

（5）储藏

冷藏储藏时要防止温度波动过大，否则失水过多。同时应防止低温冻害。常温储藏时要求相对湿度 25% ～ 27%。也可风干后藏于缸中。

5. 榛子

（1）品种及保鲜特性：榛子的主要成分是脂肪，部分为蛋白质、糖，含水量为 3.5% ～ 7%。对低氧、高二氧化碳不敏感，均不产生气体伤害。因此，储藏期低温、低氧、高二氧化碳、低湿均有利于防止其脂肪氧化（哈败）。榛子长期储藏的含水量必须低于 7%，否则易发霉或哈败。

（2）适宜保鲜条件

温度 0 ～ 1℃，经济储温 ≤ 15℃；氧气 2% ～ 3%，二氧化碳 < 80%；相对湿度 < 60%；储藏期 3 年。

（3）保鲜技术工艺流程

充分成熟适时采收→去掉苞皮、杂物→防腐处理（用 0.05% 甲基托布津浸果 3min）→及时晾晒（防止阳光直射）→装入牛皮纸袋中→封口→入库于托盘或枕木上码垛→加上塑料大帐气调处理→于 15℃ 以下储藏。

（4）储藏

①低温储藏：从降低成本出发，以温度 < 15℃、相对湿度 < 60% 为宜。库房应避光、干燥并保持良好的通风。储藏期内应防鼠害。

②气调储藏：一般采用 MA 气调储藏，如塑料大帐或塑料袋小包装气调储藏。及时补充氮气、二氧化碳，保鲜效果更好。

（四）瓜类果品的保鲜

1. 西瓜

（1）品种及保鲜特性

中晚熟种较早熟种、个体大较个体小的、干旱少雨地区较湿润地区的及厚皮较薄皮的耐储藏。主要有黑油皮、三白、手巾条、美丽、新红宝、蜜宝、中育 10 号、丰收 2 号、新澄、蜜桂、浙蜜、黑美人等。

西瓜属呼吸跃变型果品，对乙烯很敏感。对低温也很敏感，产生冷害的温度阈值因品种、产地而异。过湿会促使腐烂，西瓜怕震、压、碰。瓜瓤内伤是仅次于冷害的技术关键。

（2）采收

用于储藏和外运的宜七八成熟时采收，短途运销的八九成熟时采收，就地供应的以九成熟采收为好。采收时要轻采轻搬，防止外伤和内伤。

（3）分级包装

剔除伤、病瓜，适当分级。

（4）适宜保鲜条件

温度 10 ～ 14℃；相对湿度 80% ～ 85%；冷害阈值 < 9.5℃；乙烯阈值 < 5mg/kg；储藏期 20 ～ 50d。

（5）预冷：于 10 ～ 12℃下预冷 24 ～ 48h。

（6）保鲜技术工艺流程

七八成熟适时无伤采收→剔除伤、病瓜→适当分级→轻拿轻放，谨防振伤瓜瓤→无伤运输→及时入库，货架上 2 ～ 4 层摆开→预冷→防腐处理（以克霉灵 0.1 ～ 0.2ml/kg 密闭熏蒸 24h 效果明显，京 2B 加仲丁胺次之，而山梨酸和百菌清效果一般）→于 10 ～ 12℃以下（依品种而定）储藏。

（7）储藏

冷库储藏一般厚皮瓜可储藏 1 个月左右。-18℃冷冻储藏，可储藏 1 ～ 2 年，但风味、品质下降。出库后解冻快，必须立即食用。塑料薄膜袋简易气调储藏，效果较好，无籽西瓜储藏 100d 后，均无空心和裂瓤现象。但需注意的是不要与释放乙烯量大的甜瓜等果蔬一同储运。

2．哈密瓜

（1）品种及保鲜特性：供储藏或远销的皆为晚熟品种，如金皇后、红心脆、炮台红、密极甘、麻皮冬瓜和小青皮等。

呼吸类型可分为跃变型、非跃变型和中间型 3 种。一般早熟品种为典型呼吸跃变型，晚熟品种中 3 种呼吸类型均有。晚熟品种则较耐储藏。哈密瓜有后熟作用，但不耐高二氧化碳。在不产生冷害和冻害的情况下，储藏温度越低越好。

（2）采收

储运用瓜一般在正常采收期前 4 ～ 6d、八九成熟时采收。采摘时不要擦伤瓜皮。

（3）分级包装

剔除伤、烂、病瓜，适当分级。用聚乙烯醇薄膜或聚氯乙烯流延膜单果包装，外加聚乙烯泡沫网套，装入纸板箱。

（4）适宜保鲜条件

温度：晚熟品种 3 ～ 4℃，早中熟品种 5 ～ 8℃；氧气 3% ～ 8%，二氧化碳 1% ～ 2%；相对湿度 75% ～ 85%；冷害阈值＜ 2℃；储藏期 2 ～ 4 个月。

（5）预冷

于 3 ～ 5℃冷库内预冷 2 ～ 3d。采后放在阴凉干燥处就地"晒瓜" 1 ～ 2d。

（6）保鲜技术工艺流程

八九成熟适时无伤采收→剔除伤、烂、病瓜→防腐处理（用 55 ～ 60℃的温水浸瓜 1min；或用 2000×10^7 次氯酸钙，1000×10^{-6} 特克多、苯莱特、多菌灵和托布津，或 500×10^{-6} 抑霉唑等浸瓜 0.5 ～ 1min；或用虫胶涂瓜顶和瓜柄）→晾干→入库预冷或就地"晒瓜"→单果包装→装箱→储藏。

（7）储藏

冷藏时相对湿度保持在 85% ～ 90%，过湿易长霉，过干会引起干缩。CA 气调库储藏，可储藏 4 个月。其他还有土窖储藏（吊挂储藏、架藏），采用涂料、辐射储藏等。

3．白兰瓜

（1）品种及保鲜特性

果皮较厚，较耐储藏，但对温度和湿度较敏感。储温过低（如 3℃以下）容易发生冷害，湿度过高容易染病腐烂。属呼吸跃变型果品，有自熟作用，对二氧化碳和乙烯也较敏感。

（2）采收

用于储藏或远销的以八九成熟时采收为宜。一般在花后 37 ～ 45d 采收。采收、包装、运输时皆应严防机械损伤。

（3）分级包装

与哈密瓜相同。

（4）适宜保鲜条件

温度 5 ～ 8℃；相对湿度 70% ～ 85%；储藏期 30 ～ 60d。

（5）预冷

于 7 ～ 8℃冷库内预冷 1 ～ 2d。

（6）保鲜技术工艺流程

八九成熟适时无伤采收→剔除伤、病、烂瓜→分级→防腐处理（同哈密瓜）→单果加聚乙烯泡沫网套→装箱→于 7 ～ 8℃下预冷 1 ～ 2d →储藏。

（7）储藏

通风冷库储藏，应注意库房消毒、温湿度控制及适当通风，还应勤于检查，经常翻转瓜体，以防形成"褥疮"而引起腐烂。民间采用窖藏、沙藏、架藏等。

五、蔬菜的保鲜

（一）叶菜类蔬菜的保鲜

1. 大白菜（黄芽菜）

（1）品种及保鲜特性

中熟、晚熟种比早熟种耐储藏，青帮类比白帮类耐储藏，如青帮河头、大青帮、通园 1 号、青口、天津青麻叶、玉田、玉青白菜、城阳青等储藏损耗一般在 35% 左右，主要由脱帮、腐烂和失水造成。

（2）采收

适时无伤采收以"八成心"为好。采后处理方法有：田间晾晒 1 ～ 2d；加工整理与预储门 0 ～ 15mg/L 2, 4–D 处理白菜根部。

（3）分级包装

出口日本标准规格分 LL、L、M、S。纸箱包装。

（4）适宜保鲜条件

温度 0 ～氧气 1% ～ 6%, 二氧化碳 0 ～ 5%；相对湿度 85% ～ 90%；乙烯伤害阈值 1mg/m^3；储藏期 3 ～ 5 个月。

（5）预冷：最适用真空冷却，也适用差压通风冷却或强制冷却。

【知识链接】

果蔬是鲜活产品，组织柔嫩、含水量高、易腐烂变质、不耐贮运。为了延长果蔬的贮藏期限，可采用冷却贮藏、气调贮藏和冷冻加工等方法。

果蔬冷却贮藏时采收和入库前的准备工作包括：采收、分级、特殊处理（涂膜、愈伤及其他化学处理）、包装、入库前的准备工作和合理堆码。果蔬气调贮藏的方法包括：自然降氧法、快速降氧法和混合降氧法。

水果的速冻工艺流程为：原料选择→冷却→清洗→分级→去皮、切分、除核→添加保护剂→速冻→包装→冻藏。速冻蔬菜的一般加工工艺流程为：原料选择→分级→冷却→清洗→预处理→烫漂→冷却、沥水→速冻→包装→冻藏。

任务二　果蔬的冷链物流管理

一、果蔬冷链物流市场

（一）果蔬及其加工业现状

1. 果蔬产业现状

我国改革开放以来，果蔬产业迅速发展。水果、蔬菜已成为继粮食之后我国种植业中的第二和第三大产业。

2. 果蔬加工业现状

近年来，我国的果蔬加工业取得了巨大的成就，果蔬加工业在我国农产品贸易中占据了重要地位。目前，我国的果蔬加工业已具备了一定的技术水平和较大的生产规模，外向型果蔬加工产业布局已基本形成。

（1）果蔬加工分布状况

目前，我国果蔬产品的出口基地大都集中在东部沿海地区，近年来产业正向中西部扩展，"产业西移转"态势十分明显。我国的脱水果蔬加工主要分布在东南沿海省份及宁夏、甘肃等西北地区，而果蔬罐头、速冻果蔬加工主要分布在东南沿海地区。而环渤海地区和西北黄土高原则是我国两大浓缩苹果汁加工基地；以西北地区（新疆、宁夏和内蒙古）为主的番茄酱加工基地和以华北地区为主的桃浆加工基地；以热带地区（海南、云南等）为主的热带水果（菠萝、芒果和香蕉）浓缩汁与浓缩浆加工基地。而直饮型果蔬及其饮料加工则形成了以北京、上海、浙江、天津和广州等省市为主的加工基地。

（2）速冻果蔬加工设备现状

近些年，我国的果蔬速冻工艺技术有了许多重大发展。首先是速冻果蔬的形式由整体的大包装转向经过加工鲜切处理后的小包装；其次是冻结方式开始广泛应用以空气为介质的吹风式冻结装置、管架冻结装置、可连续生产的冻结装置、流态化冻结装置等，使冻结的温度更加均匀，生产效益更高；第三是作为冷源的制冷装置也有新的突破，如利用液态氮、液态二氧化碳等直接喷洒冻结，使冻结的温度显著降低，冻结速度大幅度提高，速冻蔬菜的质量全面提升。在速冻设备方面，我国已开发出螺旋式速冻机、流态化速冻机等设备，满足了国内速冻行业的部分需求。

（3）果蔬外贸现状

我国的果蔬汁中，苹果浓缩汁生产能力达到 70 万吨以上，为世界第一位，番茄酱产量位居世界第三，生产能力为世界第二，而直饮型果蔬汁则以国内市场为主。经过多年的发展，逐步建立了稳定的销售网络和国内外两大消费市场。

（4）果蔬物流现状

主要果蔬，如苹果、梨、柑橘、葡萄、番茄、青椒、蒜薹、大白菜等储藏保鲜及流通技术的研究与应用方面基本成熟，MAP 技术、CA 技术等已在我国主要果蔬储运保鲜业中得到广泛应用。但是，由于保鲜产业落后，储藏方式和消费方式原始，我国每年有 8000 万吨的果蔬腐烂，总价值近 800 亿元人民币，高居世界榜首。也就是说，农民辛辛苦苦生产出来的水果、蔬菜，在流通过程中，有相当一部分（占 20% 多的比例）变成了垃圾。8000 万吨果蔬，几乎能够满足 2 亿人口的基本营养需求。业内人士分析，这是各环节的衔接出现断裂：生产部门的工作仅局限于地头，流通部门只管销售，而从采收后的选择分级、挑选、清洗、整理、预冷、药物处理、包装、冷藏，到运输过程中的冷链处理，再到销售过程中的保鲜处理，这些新兴的商品化处理的产业内容，就被人冷落了。

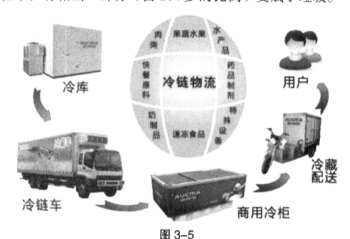

图 3-5

（二）果蔬冷链存在的问题

1. 在果蔬速冻加工领域

我国果蔬速冻工业，在加工机理和工艺方面的研究不足。尤其值得注意的是，国外在深温速冻对物料的影响方面，已有较深入的研究，对一些典型物料"玻璃态"温度的研究通过建立数据库，已转入实用阶段。解冻技术对速冻蔬菜食用质量有重要影响，在发达国家，随着一些新技术逐渐应用于冷冻食品的解冻，对微波解冻、欧姆解冻、远红外线解冻等机理研究和技术开发较为热门。在速冻设备方面，目前国产速冻设备仍以传统的压缩制冷机为冷源，其制冷效率有很大限制，要达到深冷就比较困难。国外发达国家为了提高制冷效率和速冻品质，大量采用新的制冷方式和新的制冷装置。以液态氮、液态二氧化碳等直接喷洒的制冷装置自 20 世纪 80 年代以后就逐渐运用到速冻机中，这些制冷装置可以使温度下降到比氨压缩机低得多的深冷程度。

2. 在果蔬包装领域

目前，水果市场上多以"衣着光鲜"的外表出现，引起了消费者的重视，但由于每个人认识程度的不同，水果包装也出现了诸多不尽如人意之处，有相当多的水果包装仍然是老套的塑料编织袋，稍好一点的就是纸箱了。且不说这些包装美观与否，单从外观来看，粗笨的外表，没有特色、没有创新，让人看了也觉得不舒服，更无法适应市场发展的需求。

3. 在果蔬流通领域

我国在鲜切果蔬技术研究方面的工作才刚刚起步，如在鲜切后蔬菜的生理与营养变化及防褐保鲜技术方面开展了一些初步研究，但尚未形成成熟技术。在无损检测技术方面，我国尚处于初始研究阶段，与世界先进水平存在差距。在整个冷链建设方面，预冷技术的落后已经成为制约性问题。现代果蔬流通技术与体系尚处于空白阶段。

二、果蔬的冷链物流原理

（一）果蔬的分类

果蔬的种类很多，一般可做以下分类：

1. 蔬菜分类

（1）叶菜类

叶菜类的可食部分是菜叶和叶柄，它含有大量的叶绿素、维生素和无机盐等。这类蔬菜含水分多，不易储藏，如大白菜、菠菜、甘蓝、油菜、芹菜、韭菜等。

（2）茎菜类

茎菜类的可食部分是茎和变态茎。这类菜大部分富含淀粉和糖分，含水分少，适于长期储藏，但在储藏过程中必须控制温湿度，否则会出芽，如土豆、洋葱、蒜、姜、竹笋等。

（3）根菜类

其可食部分是变态的肥大的直根，含有丰富的糖分和蛋白质，这类蔬菜耐储藏，如萝卜、胡萝卜、山药等。

（4）果蔬类

其可食部分是果实，富含糖分、蛋白质、胡萝卜素及维生素 C，如番茄、茄子、刀豆、毛豆及各类瓜果等。瓜果如黄瓜、冬瓜、南瓜、丝瓜等。

（5）花菜类

其可食部分是花部器官，如菜花、黄花菜、韭菜花等。

2. 水果分类

（1）仁果类

这类水果的果肉中分布有薄膜状壁构成的种子室，种子室有 2～5 个，室内有不带硬壳的种仁，如苹果、梨、海棠、山楂等。

（2）核果类

在这类水果的果肉中有带硬壳的核，核内的核即为种子，如桃、李、杏、樱桃等。

（3）浆果类

浆果类果形较小，肉质呈浆状，一般品种仁小而多，如葡萄、草莓等。

（4）柑橘类

柑橘类果实生长在热带和亚热带，如柑、橘、香蕉、荔枝、柠檬、洋桃等。

（5）复果类

复果类果实是由整个的花序组成，果肉柔嫩多汁，味甜酸适口。属此类的果实有热带的菠萝蜜和面包果等，其中菠萝的经济价值最大，在冷库内不宜储藏过长时间。

（6）坚果类

这类水果含水分较少，通常列为干果，果皮为一硬壳，壳内可食部分就是种子，如核桃、栗子、榛子等。

（二）果蔬的成分

果蔬的化学成分十分复杂，按在水中的溶解性质可分为两大类：

1. 水溶性成分

糖类、果胶、有机酸、水溶性维生素、酶、部分含氮物质、部分矿物质等。

2. 非水溶性成分

纤维素、半纤维素、原果胶、淀粉、脂肪、脂溶性维生素和色素、部分含氮物质、部分矿物质和有机酸盐等。

（三）果蔬的冷链物流原理

果蔬采收以后，仍然是一个有生命的有机体，继续进行一系列生理生化变化，使果蔬特有的风味进一步充分地显现出来，在色香味上更适合人们的需要，我们称作后熟或呼吸作用。这个过程再继续进行，果蔬软化、解体，这就是衰老阶段。我们了解和认识果蔬的这些变化规律和它们对外界环境的要求，以便有效地控制地调节、控制环境条件，达到保鲜保质，延长供应期的目的，才能获得最好的经济效益。果蔬采收以后有哪些生理生化变化呢？

1. 呼吸作用

采收后的果蔬具有生理活动的重要标志是进行呼吸作用。呼吸作用是果蔬采收后最主要的代谢过程，它制约与影响其他生理生化过程。果蔬进行呼吸作用是在一系列酶的催化作用下，把复杂的有机物质逐步降解为二氧化碳、水等简单物质，同时释放出能量，以维持正常的生命活动。可以说，没有呼吸作用，就没有果蔬的生命，没有果蔬的生命，也就谈不到储藏保鲜了。

我们了解果蔬呼吸作用的目的，就是想办法，采取措施，控制果蔬呼吸作用的进程，减缓储藏的营养物质的消耗，达到保鲜保质，延长储藏期的目的。

影响果蔬的呼吸作用的因素有温度、湿度、环境气体、机械损伤及植物激素。

（1）温度

温度呼吸作用和温度的关系十分密切。一般地说，在一定的温度范围内，每升高10℃呼吸强度就增加1倍，如果降低温度，呼吸强度就大大减弱。果蔬呼吸强度越小，物质消耗也就越慢，储藏寿命便延长。因此，储藏果蔬的普遍措施，就是尽可能维持较低的温度，将果蔬的呼吸作用抑制到最低限度。

降低果蔬储藏温度可以减弱呼吸作用，延长储藏时间。但是，不是温度越低越好，都有一定的限度。一般来说，在热带、亚热带生长的果蔬或原产这些地区的果蔬其最低温度要求高一些，在北方生长的果蔬其最低温度就低一些。

温度过高或过低都会影响果蔬的正常生命活动，甚至会阻碍正常的后熟过程，造成生理损伤，以致死亡。因此，在储藏中一定要选择最适宜的储藏温度。

储藏温度要恒定，因为温度的起伏变化会促使呼吸作用进行，增加物质消耗。如果使用薄膜包装，则会增加袋内结露水，不利于果蔬的储藏保鲜。

（2）湿度

湿度一般来说，轻微的干燥较湿润更可抑制呼吸作用。果蔬种类不同，反应也不一样。例如，柑橘果实在相对湿度过高的情况下呼吸作用加强，从而使果皮组织的生命活动旺盛，造成水肿病（浮皮果）。所以对这类果实在储藏前必须稍微进行风干。香蕉则不同，在相对湿度80%以下时，便不能进行正常的后熟作用。

（3）环境气体

环境气体成分大气一般含氧气21%、氮气78%、二氧化碳0.03%，以及其他一些微量气体。在环境气体成分中，二氧化碳和由果实释放出来的乙烯对果蔬的呼吸作用有重大的影响。

适当降低储藏环境中的氧浓度和适当提高二氧化碳浓度，可以抑制果蔬的呼吸作用，从而延缓果蔬的后熟、衰老过程。另外，较低温度和低氧、高二氧化碳也会抑制果蔬乙烯的合成并抑制已有乙烯对果蔬的影响。

（4）机械损伤

机械损伤是指果蔬在采收、分级、包装、运输和储藏过程中会遇到挤压、碰撞、刺扎等损伤。在这种情况下，果蔬的呼吸强度增强，因而会大大缩短储藏寿命，加速果蔬的后熟和衰老。受机械损伤的果蔬，还容易受病菌侵染而引起腐烂。因此，在采收、分级、包装、运输和储藏过程中要避免果蔬受到机械损伤，这是长期储藏果蔬的重要前提。

（5）化学调节物质

化学调节物质主要是指植物激素类物质，包括乙烯、萘乙酸、脱落酸、青鲜素、矮壮素、维生素 B9 等。植物激素、生长素和激素对果蔬总的作用是抑制呼吸、延缓后熟。乙烯和脱落酸总的作用是促进呼吸、加速后熟。当然，由于浓度的不同和种类不同，各种植物激素的反应也是十分多样的。

2. 蒸腾作用

新鲜果蔬刚采时，气孔、皮孔尚未完全闭合，某些蔬菜的幼嫩器官表皮层尚不发达，主要为纤维素，容易透水，愈伤或假愈合尚未形成。若此时进行长途运输，则果蔬的蒸腾作用会因风力大、湿度低、温度变化大等原因而成倍增加。萎蔫不仅使果蔬失去新鲜状态，而且使各种酶代谢失调，大多数果蔬失重达3%～5%，对生化代谢或硬度产生极显著的影响。

影响果蔬蒸腾作用的因素有：

（1）品种特性

不同品种的果皮组织的厚薄不一，果皮上所具有的角质层、果脂、皮孔的大小也都不同，因而具有不同的蒸腾特性。

（2）成熟度

总的来说，随着果蔬成熟度的提高，其蒸腾速度变小。这是因为随着果蔬的成熟其果皮组织的生长发育逐渐完善，角质层、蜡层逐步形成，果蔬的蒸腾量就变小。但是，有些品种采收后，随着后熟的进展还有蒸腾速度快的趋势，如木瓜和香蕉等。

（3）相对湿度

储藏环境的相对湿度是影响果蔬蒸腾作用的直接原因。在储藏中湿度的管理是一个十分重要的因素。储藏环境的相对湿度越大，果蔬中的水分越不容易蒸腾。因此，采用泼水、喷雾等方法保持库房较高的相对湿度可以抑制果蔬的蒸腾，以利保鲜。

（4）温度

果蔬的蒸腾作用与温度的高低密切相关。高温促进蒸腾，低温抑制蒸腾，这是储藏运输各个环节强调低温的重要原因之一。

（5）包装

包装对于储藏、运输中果蔬的水分蒸发具有十分明显的影响。现在常用的瓦楞纸箱与木箱和筐相比，用纸箱包装的果实蒸发量小。若在纸箱内衬塑料薄膜，水分蒸发可以大大降低。果实包纸、装塑料薄膜袋、涂蜡、保鲜剂等都有防止或降低水分蒸发的作用。

（6）风速

蒸腾作用的水蒸气覆盖在果蔬表面形成蒸发面，可以降低蒸气压差，起到抑制蒸腾的作用。如果风吹散了水蒸气膜，就会促进蒸腾作用。

三、果蔬的包装与预冷

（一）果蔬冷链包装

1. 果蔬包装概述

包装的好坏，与果蔬的运输和销售，减损耗，保持新鲜，延长储存期有着密切关系。目前，应特别重视包装的改进，以增强国际市场上的竞争力。果蔬的包装容器多用纸箱和木箱等，这类容器比较坚固耐压，容量固定，适于长途运输。

所有包装容器内最好有衬纸，以减少果蔬的擦伤。有些质量好能长期储藏的水果，可逐个用纸包裹后再装入容器。包纸可以减少水果的水分蒸发，使其不易萎缩，而且纸张又有隔热作用，能阻止果温的剧变。另外，包纸可减少腐烂的蔓延，减少机械伤以及降低水果的呼吸强度。包装用纸不宜过硬或过薄，要有足够的大小，使果实完全被包住。为了减少果品的腐烂和防止霉菌的繁殖，可采用经化学处理过的包装纸。例如，用浸过硫酸铜或碳酸铜溶液的包装纸，对防止青霉菌的活动有一定效果。用浸过碘液的纸包水果效果更好。又如用浸过联苯的纸包柑橘，可减少腐果率。用蜡纸或经矿物油处理过的纸包苹果，不仅可减少水分损失，还可预防一种生理病——烫伤病的发生。

果实装入容器时要仔细排列，使互相紧挨着，不晃动也不会挤压。为了避免在搬运时或在运输途中摇动和摩擦，减少摔碰磕压的损耗，可在果实周围空隙加些填充物。对于苹果、梨等，这样处理，在寒冷地区运输时还有防冻作用。填充物应干燥、不吸水、无臭气、质轻，如纸条、锯屑、刨花等均可。总之，果蔬的包装，应符合科学、经济、牢固、美观、适销的原则。

2. 速冻果蔬的包装

包装是储藏好速冻果蔬的重要条件，其作用是：防止果蔬因表面水分的蒸发而形成干燥状态；防止产品储存中因接触空气而氧化变色；防止大气污染（尘、渣等），保持产品卫生；便于运输、销售和食用。包装容器很多，通常为马口铁罐、纸板盒、玻璃纸、塑料薄膜袋和大型桶装等。装料后要密封，以真空密封包装最为理想。包装规格可根据供应对象而定，零销，一般每袋装 0.5kg 或 1kg，宾馆酒店用的，可装 5 ～ 10kg。包装后如不能及时外销，需放入 -18℃的冷库储藏，其储藏期因品种而异，如豆角、甘蓝等可冷藏 8 个月；菜花、菠菜、青豌豆可储藏 14 ～ 16 个月；而胡萝卜、南瓜等则可储藏 24 个月。

3. 水果包装新趋势

包装是水果质量的重要组成部分。与水果市场需求变化相适应，水果包装上呈现以下几个新趋势：

（1）小包装

随着家庭的小型化（城镇居民一般为 3 口之家）和对水果品种需求的多样化，城镇居民消费水果品种数量明显增加，并喜欢吃鲜，故一次购买水果数量并不多，客观上要求水果包装箱（袋）要小，同时，小包装水果便于消费者提拿携带。

（2）携带式包装

近年来提篮式、提网式、提袋式、提包式等携带式小包装在市场上频频亮相，并成为市场新宠。如精美的小提篮（塑料）葡萄或小巧的猕猴桃小提箱、金黄色小网袋柑橘等，不仅给水果赋予文化内涵，而且很便于购买者携带。

（3）"绿色"包装

适应人们返璞归真、崇尚自然以及绿色消费的心理，果农就地取材，利用树藤、树条等材质，编织水果篮，作为水果包装，既无污染又美观朴实，很讨消费者喜欢。

（4）礼品包装

不仅小巧玲珑，而且包装精美，并附有祝福、祝寿、贺喜、"祝您早日康复"等字样。礼品水果及其包装成为当前礼品发展的重要方向。

（5）透明包装

透明塑料包装、提篮式包装、提网式包装等，可以使购买者真切地看到水果的颜色、大小等外观品质，一些封闭式包装也部分采用了透明的材料，通过透明材料，可以大致窥见箱中的水果，在当前诚实服务呼声渐高的水果市场上，无疑迎合了消费者"买个明白"的消费心理。

（6）组合包装

随着消费水平的提高，人们消费水果呈现出多样化，在同一包装袋（箱）中，盛有多种水果的组合包装应运而生。消费者只要买一袋，便可品尝多种水果的美味，而且多种水果放在一起相映成趣、争奇斗艳，给人们以美的感受，因而增加了水果的附加值。

（二）果蔬冷藏和运输前的预冷

如果水果、蔬菜在收获时温度高，则生理作用旺盛，鲜度很快会下降，因此要尽快地降低品温。在储藏和运输之前将品温降低，称之为预冷。目前，果蔬预冷的方法主要有以下几种：

1. 真空冷却

是在密闭容器中，将压力降到 4.5mmHg，水在 0℃就沸腾。水分蒸发时带走蒸发潜热，使蔬菜在短时间内得到冷却。

2. 冷水预冷

将果蔬浸入冷却的水中或用喷淋冷却的方法，它适用于果菜类、根菜类和水果等真空冷却无效的产品。

3. 空气预冷

用冷却空气进行送风冷却的方式，适用于所有的果蔬类，但预冷速度比上述两种方法慢。果蔬在专用的预冷库中冷却到接近储藏温度，然后转入正常储藏。预冷的果蔬入库时温度低，与蒸发器的温差小，就可减少水分的蒸发量，保持果蔬新鲜饱满的外观。另外果蔬迅速降温，微生物的生命活动被抑制，也是减少果蔬腐烂的有效措施之一。一般要求一天能降到储藏温度。对于目前无预冷间的冷藏库，较高温度的果蔬入库会引起库温的升高和大幅度的波动，影响果蔬的储藏质量，因此要求一次的进货量不得超过15%。

4. 冰预冷

冰预冷是目前一种先进的预冷方式。

（1）冰预冷的原理

冰预冷是所有冷却方法中最古老的一种，它对许多产品和包装仍十分有效。融化的冰直接与产品表面接触，快速吸收表面的热量，变成0℃的水。该方法可以用于多种产品，尤其是密度大，货盘堆放的箱装货物。如果包装中添加了足够的冰，整个物流过程都能控制于低温环境下。同时该方法也增加了环境的湿度，减少产品水分损失。

许多产品包装都能用于冰预冷。通常包括打蜡的纸箱、木条箱、篮子以及一系列带有穿孔塑料内衬的防水包装箱。任何遇水后仍能保持强度的包装箱都能用于冰预冷。打蜡的纸箱可以在加冰后装船运输。

（2）冰预冷方法。目前，冰预冷有两种方法。

①单独包装冰冷却法

最简单的冰冷方法是人工在装货物的箱子上部加入碎冰。这种方式在冰或者融化的冰直接接触产品时最为有效，如果这些条件不成立，预冷是通过对流而不是传导，则降温可能会不一致。通常包装箱内必须预留空间填充冰。货物装箱后必须重新打开箱子，加入冰，再封箱。整个过程缓慢而且耗费人力。

②液态冰注预冷方法

将块冰或板状冰研磨成直径约为5mm或者更小的颗粒，与水混合成高浓度的冰水混合物。将该混合物通过软管导入纸箱或其他容器内，直接覆盖在产品表面。如果产品包装运输过程中经过配备有传输系统的制冰站，那么采取该方法可以大大提高冷却效率。冰水混合物能更好地渗透到包装箱的开口部分，使得冷却降温更为快捷、均匀。

（3）注冰设备

注冰设备允许产品在收获现场即被包装。这个一站式的方法可以大大提高工作效率。最简便的方法是将冰用泵吸入与产品包装开口相连的导管。通过这一方法，每个包装箱内的产品可以快速得到冷却。产品包装箱必须是统一规格的，避免堆积在货盘上的时候遮住其他包装箱的开口。

20世纪80年代初期开始，加利福尼亚州开始使用一种更为便捷的方式。整个货盘的产品被放置在注冰舱内，注冰舱的门作为货盘固定装置和注冰管道。堆积在货盘上的货物放置在舱门之间的导轨上，然后将舱门紧闭。使用泵将冰水混合物吸至设备的顶部，通过门上的注冰管道从货物四周流入包装的开口。注冰管道的底部被封闭，迫使冰水混合物进入产品包装箱内。这个系统能够最高效地迫使冰水混合物进入产品包装箱。在加利福尼亚州，超过90%的西兰花使用这种冷却方式。它能在一箱10kg重的西兰花中注入等量的碎冰，起到了很好的冷藏作用。这种方法冷却的西兰花可以经过长达20天的远洋运输，到达目的地的时候依旧维持良好的品质。

四、果蔬冷藏运输

（一）果蔬的运输方式

果蔬运输方式需根据果蔬种类品种的特性而定。一般选择有利于保护商品、运输效率高且成本低廉，而又受季节、环境变化影响小的运输方式。目前我国铁路、公路、水路、空运等各种运输方式均已被广泛采用，它们优势互补，已逐渐形成较完整的运输网络，这为全国性的果蔬流通开创了前所未有的优越条件。

1. 公路运输

公路运输成本较高、运输量小；路面不平时震动大，产品易受损伤，但具有较强的灵活性和适应性；它无须换包装即可直送销地，甚至可实现"门到门"的运输；还可深入到非铁路沿线的偏远城镇或工矿企业。这是其他运输方式所不能替代的。随着国道的不断扩建、新建以及"绿色通道"的确立，公路中短途及长途运输日趋发展。

短途公路运输可选择用人力或畜力拖车和拖拉机。中长途运输应选用汽车，有普通货运大卡车和冷藏汽车。长途调运不仅需要包装还要合理装码。如用普通卡车则要有防冷防热的措施，最理想的是选用冷藏汽车。应先预冷，散去田间热和部分呼吸热；装车后要调控到适宜的温度并保持其稳定。只有全面实施果蔬保鲜运输方案，才能达到最佳的储运效果。但是汽车运输的最大弊病是运输途中颠簸较大，造成运输过程中产生机械伤。

2. 铁路运输

铁路运输运载量大，成本低，受季节变化影响小，虽中间环节多，灵活性、适应性差，但仍然是目前蔬菜运输的主要方式。适用于大宗蔬菜的中、长距离运输。

铁路运输可采用普通棚车、加冰冷藏车、机械冷藏车、冷藏集装箱进行运输。选择何种铁路运输工具时，主要考虑所运输果蔬对温度的要求。一般来说，普通棚车是一种常温运输工具，车厢内无温湿度调控装置，因受自然气候影响大，仅能靠自然通风（或夹放冰块降温），加盖草帘或棉被保温。虽然运费低廉，但品质下降快，损耗大。南菜北运在南热北冷的季节开展，损耗可高达40%～60%。所以只能用于对温度要求不严格的蔬菜。而机械冷藏车车体隔热，密封性能好，并安装了机械制冷设备，具有与冷库相同的效应，它能调控适宜的储运条件，可收到保持品质、减少损耗的效果，是理想的铁路运输工具。

3. 水路运输

水路运输成本低、较平稳、运载量大，但水运连续性差、速度慢，联运中要中转、装卸，也会增加货损。故而它只适用于近距离运输以及耐储运果蔬或果蔬加工制品的远距离运输。

目前，常用的水路运输工具有冷藏船和冷藏集装箱。冷藏船运输是指带制冷设备，能控制较低运输温度的船舶。南果北运在国内当前多用海轮冷藏船，最小的冷藏船也在300t以上，江轮冷藏船很少使用。应用冷藏船进行南果北运多集中在东南沿海诸省和对日、韩出口的水果。由于它装运量大，海上行进平稳，不仅运费低廉，而且运输质量较高，但运输途中拖的时间较长。在船舶南果北运中，除了冷藏船专用运输之外，也有相当一部分南果采用普通运货船和客货混用船运输。在夏、秋季气温较高时多采用冷藏集装箱，进行大的包装，装船运输；在冬春季气温较低时，则直接装船运输。

（四）航空运输

航空运输速度快、保质好、受损小，但运输成本高，运量小。空运特别适于新鲜柔嫩、易受机械伤害而变质的高档次果蔬，如石刁柏、鲜食用菌和结球生菜等，有时也为特需供应作特运。

（二）果蔬运输的条件

1. 果品质量

在果蔬的储运保鲜中，果品质量是先决的基础条件。在南果北运中，对一个树种而言，不仅要重视果品的选择，更重要的是注意外在质量（等级、果形、色泽、光洁度等）和内在质量（成熟度、营养含量、硬度、香味等）以及是否有病、虫危害等。

2. 包装

包装既是商品化处理的一个内容，又是长途运输中的一项措施，还是运输保鲜中的一项技术。用于包装的材料大体分为三种，一种是内包装，包括箱装内衬薄膜和薄膜袋、单果包装薄膜袋、包装纸（含防腐保鲜纸）、泡沫网套等；二是外包装，包括纸箱（含小纸箱外套的大纸箱）、泡沫箱、塑料箱、木箱、竹筐等；三是附在外包装或单果上的商标、专利或绿色食品标志等。所以，包装好劣，直接影响到运输质量和流通效益。

3. 温度

与新鲜果蔬在储藏时一样，运输温度对新鲜果蔬的品质也同样有着重要影响，因此温度也是运输中最受关注的环境条件之一。采用适宜的低温流通措施对保持新鲜果蔬的新鲜度和品质以及降低运输损耗是十分重要的。根据国际制冷学会规定，一般果蔬的运输温度要等于或略高于储藏温度，且对一些新鲜果蔬的运输和装载温度提出了建议，要求温度低而运输时间超过6天的果蔬，要与低温储藏的适温相同。

4. 湿度

对果蔬来说，新鲜度和品质的保持需要较高的湿度条件，新鲜果蔬装入普通纸箱，在1天内箱内空气的相对湿度可达到95%～100%，如果车厢密闭性好或产品堆码密集，运输中仍然会保持在这个水平。一般而言，由于运输时间相对较短，这样的高湿不至于影响果蔬的品质和腐烂率。然而，包装纸箱吸潮后抗压强度下降，有可能使果蔬受损伤。如果采用隔水纸箱或在纸箱中用聚乙烯薄膜铺垫，则可有效防止纸箱吸潮；采用单果包纸或单果套塑料袋，或采用塑料泡沫保温箱包装，均可有效防止果蔬运输期间失水。

一般来说，芹菜等鲜嫩蔬菜所需的相对湿度为90%～95%，洋葱、大蒜为65%～75%，瓜类为70%～85%。

5. 气体成分

运输过程中的气体成分对果蔬也有直接影响。适当提高储运环境中的二氧化碳浓度和适当降低氧气浓度，可以有效地降低果蔬的呼吸强度，抑制乙烯的产生和乙烯的催熟致衰作用，从而延缓果蔬的后熟与衰老过程。

此外，适宜的高二氧化碳和低氧可抑制某些果蔬的生理病害，也可抑制侵染储运果蔬的某些真菌的萌发和生长，减少由此引起的腐烂。

如果在储运时，适当降低氧气的体积分数（2%～5%），提高二氧化碳的体积分数（5%～10%），就可大幅度降低果蔬的呼吸作用，抑制催熟激素乙烯的生成，减少病害的发生，延缓果蔬的衰老。

一般短途和短期运输中空气成分的变化不大，但运输工具和包装不同，也会产生一定的差异。密闭性好的设备使二氧化碳浓度增高，震动使乙烯和二氧化碳浓度增高，所以对二氧化碳敏感的果蔬，要加强运输过程中的通风和换气，避免有害气体积累而对它们产生生理伤害。

6. 运输工具的运行状态

运输工具在运输行驶中的状态也会直接影响果蔬的质量。其中震动是运输环境中最为突出的因素，它直接造成果蔬的物理性损伤，也可以发生由震动引起生理失常，降低其固有的抗病性和耐储性，进而促进新鲜果蔬的后熟衰老和腐烂变质。

不同的运输方式、不同的运输工具、不同的行驶速度、货物所处的不同位置，其震动强度都不一样。一般铁路运输的震动强度小于公路运输，海上运输的震动强度又小于铁路运输。铁路运输途中，货车的震动强度通常小于 1 级。公路运输的震动强度则与路面状况、卡车车轮数有密切的关系，高速公路上一般不超过 1 级；震动较大、路面较差以及小型机动车辆可产生 3～5 级的震动。就货物在车辆中的位置而言，以后部上端的震动强度最大，前部下端的震动强度最小；因箱子的跳动还会发生二次相撞，使震动强度大大增强，造成新鲜果蔬的损伤。海上运输的震动强度一般较小，然而，由于摇摆会使船内的货箱和果蔬受压，而且海运一般途中时间较长，这些会对新鲜果蔬产生影响。此外，运输前后装卸时发生的碰撞、跌落等能够产生 10～20 级以上的撞击震动，对食品的损伤极大。

不同类型的果蔬对震动损伤的耐受力不同，运输应该针对不同的果蔬种类因地制宜地选择运输的方式和路径，并做好新鲜果蔬的包装作业和运输中的堆码，尽量减少新鲜果蔬在运输途中的震动；要杜绝一切野蛮装卸，以保持新鲜果蔬品质和安全。

（三）果蔬运输操作与管理

1. 装车

（1）装车堆码方式

新鲜果蔬的装车方法属于留间隙的堆码法。按所留间隙的方式及程度不同，又可以分为以下几种：

第一，"品"字形装车法。该法是奇数层与偶数层货件交错骑缝装载，装后呈现出"品"字形状，适用于箱装货物。由于只能在货件的纵向形成通风道，因此，在高温季节要求冷却或通风，而在寒冷季节则要求加温。该法适用于有强制循环装置的机械冷藏车。

第二，"井"字形装车法。"井"字形装车法灵活多样，各层货物纵横交错。实际装载时，根据车辆的有效装载尺寸以及货件的包装规格，具体确定纵向或横向的放置件数。"井"字形装车法可使空气在每个井字孔之间上下流通，基本能够保证空气流通无阻。该法装载的货物较为牢靠，装载量也较大。

第三，筐口对装法。这种装载法主要用于用竹筐等包装件。竹筐在制作时，由于本身就留有空隙，因此不必再留有专门的通风空隙。筐口对装法有多种方式。总体来说，筐口对装法能够保证货物间的空气流通。

（2）堆码应遵循的原则

其一，货物间留有适当的间隙，以使车内空气能顺利流通；

其二，每件货物都不能直接与车辆的底板和壁板相接触；

其三，货物不能紧靠机械冷藏车的出风口或加冰冷藏车的冰箱挡板，以免导致低温伤害。就冷藏车运输而言，必须使车内温度保持均匀，同时保证每件货物都可以接触冷空气。就保温运输车而言，则应使货堆中部与产品周围的温度保持适中，应避免由于温度控制不好而导致货堆中心的呼吸热散发不出来，而周围的产品又可能产生冷害等情况。

（3）装车注意事项

新鲜果蔬运输时，堆码与装卸是必不可少并且非常重要的环节。在堆码前，要对运输工具如水路运输的船舱等进行清洗，必要时还应进行消毒杀菌，并应尽量避免与其他不同性质的货物混装。合理的堆码，除了应减少运输过程中的振动外，还应有利于保持产品内部良好的通风环境及车厢内部均衡的温度。

当必须同时装载货件大小不一的纸箱时，堆码时应将大而重的纸箱放置于车厢底层。此外，还应留有平行通道，以便空气在货堆间流通。

堆码完毕后，最后一排包装箱与车厢后门之间应由支撑架隔开，同时货堆还应加固绑牢，以免在运输过程中造成货件间的相对运动引起产品的震动。同时，还可避免货件间的运动影响货堆间的空气流通，以及产品运达目的地后，打开后门时，掉下的包装箱对工人可能造成的危险。因此，可以根据实际需要，通过安装一个简单的木制支架就可以解决这个问题。

在实际生产实践中，由于受货物批量的限制，往往很难做到同一车辆中仅装载同一品名的货物。不同品名的货物能否混装，主要遵循以下原则：不同储运温度的果蔬不能混装；产生大量乙烯的果蔬不能和对乙烯敏感的果蔬混装；适宜相对湿度差异较大的果蔬不能混装；具有异常气味的果蔬不能与其他果蔬混装。

国际制冷学会对85种果蔬按要求的温度、湿度、气体成分等条件分为可以混装的9个组。具体内容见本书铁路运输的相关内容。

2. 运输过程管理

果蔬产品在运输过程，承运单位要对所运输的产品进行控制和管理，最大限度地维护和保证果蔬运输所需要的条件，减少损失。

不同的运输方式和运输工具，在运输过程中的管理不尽相关，但总的来说，要做好以下几件事：

第一，防止新鲜果蔬在运输途中受冻。原产于寒温带地区的苹果、梨、葡萄、核果类、猕猴桃、甘蓝、胡萝卜、洋葱、蒜薹等适宜储运温度在0℃左右。而原产于热带和亚热带地区的果蔬对低温比较敏感，应在较高的温度下运输，如香蕉运输适温为12℃～14℃，番茄（绿熟）、辣椒、黄瓜等运输温度为10℃左右，低于10℃就会导致冷害发生。冬季运输果蔬等应有草帘、棉被等保温防冻措施。

第二，防止运输中温度的波动。要尽量维持运输过程中恒定的适温，防止温度的波动。运输过程中温度的波动频繁或过大都对保持产品质量不利。新鲜果蔬的呼吸作用涉及多种酶的反应，在生理温度范围内，这些反应的速度随着温度的升高以指数规律增大，可以用温度系数 Q_{10} 来表示。Q_{10} 在0℃～10℃范围内较高，最高可大于7；而温度在10℃以上时可降到2～3。所以在较低的温度下，温度每波动1℃，对新鲜果蔬造成的品质影响要比较高温度下严重。

第三，保证好运输工具内的温度和湿度。在运输过程中，要严格控制好不同果蔬对运输温度和湿度的要求。按照相关规定，每隔一定的时间对温度进行检查。比如冷藏汽车运输果蔬时，要定期检查冷藏汽车上的温度计，如果温度过高，要及时开启制冷机。

第四，在运输过程中，要坚持"安全、快速、经济、准确"的运输四原则，确保运输工具的技术状况良好，准时到达目的地。当运输过程中发生机械事故或交通事故时，要及时采取补救措施，比如转车过货等。

3. 卸车

产品运达目的地后，首要工作就是要尽快卸车，然后通过批发商或直接上市交易。我国目前卸车方式大多以人工为主。无论是机械卸车还是人工卸车，都应避免粗放、野蛮的操作。可以使用斜面卸车，一定要使斜面足够宽且牢固，能同时承受货物和装卸工人的重量，也可以通过制造一个可以折叠的坚固的梯子来帮助卸车。

果蔬产品卸车完成后，要及时入库，以防止长时间在室外由于温度过高而腐烂。

（四）果蔬的其他运输方法

随着水果后保鲜技术的发展，很多在水果储藏中应用的保鲜方法，逐步也应用到果蔬运输上来，主要方法有：

1. 气调运输

气调储藏是20世纪60年代发展起来的一种水果保鲜方法，近年来已推广运用到运输方面，具体办法有两种：一种是在运输过程中，可以将所需要的气体充入气密性好的运输容器内；另一种是运用塑料薄膜等材料包装货物，使包装内部自发调节气体。以上两种方法在适当的冷藏条件配合下会收到更好的效果。

2. 减压运输

这是用降低运输环境的气压以控制产品呼吸作用和微生物繁殖，从而达到保鲜目的的一种运输方法。这种方法也和冷藏法配合采用，国外多用气密式的冷藏拖车和集装箱。办法是将水果放在一个密封的容器内，用真空泵来降低容器内的气压，一般从760mm Hg 降至 10～80mm Hg。加压后，通过压力调节阀和加湿器将新鲜空气送入容器内，每小时换气1～4次，以排出容器内多余的一氧化碳和乙烯等气体的1/10，在这样的条件下可控制植物体内乙烯的生成量，可降低水果呼吸率，延长 2 ～ 3 倍方法应该注意增加容器内空气湿度。另外，减压运输一次性投资和操作费用昂贵，还不能在短时间内在我国普遍应用，在国外也尚未进入商品化应用阶段。

3. 水果表面涂料

就是新鲜水果表面喷涂果蜡或一种由蛋白质、淀粉配制成的高分子溶液，在果皮上形成一层薄膜，达到限制果实呼吸的作用并防止微生物的侵入，减少水分蒸发，从而延长水果的新鲜程度。这样处理的水果可以不用冷藏车运输。

【案例分析】

金涛（中山）果蔬物流有限公司

金涛（中山）果蔬物流有限公司是由中国香港中淘国际有限公司管理，并为亨泰消费品集团有限公司之附属机构。亨泰消费品集团是香港主板上市公司（0197），在国内经营快流消费品、家庭用品和新鲜果蔬超过 20 年。为了拓宽服务领域，亨泰集团在中国广东省中山市建立了全国性的物流及现代化的果蔬贸易中心。

新鲜果蔬消费占中国的食品零售市场中最大的部分。随着中国加入世界贸易组织，新鲜农产品进出口贸易拥有巨大潜力和商机。可是大部分果蔬都在农贸市场和水果摊交易，卫生条件及仓储设施均有待改善。有鉴于此，亨泰消费品集团在广东中山成立全国第一个金涛国际化一站式服务平台——金涛（中山）果蔬物流中心，提供一个设施完备、功能齐全的现代化仓储及贸易场所。

金涛（中山）果蔬物流中心位于广东省中山市，临近繁忙的香港和深圳航运终点站，周边有成熟的铁路及公路网络配套。此外，金涛中心靠近南沙港口，是华南区未来重点发展的港口之一。这些优越的地理环境，有利于把新鲜果蔬运送到广东各地以及华东和华北的主要城市。卓越的地理位置不仅有利于进口，更方便国内农产品在金涛中心内进行加工、展示、储存及包装，然后销往国际市场。

金涛（中山）果蔬物流中心拥有：

六层高的商务办公楼：除了办公室外，还有展览中心、银行、餐厅、检测中心以及其他配套设施，是国内外生产商及经销商进行贸易和交换信息的集中地。

两个独立的交易平台：上层为客户提供大约 200 个办公室；下层平台可停泊 30 个 40 英尺冷冻集装箱，配有温湿控制，有效减少损耗，延长产品保鲜期。

冷冻仓库可容纳 25 个 40 英尺冷冻集装箱，平台拥有温湿控制，仓库并设有冷藏室、包装中心及催熟设备。卓越的营运能力以及先进的信息系统，使中心成为一个具有物流、仓储和贸易多功能平台。

为缩短运输时间，避免交通堵塞及实现交易的高效和通畅，中心除了在交易区和仓库分别提供了停车装卸泊位外，另设有三个停车区域，可容纳 100 个 40 英尺冷冻集装箱。

本章练习

一、单项选择题

1. 预冷的方式分为自然预冷和（　　　）。

A. 人工预冷　　　　　　　　　　　　B. 天然预冷

C. 手工预冷　　　　　　　　　　　　D. 强制预冷

2. 下列采用天然人工合成化学物质对果蔬表面进行处理的是（　　　）。

A. 保鲜防腐处理　　　　　　　　　　B. 预冷处理

C. 涂膜处理　　　　　　　　　　　　D. 人工分级

3. 温度与湿度对果蔬产生直接影响的两大要素，一般果蔬的经验适宜温度是（　　　）。

A. 1～3℃　　　　B. 2～5℃　　　　C. 6～9℃　　　　D. 5～8℃

4. 下列将果蔬商品按照适宜的温度和湿度要求，放入冷藏库中保存的方法称为（　　　）。

A. 低温冷藏法　　　　　　　　　　　B. 冰水降温法

C. 盐水复苏法　　　　　　　　　　　D. 散热法

二、多项选择题

1. 采收期的确定取决于（　　　）。

A. 产品的成熟度　　　　　　　　　　B. 产品的特性

C. 销售策略　　　　　　　　　　　　D. 市场的前景

2. 确定采收成熟度的方法有（　　　）。

A. 色泽　　　　　　　　　　B. 饱满程度和硬度

C. 果实形态和大小　　　　　D. 生长期　　　　　　　E. 口味

3. 采后的商品化处理包括（　　　）。

A. 清洗和预冷　　　　　　　　　　　B. 愈伤

C. 冷藏　　　　　　　　　　　　　　D. 保存

4. 鲜苹果的等级规格有（　　　）。

A. 特级　　　　　　　　　　　　　　B. 一级

C. 二级　　　　　　　　　　　　　　D. 三级

5. 分级的方法包括（　　　）。

A. 人工分级　　　　B. 系统分级　　　　C. 挑选分级　　　　D. 机械分级

四、思考题

1. 果蔬出库前为什么要进行升温处理？

2. 为什么蔬菜在冻结前要进行烫漂？如何掌握烫漂时间？

3. 简述气调贮藏（CA）的特点。

4. 速冻果蔬对原料有哪些要求？水果和蔬菜在速冻工艺上有何异同？

5. 影响速冻果蔬质量的因素有哪些？如何提高速冻果蔬的质量？

项目四　肉类的冷链仓储管理

任务导入

　　所谓肉类，一般理解为动物经屠宰后剥皮或者不剥皮的，去头尾、蹄爪和内脏后的胴体部分，而把头尾、蹄爪和内脏统称为副产品，不列入肉的范畴。很显然，肉包括了肌肉、脂肪、软骨、筋膜、神经、脉管等各种组织。本书所讲的肉主要指家养的牲畜猪、牛、羊除去头、蹄、内脏后剩余的胴体部分，即猪肉、牛肉、羊肉。

学习大纲

1. 了解冷却肉、冷冻肉的概念。
2. 了解冷却肉、冷冻肉特点及加工方法。
3. 掌握肉贮藏保鲜的基本原理。
4. 掌握冷却肉冷藏期间与冷冻肉冻藏期间的质量变化。

任务一　肉类的冷冻冷藏

一、肉的组织结构与特性

（一）肉的组织结构及营养成分

　　肉一般指屠宰后的家畜剥皮（或不剥皮）、去头尾、蹄爪和内脏所得的胴体，包括肌肉、脂肪、骨、软骨、筋膜、神经、脉管等各种组织。头尾、蹄爪、内脏统称为副产品。肉的食用价值和商品价值取决于构成肉的各种成分，并与动物的种类、品种、性别、年龄、饲养方法、饲养条件和用途等有关。

图 4-1

肉是由各种组织组成的,各组织的大致比例是:肌肉占50%～60%,脂肪占15%～45%(主要取决于肥育程度),骨占5%～20%,结缔组织占9%～13%。其中肌肉和脂肪是肉的营养价值所在,这两部分所占比例越大,食用价值和商品价值越高,质量越好。

肉是营养价值很高的食品。它除了可供给人类大量的全价蛋白、脂肪、无机盐及维生素外,还具有吸收率高、耐饥、适口性好等优点。肉的化学组成,决定了其营养价值,它几乎包括了人体生长、发育和保健所需要的蛋白质、脂肪、糖类、各种无机盐和维生素等主要营养素(见表4-1)。

表4-1　几种主要畜肉的营养成分(每100g中)

名称	蛋白质(g)	脂肪(g)	糖(g)	热量(KJ)	钙(mg)	磷(mg)	铁(mg)
猪肉(肥瘦)	9.5	59.8	0.9	2428	6	101	1.4
猪肉(瘦)	16.7	28.8	1.1	1382	11	177	2.4
牛肉(肥瘦)	20.1	10.2	0	720	7	170	0.9
羊肉(肥瘦)	11.1	11.1	0.8	1 285	11	129	2.0

(二)肉的成熟与腐败

家畜屠宰后其肌肉内在组织酶和外界微生物的作用下,会发生僵硬→成熟→自溶→腐败等一系列的生物化学变化。在僵硬和成熟阶段肉是新鲜的,而自溶现象的出现标志着腐败变质的开始。

1. 肉的僵硬

刚屠宰后的畜肉呈中性或碱性且是柔软的,并有很高的持水性。经过一段时间放置(夏天约1.5h,冬天约3.5h),肉质变得粗糙,持水性也大为降低,肉汁变得不透明,有不愉快的气味,食用价值及滋味都较差。失去肉的风味,称为肉的僵直。其pH由7～7.2很快变为酸性,当pH为5.4～6.7时即僵硬。

肌肉僵硬出现的迟早和持续时间的长短与家畜种类、年龄、环境温度、生前生活状态和屠宰方法有关。从肉的低温保鲜质量来看,必须使僵硬过程迅速完成而进入成熟过程,因为处于僵硬期的肉弹性差、无芳香味、不易煮熟、消化率低。

2. 肉的成熟

将僵硬的肉继续放置一定的时间,则粗糙的肉又变成比较柔软嫩化、具有弹性、切面富含水分、有愉快香气和滋味、易煮烂和咀嚼,而且风味也有极大的改善。肉的这种变化过程,称为肉的成熟。成熟的肉的pH在5.7～6.8。僵硬和成熟过程也称为排酸。

肉的成熟过程与温度有关,温度高则成熟时间短,温度低时将延缓成熟过程。但是用提高温度的办法促进肉的成熟是危险的,因为不适宜的温度也可促进微生物的繁殖。故一般采用低温成熟的方法,温度0～2℃,相对湿度86%～92%,空气流速0.15～0.5m/s,完成时间3周左右。而温度为12℃时需5d,18℃时只需2d即可。在这样的温度下,为防止肉表面可能有微生物繁殖，可用杀菌灯照射表面。成熟好的肉立即冷却到接近0℃冷藏，保持其商品质量。

肉在供食用之前原则上都需要经过成熟过程来改进其品质，特别是牛肉和羊肉，成熟对提高风味是完全必要的。

在冷藏条件下，肉的成熟需要较长的时间。为加速肉的成熟，有下列人工嫩化方法。

第一，抑制宰后僵直发展的方法：在宰前给予胰岛素、肾上腺素等，减少体内糖原含量，宰后乳酸处于低水平，pH处于高水平，从而抑制了僵直的形成，使肉有较好的嫩度。

第二，加速宰后僵直发展的方法：用高频电或电刺激，可在短时间内达到极限pH和最大乳酸生成量，从而加速肉的成熟。电刺激一般采用电压550～700V，电流5A效果最佳。

第三，加速肌肉蛋白质分解的方法：采用宰前静脉注射蛋白酶，可使肌肉中胶原蛋白和弹性蛋白分解从而使肉嫩化。常用的蛋白酶有木瓜蛋白酶、菠萝蛋白酶、无花果蛋白酶等。

第四，机械嫩化法：通过机器上许多锋利的刀板或尖针压过肉片或牛排。此法主要用于肉组织的老部位，如牛颈肉、年大腿肉等，可使肉的嫩度提高20%～50%，而不增加烹调损失。

3. 肉的自溶

肉由于保藏不适当，如未经冷却即行冷藏，或者相互堆叠无散热条件，使肉长时间保持较高温度，此时即使组织深部没有细菌存在，也会引起组织自体分解，其分解产物有的具有碱性，能中和肌肉的乳酸，使肌肉中的pH上升，趋于碱性，为腐败微生物的繁殖创造了有利条件。此时，肉的弹性逐渐消失，肉质变软，肉的边缘显出棕褐色。同时，肉的脂肪也开始分解，使肉发出轻微的酸败气味，其储藏性显著降低，故称为自溶。自溶期间的肉，仅适于及早食用，不宜再储藏。

4. 肉的腐败

自溶阶段的进一步发展，微生物的作用严重，将使肉中的蛋白质分解，并产生恶臭的气体，称为肉的腐败。它包括蛋白质的腐败、脂肪的酸性和糖的发酵几种作用。

引起肉腐败的细菌主要是假单胞菌属（Pseud0m0nas）、小球菌属（Micr0c0ccus）、梭菌属（Cl0stridium）、变形菌属（Pr0teus）、芽孢杆菌属（Bacillus），但也可能伴随着沙门氏菌和条件致病菌的大量繁殖。随着腐败过程的发展，侵入的细菌种类则发生更替。

温度较高时杆菌容易繁殖，温度较低时球菌容易繁殖。其侵入肉深部的速度与细菌的种类有关。肉腐败时，细菌数目大量增加，每克腐败肉中所含不同种类的细菌有1亿多。

细菌引起的肉类的腐败变质，随环境条件、物理和化学因素的不同而异，一般在好氧状态下，细菌活动主要使肉呈现黏液质或变色；在厌氧状态下，则使肉呈现酸臭、腐败。这也是评定肉质变化的重要依据。

在任何腐败阶段的肉对人都是有危害的。不论是参与腐败的某些细菌及其毒素，还是腐败形成的有毒崩解产物，都能使食用者中毒。

综上所述，肉从僵直开始到成熟结束的时间越长，肉保持新鲜的时间也越长。所以，延长僵直阶段的持续时间，是肉类保鲜的关键，对保持肉的质量具有重要的意义。因此，家畜宰杀后，应尽快采取降温措施，迅速冷却、冻结，以延长其僵直阶段。这是延缓肉在储藏中的变化过程，达到安全储藏的重要技术措施。

二、肉的低温保鲜

低温冷藏是目前肉类保鲜中应用最广、效果最好的一种方法。因为低温能够抑制酶和微生物生命活动，而且不会引起肉组织结构和性质发生根本的变化，能保持肉固有的特性和品质。

（一）屠宰加工

屠宰加工的主要工序是刺杀、放血、去头蹄、剥皮、去内脏、劈半、冲洗、修整等。但由于牲畜种类的不同，其屠宰加工工艺亦不同。

（二）肉的冷却与冷藏

1. 冷却的目的

经屠宰初加工之后的肉温度一般在40℃左右，这正是微生物生长繁殖和酶作用的最适温度。为了抑制微生物的生长繁殖，减弱酶的活力，必须使肉的温度迅速降低，使微生物和酶的作用在极短的时间内减弱到最低程度。

肉中的水分呈胶体状态，水分由内层向表层扩散性差，在冷却中，冷却介质与肉表面温差较大，表面水分大量蒸发。在适当的冷却条件下，肉体表面形成一干燥表层，称干燥膜。干燥膜可阻止内部水分向表面移动，减少肉水分蒸发，同时还可阻止微生物在表层繁殖和侵入肉内部。

冷却也是达到肉成熟和冻结过程的预处理阶段。冷却肉因肌肉缩紧而易切割加工。冷却还可延缓脂肪和肌红蛋白的氧化，使肉保持鲜红色泽和防止脂肪氧化。

当前肉类消费的趋势是食用冷却肉。冷却肉是指对严格执行检疫制度屠宰后的畜禽胴体迅速进行冷却处理，使胴体温度（以后腿内部为测量点）在24h内降为0～4℃，并在后续的加工、流通和零售过程中始终保持在0～4℃范围内的鲜肉。与热鲜肉相比，冷却肉始终处于冷却条件下，大多数微生物的生长繁殖被抑制，肉毒梭菌和金黄色葡萄球菌等致病菌已不分泌毒素，可以确保肉的安全卫生。而且冷却肉从宰后冷却到零售消费约需要2d时间，经历了较为充分的解僵成熟过程，质地柔软有弹性，滋味鲜美。与冷冻肉相比，冷却肉具有汁液流失少、营养价值高的优点。

2. 冷却方法和条件

（1）冷却方法：空气冷却法是目前畜肉冷却的主要方法。它是通过冷却设备使冷却室内温度保持在1～4℃，冷却终温一般在0℃左右。根据冷却过程中冷却条件的变化可分为一次冷却法和二次冷却法。

①一次冷却法：整个冷却过程一次完成。

②二次冷却法：整个冷却过程在同一冷却间里分两段来进行。第一阶段，冷却间空气温度较低，空气流速较大，冷却2～4h。第二阶段，冷却间空气温度-2～-1℃，空气流速0.1m/s，冷却时间稍长，在缓慢冷却中使肉表面与中心温度趋于一致。分两段冷却的优点是：肉质量好，感官质量好，重量损失减少40%～50%。

（2）冷却条件

①温度。冷却间温度在肉进入前应保持在 –4 ～ –2℃，这样在进肉之后，不会引起冷却间温度突然升高。对牛、羊肉而言，为了防止冷收缩的发生，在肉的 pH 高于 6.0 以前，肉温不要降到 10℃以下。

②空气相对湿度。冷却间空气相对湿度的大小会影响到微生物的生长繁殖和肉的干耗程度。相对湿度大，肉的干耗少，但有利于微生物的生长繁殖；相对湿度小，可抑制微生物活动，但肉的干耗将增加。处理好这一矛盾的方法就是在冷却开始的 1/4 时间内，维持相对湿度 95% ～ 98%；在后期 3/4 时间内，维持相对湿度 90% ～ 95%；临近结束时控制在 90% 左右。

③空气流动速度。由于空气热容量小，导热系数小，肉在静止的空气中冷却速度很慢。要想加速冷却，只有增加空气流动速度。但过快的空气流速会增大肉的干耗，故冷却过程中一般采用 0.5m/s 的空气流速，最大不超过 2m/s。

（3）冷却过程中的注意事项

①吊轨上的胴体，应保持 3 ～ 5cm 的间距，轨道负荷每米定额以半片胴体计算，牛为 2 ～ 3 片（约 200kg），猪为 3 ～ 4 片（约 200kg），羊为 10 片（150 ～ 200kg）。

②不同等级肥度的胴体要分室冷却，使全部胴体在相近时间内完成冷却，同一等级体重有显著差异的，则应把体重大的吊在靠近排风口，以加速冷却。

③在平行轨道上，按"品"字形排列，以保证空气的流通。

④整个冷却过程中，尽量减少开门和人员出入，以维持冷却室的冷却条件，减少微生物的污染。

⑤副产品冷却过程中，尽量减少水滴、污血等物，并尽量缩短进冷却库前停留的时间。

⑥胴体冷却终点以后腿最厚部中心温度达 0℃为标准。

3. 冷却肉的冷藏

（1）冷藏条件

冷藏环境的温度越低，储藏时间越长，一般以 –1 ～ 1℃为宜。温度波动不得超过 0.5℃，进库时升温不得超过 3℃。

（2）冷藏方法

空气冷藏法是目前肉类冷却冷藏的主要方法。这种方法费用较低，操作方便。

冷却储藏的方法是使肉深处的温度降低到 0 ～ 1℃，然后在 0℃左右储藏。此种方法不能使肉中的水分冻结（肉的冰点为 –1.2 ～ –0.8℃）。由于这种温度下仍有一些嗜低温细菌可以生长，因此，储藏期不长，一般猪肉可以储藏 1 周左右。经冷却处理后，肉的颜色、风味、柔软度都变好，这也是肉的成熟过程。这一过程是生产高档肉制品必不可少的。现在发达国家中消费的大部分生肉均是这种冷却肉。

经过冷却的肉胴体可以在安装有轨道的冷藏库中进行短期的储藏。冷却肉在冷藏时，库内温度以 –1 ～ 1℃为宜，相对湿度在 85% ～ 90%。相对湿度过高，对微生物（特别是霉菌）繁殖有利，而不利于保证冷却肉储存时的质量。如果采用较低冷藏库温时，其相对湿度可高些。

为了保证冷却肉在冷藏期间的质量，冷藏库的温度应保持稳定，尽量减少开门次数，不允许在储存有已经冷却好的肉胴体的冷藏间内再进热货。冷藏库的空气流速为0.05～0.1m/s，接近自然循环状态，以维持温度均匀，减少冷藏期间的干耗损失。

冷却肉的冷藏时间按肉体温度和冷藏条件而定。表4-2为国际制冷学会推荐的冷却肉冷藏期限，但在实际应用时应将此表所列时间缩短25%左右为好。

表4-2　国际制冷学会推荐的冷藏期限

肉别	温度（℃）	储藏期（周）
猪肉	−1.5～0	1～2
羊肉	−1～1	1～2
牛肉	−1.5～0	4～5

（3）冷却肉冷藏期间的变化

①干耗。处于冷却终点温度的肉（0～4℃），其物理、化学变化并没有终止，其中以水分蒸发而导致干耗最为突出。干耗的程度与冷藏库温度、相对湿度、空气流速以及冷却时间有关。高温、低湿、高空气流速会增加肉的干耗。

为减少干耗，可用植物油、动物油和鱼油制成乙酰化单甘油，加水稀释后喷到肉类上形成一层保护膜。这样，冷却肉的冷却干耗可减少60%，且商品外观不变，能减缓脂肪氧化过程，延长储藏时间。

②发黏、发霉。这是肉在冷藏过程中，微生物在肉表面生长繁殖的结果，这与肉表面的污染程度和相对湿度有关。微生物污染越严重，温度越高，肉表面越易发黏、发霉。

③颜色变化。肉在冷藏中色泽会不断变化，若储藏不当，牛、羊、猪肉会出现变褐、变绿、变黄、发荧光等，脂肪会黄变。这些变化有的是在微生物和酶的作用下引起的，有的是本身氧化的结果。色泽的变化是品质下降的表现。

④串味。肉与有强烈气味的食品存放在一起，会使肉串味。

⑤成熟。冷藏过程中可使肌肉中的化学变化缓慢进行，而达到成熟。目前肉的成熟一般采用低温成熟法，即冷藏与成熟同时进行。成熟时间视肉的种类而异，牛肉大约需3周。

⑥冷收缩。主要是在牛、羊肉上发生。它是在屠宰后进行第二阶段快速冷却、肉的温度下降太快时，即肉的pH降为6.2以前、冷却间温度在−10℃以下时，肌肉会发生强烈的冷收缩现象，致使肌肉变得老硬。这种肉在成熟时不能充分软化。

（三）肉的冻结与冻藏

1. 冻结的目的

将肉进行快速、深度冷冻，使肉中大部分水冻结成冰，这种肉称为冷冻肉。肉的冻结温度通常为−20～−18℃，在这样的低温下水分结冰，有效地抑制了微生物的生长繁殖和肉中各种化学反应，使肉更耐储藏，其储藏期为冷却肉的5～50倍。但肉内水分在冻结过程中体积会增加9%，使细胞壁冻裂，在解冻时细胞中的汁液会渗漏出来，造成营养随汁液渗出而流失，风味和营养明显下降。

2. 冻结速度和方法

肉的冻结速度一般按单位时间内肉体由表面伸展向内部的冻结厚度来表示，一般可分为缓慢冻结（冻结速度 0.1～1cm/h），中速冻结（冻结速度 1～5cm/h）和快速冻结（冻结速度 5～20cm/h）3 种。

对大多数肉品来讲，冻结速度为 2～5cm/h 即可避免质量下降。实践证明，对于中等厚度的半片猪肉胴体在 20h 以内由 0～4℃冻结至 -18℃，冻结质量是好的。从肉的质量上要求，冻结速度越快，肉体内冰结晶越小，这样不仅使质量提高，且干耗损失也少。

肉的冻结方法主要是采用空气作为介质，在冻结间内进行。我国胴体肉的冻结大都采用强烈吹风冻结装置。冻结间内一般装有干式冷风机，室内装有吊运轨道以挂运肉胴体，肉胴体在冻结间内轨道上的装载要求与冷却间相同。

影响肉类冻结速度的因素主要是冻结间内的空气温度、气流速度、肉胴体在冻结过程中的初温和终温、肉片的厚薄及含脂肪多少等。

在已建成的冷库中，很多因素已基本固定。为了缩短冻结时间、挖掘制冷设备潜力，对制冷装置进行操作管理时要充分发挥制冷设备的制冷能力，及时对冷风机进行冲霜，正确调整制冷系统的运转参数，以达到最佳制冷工作效率；其次要合理吊挂肉胴体，较厚的和较肥的应挂在靠近冷风机出风口处，使其能够均匀冻结，以便在同一时间内完成冻结。冻结间进肉前须预先进行降温，以加快冻结过程。冻结间进肉时间越短越好，并应及时关闭冻结间库门，以免外界热量传入。冻结间进肉时应一次进完。在冻结间未出货前，不得再装热货，以免室内温度波动，影响冻肉质量。

3. 冻结工艺和设备

（1）两阶段冻结工艺

肉类冻结采用在两个蒸发温度系统下进行，即将经加工整理后的肉胴体先送入冷却间进行冷却，待肉胴体温度冷却至 0～4℃时再送入冻结间进行冻结。经冷却的肉在室温 -23℃、空气流速 0.5～2.0m/s，包括进出货时间的 24h 时间内，肌肉深度温度降到 -15℃。

（2）直接冻结工艺

由于两阶段冻结时间长，效率低，可把两阶段冻结工艺改为一个蒸发温度下进行冻结，即在家畜屠宰加工整理后，经凉肉间滴干体表水后，直接送入冻结间间冻结。在肉类加工中，直接冻结是一项较新的工艺，具有缩短工时、降低干耗、省电和省劳力等优点。但直接冻结使肉胴体产生冷收缩现象，对牛、羊肉的质量有一定影响。此外，直接冻结肉在冻藏时的干耗要比两阶段冻结肉大。

直接冻结工艺要求如下：

①经屠宰加工整理后的猪胴体必须先放入凉肉间进行分级暂存，待累积到相当于一间冻结间容量时，集中迅速推进冻结间。凉肉间的容量至少应有两间冻结间的容量。凉肉间内应装有排风装置，对地处气温较高的南方地区的凉肉间应装设冷风机，以便吹干肉胴体表面水分，同时可适当降低肉胴体温度。

②冻结间进货前应对冷风机进行冲霜并降温，待库温降至 -15℃以下时才开始进货。

③在高温季节里，对进货时间超过半小时的，应采取边进货边降温的方法，以避免库

内墙面滴水产生冻融循环而损坏冷库；进完货后，要求冻结间的温度在0℃以下。

④为保证肉的冻结质量，必须配备与冻结间生产能力相适应的冷风机和设备。这样，在低温和强大空气流速的作用下，由于肉胴体深处与其表面的温差很大，肉胴体深处的散热会很快进行；同时，由于肉胴体表面迅速冻结成冰，使导热系数增加，因而就更加速了肉胴体深处的散热速度，缩短了冻结时间，能在16～20h内使肉胴体温度达到–15℃而完成冻结过程，保证了肉品质量。否则，肉胴体深处的热量会长时间排不出来，引起酶对蛋白质的变性与分解，加上微生物的作用，使肉胴体深层腐败变质。

⑤在对制冷系统操作调节时，要求在肉温降至0℃时再对冷风机冲一次霜，使其工作效率得到充分发挥，以保证在20h内完成冻结过程。

用于肉类冻结的设备主要有以下两种：

第一，吹风式冻结设备：主要是在冻结间内装设落地式干式冷风机和吊顶式冷风机。

第二，半接触式冻结设备：主要用于冻结经分割加工后的块状肉类和肉的副产品。一般在冻结间安装格架式蒸发器并配备相应的鼓风设备，也有采用平板冻结器的。

4. 冻结肉的冻藏

冻结肉的冻藏是将冻结后的肉送入冻藏库中进行长期储存。储藏的肉进入冻藏库前肉温必须在–15℃以下，冻藏库内空气温度不得高于–18℃，因为在这样的温度条件下，微生物的繁殖几乎完全停止，肉胴体内部的生物化学变化受到了抑制，表面水分蒸发量也较小，能够保持较好的质量。此外，制冷设备的运转费用也较经济。我国肉类低温冻藏库大多采用–18℃库温，也有一些大型储备性冻藏库采用–20℃库温，以保证长时期储存的肉类产品的质量。表4-3为冻结肉冻藏温度和时间。

表4-3　冻结肉冻藏温度和时间

品名	温度（℃）	冷藏时间（月）	品名	温度（℃）	冷藏时间（月）
牛肉	–12	5～8	羊肉	–12	3～6
牛肉	–15	6～9	羊肉	–18	8～10
牛肉	–18	8～12	羊肉	–23	6～10
小牛肉	–18	6～8	猪肉	–12	2～3
肉酱	–12	5～8	猪肉	–18	4～6
肉酱	–18	8～12	猪肉	–23	8～12

对生产性冷库来说，冻结肉进入冻藏库时，其中心温度在–15℃以下；而对于分配性冷库来说，由于冻肉经长途运输，因此肉温有所上升，但它们也应在–8℃以下进库，如果高于–8℃，即说明冻结肉已经开始软化，必须进行复冻后才能进入冻藏库储存。

冻藏库的温度应保持稳定，如果温差过大，会造成肉胴体组织内冻晶体融化和再结晶，增加干耗损失和加速脂肪酸败。

冻藏库的空气相对湿度要求越高越好，并且保持稳定，以尽量减少水分蒸发。一般要求空气相对湿度保持在95%～98%，其变动范围不能超过±5%。

冻藏库的空气只允许有微弱的自然循环。如采用微风速冷风机，其风速亦应控制在0.25m/s 以下。不能采用强烈吹风循环，以免增大冻结肉的干耗。

为延长冻结肉的储藏期限并保持肉品的原有风味，可采用更低的冻藏温度，即冻藏间的温度由原来的 –18 ～ –20℃下降为 –28 ～ –30℃。

5. 肉在冻藏中的变化

（1）干耗

是肉在冻藏中水分散失的结果。干耗不但使肉在重量上损失，而且影响肉的质量，促进表层氧化的发生。干耗的程度与空气条件有关，空气温度高、流速快可加大干耗。肉类冻藏中的干耗率见表 4-4。

表 4-4　肉类冻藏中的干耗率（%）

冻藏温度（℃） ＼ 冻藏时间（月）	1	2	3	4
–8	0.73	1.24	1.71	2.47
–12	0.45	0.70	0.90	1.22
–18	0.34	0.62	0.80	1.00

温度的波动也会造成干耗的增加，如把肉储藏在恒定的 –18℃条件下，每月水分损失0.39%；如温度波动在 ±3℃，则每月水分损失为 0.56%。

包装能减少 4% ～ 20% 的干耗。这取决于包装材料和包装质量。包装材料与肉之间有空隙时，干耗会增加。

（2）冰结晶的变化

指冰结晶的数量、大小、形态的变化。在冰结晶中，水分以固态冰、液态水、气态的水蒸气 3 种相态存在。液态水的水蒸气压大于固态冰的水蒸气压，小冰晶的水蒸气压大于大冰晶的水蒸气压，由于上述水蒸气压差的存在，水蒸气从液态移向固态冰，小冰晶表面的水蒸气移向大冰晶表面，结果导致液态水和小冰晶消失，大冰晶逐渐长大，肉中冰晶数量减少。这些变化会增强冰晶对肉品组织的机械损伤作用。温度升高或波动都会促进冰晶的变化。

（3）变色

冻藏过程中肉的色泽会逐渐褐变，主要是肌红蛋白氧化成高铁肌红蛋白的结果。温度在氧化上起主要作用，在温度 –15 ～ –5℃时的氧化速度是 –18℃时的 4 ～ 6 倍。光照也能促使褐变而缩短冻藏期。脂肪氧化发黄也是变色的主要原因之一。

（4）微生物和酶

病原性微生物代谢活动在温度下降到 3℃时停止，当温度下降到 –10℃以下时，大多数细菌、酵母菌、霉菌的生长受到抑制。

有报告认为组织蛋白酶的活性经冻结后会增大，若反复进行冻结和解冻时，其活性更大。

（四）冻结肉的解冻

各种冻结肉在食用前或加工前都要进行解冻，从热量交换的角度来说，解冻是冻结的逆过程。由于冻结、冻藏中发生了各种变化，解冻后的肉要恢复到原来的新鲜状态是不可能的，但可以通过控制冻结和解冻条件使其最大程度地恢复到原来的状态。

1. 解冻方法

解冻方法很多，如空气解冻、水解冻和加热解冻等。肉类加工业中主要采用空气解冻法和水解冻法。

（1）空气解冻

又称自然解冻。以热空气作为解冻介质，由于其成本低、操作方便，适合于体积较大的肉类。这种解冻法因其解冻速度慢，肉的表面易变色、干耗、受灰尘和微生物的污染，故控制好解冻条件是保证鲜冻肉质量的关键。一般采用温度 14 ～ 15℃、风速 2m/s、相对湿度 95% ～ 98% 进行解冻。

（2）水解冻

以水作为解冻介质，其解冻速度比相同温度的空气快得多，在流动水中解冻速度更快。一般用水温度为 10℃ 左右。水解冻的缺点是营养物质流失较多，肉色灰白。

（3）加热解冻

通常是将出库的冻肉运至专用的装有蒸汽加热排管的房间内，利用蒸汽加热提高室内空气温度，缩短解冻时间。这种解冻法的缺点是增加了解冻成本，并易造成解冻过程中肉晶汁液流失较多。因此，要求室内空气温度控制在 20℃ 左右，相对湿度 95% ～ 98%，进行适度的空气循环，以保证解冻后肉的品质。

2. 解冻对肉质的影响

解冻是冻结的逆过程，冻结过程中的不利因素，在解冻时也会对肉质产生影响，如冰晶的变化、微生物和酶的作用等。为了保证解冻后的肉品质量，解冻时应满足以下条件：

（1）控制好解冻速度

一般对体积小的肉品，应用快速解冻，这样在细胞内外冰晶几乎同时溶解，水分可被较好地吸收，汁液流失少，肉品质量高；对体积较大的肉胴体，采用低温缓慢解冻，因为大体积的肉胴体在冻结时，冰晶分布不均匀，解冻时融化的冰晶要被细胞吸收需一定的时间。这样可减少汁液的流失，解冻后肉质接近原来状态。如在 −18℃ 下储藏的猪胴体，用快速解冻汁液流失量为 3.05%，慢速解冻时汁液流失量只有 1.23%。

（2）控制好解冻时的环境温度及时间

无论是用作肉制品生产加工的原料，还是用作市场销售的冻肉，解冻时，环境温度不能太高，时间不能太长。有关解冻方法和解冻时间的选择可参考表 4-5。

表 4-5 解冻方法和解冻时间的选择

解冻方法	解冻介质温度（℃）	解冻时间	解冻方法	解冻介质温度（℃）	解冻时间
加压蒸汽	20	2h	空气（静止）	20	15h
真空蒸汽	13	3h50min	空气（静止）	4	38h
水	15	3h26min	超短波		7min45s
加压空气	12	3h45min			

（3）解冻场所、设备器具等均应符合食品卫生要求，避免肉品污染

如一般用流水解冻法，而不要用静止的水；受到污染的肉不要与比较干净的肉放在同一解冻罐内。

三、分割肉的低温保鲜

按照市场销售的规格要求，猪、牛、羊胴体肉均可分割加工成带骨分割肉或剔骨去皮、去脂肪等不同规格的冷却分割肉或冻结分割肉。

我国对猪分割肉基本是采用热分割工艺，即经过屠宰加工后的猪肉胴体经凉肉后被直接送入分割肉车间进行分割加工，其工艺流程见图4-2。

在国际上较多采用冷分割工艺，即将原料肉冷却到4℃后再进行分割。采用这种工艺除了有保证肉品质量的因素外，主要是因为分割肉加工车间与屠宰加工车间不是设在同一地，原料肉需要经过长途运输后才能进行分割加工。但是采用冷分割工艺，劳动生产率明显低于热分割工艺。

图4-2　猪分割肉加工工艺流程

（一）冷却分割肉

冷却分割肉生产是将经分割加工后的分割肉送入冷却间进行冷却，冷却间内装有干式冷风机和可移动的货架。冷却间温度一般要求控制在0～4℃，也可调整为0～2℃。经过24h左右冷却，分割肉温度冷却至4℃左右即可进行包装。包装采用透明的塑料薄膜。经包装后的分割肉放入专用的托盘内，由专用车辆运到设有冷藏陈列货柜的超市销售。

（二）冻结分割肉

冻结分割肉的生产是将经过冷却的分割肉，按照规格进行整形包装后，装入纸箱或专用的金属冻盘内送入冻结间进行冻结。分割肉的冻结间大都采用格架式蒸发器加鼓风装置，也有在强烈吹风冻结间内装有移动货架或吊笼进行冻结的，或者选择卧式平板冻结器进行冻结。冻结间的温度同胴体冻结间温度，肉品温度要求为-15℃。采用纸箱包装的分割肉冻结时间较长，一般为72h。目前国内不少肉类加工企业为了缩短冻结时间，采用先装入金属冻盘内进行冻结，冻结完成后再脱盘装入纸箱进行冻藏的方法，冻结时间可缩短1/3以上。采用平板冻结器冻结的时间更短，一般在6h左右即可完成冻结。

四、肉类副产品的低温保鲜

家畜经过屠宰加工处理后，除肉胴体外，副产品占有很大的比重。

可食用的副产品大部分营养价值较高，蛋白质和脂肪含量几乎与肉类相等。

家畜的副产品和肉类同样易于变质腐败，需要及时进行冷加工，否则就会变质腐败，失去原有的营养价值。特别是各种内分泌腺体，如果在短时间内不进行加工处理，其中所含的有效成分即被破坏而失去使用价值。

（一）副产品的冷却保鲜

食用副产品的冷却是按不同家畜、不用品种分别装在金属盘内，或平摊在格架上的不锈钢薄板上进行。如放在金属盘内冷却，盘内副产品的厚度不宜超过 100mm。肾、心、脑、舌在盘内只能放置一层，且不能过于紧密。体积比较大的副产品，如胃、头等，可采用挂钩吊挂冷却。

副产品的冷却应放置在专门的冷却间中。冷却间内安装落地或吊顶式冷风机，如装有吊轨，则应设有多层活动吊笼。如无吊轨，则应设可移动格架。

副产品冷却时，对空气温度、相对湿度和空气流动速度的要求与肉类冷却相同，冷却时间不应超过 24h。

经冷却的副产品只能作较短时间的储存（一般 3～5d）。如需长期储存，必须立即进行冻结，进行低温储藏。

（二）副产品的冻结保鲜

经冷却后的副产品进行包装整形，装入纸箱送冻结间进行冻结。

有些肉类加工企业，将副产品不经冷却而直接装入金属盘内送冻结间进行冻结。采用此法所用的金属盘深度不能太深，冻品厚度不宜超过 150mm，且要求在 24h 内冻结完毕。

副产品的冻结大部分采用在格架式蒸发器加鼓风的冻结间内进行，或者在有强烈吹风移动式货架上或吊笼冻结间内进行。也有采用平板式冻结器进行冻结的，当副产品的中心温度达到 -15℃时即可出库。

经过冻结后的副产品（采用金属冻盘冻结的副产品须脱盘装入专用纸箱）直接送入 -18℃冻藏库中冻藏，在这样的温度条件下，可保存 8 个月左右。

（三）药用原料的副产品的低温保鲜

用作生化制药原料的副产品种类繁多，以生猪为例，主要有猪体内各种分泌腺如松果体、脑下垂体、甲状腺、肾上腺、胰腺、胸腺等；能产生某些分泌物的器官如卵巢、胃黏膜、颌下腺。此外，如大脑、心、肝、气管、血液、胆汁等，都能作制药原料，即使制作肠衣的废液——肠衣浆，也是制造肝素钠的原料。由于某些原料在生猪屠宰加工过程中极易受到破坏，因此要求宰后在最卫生的条件下，迅速地加以采集。在分离内分泌腺体时，要除去附着的脂肪，且不应使器官受到损伤。按不同的品种分别放入经过消毒的不锈钢盘内，立即送入冻结间进行冻结。如不能及时送入冻结间进行冻结，则应暂时放入特别的低温保藏柜中保存。

用作生化制药原料的副产品宜采用快速冻结法，以更好地保全其有效成分。经冻结后，应小心地从盘内取出，经包装后送入 -18℃冻藏库中储藏。

肉类冷加工是肉类生产加工流通消费的一个重要环节，要保证冷藏和冻藏肉的质量，应采用 HACCP 方式进行管理。

五、其他储藏保鲜方法

（一）气调保鲜

气调保鲜是利用调整环境气体成分来延长肉品储藏期和货架期的一种保鲜技术。肉质下降是由自身的生理生化作用和微生物作用的结果，这些作用都与氧气、二氧化碳有关。在引起腐败的微生物中，大多数是好氧性的，因而利用低氧气、高二氧化碳的调节气体体系，可以对肉类进行保鲜。肉类保鲜中常用的气体是氧气、二氧化碳、氮气。

1. 氧气

低氧或无氧可以抑制氧化作用、酶的活性和需氧菌的生长，但会使肌红蛋白失去鲜红的色泽，所以对于不同肉品要用不同的含氧量。

2. 二氧化碳

高浓度的二氧化碳可明显抑制腐败微生物的生长和降低 pH，这种作用随浓度升高而增大。在气调保鲜中发挥抑菌作用的浓度在 20% 以上。

3. 氮气

是一种惰性气体，在气调保鲜中作为一种填充剂，可防止肉的氧化和酸败，对色泽没有影响。

实际生产中很少单独使用某一种气体，一般是混合使用。

气调保鲜的效果与肉的质量、储藏条件（温度）等有关，一般气调储藏均要结合低温进行，效果更好。

（二）电离辐射保鲜

辐射保鲜是利用辐射能量对食品进行杀菌或抑菌，以延长储藏保鲜期。其主要特点如下：

第一，在破坏肉中微生物的同时，不会使肉品明显升温，从而可以最大程度地保持原有的感官特征。

第二，包装后的肉可在不需拆包情况下直接照射处理，节约了材料，避免了再次污染。

第三，辐射后食品不会留下任何残留物。

第四，应用范围广。照射剂量相同的不同尺寸、不同品种的肉品，可放在同一射线处理场内进行辐射处理。

第五，节能，高效，可连续操作，易实现自动化。

1. 辐射工艺辐射工艺流程如下：

（1）前处理

选择品质好、污染小的肉。为了减少辐射中某些成分的损失，可添加一些添加剂，如抗氧化剂等。

（2）包装

辐射可以带包装进行，为了防止在储、运、销环节上发生二次污染，一般采用复合塑料膜包装。

（3）辐射

常用辐射源是 ^{60}CO、^{137}Cs 和电子加速器 3 种。其中 ^{60}CO 放出的 γ 射线穿透力强，设备较简单，操作容易，应用较广泛。为了减少辐射产生的变色和异味，可使辐射在低温（$-80 \sim -30℃$）无氧条件下进行。

2. 辐射对肉品质量的影响

辐射可延长肉的储藏期，但不能钝化肉深层的酶，这些酶在储藏期遇到适合条件可继续活动，其中色泽的变化和异味产生是辐射肉品的主要缺点。鲜肉和腌肉会褐变，风味的变化或异味的产生，与辐射程度和肉的品质有关。如鲜牛肉用 40kGy 照射会产生明显的硫化氢味；用 40 ～ 100kGy 照射，由于含硫残基化合物，使肉有明显的"湿狗毛味"。猪、鸡肉在高剂量下，产生异味较少，羊、鹿肉易产生异味。在低温和无氧条件下辐射可减少异味的产生。蛋白质、氮化合物、氨基酸中产生香味的氨基酸对辐射敏感；脂肪酸经辐射会发生氧化，产生过氧化物。

3. 辐射肉品的安全性经长期和大量的试验，至目前为止尚未发现辐射会产生毒性物和致突变物以及辐射肉品存在残留放射性。只要采用适当剂量，不会引起肉品营养成分和风味的明显变化。

（三）高压保鲜

目前认为高压可使蛋白质变性，酶失活，改善组织结构，杀灭微生物。压力对微生物的杀灭能力依赖于微生物的种类和肉品的组成成分。研究显示，革兰氏阴性菌对压力较阳性菌敏感，酶母的敏感性介于革兰氏阳性、阴性菌之间。一般在 600MPa 压力下，除蜡状芽孢杆菌（B. ceneus）外，都能被杀灭。

（四）化学保鲜

化学保鲜剂主要是各种有机酸及其盐类，它们单独和配合使用对延长肉类储藏期有一定的效果。

1. 醋酸

抑菌作用较弱，但在酸性条件下作用可增强，在 1.5% 的浓度时有明显抑菌作用。在室温下储藏肉品，醋酸要用较高浓度，如醋渍香肠所用醋酸的浓度＞ 3.6%。醋酸和蚁酸、抗坏血酸配合使用，效果更好。用醋酸处理的肉品有醋渍香肠、猪脚等。

2. 丙酸和丙酸盐

可抑制霉菌和一些高度需氧菌。由于丙酸有异味，工业上都用丙酸盐作防霉剂。

3. 山梨酸

是良好的真菌抑制剂，在 pH ＜ 6.0 以下效果好。对霉菌、酵母和好气性微生物有较强抑菌作用，但对厌氧菌、嗜酸乳杆菌几乎无效。鸡、鱼肉用山梨酸盐处理可延长货架期。

4. 乳酸钠

是一种中性物质（pH6.5 ～ 7.5）加入肉中不会明显改变肉的 pH，近年来，被认为是有效的抗微生物剂，可延长肉的储藏期。作用机理目前还不很清楚，一般认为主要是能降低水分活性，能跨过分子膜，使细胞内酸化。

（五）生物保鲜

人类在生产、生活中利用微生物的作用，创造了许多有特色的肉制品。它们的储藏期比原料肉长，而且由于发酵作用，这些产品都具有特殊的芳香味。自古以来，人们就利用酸来储藏肉品。如发酵香肠，它们有较长的储藏期，主要是因为酸化使有害菌被抑制，同时伴有干燥、抗生素和过氧化氢等的协同作用。乳链球菌肽（Nism）在肉储藏上已被许多国家使用。

【知识链接】

> 所谓肉类，一般理解为动物经屠宰后剥皮或者不剥皮的，去头尾、蹄爪和内脏后的胴体部分，而把头尾、蹄爪和内脏统称为副产品，不列入肉的范畴。
>
> 肉的成熟实际上是动物体死亡后体内继续进行着的生命活动作用的结果，它包括一系列的生物化学变化和物理化学变化。这些变化主要有死后僵直、解僵成熟、自溶和腐败四个阶段。
>
> 肉的贮藏保鲜方法很多，有物理贮藏方法（低温、高温、辐射等）和化学贮藏方法（腌制、烟熏、气调、添加化学制剂等）。其中低温贮藏方法是应用最广、效果最好的一种方法。肉类在冻结与冻藏过程中，肉体中的水分冻结成冰，因而会发生各种物理、化学和生物化学的变化。
>
> 肉类产品的贮藏期限不但和贮藏的温、湿度条件有关系，而且还和产品的包装形式有直接的关系。
>
> 禽肉的成熟和腐败过程基本上与畜肉相同。它们的成熟过程所需的时间根据其温度、种类和年龄不同而异。禽肉冷加工前的加工操作程序包括：电麻、宰杀、放血、浸烫、拔毛、燎毛、拉肠和去嗉囊、冲洗、去内脏、卫生检验、造型、分级、包装（或不包装）等。

任务二　肉类的冷链物流管理

一、肉类冷链物流市场

（一）肉及肉食品行业概况

1. 肉类现状

肉类是百姓生活的必需食品，它的发展水平是衡量百姓生活改善程度的一个重要依据。

2. 肉类行业特征

中国肉类行业正处于转型期，资源配置地域性突出，同时大规模的现代生产方式与传统的小生产方式并存，先进的流通方式与落后的流通方式并存，发达的城市市场与分散的农村市场并存。这种经济结构使肉类生产和肉类食品安全管理的难度必然增大，成本提高，矛盾突出如表4-6所示。

表4-6　肉类行业特征

特征	描述
传统产业	三千多年历史，劳动密集型产业，设备简陋，生产简单粗放，产品卫生质量与国际水平相差较远，行业整体技术含量不高，进入壁垒低
产业链长，行业跨度大	涉及种植业、养殖业、饲料加工业、屠宰加工、生化制药及零售贸易等行业

特征	描述
行业集中度低下	行业规模大，中小企业多且分散，企业规模和品牌集中度低，民营企业发展迅速
与农业关联度最强	肉制品加工业与农业相辅相成、相互促进、紧密相关，受到国家产业政策的大力支持和政府关注
与国际市场密切	相关国内肉类产品进出口业务较多，很多肉类加工企业依靠外贸出口。因此，国际肉食市场供需形势及进口政策对国内肉制品行业影响很大

肉类行业属于一个超长持久行业，由于中国人的饮食习惯，在相当长的一个时期内，该行业几乎没有被替代的可能性。一方面，该行业具有的超长久性和超低风险性以及其超大规模的顾客群体，是其他行业所不能比拟的。另一方面，由于长时间处于行业成长期，以及行业的低技术性，使得该行业呈现出低利润率。随着行业逐步加大产品的技术含量和市场细分，加之人民收入水平的不断提高，给技术含量较高及具有较高经济附加值的产品入市提供了机会和可能性。可以预测，在未来 10 年内，肉类加工业将进入一个新的稳定成长期，完成由老成熟行业向新朝阳行业的转换和过渡。

3. 肉类行业的价值链

肉类食品加工领域的利润率主要取决于规模和管理以及产品档次。以肉猪为例，一般新建养殖场规模在 10000 ~ 20000 头，屠宰厂的日宰杀能力在 3000 头左右。目前大型企业经营模式呈现以下特点：

第一，为控制风险、降低成本基本实行了"公司＋基地＋农户"式的产业化经营，2005 年，机械化肉类加工企业自建养殖基地的比例达到 50%。

第二，为提高赢利能力，基本上形成了饲料加工—养殖业—屠宰业—加工业的产业结构。龙头企业有两个发展动向：向深加工迈进，进入生物制药领域；向肉类流通领域渗透，发展冷鲜肉如表 4-7 所示。

表 4-7　肉类行业的价值链

行业	状况
养殖业	受饲料价格波动及农户自养家畜量影响。如果未发生疫情，总体上净利润在 1% ~ 2%，如果能够自主生产饲料，利润可能达到 3% ~ 5%
屠宰业	主要靠收取加工费用营利，受上下游价格波动影响较小。如果对屠宰后的动物脏器进行综合开发利用，一般净利润率可以达到加工费用的 15% ~ 40%
加工业	加工业受下游价格影响较大，一般冷冻肉利润率在 3% ~ 8%，冷鲜肉利润率在 15% ~ 20%，一般出口利润率同比高于内销利润率
零售业	"流通为王"，终端零售业具有自主定价权，通过调整价格把成本压力转嫁给厂家和消费者，将利润率保持在 10% ~ 20% 的水平

4. 行业分布

随着产业链条的延伸，种植业—粮食加工业—养殖业—屠宰业—肉加工业的发展模式已经形成。养殖业向种植业基地集中已经成为全球肉类行业的发展趋势。中国肉类食品行业已进入了结构调整、资源整合的转折期，以双汇、金锣、雨润等为龙头企业的竞争格局初步形成。

（1）猪肉领域

猪肉产区主要分布在"北三强"（山东、河南、河北）和"南三强"（四川、湖南、广东），六省猪肉产量占据中国猪肉总产量的47%。值得注意的是上述三家企业合计销售收入约占全国肉类加工业销售总收入的20%，但屠宰数量占全国比例合计仅为3%，因此三年内猪肉行业将呈现大规模并购整合的发展态势。

（2）牛肉领域

牛肉产区集中在河南、山东、河北、吉林、安徽等北方五省，五省牛肉产量占据中国牛肉产量的53%。目前，牛肉加工行业尚未形成有绝对竞争优势的领导者，作为行业领导者的长春皓月和内蒙古科尔沁已经建立了现代化的生产线，设计年产加工能力分别为20万头牛和10万头牛，预计2005年实际加工量分别为10万头牛和5万头牛。中粮集团、伊利乳业等食品巨头也开始投资牛肉行业。

（3）禽肉领域

中国家禽养殖业主要分布在山东、辽宁、吉林、天津、黑龙江、河北等北方省市。其中山东为最大产地之一，约占中国年出口鸡肉总量的1/2。目前初步形成福建圣农、吉林德大、山东诸城外贸为龙头的企业。

总体上，中国肉类食品行业已进入了结构调整、资源整合的转折期。由于区域经济发展的不平衡，各地在禽畜良种率、消费习惯、技术水平方面差异很大，在一些畜禽养殖加工水平相对落后的省份，仍有一定的发展机会。总体上，猪肉行业竞争格局已经形成，开始短兵相接；禽业竞争格局开始显现，但尚无企业形成中国性的产销网络；牛、羊肉业竞争格局尚未形成，正处于快速成长阶段。

（二）肉类行业的发展趋势

1. 肉类消费趋势

近几年，中国肉类消费发生了明显的结构变化，呈现了从冷冻肉到热鲜肉，再从热鲜肉到冷鲜肉的发展趋势，形成了"热鲜肉广天下，冷冻肉争天下，冷鲜肉甲天下"的格局。同时，因消费市场的变化，也带动了中国肉类加工业的顺势变化。我们相信随着消费者对食品安全和质量的重视，我国猪肉行业存在着由低温肉制品和冷鲜肉取代传统生鲜肉的巨大的消费升级机会。此外，我国不同收入城镇居民和城乡人均猪肉消费量存在差距，未来低收入人群和农村人口人均收入提高推动的需求增长也是行业增长机会所在。

（1）冷鲜肉是生肉消费的发展方向

中国少数大型肉类加工企业，如双汇、金锣等已经开设肉类连锁店，大批量生产销售冷鲜肉，冷鲜肉经济、实惠、方便，深受消费者的欢迎，有放心肉之称，市场反应强烈，发展势头迅猛，必将成为21世纪中国生肉消费的主流和必然的发展趋势。其中，热鲜肉、冷冻肉和冷鲜肉是生肉消费的三种形态如表4-8所示。

表4-8 生肉消费的形态

产品	特点
冷鲜肉	营养、卫生、安全、鲜嫩，有适当的保质期
热鲜肉	不卫生、细菌容易繁殖、肉质下降，保质期很短
冷冻肉	肉汁和营养流失、嫩度和鲜度降低，但保质期较长

（2）低温肉制品方兴未艾

肉制品生产由于加热杀菌温度不同，可分为高温肉制品和低温肉制品。高温肉制品一般指高温高压加工的肉制品，加热杀菌温度在115℃以上，如铁听罐头、铝箔软包装肉制品、耐高温收缩薄膜（PVDC）包装灌制的火腿肠等。这种高温肉制品的肉蛋白质过度变性，部分营养损失，肉纤维弹性变差；肉质太烂不结实，伴有过熟味，失去固有的风味，但货架期长，保质期更长达4个月以上。

低温肉制品是指在常压下通过蒸、煮、熏、烤加工过程，使肉制品的中心温度达到75℃～85℃，通过杀菌处理加工而成的肉类制品。产品具有鲜嫩、脆软、可口、风味极佳的特点。在加工中，肉蛋白质适度变性，基本保持原有弹性，肉质结实有咀嚼感，最大限度地保持原有营养和固有的风味，在品质上明显优于高温肉制品，但货架期短，保质期数天至十多天，不便长途运输和保存。低温肉制品因其加工技术先进，科技含量高，营养损失少，产品风味特殊，色泽鲜亮，现已风靡欧美市场，成为世界性的产品。低温肉制品在中国迅速发展起来，销售额不断扩大，尤其在北京、上海、南京等大城市，销售更为火爆。

从目前来看，中国高温肉制品的市场份额大大高于低温肉制品，但从长远来看，随着人们认识和生活水平的提高，高温肉制品的市场会逐渐缩小，低温肉制品将会对肉制品市场形成更大的冲击，并从根本上改变肉类产品结构和人们的消费习惯，低温肉制品将会成为中国肉制品未来发展的主要趋势。

（3）西式肉制品发展势头强劲

西式肉制品以其鲜嫩、营养、方便、卫生为特色，正被越来越多的中国人所接受，占了半壁江山，其产量还有不断增长的趋势，未来的发展空间还很大。为不断开辟肉制品加工新领域，迎合中国人的口味，将中式肉制品丰富多变的风味融于西式肉制品中将是一个发展方向。

（4）传统肉制品逐步走向现代化

中国传统肉制品历史悠久，品种丰富多彩，色、香、味、形俱佳，深受广大消费者的欢迎。自20世纪80年代以来，一些肉类科技工作者，自发地开始用西式肉制品的研究方法、观点、技术、材料和仪器来研究中式肉制品，并取得了一些成绩。近几年，中式肉制品正由传统的作坊制作向现代工厂化生产迈进，在保鲜、保质、包装、储运等方面获得突破，"老字号"重新焕发出新的生命力。

（5）牛、羊、禽类肉制品消费增加

在肉类生产结构中，牛、羊、禽类肉由20世纪80年代中期的15%上升到目前的35%。牛、羊、禽类肉低脂肪、高蛋白，不仅是优质的肉类产品，而且是清真肉制品的主要原料。与猪肉行业比较，牛羊禽类行业刚刚进入快速成长阶段，行业销售收入年增速在 8% 以上，产业离散度高，尚未形成有绝对竞争优势的龙头企业。中国的牛、羊、禽类肉行业因其有着巨大的成长空间和良好的市场前景，显示出很强的投资吸引力。

（6）开发新型肉类保鲜技术

为了延长肉类的货架期和保质期，保证产品质量，研究生肉和低温肉制品的保鲜技术，是肉类生产中迫切需要解决的课题，具有现实意义。国外应用新型烹饪保鲜技术、辐射技术、微波技术、高压脉冲技术、高压技术、超声波技术和新包装技术保存肉类食品已取得一定进展。中国学者应用乳酸链球菌素、壳聚糖、茶多酚、甘露聚糖、海藻糖、溶菌酶、有机酸等保存肉类食品一直处于研究阶段，一旦获得突破，将会开创肉类保鲜技术的新领域。

2. 行业发展趋势

中国改革开放后二十多年的经济增长，引起食物消费和食物结构的变化，其最大特征就是肉类产品消费增加。参照发达国家的肉类行业发展轨迹，中国的恩格尔系数降到 30% 以前，肉类行业都将处于稳定增长阶段。过去的 10 年肉类产品年产量平均递增 6.7%。行业从市场中得出的结论是：20 世纪 80 年代有产品就有市场，90 年代有广告就有市场，21 世纪有信用、有品牌才有市场。在未来的 3 ~ 5 年，肉类行业将呈现以下发展趋势：

第一，国内市场需求变化将带动肉类食品行业加快结构调整和产品优化，单一肉类品种主导市场的格局将被多样化混合肉类品种所替代。猪肉消费会保持绝对量的增长、相对比重的下降；牛肉、禽肉消费的相对比重将持续快速上升。目前居民肉食消费以购买热鲜肉为主，冷鲜肉和各类肉制品所占比重较小。随着人民生活水平提高引起的消费习惯变化，各种精深加工的分部位冷鲜肉、小包装肉、半成品肉、冷冻肉、熟肉制品以及以肉类为原料的方便食品、功能性食品、休闲食品和旅游食品的消费将明显上升。

第二，对肉类消费安全日益重视，有利于加快形成肉类食品卫生质量保障体系。目前肉类市场竞争中，质量及消费安全问题已摆上重要位置，国内消费者对肉类食品的需求也进一步从量的满足转向质的提高，尤其是注重肉产品的卫生质量，以金锣保鲜肉为代表的品牌冷鲜肉渐成新宠。

第三，高新技术和先进营销方式的应用，为肉类食品行业的发展提供了有力的支撑。各种高新技术应用的重点主要集中在食品的安全、卫生、方便、降低成本和保护环境等方面。肉类流通已基本实现了"冷链"化，采用配送、连锁超市、肉类专卖店等现代化方式经营。这些先进技术和营销方式，对国内肉类食品行业的产业升级将发挥积极的促进作用。

第四，市场体系和企业组织体制的日趋完善，将为肉类食品行业的发展创造更为规范的市场环境和竞争格局。加入世贸组织，我国肉类食品行业对外开放的程度将进一步扩大。国外资金、先进技术及管理经验的引进和利用，有助于我国肉类行业与国际水平、国际市场接轨。但我国肉类产业结构总体起步较低，大量产品品种以内需型为主，市场体系不够完善，在相当程度上制约着肉类产品有效参与国际市场竞争。在国际化竞争形势下，肉类食品行业必须提高加工水平，增加产品科技含量，确保产品符合安全优质的要求，以应对未来的市场竞争。

第五，在数量持续增长的同时，质量的提高和品种多元化正在成为肉类发展的主方向，制约肉类供给的时代已经成为历史，消费者选择占主导地位的买方市场已初步形成并有迅猛发展的势头。然而，由于后续深加工落后，国内肉食初级加工产品多，精深加工产品少，品种单一，品质欠佳。这些情况从反面说明了中国的肉类市场还没有完全进入成熟期，蕴藏无限发展潜力。

二、肉类冷链物流原理

（一）肉的分类及化学成分

1. 肉的分类

肉的分类方法很多，从肉的冷藏保鲜程度可以分成热鲜肉、冷却分割肉和冻结分割肉三大类，这三类肉在整个物流操作过程中，有不同的方法和要求。

（1）热鲜肉

热鲜肉即畜禽等刚宰杀后得到的肉。刚宰杀放血的牲畜在随即发生的死后僵直过程中会产生一定的热量，导致肉温比活畜体温略有升高，如刚屠宰的猪肉温度为41℃～42℃，尔后慢慢降至常温。此时上市的热鲜肉为微生物的生长繁殖提供了适宜的温度，加之畜禽肉含有丰富的营养物质和较高的水分活度，会导致腐败菌和致病菌在其上的过度繁殖，就埋伏下食物中毒的隐患。而且热鲜肉尚未经历成熟阶段，食用时嫩度差。

（2）冷却分割肉

冷却分割肉的消费在国际上较为普遍。随着我国人民生活水平的提高，近几年冷却分割小包装肉的消费需求不断上升。冷却分割肉生产是将经分割加工后的分割肉送入冷却间进行冷却，冷却间内装有干式冷风机和可移动的货架。冷却间温度一般要求控制在0℃～4℃，也可调整为0℃～2℃经过20h左右冷却，肉体温度冷却至4℃左右即可进行包装。包装采用透明的塑料薄膜。经包装后的分割肉放入专用的托盘内由专用车辆运至设有冷藏陈列货柜的食品超市销售。

（3）冻结分割肉

需要长期储存和出口、远销的分割肉采用低温冻结的方式进行加工。冻结分割肉的生产是将经过冷却的分割肉按照规格进行整形包装后装入纸箱或专用的金属冻盘内送入冻结间进行冻结。分割肉的冻结间大都采用格架式蒸发器加鼓风装置，也有在强烈吹风冻结间内装有移动货架或吊笼进行冻结的，或者选择卧式平板冻结器进行冻结。冻结间的温度同胴体冻结间温度，肉品温度要求为 –15℃。采用纸箱包装的分割肉冻结时间较长，一般为72h，目前国内不少肉类加工企业为了缩短冻结时间，采用先装入金属冻盘内进行冻结，冻结完成后再脱盘装入纸箱进行冻藏的方式。

图 4-3

2. 肉的化学成分

无论何种动物的肉，其化学组成都包括水、蛋白质、脂肪、矿物质（灰分）和少量的碳水化合物。这些物质的含量，因动物的种类、品种、性别、年龄、个体、畜体部位以及营养状况而异。

（二）肉在物流过程中的变化

肉类在物流过程中，会发生以下几种变化，掌握这些变化的原理，对于我们进行肉类物流操作和管理有重要意义。

1. 肉的成熟

肉的成熟是在细胞酶的催化下进行的。肉中糖原含量与成熟过程有密切关系。宰前休息不足或过于疲劳的牲畜，由于肌肉糖原消耗多，成熟过程将延缓甚至不出现，从而影响肉的品质。此外，肉的成熟速度和程度也受环境因素的影响。成熟进行的速度与温度关系最大。但是用提高温度的办法促进肉的成熟是危险的，因为不适宜的温度也可促进微生物的繁殖。故一般采用低温成熟的方法，温度0℃～2℃，相对湿度为86%～92%，空气流速为0.15m/s～0.5m/s，完成时间三周左右。从开始到第10天左右约96%成熟，因此，10天以后商品的价值高。在3℃的条件下，小牛肉和羊肉的成熟时间分别为3天和7天。因为晾肉间温、湿度条件大体符合上述要求，故生产实践中多将晾肉过程和成熟过程放在一起进行。成熟的肉表面形成一层干燥膜，有阻止微生物侵入内部的作用。

2. 肉的自溶

肉在成熟过程中，由于肉的保藏不适当，如未经冷却即行冷藏，或者相互堆叠无散热条件，使肉长时间保持较高温度，此时即使组织内部没有细菌存在，也会引起组织自体分解，这种现象的出现，主要是组织蛋白酶类催化作用的结果。当肉因自溶作用已发展到具有强烈的难闻气味并严重发黑时，则不宜销售，必须经过高温或技术加工后方可食用。如轻度变色、变味，则可将肉切成小块，置于通风处，驱散其不良气味，割掉变色的部分后，才供食用。

3. 肉的腐败

肉在成熟和自溶阶段的分解产物，为腐败微生物的生长、繁殖提供了良好的营养物质，随着时间的转移，微生物大量繁殖的结果，必然导致肉更加旺盛和复杂的分解过程。这就是由微生物作用所引起的腐败过程。腐败过程被认为是变质中最严重的形式。肉类腐败的原因虽然不是单一的，但主要是微生物造成的。因此，只有被微生物污染，并且有微生物发育繁殖的条件，腐败过程才能发展。从解体直到销售要经过许多环节，肉的接触相当广泛，所以，即使设备非常完善、卫生制度相当严格的屠宰场（厂），也不可能保证肉的表面绝对无菌。加工、运输、保藏以至供销的卫生条件越差，细菌污染就越严重，耐藏性就越差。

4. 肉的失重

肉的失重是在一定的条件下，经过一定的时间，由于血液滴出、水分蒸发、肉汁渗出、肌肉收缩等原因造成的质量减轻。

三、肉类冷链操作

（一）肉类包装

肉类的包装主要分为内包装和外包装（运输包装）。其中运输包装主要采用纸箱、编织袋和塑料周转箱等。下面具体介绍不同肉类的小包装。

1. 鲜肉的包装

现在鲜肉通常预包装零售。鲜肉主要有真空包装和调节气体包装。

真空包装是将鲜肉包装中的氧气脱除，与有氧气进入的包装相比有较长的保存期，抑制微生物引起的变质，但肉的颜色变得较暗并略呈紫红色。打开包装时，肉的表面重新获得氧气，颜色重新转化为氧合肌红蛋白的鲜红色。暗紫色通常不易被消费者接受，但是批发商却对这种包装形式很欢迎，密封并耐损坏的包装袋用于运输预先分割的脱骨肉和带骨肉。

调节气体包装是将鲜肉包装在初始二氧化碳含量高的密封袋中，具有微生物学方面的优点。二氧化碳抑制了腐败菌的生长由此延长了货架期。但高二氧化碳的浓度虽然降低了氧气的浓度，同时也会使颜色遭受损失。大约 20% 的二氧化碳比例是较折中的应用，尤其是对于那些将保持在低温下的产品。

2. 冻结分割肉的包装

冻结分割肉是将需要长期储存和出口、远销的分割肉经整形、包装后装箱（盘）低温（－25℃）冻结。低温储藏能抑制微生物的生命活动，延缓组织酶、氧以及光和热的作用，可以较长时间保持肉的品质。货架期能达到 4 个月以上。可采用可封性复合材料如: PET（聚酯薄膜）/PE（聚乙烯）/AL（铝箔）等真空包装或充气包装材料，但大多数厂家由于经济原因，往往只采用单层聚乙烯薄膜。

3. 冷却分割肉的包装

裸露或仅简单包装的鲜肉，细菌生长非常快。4℃条件下，细菌一天繁殖 2 倍，16℃时繁殖 15 倍，21℃时繁殖 700 倍，27℃时繁殖 3000 倍。因此，常温下肉的货架期只有半天，冷藏也只有 2 ～ 3 天。冷却分割肉是将经分割加工后的肉经过 20h 左右，将肉体温度冷却至 4℃左右进行包装，严格控制了微生物的繁殖。包装后由冷藏车辆运至没有冷藏陈列货柜的食品超市销售。包装一般采用无毒、耐寒、柔韧性好，透明度高的塑料薄膜，以便于消费者看清生肉的本色。

充气包装所用气体主要为氮气和二氧化碳。能保持肉的氧合肌红蛋白颜色为鲜红，PA/EVOH/PE 可热成型、挺度好、阻隔性高，适用于气调包装，PA/EVOH/PE 阻隔性高，适用于真空包装。气调包装的货架期猪肉大约 14 天。真空包装的货架期猪肉 30 天左右，牛肉 80 天左右。

4. 西式低温肉制品的包装

西式低温肉制品往往是在无菌室内进行切片后进行真空包装，使包装袋内的食品与外界隔绝。抽真空后可以造成缺氧环境，并使乳酸菌和厌氧菌增殖，降低 pH 值，抑制酶活性和腐败性微生物的生长，减缓肉中脂肪的氧化速度，延长产品的储存期。对真空包装材料，要求其有良好的阻气性、水蒸气阻隔性、香味阻隔性和遮光性，大都采用三层以上材料复合而成。如复合包装袋 PET/EVOH/PE 的阻隔性高，适用于火腿真空包装；OPA/ALU/PE 袋适于巴氏消毒；PET/ALU/PET/PE 袋适用于熟火腿的消毒等。

（二）肉类的储藏

冻肉的目的是作较长期的保存。经过冻结的肉，其色泽、香味都不如鲜肉或冷却肉，但是，它能较长期保存，所以仍被世界各国广泛采用。

1. 肉的仓储条件

依据肉类在冻藏期间蛋白质、脂肪和肉汁的损失情况来看，冻藏温度不宜高于-15℃，应在-18℃左右，并应恒定，相对湿度以95%～100%为佳，空气以自然循环为宜。

我国目前冻藏库内的温度为-20℃～-18℃，在此温度下，微生物的生长几乎完全停止，肉类表面水分的蒸发量也较小，肉体内部的生化变化极大地受到抑制，故肉类的保存性和营养价值较高，制冷设备的运转费也比较经济。为了使冻藏品能长期保持新鲜度，近年来国际上生产型低温冷库的储存温度都趋向于-30℃～-25℃的低温。依据著名的T.T.T理论，即时间（Time）、温度（Temperature）、耐藏性或允许变质量（Tolerance），储存温度越低，品质变化越小，储存期越长。

2. 肉类冷藏库管理

冷藏库的温度应保持在-18℃以下，温度波动范围控制在2℃以内。配备温度显示装置和自动温度记录装置并定期检查。

库内保持清洁卫生、无异味，定期消毒，有防霉、防鼠、防虫设施。库内不得存放有碍卫生的物品，同一库内不得存放可能造成相互污染或者串味的食品。

未冻结过的产品不可放入冷藏库降温，防止降低冷藏库的冷藏能力，避免引起库内其他已冻结食品的温度波动。

库内食品与地面距离至少15cm，与墙壁距离至少30cm，堆码高度适宜，并分垛存放，标志清楚。

食品进入冷藏库和从冷藏库内取出、装载及卸货应自动化，尽量缩短作业时间。装载及卸货场所的温度应加以控制，维持在10℃以下的低温。

除霜作业期间，食品会不可避免地产生回温现象。一旦除霜结束后，应在1h内使品温降低到-18℃以下；或者进行除霜前，将产品的品温降到-18℃甚至更低，使产品回温时不至高于-18℃。

（三）肉类的冷藏运输

1. 肉类的运输方式

运输冻肉的运输方式有制冷装置的冷藏汽车、冷藏船、冷藏列车或冷藏集装箱。其中，一些大型的肉类生产基地（肉联厂）一般都采用冷藏铁路运输，但是随着公路运输的发展，目前，越来越多的企业都可以选用冷藏汽车运输，以达到"门到门"和快速运输的服务要求。

2. 运输管理

如果肉在运输中卫生管理不够完善，会受到细菌污染，极大地影响肉的保存性。初期就受到较多污染的肉，即使在0℃的温度条件下，也会出现细菌繁殖。所以，需要长时间进行运输的肉，应注意以下几点：

第一，装卸方法。对于运输的胴体（1/2或1/4胴体），必须用防腐支架装置，以悬挂式运输，其高度以鲜肉不接触车厢底为宜。分割肉应避免高层垛起，最好库内有货架或使用集装箱，并且留有一定空间，以便于冷气顺畅流通。堆码要求紧密，不仅可以提高运输工具容积的利用率，而且可以减少与空气的接触面，降低能耗。运输车、船的装卸尽可能使用机械，装运应简便快速，尽量缩短交运时间。

第二，运输车、船的内表面以及可能与肉品接触的部分必须用防腐材料制成，从而避免改变肉品的理化特性或危害人体健康。内表面必须光滑，易于清洗和消毒。

第三，运输车、船的装卸尽可能使用机械，装运应简便快速，尽量缩短交运时间。

第四，运输途中，车、船内应保持0℃～5℃的温度，80%～90%的湿度。

第五，配备适当的装置，防止肉品与昆虫、灰尘接触，且要防水。运输车辆在整个运输过程中必须保持一定的温度要求，并且凡是运输肉品的车辆，不得用于运输活的动物或其他可能影响肉品质量或污染肉品的产品，不得同车运输其他产品，即使是头、蹄、胃，如果未经浸烫、剥皮、脱毛，也不得同车运输。肉品不得用不清洁或未经消毒的车辆运输。发货前，必须确定运输车辆及搬运条件是否符合卫生要求，并签发运输检疫证明。

【案例分析】

双汇集团的冷链物流

1. 双汇集团介绍

双汇集团是以肉类加工为主的大型食品集团，总部位于河南省漯河市。

双汇集团是跨区域、跨国经营的大型食品集团，在全国12个省市建有现代化的肉类加工基地和配套产业，在31个省市建有200多个销售分公司和现代化的物流配送中心，每天有6000多吨产品通过完善的供应链配送到全国各地。双汇集团在日本、新加坡、韩国、菲律宾等国建立办事机构，开拓海外场，每年进出口贸易额2亿美元。

双汇集团坚持用大工业的思路发展现代肉类工业，先后投资40多亿元，从发达国家引进先进的技术设备3000多台（套），高起点、上规模、高速度、高效益建设工业基地，形成了以屠宰和肉制品加工业为主，养殖业、饲料业、屠宰业、肉制品加工业、化工包装、彩色印刷、物流配送、商业外贸等主业突出、行业配套的产业群。

2. 双汇物流

双汇物流投资有限公司（以下简称双汇物流）是双汇集团下属的从事物流管理和物流业务的专业化冷藏物流公司，总部设在河南省漯河市。

（1）服务项目

双汇物流公司为企业提供仓储、配送、运输一体化的物流服务。

以陆路为主的专业食品冷藏物流公司。

批量货物仓储、大宗物资的长途运输、多点卸货的区域配送。方便快捷的零担快递、灵活多样的货物中转。

车辆维修与保养。

（2）双汇物流资源

国内知名冷藏物流品牌。

多年冷藏物流经验的团队。

固定资产总额1.6亿元。

8条铁路专用线，分布在河南漯河、浙江金华、内蒙古集宁、四川绵阳、重庆永川、贵州遵义等地。

公司拥有常温库、配送库 25000m²。

公司在河南、湖北、广东、山东、北京、辽宁、内蒙古设立了独立法人的区域性物流公司。

在广州、郑州、西安、北京、武汉、杭州、无锡、南京、太原、上海、合肥、长沙、南昌等地设有办事处或信息部。

公司拥有冷库 118500t，分布在河南漯河、舞钢、湖北宜昌、广东清远、上海、浙江金华、山东德州、河北唐山、内蒙古集宁、辽宁阜新、四川绵阳、仁寿、南充等全国各地。

公司自有车辆资源雄厚，现自有冷藏运输车辆 350 台，常温运输车辆 158 台。

整合社会冷藏车辆 150 余台，常温车辆 300 余台，常年由双汇物流调度使用。

（3）企业目标

为客户提供优质的物流服务，支持客户的不断发展。

为员工提供满意的工作舞台，推动员工的持续成长。

为股东创造丰厚的投资回报，实现股东的投资价值。为公司建立科学的运作机制，提高公司的市场份额。

（4）公司使命及发展方向

推动冷藏物流业的发展，培养专业的物流人才。视客户为战略伙伴，满足客户的服务期望。

做专业化的现代冷藏物流公司。

（5）成就

双汇物流是双汇集团下属的专业化冷藏物流公司，成立于 2003 年，负责双汇物流在全国各地的投资、物流发展决策、网络建设，公司致力于为企业提供仓储、配送、运输一体化的冷藏物流服务。是目前国内最大的公路冷藏物流企业。

双汇物流作为双汇集团生产、销售市场、双汇连锁店的支持系统，在全力保障生产、销售、商业连锁配送的同时，积极拓展物流服务领域。目前，已与许多国内外知名企业如快餐业、冷饮业、医药业等，建立了良好的战略合作伙伴关系，双汇物流以其庞大的运输、配送、仓储规模，科学的运营机制，优秀的服务业绩，得到了国内外高端冷藏客户的认可；同时，提升了双汇集团、双汇物流的品牌形象。

本章练习

一、单项选择题

1. 肉类冷却的短期贮藏保鲜的常用温度是（　　　　）。

A. −18℃以下　　　　B. 0～4℃　　　　C. 10～15℃　　　　D. 30～45℃

2．要将鲜猪肉保藏 4～6 个月，其最好的贮藏方法是（　　）。

A．真空包装贮藏　　　　　　　　　B．辐射保藏法

C．–1～0℃的冷藏法　　　　　　　D．–23～–18℃的冻藏法

3．在冻结和冻藏期间，肉类要发生一系列影响到肉的品质的物理变化，这些变化是（　　）。

A．肌肉中的水由液态变成固态的冰，导致肉的体积加大

B．在冻藏期间，由于水分蒸发而导致肉的体积减小

C．在冻藏期间，由于肉表层水分升华，形成许多细微孔隙而发生肉的冻结烧

D．对于未包装的肉，在冻结、冻藏和解冻期间会发生干耗

E．在冻藏期间，因贮藏温度波动，肌肉中的大冰晶变得更大、小冰晶变得更小的重结晶现象。

二、多项选择题

1．冷鲜肉的特点有（　　）。

A．安全系数高　　　　B．营养价值高　　　　C．感官舒适性高　　　　D．利用价值高

2．肉类冷藏办法有（　　）。

A．空气冷藏　　　　　B．冰冷藏法　　　　　C．低温贮藏　　　　　D．冷冻保存

3．肉在冻结和冻藏期间的变化有（　　）。

A．容积增加　　　　　B．冻结烧　　　　　　C．重结晶　　　　　　D．蛋白质变性

4．解冻的方法有（　　）。

A．空气解冻法　　　　B．水解冻法　　　　　C．常温解冻法　　　　D．暴晒解冻法

5．生鲜肉类气调包装有（　　）。

A．红肉包装　　　　　B．白肉包装　　　　　C．防腐包装　　　　　D．保鲜包装

6．冷冻肉的包装有（　　）。

A．铝箔　　　　　　　　　　　　　　B．塑胶膜复合材料

C．收缩袋　　　　　　　　　　　　　D．拉伸膜

7．肉类鲜度管理措施包括（　　）。

A．温度管理法　　　　　　　　　　　B．冷盐水处理法

C．减少细菌源法　　　　　　　　　　D．避免交叉感染法

三、简答题

1．影响肉色变化的因素有哪些？

2．简述冷却肉生产的基本原则、冷却条件控制的一般原则。

3．简述冷却肉在贮藏期间的变化。

4．简述肉在冻结和冻藏期间的变化。

5．肉类速冻前要进行哪些预处理？

6．肉类的冻结的方法有哪些？

7．肉类速冻常用哪些设备？

项目五　禽蛋类的冷链仓储管理

任务导入

　　禽蛋类的储藏、运输、销售都需要冷链，禽蛋类在储藏和运输过程中对温度也有严格的要求，为了确保禽蛋从生产源头安全地送达到消费者的手中，冷链物流在整个链条中扮演者重要的角色，如果这些产品在分销渠道没有严格的冷链环境，流通环节产生了"断链"，将会导致产品在冷链物流环节产生较大损失。

学习大纲

1. 了解禽蛋类产品的冷却与微冻保鲜方法。
2. 了解鲜蛋的腐败变质过程。
3. 掌握禽蛋类进行冷藏入库前要做好哪些准备工作。

任务一　禽蛋类的贮藏保鲜技术

　　禽蛋的品种很多，常见的有鸡蛋、鸭蛋、鹅蛋、鹌鹑蛋、鸽蛋以及近年发展起来的鸵鸟蛋等。

　　禽蛋都是高营养食品，但储藏不当，往往容易发生腐败变质。此外，家禽产蛋具有季节性，旺季市场供应有余，价格下跌；淡季市场供应不足，价格上涨。采用适当的保鲜技术储藏禽蛋，对调节市场余缺有重要作用，对经营者也能获得良好的经济效益。

一、鲜蛋的变质和质量鉴定

（一）鲜蛋的腐败变质

　　鲜蛋储藏过程中，在微生物的作用下会腐败变质。由于禽类的生殖道和泄殖腔等处沙门氏菌的带菌率较高，因此，蛋壳的表面易受沙门氏菌的污染。蛋壳的表面也可带染其他微生物（细菌、霉菌等），可通过蛋壳表面的毛细孔侵入蛋内。这些细菌主要来自泄殖腔。

蛋内被微生物污染的途径主要有两条：一是不健康的禽，在蛋未排出禽体前经蛋壳进入蛋内；二是蛋壳上的粪便、泥土中的细菌由气孔侵入。另一方面，蛋刚产下来时，由于蛋温自然冷却，使蛋的内容物收缩，蛋内需要抽吸空气，微生物即随空气经气孔侵入蛋内。因此，一般鲜蛋中均带有细菌。

蛋内还含有各种酶，在长期储藏过程中会因酶的作用而使其分解，逐渐趋于腐败变质。蛋黄中的细菌多于蛋白中的，这是因为蛋白中含有溶菌酶，它具有杀菌的作用。当蛋黄与蛋白混合（散黄蛋）或蛋的鲜度下降时，溶菌酶失去作用，这时蛋内微生物就可大量繁殖而加速蛋的腐败形成酸败蛋。另一种情况是，霉菌在靠近气室部分进入蛋中，并聚集在蛋壳内壁和蛋白膜上生长繁殖，菌丝穿过膜层进入蛋内，形成大小不同的菌点、菌斑并产生霉味，形成了霉蛋。

图 5-1

蛋在腐败变质过程中能产生对人体有毒的物质，如腐毒碱等，因此食用腐败变质的蛋会发生中毒。

（二）鲜蛋质量的鉴定

鲜蛋在储藏之前必须逐只进行质量检查，因为入库冷藏的蛋愈新鲜、蛋壳愈整洁，其耐藏性愈好。新鲜度的鉴定方法，常用的有感官鉴定法和光照鉴定法。必要时，还可进行理化和微生物学检验。

1. 感官鉴定

主要是凭检验人员的技术经验，通过眼看、耳听、手摸、鼻嗅等方法，从外观来鉴别蛋的质量。

（1）肉眼鉴定

分为外观鉴定和打蛋鉴定两种。外观鉴定主要是用肉眼鉴别蛋的形状、清洁和完整程度。新鲜蛋的外壳应坚固，无裂纹及略窝，并比较毛糙，附有一层白霜。如蛋壳已呈灰暗色或表面失去白霜而带有光泽时，即已有变质象征或已腐败。如蛋壳上有灰黑斑点、斑块、霉点或大理石纹状时，则为陈蛋，不宜长期冷藏。

（2）听觉鉴定

通常有敲击法和振摇法两种。敲击法，是从敲击蛋壳发出的声音来判定蛋的新鲜程度、有无裂纹、变质及蛋壳的厚薄程度。新鲜蛋敲击时声坚实，清脆似碰击石头；裂纹蛋发声沙哑，有"啪啪"声；大头有空洞声的是空头蛋，硬壳蛋发声尖细，有"叮叮"响声。振摇法，是将禽蛋拿在手中振摇，有内容物晃动响声的则为散黄蛋。

（3）嗅觉鉴定

用鼻子嗅蛋的气味是否正常。新鲜鸡蛋、鹌鹑蛋无异味，新鲜鸭蛋有轻微腥味。有些蛋虽然有异味，但属外源污染，其蛋白和蛋黄仍正常。

2. 光照鉴定

是利用禽蛋蛋壳的透光性，在灯光透视下观察蛋壳结构的致密度、气室大小、蛋白、蛋黄、系带和胚胎等的特征，对禽蛋进行综合品质评价的一种方法。该方法准确、快速、简便，我国和世界各国普遍采用。光照鉴定应在空气畅通、干燥而清洁的暗室中利用灯光进行，照蛋用的工具俗称照蛋器。

新鲜的蛋以光照透视时，蛋白近于无色或为极微的浅红色，成胶状液包围于蛋黄的四周。这时只能略微看到蛋黄在整个蛋内成为一团朦胧的暗影。如转动手内的蛋时，蛋黄也随之转动。系带位于蛋黄的两端，在光照下呈淡色的条带。

胚盘位于蛋黄的上面，最新鲜的蛋照视时看不清楚，或者微显出一个斑点。

不新鲜的蛋照视时，蛋黄黑暗并接近蛋壳，蛋黄膨胀，气室增大，或是蛋黄膜破裂，使蛋黄的一部分渗入蛋白内或是蛋黄、蛋白全部相混，内容物呈一片混浊的状态。

3. 理化鉴定

（1）相对密度鉴定法

将蛋置于一定相对密度的食盐水中，观察其浮沉横竖情况来鉴别蛋的新鲜度。要测定蛋的相对密度，必须先配制各种浓度的食盐水，以蛋放入后不漂浮的食盐水的相对密度来作为该蛋的相对密度。新鲜蛋的相对密度在 1.08～1.09，若低于 1.05，则表明蛋已不新鲜。

（2）荧光鉴定法

用紫外光照射，观察蛋壳光谱的变化来鉴别蛋的新鲜度。新鲜的蛋，荧光强度弱；而越陈的蛋，荧光强度越强，即使有轻微的腐败，也会引起发光光谱的变化。据测定，最新鲜的蛋，荧光反应是深红色，渐次由深红色变为红色、淡红色、青色、淡紫色、紫色等。

4. 微生物学检查法

主要用于鉴定蛋内有无毒菌和细菌污染现象，特别是沙门氏菌污染状况、蛋内菌数是否超标等。

此外，国外有采用测定蛋黄系数大小的办法来鉴定蛋的鲜度。方法是将蛋打开后，把蛋黄和蛋白放在同一水平面上，蛋黄的高度与直径之比称为蛋黄系数。新鲜蛋的蛋黄系数为 0.44，冷却冷藏到 100d 时则减少到 0.34。随着冷藏时间的延长，蛋黄系数降低到 0.25 以下时，鲜蛋则达到腐败阶段，这时蛋白变黄，黏稠蛋白变成蛋白液（或称水样蛋白），蛋中二氧化碳的含量增加，蛋液 pH 增大。这时将蛋打开发现蛋黄与蛋白已全部相混。

5. 变质蛋类型常见的变质蛋有下列类型：

（1）陈蛋

保存时间长，蛋壳表面光滑、颜色发暗，透视时可看出气室稍大。蛋黄暗影小，摇动有声音。这种蛋尚未变质，可以食用。

（2）裂纹蛋

大多是在储存、保管、包装、运输过程中受到振动或挤碰造成的。裂纹时间不长的可以食用。

（3）散黄蛋

蛋黄膜破裂，蛋黄、蛋白混在一起。如果蛋液仍较稠厚，没有异味，一般可以食用。

（4）搭壳蛋（贴皮蛋）

由于保存时间过长，蛋白稀释，淡黄膜韧力变弱，蛋黄紧贴蛋壳，贴皮处局部呈红色（俗称红贴）的，一般可以食用。蛋黄紧贴蛋壳不动，贴皮处呈深黑色，并有异味的即已腐败，不可食用。

（5）热伤蛋

没有受精的蛋受热后，胚胎膨胀的叫热伤蛋。这种蛋气室较大，胚胎周围有小黑点或黑丝、黑斑，一般可以食用。

（6）血筋蛋

热伤蛋继续受热即变成血筋蛋。这种蛋的蛋黄不在中心，蛋的大头或蛋黄有明显的黑丝或黑斑，受精蛋受热后也叫血筋蛋，蛋黄上有红的血圈、血丝，蛋白稀薄。这种蛋属于好蛋受热，与细菌侵入引起的腐败变质不同，只要无异味，除去血筋后，仍可食用。

（7）霉蛋

鲜蛋受潮湿或雨淋，蛋壳表层的保护膜受到破坏，细菌侵入蛋内，引起发霉变质，蛋的周围形成黑色斑点。发霉严重的不能食用。

（8）臭蛋（腐败蛋）

因蛋内细菌繁殖而造成的蛋品腐败。这种蛋不透光，打开后臭气很大，蛋白、蛋黄浑浊不清，颜色黑暗，蛋液稀释，不能食用。

（9）白蛋

孵化 2～3d 未受精的蛋，叫头照白蛋。这种蛋蛋壳发亮，毛眼气孔大，可以食用。

（三）鲜蛋的质量标准

1. 鲜蛋的质量分类标准

禽蛋的分级一般从外观检查和光照鉴定两个方面来综合确定。在分类时，应注意蛋壳的清洁度、完整性和色泽，外壳膜是否存在，蛋的大小、质量和形状，气室大小，蛋白、蛋黄和胚胎的能见度及位置等。

（1）鸡蛋的质量分类标准

鸡蛋的一类、二类，可称为新鲜优质鸡蛋，在高温冷库中，储藏期可超过 6～9 个月；三类鸡蛋在高温冷库内一般储藏期在 3～6 个月。不符合这三类的鸡蛋，称为市销蛋，仅能在高温冷库内作短期吞吐。

（2）鸭蛋的质量分类标准

鸭蛋因毛孔较大，蛋壳上污染物较多，容易受潮霉变，不宜长期储存。一类鸭蛋在高温冷库内储藏期为 3～5 个月，二类鸭蛋在高温冷库内储藏期在 3 个月以内。不符合二类鸭蛋的为市销蛋，应尽快销售。

作为长期冷藏的鲜蛋，必须是一类蛋和二类蛋。春季产的蛋，耐储藏；4～5 月产的蛋比春季的蛋略差，但也适合长期储藏；6～9 月产的蛋质量较差，最好不做长期冷藏；0～12 月产的蛋品质量又有好转，可作冷藏。

2. 鲜蛋卫生的国家标准

（1）感官指标

①鲜蛋：蛋壳清洁完整，灯光透视时，整个蛋呈橘黄色至橙红色，蛋黄不见或略见阴影。打开后蛋黄凸起完整、有韧性，蛋白澄清、透明、稀稠分明。无异味。

②冷藏鲜蛋：经冷藏的蛋，其品质应符合鲜蛋标准。

③化学储藏蛋：经化学方法（石灰水、泡花碱等）储藏，其品质仍应符合鲜蛋标准。

（2）理化指标：蛋品的汞含量，不得超过 0.03mg/kg。

二、鲜蛋的冷藏保鲜

目前国内外的禽蛋保鲜均以冷藏法为主。冷藏法的基本原理是利用低温抑制微生物生长繁殖及对蛋内容物的分解作用，并抑制蛋内酶的活力，延缓蛋内的生化变化，尤其是延缓浓厚蛋白变稀和降低重量损耗，达到鲜蛋在较长时间内保持原有品质的目的。

（一）挑选整理

冷藏的鲜蛋必须经过严格的挑选、检查和分级，剔出霉蛋、散黄蛋、破壳蛋等次劣蛋，否则这些次劣蛋会污染其他鲜蛋。

鲜蛋一般粘有垫草，草上可能带有大量的霉菌，所以除草和照蛋是蛋品冷藏的关键。过去一直是手工操作，生产效率低。现在通过机械，可以实现除草、照蛋、装箱一系列过程的自动作业。其工艺流程是：上蛋→槽带输送→风筒除草→输送→照蛋→胶滚输送→下蛋斗→称重装箱。

鲜蛋的包装一般采用木箱、竹篓和纸箱。包装材料必须坚固、干燥、清洁、无异味并不易吸潮。包装好的鲜蛋，要使容器内外通气，以便使鲜蛋易于散热降温，切不可密封。

（二）冷却处理

由于蛋的内容物是半液体状态的均匀物质，若骤然冷却会使蛋的内容物收缩，体积减小，蛋内压力降低，空气中的微生物会随空气一起进入蛋白，致使鲜蛋逐渐变坏。此外，鲜蛋直接送入冷藏间会使库温波动剧烈，影响库内正在储藏的鲜蛋的品质。所以，鲜蛋在冷藏前应先进行冷却处理。

冷却应在专用的冷却间进行。冷却间采用微风速冷风机，以便使室内空气温度均匀一致和加快降温速度。在冷却时，要求冷却温度与蛋体温度相差不大，一般冷却间空气温度应较蛋体温度低 2 ~ 3℃，每隔 1 ~ 2h 把冷却间温度降低 1℃，相对湿度 75% ~ 85%，空气流速为 0.3 ~ 0.5m/s。一般经过 24 ~ 48h，蛋体温度降至 1 ~ 3℃，即可停止冷风机降温，结束冷却工作，将蛋转入冷藏间内冷藏。

冷却也可在有冷风机的冷藏间内进行，要求鲜蛋一批进库，然后逐渐降温，达到温度后就可在库内储藏，不必转库。还有的在鲜蛋进行挑选、整理过程中就降温冷却，然后再冷藏，质量也能得到保证。

据研究，在母鸡下蛋后的 48h 内，蛋质量下降最快，因此将刚下的蛋立即在 10℃左右温度下冷却 10h，然后再包装、运输并冷藏，效果最佳。

（三）冷藏工艺

1. 库房要消毒，按质专室存

鲜蛋是鲜活商品，它需要新鲜空气。冷藏前，必须对库房进行全面清扫，用漂白粉或石灰消毒。冷库垫木等用具用热肥皂水进行清洗、消毒、晒干，彻底消灭霉菌。冷藏室打干风换新鲜空气。将库内温度降至 0 ~ -1℃，相对湿度在 80% ~ 85%，这样有利于保持鲜蛋质量。

按质专室存是指同类蛋品应用专用冷藏室储存,这有利于延长储藏期。如 3 ~ 4 月份的鲜蛋质量较好(一类、二类蛋),就应划定专用冷藏室,储满为止,不再进出,保持温度、湿度的稳定。这类鲜蛋储藏 8 个月后,一般变质率仅 4% ~ 5%,而非专室储存的 6 个月后变质率达 7.4%。

2. 管理责任明,装卸四个轻

冷藏室要有专职管理人员,做到管理工作有条不紊。储藏时,鲜蛋不应与其他有异味的食品如葱、蒜、鱼类、汽油等一起堆放;鲜蛋可与含水分较少的苹果等水果并仓储藏,而不可与含水分多的橘子、梨等并仓,以免鲜蛋湿度高而生霉变质。装卸时,要做到四个轻,即轻拿、轻放、轻装、轻卸,以减少蛋的破碎率。

3. 堆垛要留缝,日夜不停风

鲜蛋在堆垛时每隔几箱要留一条缝,堆垛与堆垛之间留一点距离,以顺利通风,保证鲜蛋质量。冷藏期间还应按时做好翻箱工作。

鲜蛋在冷藏期间,冷藏温度以低于 0℃为好。因蛋内容物接近冰点(约 -0.5℃,因地区、季节、品种不同而异,个别的可达 -10℃)时,蛋黄不易贴壳,变化缓慢,干耗小,这样有利于保持蛋的品质。但如果温度过低会使蛋内容物冻结而膨胀,使蛋壳破裂。鲜蛋冷藏条件:温度 0 ~ -1.5℃,相对湿度 80% ~ 85%,保藏期 4 ~ 6 个月;温度 -1.5 ~ 2.5℃,相对湿度 85% ~ 90%,保藏期 6 ~ 8 个月。若需长期储藏,以后一种条件为好,但这种方法要求冷库绝热性能好,地坪应作防冻处理。

冷藏期间库温应保持稳定均匀,不应有忽高忽低现象。其波动范围在 24h 内应不超过 ±0.5℃,以免影响蛋品的质量。冷藏间温度高,打冷风;温度低,打干风,保证 24h 不停风。在整个冷藏过程中,每昼夜应不少于 2 次检查库内温度、湿度变化情况。为防止库内不良气体影响蛋的品质,应按时换入新鲜的空气,排除污浊的气体。新鲜空气的换入量一般是每昼夜 2 ~ 4 个库室的容积。保藏的蛋每隔 2 个月要检查 1 次,检查量应占总储量的 3% ~ 4%,以了解保藏质量,确定保藏期。

4. 冷藏间内堆码要求和形式

(1)堆码要求

①码架规格。鲜蛋在冷藏间堆放,必须设置码架和垫板,蛋的热量才能较快放出,冷空气才易于透进,否则货垛的底层不透风,达不到均匀降温的目的。一般码架规格为:高 10cm、长 150cm、宽 100cm。每块码架为 1.5m,由横(短)5 根、纵(长)9 根方木条组成。纵横为上下两层。上层 9 根纵木条,每根长 150cm、宽 7cm、高 2cm;下层 5 根横木条,每根长 100cm、宽 5cm、高 7cm。上层的木条之间与下层的木条之间的距离均相等。

②堆码时应顺着冷空气流动方向,并保证让垛位稳固、操作方便和库房的合理使用。

③垛与墙壁的距离 30cm,离冷风机要远一点,以防冷风机旁的蛋冻坏。

④垛与垛的间距为 25cm,箱与箱的间距为 3 ~ 5cm,垛与库柱的距离为 10 ~ 15cm。

⑤两个垛位的长不超过 8m,宽不超过 2.5m,高不超过冷风机风道出风口。

⑥垛与风道间均应留一定的空隙距离,冷风机吸入口处要留有通道,相对垛间的间距最好能对开,以利于达到冷气循环流畅、冷却均匀的目的。

⑦堆垛时要考虑到稳固性堆放量。一般木箱装蛋的堆码高度为 8 ~ 10 层;竹筐装蛋

的堆码高度为5～7层，其中每3层垫一层码板，以减轻下层竹筐承受的压力；纸箱装蛋，还包括纸格箱和蛋模箱两种，能使蛋互不挤压、贴靠，减少互染的可能性，蛋模还能使蛋的大头向上竖放，以减少蛋黄粘壳，效果较好。纸箱当堆码至2～3层或4～5层时就应加固，垫一层码板，否则纸箱久储极易吸潮变形。堆放高度不应超过风道喷风口。

⑧在每个垛位上做好分垛挂牌和登记工作，便于检查鲜蛋质量，做到先进先出。

（2）堆码形式

①方格式。如图5-2，从立体上看，堆码呈方格形状，主要用于纸箱包装。箱与箱留缝要对正，以便空气畅通，码板可以隔2层垫1层。

②棋盘式。如图5-3所示，多用于纸箱包装。箱与箱间的留缝要成纵向对正。由于层与层是砌砖式地交错堆叠，减少了纸箱垂直的承受压力，码板可以隔3层垫1层。

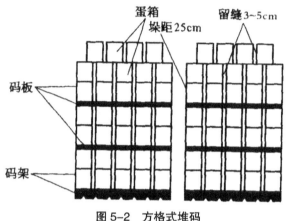

图5-2　方格式堆码

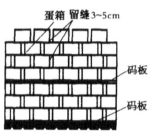

图5-3　棋盘式堆码

③双品式。如图5-4所示，所谓双品式是指从1方向和2方向两个方向看去，垛下部的两层均呈"品"字形。层与层的纸箱是砌砖式地交错堆叠，码板可隔3层垫1层。箱与箱间的留缝要垂直方向对正。

（3）堆码后的注意事项

①为了防止在冷藏期间产生贴皮蛋等次蛋，应注意按时翻箱和抽检工作。

②翻箱日期的长短视蛋的情况和质量而定，凡蛋白的黏度越大和蛋黄的流动性越小，则翻箱的次数应减少。

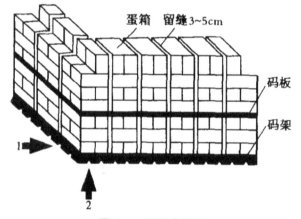

图5-4　双品式堆码

③在0～-1.5℃温度冷藏条件下，要求每月翻箱1次，并作好记录。在-1.5～-2℃温度冷藏条件下，因蛋白的黏度显著增加，蛋黄不易上浮而常居于蛋的中心，避免了"搭壳"蛋，所以箱子不需经常翻动，一般隔2～3个月翻箱1次，或根据蛋的质量也可不翻。但每隔10～20d应在每垛中抽检2%～3%，以鉴定其质量，确定能否继续保藏。

5. 出库前升温

冷藏的鲜蛋出库供应市场前必须进行升温，否则因温差过大蛋壳表面就会凝结一层水珠，俗称"出汗"。这将使壳外膜被破坏，蛋壳气孔完全暴露，为微生物顺利进入蛋内创造了有利条件。蛋壳着水后也很容易感染微生物，影响蛋的质量。

冷藏蛋的升温工作最好是在专设的升温间进行，也可以在冷藏间的走廊或冷库穿堂进行。升温应在出库前 2～4d 开始，以便掌握足够的升温时间避免升温太快，造成在库内就"出汗"升温时应先将升温间温度降到比蛋温高 1～2℃，以后再每隔 2～3h 将室温升高 1℃，切忌库温急骤上升。当蛋温比外界温度低 3～5℃时，升温工作即可结束。实验证明，将冷藏 6 个月的鲜蛋，以 0℃冷库直接置于 27℃房间内，5d 时变质蛋占 13%，而经过升温处理，未出现变质现象。

（四）鲜蛋在冷藏过程中的变化

在适宜的冷藏条件下，鲜蛋生命活动受到抑制，故有 6～8 个月的冷藏安全期。但因长期储藏，酶的活动性和微生物的生长繁殖并没有完全终止，因而鲜蛋在冷藏过程中要发生一系列的物理、化学、微生物等方面的变化。了解这些变化规律，有助于加强冷库管理。

1. 物理变化

（1）重量减轻

鲜蛋经长期冷藏后，由于蛋壳表面的气孔与内容物相通，使水分不断蒸发，以致蛋的重量减轻。这种变化过程与冷藏间的温度、湿度、空气流动速度、包装材料的吸湿性、蛋的新鲜度、个体大小、蛋壳上气孔数量的大小以及内蛋壳膜透气性的强弱等有密切关系。

（2）气室变化

蛋的气室大小不仅可以说明蛋的新鲜度，同时也是蛋的干耗的明显标志。蛋的重量减少，气室会增大。气室的大小和变化的快慢与冷藏间的温度、湿度、蛋壳上气孔数量和大小有关。例如，将气室高度为 2mm 的鸡蛋放入 -1℃、相对湿度 82%～87% 的冷藏间内，保藏 6 个月后气室扩大为 4.6mm；而放在 -22.5℃、相对湿度 81%～86% 的冷藏间内，保藏 6 个月后气室高度仅为 3.4mm。

（3）密度减小

由于冷藏期间鲜蛋的水分蒸发，减小了密度。新鲜蛋平均密度为 1.08～1.09，如将密度为 1.088 的鸡蛋放在冷藏间冷藏 3 个月后，密度减至 1.0599，5 个月后为 1.0491，8 个月后为 1.0266。再如，密度为 1.09 的鲜鸡蛋在冷藏间内冷藏 5 个月后，密度降至 1.05；当继续长期储藏，密度降至 1.015 时，鸡蛋即已腐败，不能食用了。

（4）蛋黄、蛋白的冻结点变化

鲜蛋的蛋黄、蛋白的含水量相差较大，因此冻结点相差也大。但经过长期冷藏后它们的含水量接近，故冻结点也都接近。例如在 0℃ 的库内冷藏 80d 后的蛋，其蛋白冻结点由鲜蛋的 -0.44℃ 左右降低到 -0.5℃；而蛋黄的冻结点由鲜蛋的 -0.62℃ 左右升高到 -0.54℃ 左右。

2. 化学变化

（1）蛋黄、蛋白的含氨量变化

蛋内的蛋白质及其他氮化合物，随着冷藏时间的延长将分解为氨及氨态化合物，使蛋黄的含氨量增加。蛋白的含氨量变化不规则，一般随着冷藏期的延长，也是增加的。鲜蛋100g 的含氨量，蛋白内有 0.4～0.6mg，蛋黄内有 3.4～4.1mg。因此，测定蛋的含氨量，可以判知蛋的冷藏期及蛋的新鲜度。

（2）可溶性磷酸变化

随着冷藏期的延长，蛋黄中的卵磷蛋白、磷脂体、甘油磷酸等，将逐渐分解成游离无机态磷酸，致使蛋的腐败加重。如刚产的蛋，在 100g 的蛋黄中含有可溶性磷酸 52.7mg，在全蛋液中含 22mg；而冷藏 11 个月后，在蛋黄中含有可溶性磷酸 58.8mg，在全蛋液中含 28.7mg。在蛋白中可溶性磷酸的含量也是增加的。

（3）酸碱度变化

由于蛋黄和蛋白的营养成分不同，因此其 pH 也不同。新鲜蛋的蛋黄 pH 为 6.0～6.3，呈酸性，但随着冷藏期延长和蛋的营养成分的变化，pH 可逐渐增加到 7，接近中性。鲜蛋的蛋白 pH 为 7.8～8.8，呈碱性，但在长期冷藏过程中，蛋白由碱性变为酸性，pH 下降到 7。如果蛋白质继续分解，则氨的含量逐渐增多，将使 pH 上升，又向碱性发展。因此，测得蛋白 pH 即可知蛋的新鲜程度。蛋越不新鲜，其 pH 就越高。一般当蛋液的 pH 为 7 时，蛋已相当陈了，但尚可食用。如果 pH 再继续上升，蛋就不能食用了。

（4）蛋黄中游离脂肪酸变化

由于蛋黄含有大量的脂肪，在冷藏过程中，当受到微生物的侵蚀及酶的作用时，蛋黄即容易酸化而产生游离脂肪酸，其中不饱和游离脂肪酸氧化后可使蛋黄脂肪产生酸败现象。储藏时间越长，蛋中游离脂肪酸量越多。

3. 微生物变化

（1）鲜蛋的带菌使微生物活动加剧

如果包装物不清洁、鲜蛋本身脏污以及库房空气污染，都可使蛋品带菌，加剧细菌的生长繁殖，加快蛋品质量的下降速度。

（2）霉菌的作用使鲜蛋质量严重下降

冷藏中常见的几种危害鲜蛋的霉菌有青霉菌、链霉菌、交链霉菌、镰刀霉菌、白霉菌等。在冷藏过程中，若条件控制不当，霉菌容易生长繁殖，先在蛋壳表面生长繁殖，菌丝体通过蛋壳气孔把蛋壳膜张开，在气孔与蛋白膜间繁殖，分泌出能溶解蛋白膜的酶，然后进入蛋内。因蛋的内容物是霉菌良好的培养基，所以霉菌进入蛋内繁殖较快成菌落（肉眼可见的黑斑点），使鲜蛋质量下降并腐败变质。

（3）霉菌腐蚀形成溶黄蛋

一般溶黄蛋多出现在鸭蛋上。这种蛋多在冷藏前即黄已靠壳或者轻度粘壳，靠壳的部位带有霉菌。冷藏后，蛋内容物遇冷而收缩，蛋黄即离开蛋壳，而蛋黄上的霉菌继续生长繁殖，腐蚀蛋黄而形成溶黄蛋。轻者，蛋黄膜局部浮肿腐烂；重者，全部蛋黄腐烂霉臭，不能食用。因此，冷藏室内的卫生条件、通风情况对蛋的质量保持十分关键。

三、冰蛋的冷加工

鲜蛋除可带壳低温保藏外，还可去掉蛋壳将蛋液进行冻结处理。这是长期储存蛋的一种有效方法，损耗量小，储运方便。冻结的蛋液解冻后，几乎与新鲜蛋一样鲜美。这种冻结蛋俗称"冰蛋"，是以均匀蛋液先经 $-25 \sim -30$℃急冻，再放于 $-18 \sim 20$℃冷库中，使中心温度达到 $-15 \sim 18$℃即成。冰蛋主要卫生问题是防止沙门氏菌污染。

（一）冰蛋的加工工艺

1. 半成品的加工

选择良质鲜蛋，严禁使用粘壳蛋、黑斑蛋等劣质蛋，洗涤干净，在漂白粉溶液（有效氯浓度 0.08% $\sim$ 0.1%）中消毒 5min，晾 4h 干后在严格的卫生条件下打蛋，得到符合卫生要求的蛋黄液、蛋白液或全蛋液。

车间内所有工具、容器应经 4% 碱水及清水分别浸泡并冲洗，再用蒸汽消毒 10min。生产工人必须身体健康，生产前应洗手至肘部，再以乙醇消毒。

2. 搅拌和过滤

蛋液注入过滤槽，进行第一次过滤，可初步清除蛋壳、蛋液中杂质。随即蛋液自动流入搅拌器内，进行第二次过滤，蛋液经螺旋桨搅拌后，使蛋液混合均匀，其中的蛋黄膜、系带、蛋壳膜被清除。再经过滤后，纯净的蛋液经过漏斗打入储罐准备巴氏灭菌或直接打入预冷罐内冷却。

3. 预冷

预冷可以防止蛋液中微生物的繁殖，加速冻结速度，缩短急冻时间。预冷是在预冷罐内进行的，蛋液与低温的冷盐水进行热交换，使蛋液很快就降至 4℃左右。预冷结束，如不进行巴氏消毒，即可直接装听。

4. 蛋液的巴氏消毒

巴氏消毒一般采用片式热交换器进行。全蛋消毒时，采用 64.5℃的杀菌温度，时间为 3min。消毒后蛋液温度冷却至 $10 \sim 15$℃。

5. 装听或装桶

蛋液达 4℃以下时便可装听，一般有 5kg、10kg、20kg 装 3 种。装好后即可送入急冻库急冻。

6. 急冻

冷冻间温度应保持在 -20℃以下，冷冻 36h 后将桶倒置，使桶内蛋液冻结匀实。桶内中心温度达到 $-15 \sim -18$℃后，方可取出进行包装。

7. 冷藏

包装后送至冷库储藏，温度需保持在 -18℃，同时要求冷藏库温度不能波动太大。

（二）冰蛋的冻结和冻藏

1. 蛋液的冻结

将冷好的蛋液装入一定大小的可锻铸铁听或灌入塑料袋中，置于有强力通风设备的冻结间内进行冻结。冻结间的温度一般为 $-20 \sim -25$℃。当冰蛋中心温度降至 -15℃以下时，冻结即告完成。添加了食盐或糖类的蛋液，为使冻结迅速，温度要降至 -30℃以下。对于蛋黄液的冻结，如无高速搅拌和均质处理时，应采用较高温度的冻结方法，冻结间温度在 $-10 \sim -13$℃，蛋黄液温度不得低于 -8℃，否则成品解冻后将有糊状颗粒产生。此外，对于未做巴氏消毒的蛋液，应及时快速冻结，否则所存在细菌有增殖的危险。

蛋液的冻结速度影响蛋品质量。凡用 -20℃ 以下温度快速冻结的蛋液，其结构致密而均一，可逆性好，解冻时看不见分层现象；反之，则会形成大冰晶，色泽不匀，结构疏散，解冻时出现明显的分层现象。

冰蛋冻结完成后，在铁听外套一厚纸箱。盘状冰蛋脱盘后，用蜡纸包装。

2. 冰蛋的冻藏

将包装好的冰蛋用低温库储藏，蛋品的中心温度在入库前必须在 -18℃ 以下。冷藏间温度以 -18 ～ -20℃ 为宜，相对湿度保持在 95% ～ 98%。如果是冰蛋黄，应放在 -6 ～ -8℃ 的冷藏间内。冰蛋的冷藏期一般为 6 ～ 12 个月。

注意：储存前库内要先进行清洁消毒；库内不得同时存放有异味和腥味的产品；冰蛋垛下应垫枕木，每两层之间应填小木条，垛与垛之间留有通风道，以利冷空气流通。

（三）蛋液成分在冻结和冻藏中的变化

1. 蛋白的变化

冻结蛋白解冻时呈水样化，浓厚蛋白状态几乎完全消失，而且蛋白的发泡性能有所降低。这是由于卵白蛋白质因冻结变性而造成的，其变化程度取决于冻结和解冻的速度。

2. 蛋黄的变化

蛋黄因冻结而发生的变化要比蛋白明显得多。在 -6℃ 以下冻结的蛋黄变成凝胶状态，解冻后也不能恢复到冻结前的性状，而变成一种黏度极大的胶状凝胶。蛋黄的凝胶化多发生在 -10 ～ -30℃ 冻结温度范围内，温度越低，凝胶化的速度越快。但是若用 -190℃ 左右的液态氮冻结蛋黄时，则不会产生凝胶化现象。蛋黄的这种不可逆凝胶化通常认为是由于蛋黄脂蛋白在冻结时发生变化所产生的。现在一般采用在冻结前添加食盐或糖类的方法来加以防止。

四、禽蛋的其他保鲜方法

（一）气调保鲜

鲜蛋变质主要是由于蛋壳表面自然产生的二氧化碳散失和微生物繁殖所致。因此，采用保护气体置换鲜蛋包装塑料袋内的空气，可以达到抑制微生物的生长、防腐保鲜的目的。保护气体由浓度 70% 的二氧化碳和浓度 30% 的氧气 2 种气体组成。在 20 ～ 25℃ 温度下的保鲜期为 30 ～ 40d。这是由于二氧化碳具有抑制大多数需氧细菌和霉菌生长繁殖的作用，而氧气具有抑制大多数厌氧菌生长繁殖的作用。但包装材料必须采用高阻隔性的塑料复合薄膜（如 KPET/PE）。

（二）化学保鲜

1. 石灰水法

石灰水储藏法基本原理就是利用蛋内呼吸作用产生的二氧化碳与石灰水反应生成不溶性的碳酸钙，沉积在蛋壳表面，从而堵塞了蛋壳气孔。同时由于石灰水的碱性作用以及石灰水表面与空气中二氧化碳接触，形成不透气的薄膜。这样既可防止蛋内水分的蒸发，又可防止微生物侵入蛋内，达到久储不腐的目的。

方法：选用优质生石灰3kg，投入装有100g清水的缸内，使其充分溶解，静置后捞出残渣，即可使用。选择优质新鲜蛋，放入另一缸中，倒入石灰水溶液，使蛋全部淹没。在18～20℃下，可保持4～5个月不会变质。但经长期储存后蛋壳颜色发暗，食用时有石灰味。

2. 水玻璃法

水玻璃即硅酸钠，易溶于水，遇到水后生成偏硅酸或多聚硅酸，通常为白色、黏稠、透明、无毒、无味的液体。将蛋放入该溶液中，硅酸胶体附在蛋壳表面上，堵塞气孔，从而减弱蛋内的呼吸作用和延缓蛋内的生化变化，同时也可以阻止微生物侵入蛋内，起到保护作用。

用水玻璃储藏鲜蛋时，应先将水玻璃用软水稀释至4°Bé，简易的稀释方法：将原浓度除以所需浓度减去1即可。

如原浓度为56°Bé，所需浓度为4°Bé，欲配制100kg原液时，加56°Bé水玻璃13kg即可。储藏温度应控制在20℃以下，并在储藏过程中定期检查。

应用此法储藏的鲜蛋，可保存4～5个月。出售前需用水将蛋壳表面的水玻璃洗去，否则蛋壳黏结，易造成破裂。

3. 涂膜法

涂膜保鲜法是采用涂膜剂涂布在蛋壳表面上，闭塞蛋壳上的气孔，防止蛋内二氧化碳的逸散和延缓蛋内的变化，同时也阻止了外界微生物的侵入。

涂膜剂多采用液体石蜡，也可采用固体石蜡、植物油、藻朊酸胺、聚苯乙烯、聚乙烯醇、丁二烯、苯乙烯、丙烯酸树脂、聚氯乙烯树脂、醇溶蛋白、骨胶原、聚麦芽三糖等。无论采用何种涂膜剂，必须成膜性好、透气性低、附着力强、吸湿小、对人体无毒无害。

涂膜剂的涂布方法有浸渍法和喷淋法两种，大多采用喷淋法。鲜蛋经检验合格，浸渍或喷淋后自然晾干，便可装箱储藏。如果与低温保藏手段相结合，保藏效果更优。采用液体石蜡涂膜保鲜，一般可储存4个月。

4. 过氧乙酸储藏法

过氧乙酸是一种有机合成氧化剂，具有高效、速效和广谱的杀菌效果。用其保鲜蛋时，先将过氧乙酸配成含量为1～2g/L的水溶液，将检验合格的鲜蛋浸泡在里面3～5min灭菌后，取出晾干，便可存放储藏。如果将其储存在冷库里，则保藏时间可以更长。

除上述浸泡法外，还可以采用熏蒸法。用140～200g/L的过氧乙酸溶液放在搪瓷盆内，任其自然挥发；也可使用30～50g/L的过氧乙酸放在搪瓷盆里，加热蒸发，并使室内保持60%～80%的相对湿度。熏蒸时，过氧乙酸剂量一般可按每立方厘米的空间用1～3g计算，密封1～2h后，即可达到良好的效果。

过氧乙酸可以自行配制，使用冰醋酸1 000ml，与过氧化氢（300g/L）1 000ml混合后，再加总量3%硫酸作催化剂，这样配制成的过氧乙酸溶液为140～160g/L，使用时再将它稀释成所需要的浓度即可。气温高时，过氧乙酸易分解挥发，最好现用现配，或将配好的原液储存在冷库里。

（三）巴氏灭菌储藏法

鲜蛋经巴氏灭菌法处理，可以防止蛋内水分蒸发、二氧化碳损失及外界微生物侵入。

处理方法：先将鲜蛋放入特制的铁丝筐内，以每筐放蛋100～200个为宜，然后将筐内的蛋沉入95～100℃的热水中，浸泡5～7s后立即取出，待蛋壳表面水分干燥、蛋温降低，即可进行储存。经巴氏杀菌法处理的鲜蛋，如再放在草木灰中或石灰水中储存，3个月后废品率仅为1.5%。

（四）山洞冷库储藏法

凡有山洞冷库的地区，均可采用此法储存鲜蛋。山洞冷库间的外面装有一台冷风机，通过风道将冷风送入库内。库温控制在4～5℃，相对湿度75%～80%，保存期可达4～6个月。

（五）民间简易保鲜法

我国民间采用晒干的豆类，一层豆一层蛋，一层层装在容器内，加盖储藏，也能起到较好的保鲜效果。就地取材，用小米、谷糠、松木屑等代替豆类，同样能达到保鲜的目的，一般可储藏4～6个月。禽蛋的保鲜方法，还有臭氧气调保鲜法和辐射保鲜法等。

【知识链接】

鲜蛋在贮存中，在微生物的作用下会腐败变质。鲜蛋在进行贮藏之前必须经过严格的挑选，入库冷却冷藏的蛋越新鲜，蛋壳越整洁，则其耐藏性越强。为了延长贮藏期限，鲜蛋在冷藏前应先进行冷却处理。鲜蛋的冷却应在专用的冷却间进行，也可利用冷库的穿堂、过道等。鲜蛋除可带壳低温保藏外，还可去掉蛋壳将蛋液进行冻结处理。

任务二　禽蛋类的冷链物流管理

一、现代禽畜农产品物流基本含义

现代禽畜农产品物流是指禽畜农产品从生产者到消费者之间的物理性经济活动，即包括禽畜农产品生产、收购、运输、储存（冷藏）、装卸、搬运、包装、配送、流通加工、分销、信息活动等一系列环节，并且在这一过程中实现畜产品价值增值和组织目标。现代禽畜农产品物流不等于禽畜农产品流通，它涵盖了与畜产品相关的生产、流通和消费领域，它连接供给主体（农民或企业）和需求主体（顾客）。也就是说，它从传统的只涉及商品流通领域的销售物流，扩展到生产前、生产过程中的物质和信息流通过程，而且还向生产之后的市场营销活动、售后服务等领域发展，涉及企业经营的每一个领域。现代畜产品物流也不等于畜产品储运。它将畜产品生产、收购、批发、零售到消费之前的各个环

图 5-5

节集成一个系统，强调系统的协调性和环节间的配套服务，构成一个有机的整体。这个系统既包括物流作业系统也包括物流信息系统。物流作业系统包括畜产品运输、储存、装卸、

搬运、包装、配送、流通加工等作业，在作业过程中，需要结合畜产品特性（肉、蛋、乳是生鲜食物，皮、毛、羽绒、鬃是固体货物），使用先进技能和技术，并使畜牧业生产节点、物流节点、配送路线、运输手段等网络化以提高物流活动的效率；物流信息系统是提高整个物流系统运行效率的基础条件，也是物流作业子系统之间衔接和配合的桥梁和纽带。它包括订货、收购、库存管理、配送、发货等信息子系统，力求完成禽畜农产品运动全过程的信息交流活动。

根据禽畜农产品物流在供应链中的作用不同，禽畜农产品物流的全过程分成三种不同类型：

（一）禽畜农产品生产物流

禽畜农产品物流是通过饲料生产、饲养管理、配种繁殖、环境卫生、疾病防治等环节生产出合格畜产品的整个过程中，由于配置、消耗和回收各种劳动要素所形成的物流，它需要与生产过程同步。它与工业生产物流相比，一方面，受自然条件制约性大，具有不稳定性，因此，在物流过程中要充分考虑畜牧业生产的地理布局、季节性生产、分散性生产、疫病侵袭等因素的影响，所以禽畜产品生产物流要与当地、本企业的生产条件相结合；另一方面，我国大宗畜产品生产物流中除25%的猪肉、20%的禽蛋、40%的禽肉、10%的毛绒属于企业化生产外，其他大部分是由个体农户生产，物流量小而散，内容较单一，活动范围小。禽畜产品生产物流按照生产环节可以分为三个阶段：①产前物流：如饲料种子、肥料、饲料播种、收割、加工机械、生产工具、种畜的调配和运作；②产中物流：饲养管理各项工作；③产后物流：畜产品的收集、加工、包装、入库以及饲草、饲料的收割、回运、堆垛、捆扎、加工等。

（二）禽畜农产品销售物流

根据物流合理化原则，确定运输路线、储备系统、包装水平、加工水平和送货方式等相关内容。这一物流过程，是禽畜农产品实现其价值的关键阶段，若销售物流不畅，就会造成禽畜农产品积压，甚至丧失价值。在如今的买方市场中，销售物流活动带有极强的服务性，以满足买方要求，最终实现销售。禽畜产品销售物流的运作，大部分是先通过收购，从分散的生产者手中把小批量的畜产品集中起来，再销售到各个城镇，因此，销售物流的空间范围很大。

（三）禽畜农产品废弃物物流

在畜产品生产、加工、销售及消费过程中，必然产生大量粪尿、污水、垫草、草渣、残料、污毛、肠胃内容物等废弃物、无用物，对它们的收集、归堆、盛装、运输、装卸和处理的物流活动，构成了畜产品废弃物物流。为此，应建立起废弃物的回收、分流、氧化、发酵、利用系统，以实现资源的再利用。在这个过程中，应因地制宜使畜牧业与种植业、林业、渔业、特种养殖业等部门结合，实现绿色物流，走生态畜牧业之路。

二、我国禽畜农产品生产现状

随着我国经济的快速发展和人民生活水平的不断提高，人们在肉、蛋、奶上的消费量不断增加。我国已经是世界上最大的禽畜产品生产国。禽畜产品需求量的增加，对禽畜产品物流提出了更高的要求。

我国的肉牛、肉羊生产优势区域主要包括中原肉牛带和东北肉牛带及中原肉羊优势区域、内蒙古中东部及河北北部肉羊优势区域、西北肉羊优势生产区域、西南肉羊优势区域。肉牛、肉羊生产优势区域生产资源优势明显。中原肉牛优势区域拥有我国4大著名地方良种黄牛（秦川牛、南阳牛、鲁西牛、晋南牛），肉牛生产水平高；东北肉牛优势区域主产玉米和大豆，为养牛业提供了丰富的饲料资源，肉牛屠宰体重或胴体重一般高于其他地带，拥有较多的地方良种牛资源。中原肉羊优势区域是我国肉羊的主产区，拥有全国1/3的羊存栏量，羊肉产量占全国近2/5；内蒙古区域的绵羊个体较大，产肉性能好，并出现了一些有影响的畜产品加工龙头企业。

我国禽畜产品生产特点主要表现在以下三个方面：

（一）企业规模偏小，生产效率较低

我国猪肉加工企业的生产规模仍与发达国家有一定差距，全国生猪屠宰加工量最大的前四家企业的年屠宰量不到3000万头，约占全国总量的4%。美国全球最大的屠宰企业，日屠宰生猪8万头，年屠宰能力近3000万头，美国前4位的猪肉加工企业的屠宰能力占全美的50%。中国是世界上最大的猪肉生产国，但是猪肉加工的比例仍然不到猪肉总产量的5%。禽畜养殖良种化程度也较低。

出栏率和胴体重是衡量生产效率的重要指标。目前我国肉牛、肉羊的良种覆盖率分别仅为30%和55%，肉牛平均胴体重133千克左右，相当于世界平均水平的66%；每头存栏肉牛年产肉量相当于美国的1/3，甚至低于墨西哥、阿根廷和巴西等发展中国家。我国羊胴体重只有世界平均水平的79%，是澳大利亚的55%。此外，高档牛羊肉生产能力不足，我国高档牛羊肉的比重不足5%。

（二）标准化生产水平低下，质量安全问题突出

长期以来，我国猪肉加工业缺乏统一的行业标准和国家标准，各个生产企业在生产、流通和销售过程中，按企业标准组织运作。一些企业规模小、实力差，产品开发能力弱，人员素质有待提高，厂房设备简陋，卫生管理不规范，产品质量存在亚硝酸盐、淀粉含量超标现象，成品率过高，肉蛋白含量偏低等问题，严重影响产品质量和行业的信誉。原料肉卫生质量较差，"兽医卫生法规"虽然逐年加强，但还不够完善，执法兽医检验人员隶属企业，因此造成执法困难。生猪饲料生产管理不严，造成肉类产品中的有害物质残留过量等问题，严重威胁着我国肉与肉制品的质量和安全。

目前我国是仅次于美国、巴西的第三大牛肉生产国，是第一大羊肉生产国。我国肉牛、肉羊生产成本及价格优势显著，出口潜力大。肉牛、肉羊生产成本一般为世界平均水平的50%左右，牛羊肉出口价格相当于世界平均水平的60%左右，周边国家及地区是我国牛羊肉的主要进口国和地区。我国的肉牛优势区域，尚未建立从肉牛繁育、饲养到屠宰、加工与销售的一整套标准化生产体系，肉羊优势区域也存在类似的问题，严重削弱了我国牛羊肉的出口竞争力。

（三）肉类结构逐渐符合世界肉类发展的趋势

近年来，我国猪肉产量不断增长，并且已连续多年位居世界首位，猪肉已成为我国居民膳食中重要的优质蛋白质来源。猪肉产量增长的同时，在肉类总产量中所占的比重却逐年下降。1980 年以前，猪肉产量占肉类总产量的 95% 以上，随着国家大力提倡和发展草食家畜和禽肉生产，猪肉的比例已经下降至 65% 左右，牛羊肉、禽肉的比例明显上升，肉类结构越来越符合世界肉类发展的趋势。

三、我国禽畜农产品物流现状

禽畜农产品属于鲜活易腐商品，具有价值低、易变质、生产周期长、季节性和地区性强、技术要求高等特点。因此，只有对禽畜产品的物流过程进行统一的组织和协调，才能保证禽畜产品在物流过程中质量完好。

我国禽畜农产品物流方面存在的主要问题体现在以下几个方面：

（一）加工产品比例小，活畜所占比例大

发达国家的禽畜产品加工量约占生产总量的 70%，而我国长期形成的饮食习惯，导致肉类加工比重目前还不到 5%；深加工蛋品只占禽蛋总量的 0.5% ～ 1%，而美国、法国等国家鲜蛋加工为 15% ～ 30%，这无疑增加了禽畜产品的保管难度，提高了物流成本。

（二）冷链体系不健全

我国铁路冷藏车约 8000 辆，占铁路货车的 1.6%，而且大多是陈旧的机械式速冻车皮，冷藏运量仅占易腐货物运量的 25%。在禽畜产品的销售环节，部分产品不是直接进入超市销售，而是流入集贸市场拆零散卖，使禽畜产品冷链存在中断现象。禽畜产品冷链体系不健全，影响了产品的质量安全，增加了产品在物流过程中的损耗，提高了禽畜产品的物流成本。目前，我国禽畜产品的物流费用占总成本的 70%，而按照国际标准，此类费用最高不超过 50%。

（三）法律法规不完善

发达国家和地区对禽畜产品的生产、加工、物流、销售等都制定有严格的法律法规。如德国规定：猪、羊等从出生开始就要挂上相当于其身份证的耳标，由半官方的监督协会按官方的要求填写条形码，屠宰场对要屠宰动物的耳标和条形码进行核对，不相符的不准进入屠宰场。加拿大对禽畜产品经营企业有非常严格的注册程序，申请企业必须在申请书中详细说明生产经营环境。欧盟对运输活畜使用的车辆、司机培训、动物是否有足够的空间及饮用水等都有相应的规定。我国目前有关禽畜产品的相关法律有《动物防疫法》《食品卫生法》《生猪屠宰管理条例》《兽药管理条例》等，而针对禽畜产品物流方面的法律法规尚不健全。

（四）管理水平低，管理体系不健全

由于缺乏规范的管理体系，管理人员的素质参差不齐，各地都不同程度地存在着有法不依、执法不严的现象。有的地方采取非市场化手段，对区外的优势企业设置壁垒，限制

了市场竞争。禽畜产品的生产、加工、流通、国内市场检疫、进出口检疫等环节分属五六个不同的主管部门，管理漏洞很多。另外，行业协会的作用没有得到充分发挥。

四、改革活的禽畜农产品流通方式

活的禽畜农产品的流通是造成目前传染病不能消灭的原因之一。我国各省、各地、各县之间当前公路、铁路四通八达，人流、物流无所不到。由于目前检疫检验制度存在一些漏洞，如生猪和家禽（包括隐性带毒的病畜）运输造成疫病相互传播，防不胜防。全国只要有一种传染源（一类病）发生，约不到一年，就可能传播到全国各地。因此，即使有一个省或一个地区、一个市（县）几经努力，建成无规定疫病区，但若防范稍有疏漏，就会前功尽弃。就生猪的疾病而言，传染病是危害最大的疾病。而在传染病中，病毒类传染病又是更难控制的疾病。兽医行业都知道，切断传染源是控制传染病最有效的方法，而让带有病毒或隐性带毒的病猪到处流动就永远消灭不了传染病。

传染病的规律告诉我们，病毒的生存离不开活体，分离出来的病毒在实验室里要用细胞培养才能世代繁衍。病毒一旦离开活体只能生存几小时或几十个小时。减少活畜流通，禁止全国性大流通（除少数种畜和仔畜外），并严格控制进出口，无疑是防止病毒传染病的有效方法。只要控制了病毒性传染病，其他细菌性传染病就容易控制了。

世界上许多国家和地区都对牲畜屠宰业制定了专门的《屠宰法》。实行生猪"集中屠宰，就近屠宰"，不准生猪远距离运输。

五、禽畜农产品物流管理——乳制品为例

为规范乳制品加工行业投资行为，防止盲目投资和重复建设，引导生产企业合理布局，节约和有效利用资源，保护环境，促进乳制品加工与原料乳生产协调发展，根据国家有关法律法规和产业政策，中国国家发展和改革委员会会同有关部门制定了《乳制品加工行业准入条件》，规范了各有关部门在乳制品加工建设项目核准管理、土地供应、环境影响评价、信贷融资、食品生产许可、卫生许可认证、工商注册登记等工作中的准入条件。这是我国第一部规范乳制品行业行为的法规。该法规的颁布和实施，将有效地规范乳制品加工行业投资行为，防止盲目投资和重复建设，引导生产企业合理布局，促进乳制品加工与原料乳生产协调发展。

我国奶业正处于从传统向现代过渡、从数量扩张型向质量效益型转变的关键时期。为加快推进奶牛标准化、规模化、集约化养殖，规范奶牛规模养殖场（小区）建设和管理，制定了《奶牛标准化规模养殖生产技术规范》，该文件以规模化奶牛场和奶牛养殖小区为对象，包括选址与设计、饲料与日粮配制、饲养管理、选育与繁殖、卫生与防疫、挤奶厅建设与管理、粪便及废弃物处理、记录与档案管理八个方面的技术要求，为转变奶牛养殖生产方式提供技术性指导。

（一）奶牛场（小区）选址与设计

奶牛场（小区）选址原则应符合当地土地利用发展规划，与农牧业发展规划、农田基本建设规划等相结合，科学选址，合理布局。地址应建在地势高燥、背风向阳、地下水位

较低，具有一定缓坡而总体平坦的地方，并且应有充足、符合卫生要求的水源，取用方便，能够保证生产、生活用水。气象要综合考虑当地的气象因素，如最高温度、最低温度、湿度、年降雨量、主风向、风力等，选择有利地势。应保证交通便利，周边环境应位于距居民点 1000 米以外的下风处，远离其他畜禽养殖场，周围 1500 米以内无化工厂、畜产品加工厂、屠宰厂、兽医院等容易产生污染的企业和单位。

奶牛场（小区）一般包括生活管理区、辅助生产区、生产区、粪污处理区和病畜隔离区等功能区。具体布局应遵循以下原则：①生活管理区包括与经营管理有关的建筑物。应在牛场（小区）上风处和地势较高地段，并与生产区严格分开，保证 50 米以上距离。②辅助生产区主要包括供水、供电、供热、维修、草料库等设施，要紧靠生产区布置。干草库、饲料库、饲料加工调制车间、青储窖应设在生产区边沿下风地势较高处。③生产区主要包括牛舍、挤奶厅、人工授精室等生产性建筑。应设在场区的下风位置，入口处设人员消毒室、更衣室和车辆消毒池。生产区奶牛舍要合理布局，能够满足奶牛分阶段、分群饲养的要求，泌乳牛舍应靠近挤奶厅，各牛舍之间要保持适当距离，布局整齐，以便防疫和防火。④粪污处理、病畜隔离区主要包括兽医室、隔离禽舍、病死牛处理及粪污储存与处理设施。应设在生产区外围下风地势低处，与生产区保持 300 米以上的间距。粪尿污水处理、病畜隔离区应有单独通道，便于病牛隔离、消毒和污物处理。

（二）牛舍建设

牛舍按开放程度分为全开放式牛舍、半开放式牛舍和封闭式牛舍。基础应有足够强度和稳定性，坚固，防止地基下沉、塌陷和建筑物发生裂缝倾斜。墙壁要求坚固结实、抗震、防水、防火，具有良好的保温和隔热性能，便于清洗和消毒，采用砖墙并用石灰粉刷。屋顶能防雨水、风沙侵入，隔绝太阳辐射。要求质轻、坚固耐用、防水、防火、隔热保温；能抵抗雨雪、强风等外力因素的影响。地面要求致密坚实，不打滑，有弹性，便于清洗消毒，具有良好的清粪排污系统。

成乳牛舍可采用双坡双列式或钟楼、半钟楼式双列式。双列式又分对头式与对尾式两种。饲料通道、饲槽、颈枷、粪尿沟的尺寸大小应符合奶牛生理和生产活动的需要。青年牛、育成牛舍多采用单坡单列敞开式。根据牛群品种、个体大小及需要来确定牛床、颈枷、通道、粪尿沟、饲槽等的尺寸和规格。

（三）配套设施

草料库根据饲草饲料原料的供应条件，饲草储存量应满足 3～6 个月生产需要用量的要求，精饲料的储存量应满足 1～2 个月生产用量的要求。青储窖（池）要选择建在排水好、地下水位低、防止倒塌和地下水渗入的地方。无论是土质窖还是用水泥等建筑材料制作的永久窖，都要求密封性好，防止空气进入。墙壁要直而光滑，要有一定深度和斜度，坚固性好。每次使用青储窖前都要进行清扫、检查、消毒和修补。青储窖的容积应保证每头牛不少于 7 立方米。饲料加工车间远离饲养区，配套的饲料加工设备应能满足牛场饲养的要求。配备必要的草料粉碎机、饲料混合机械。

应采用经济合理、安全可靠的消防设施。各牛舍的防火间距为 12 米，草垛与牛舍及其他建筑物的间距应大于 50 米，且不在同一主导风向上。草料库、加工车间 20 米以内分别设置消火栓，可设置专用的消防泵与消防水池及相应的消防设施。消防通道可利用场内道路，应确保场内道路与场外公路畅通。

牛粪堆放和处理应有专门的场地，必要时用硬化地面。牛粪的堆放和处理位置必须远离各类功能地表水体（距离不得小于 400 米），并应设在养殖场生产及生活管理区的常年主导风向的下风向或侧风向处。

（四）饲料与日粮配制

奶牛生产常用饲料可分为：粗饲料、精饲料、糟粕类饲料、多汁饲料、矿物质饲料、添加剂类饲料和特殊类饲料等类型。粗饲料一般指天然水分含量在 60% 以下、体积大、可消化利用养分少、干物质中粗纤维含量大于或等于 18% 的饲料。常见的有：青储类饲料、干草类饲料、青绿饲料、作物秸秆等。精饲料一般指容积小、可消化利用养分含量高、干物质中粗纤维含量小于 18% 的饲料。包括能量饲料和蛋白饲料。能量饲料指干物质中粗纤维含量低于 18%，粗蛋白质含量低于 20% 的饲料。常见的能量饲料有谷实类（玉米、小麦、稻谷、大麦等）、糠麸类（小麦麸、米糠等）。蛋白饲料指干物质中粗纤维含量低于 18%，粗蛋白质含量等于或高于 20% 的饲料。常见的蛋白饲料有豆饼、豆粕、棉籽饼、菜籽饼、胡麻饼、玉米胚芽饼等。糟粕类饲料指制糖、制酒等工业中可饲用的副产物，如酒糟、糖渣、淀粉渣（玉米淀粉渣）、甜菜渣等。多汁饲料主要指块根、块茎类饲料。矿物质饲料常见的有食盐、含钙磷类矿物质（石粉、磷酸钙、磷酸氢钙、轻体碳酸钙等）。添加剂类饲料包括营养性添加剂和非营养性添加剂。常见的营养性添加剂有维生素、微量元素、氨基酸等；常见的非营养性添加剂有抗生素、促生长添加剂、缓冲剂等。非蛋白氮类饲料包括：尿素及其衍生物类；氨态氮类，如液氨、氨水；铵类，如硫酸铵、氯化铵等；肽类及其衍生物，如氨基酸肽、酰胺等。使用非蛋白氮类饲料应注意控制用量，并与其他营养素如碳水化合物、硫的比例适当。

各种原料经过必要的粉碎，按照配方进行充分的混合。粉碎的颗粒宜粗不宜细，如玉米的粉碎，颗粒直径以 2～4 毫米为宜。另可以采用压扁、制粒、膨化等加工工艺。干草的营养成分与适口性和牧草的收割期、晾晒方式有密切关系。禾本科牧草应于抽穗期刈割，豆科牧草应于初花现蕾期刈割。牧草收割之后要及时摊开晾晒，当牧草的水分降到 15% 以下时及时打捆，避免打捆之前淋雨。豆科牧草也可压制成捆状、块状、颗粒成品供应。秸秆类饲料加工调制方法主要包括切短、粉碎、揉搓、压块、制粒等。化学处理法主要包括石灰液处理、氢氧化钠液处理、氨化处理等。氨化处理多用液氨、氨水、尿素等。生物处理法主要采用秸秆微储技术。

饲料的储藏要防雨、防潮、防火、防冻、防霉变、防发酵及防鼠、防虫害；饲料堆放整齐，标识鲜明，便于先进先出；饲料库有严格的管理制度，有准确的出入库、用料和库存记录。日粮饲料的配制原则应根据《奶牛饲养标准》和《饲料营养成分表》，结合奶牛群实际，科学设计日粮配方。日粮配制应精粗料比例合理，营养全面，能够满足奶牛的营养需要；适当的日粮容积和能量浓度；成本低、经济合理；适口性强、生产效率高；各营养素间搭配合理，确保奶牛健康和乳成分的正常稳定。日粮配合比例一般为粗饲料占 45%～60%，精饲料占 35% ～ 50%，矿物质类饲料占 3% ～ 4%，维生素及微量元素添加剂占 1%，钙磷比为 1.5 ～ 2.0 ∶ 1。

（六）发展我国禽畜农产品物流的对策

1. 注重禽畜农产品流通加工产、销、物流一体化管理

重视禽畜农产品生产、销售、物流一体化运作要注意几个问题：一是要优化禽畜农产品加工企业内部经营机制，协调企业内部不同部门之间的关系，其目的是追求企业内部的整体效益，它不同于供应链管理，后者是企业之间为了共同的利益而联合在一起的战略伙伴关系，而其注重的是整个流通渠道的最优化。二是产销物流一体化不同于以往所提的产销结合，它包括生产、销售和禽畜农产品物流三个方面，其中农畜产品物流是企业整个系统中最重要的因素，这是因为农畜产品物流在整个系统中担当着重要的角色——对生产和经营的支持、调节作用，它贯穿于企业的整个经营过程。

2. 抓好禽畜农产品生产基地建设

首先，在稳定和完善现行的家庭承包经营责任制的基础上，积极引导禽畜农产品生产农户向具有较大规模、较好的基础设施、较强的经济实力、较高的经营水平的禽畜农产品生产基地方向发展。这种生产基地可以是独立的禽畜农产品生产养殖大户，也可以是联户或合作经营。从而使畜牧业商品生产基地建设逐步形成区域化布局、专业化生产的格局。此外，根据各个地区实际情况，抓大扶强，培育一批禽畜农产品龙头企业。围绕乳业、肉类、绒毛、皮革等主导产业，重点扶持一批布局合理、具有一定规模和辐射带动能力的禽畜农产品加工、储藏、派通龙头企业。对重点龙头企业实行挂牌扶持、贷款贴息、减税让利等办法，二条龙服务，为龙头企业发展创造良好的政策环境。在龙头企业建设中，既要对已经形成一定规模和经济实力的企业给予扶持，帮助它们进行技术改造、增加科技含量、提高加工水平，又要从实际需要出发，抓紧新建一批区域性龙头企业。鼓励龙头企业通过联合、兼并、收购、租赁、组装上市等形式，实行低成本扩张，增强辐射带动能力。积极支持和鼓励多层次、多种成分、多种形式发展龙头企业，加大对外开放，大胆引进国内外资金、人才和先进技术设备，实行集团化经营，把龙头企业做大做强。

3. 要建立禽畜农产品流通领域柔性化的生产和销售管理体制

尽管禽畜农产品销售部门努力提高销售计划的精度，但实际与计划一定会产生偏差，为了弥补这些偏差，保证禽畜农产品信息与物流的一致性，就必须使生产与销售体制具备灵活调整和变化的能力。从某种意义上讲，高度的生产柔性或适度性比高精度的销售计划更重要，尤其是在禽畜农产品加工过程中，生产能力的瞬间改变（如突然增产或调整禽畜农产品品种数量等）是产销物流结合体制最为关键的因素，否则生产经营上的僵硬很容易导致信息流与物流的背离，进而产生效益低下或机会成本增加，这显然不符合产销物流紧密结合的要求。

4. 建立禽畜农产品生产、销售、物流一体化管理系统

及时有效的信息是企业制定正确经营决策的关键，有效完善的禽畜农产品信息系统除了满足接受订货，迅速、完好地向顾客传递商品，缩短禽畜农产品物流周转期，备货保证，信息处理时间缩短，货物追踪等各种禽畜农产品物流信息外，还要满足其他部门的信息要求，市场最新的变化信息、竞争对手的商品价格变动、原材料价格的波动等，更重要的是部门间的信息沟通，如原材料的调达，顾客的消费要求等。

5. 把创建名牌作为禽畜农产品产业化生产的重要内容，采取措施，切实抓好

一是强化名牌意识。把创名牌作为"商战利器"来抓，作为一面旗帜来举，努力培植名牌，发展名牌；二是依托资源创名牌。采用"公司＋基地＋农牧户"的形式，使企业和农牧户形成风险共担、利益均沾的共同体。面向市场，开发特色精深加工，开发系列"绿色"产品，特别是肉类加工企业，要在现有基础上向精深加工延伸，开发终端产品，创名牌。通过组建企业集团，集中力量，有重点地培植几个具有特色的名牌产品，营造产业拉力，拓宽市场空间。流通与市场是畜牧业产业化链条的关键环节，没有市场就没有销售，流通不畅就会使生产、加工、销售脱节。因此，要积极规划，正确引导，在不同的禽畜农产品集散地建设一批不同层次、各具特色的禽畜农产品专业市场、批发市场，并逐步完善功能，健全服务，提高知名度，增强辐射能力。

6. 发展现代化的禽畜农产品流通方式

要发展现代化的禽畜农产品流通方式，通过大规模、集中的流通方式，保证农畜产品和要素的高效流动，并以此带动大规模的现代化农业生产。要发展规模化、网络化、连锁化的农畜产品物流。规模化就是要改变原来小商场、农村集贸市场等零星、分散的流通方式，发展运输、仓储、加工、配送一体化的集中流通方式；网络化就是利用先进的信息技术，发展连锁经销网络和采购配送网络；连锁化就是要注重发展连锁经营，采用统一采购、集中配送、购销分离等现代流通方式。

7. 提高我国第三方农畜产品物流服务水平

在中国经济持续增长及现代禽畜农产品物流市场需求不断发展和扩大的前提条件下，通过建立现代禽畜农产品物流行业规范和市场准入限制等措施，限制小于规模经济的第三方禽畜农产品物流企业的发展与注册；通过鼓励合资、合作、兼并、整合等措施扩大现有第三方禽畜农产品物流企业的规模。我国第三方禽畜农产品物流服务业作为一个刚刚起步的行业，必须按照科学的、规模经济的道路发展，必须提高企业的整体经营规模和水平，必须扶持和发展一批规模较大，技术水平较高，能够提供综合农畜产品物流服务的企业，使它们成为这一行业发展的主导力量。

8. 营造禽畜农产品物流社会化服务的经营环境

在推动我国第三方禽畜农产品物流服务企业规模化发展的同时，必须通过修订和完善各种法规和政府行政行为去打破现有各种有形和无形的地区、行业与部门限制，全面促进和加速我国第三方禽畜农产品物流企业的跨地区、跨行业和网络化发展的步伐。我国第三方禽畜农产品物流企业（特别是一些从事单一的干线运输、集中仓储、城市配送的农畜产品物流企业）应该设法积极地通过联合、兼并和战略加盟等方式，加速建立跨地区、跨行业的服务经营网络。

9. 以降低农畜产品物流成本为核心，培育市场竞争力

从发达国家的经验来看，由传统禽畜农产品物流服务向现代禽畜农产品物流社会化服务的转变是一个市场选择的过程，是一个用低成本替代高成本、优质服务替代普通服务的

过程。目前，我国有相当一批第三方禽畜农产品物流企业在成本指标和服务质量指标（设备利用率、单据处理准确率、配送及时率）方面明显落后于传统农产品物流服务方式，禽畜农产品物流社会化的潜在优势难以转化为现实的优势。在这种情况下，禽畜农产品物流服务方式的转变只能因地制宜地进行。促进禽畜农产品物流社会化的重点在于提高服务质量、培育第三方禽畜农产品物流企业的市场竞争力。

10. 发挥禽畜农产品流通企业和政府两个积极性

针对目前我国禽畜农产品物流产业交通系统、仓储系统、信息系统等基础设施水平低下，无法满足客户需要的问题，必须从政府和企业两个方面共同努力，尽快提高各种基础设施的水平。从政府方面来说，一方面应该负担起各种公路、铁路、航空、邮电、信息高速公路、信息交换标准、其他基础性的禽畜农产品物流服务基础设施的开发和实施工作；另一方面要通过政策扶持推动和促进第三方禽畜农产品物流服务企业自身的基础设施工作。

本章练习

1. 冷库内贮藏鲜蛋的最佳温度为（　　　）。

A. −1.5 ～ −1℃　　　　B. 2 ～ −10℃　　　　C. 10 ～ −15℃　　　　D. 20 ～ −40℃

2. 鲜蛋冷藏适宜的温度为（　　　）。

A. 1 ～ −3℃　　　　B. −2 ～ −1℃　　　　C. 3 ～ −5℃　　　　D. 5 ～ −10℃

二、多项选择题

1. 禽蛋类的流通模式包括（　　　）。

A. 自产自销模式　　　　　　　　　　B. 零售商承货模式

C. 批发中转模式　　　　　　　　　　D. 企业收售模式

2. 禽蛋类贮藏技术包括（　　　）。

A. 冷藏法　　　　　　　　　　　　　B. 液浸法

C. 气调保鲜方法　　　　　　　　　　D. 涂膜贮藏方法

3. 禽蛋类的运输要注意的事项包括（　　　）。

A. 防寒　　　　　　B. 防暑　　　　　　C. 防震　　　　　　D. 防压

4. 包装禽蛋可以采用的材料有（　　　）。

A. 木箱　　　　　　B. 纸箱　　　　　　C. 蛋托　　　　　　D. 玻璃瓶

三、简答题

1. 禽蛋类进行冷藏入库前要做好哪些准备工作？

2. 简述鲜蛋的腐败变质过程。

3. 发展我国禽畜农产品物流的对策有哪些？

项目六 水产品的冷链仓储管理

任务导入

　　水产冷冻食品冷链仓储就是将水产品在低温条件下加工、保藏的技术。由于水产品含有丰富的蛋白质、脂肪等营养物质，这些营养物质在高温条件下，很容易发生变化，致使食品腐败变质。因此，水产品的低温加工技术，能较好地保持水产品原有的品质。

学习大纲

1. 了解水产品的冷却与微冻保鲜方法。
2. 掌握水产品的冷冻冷藏保鲜技术。
3. 学习水产品的鲜度等级及鉴定。

任务一　水产品的冷冻冷藏保鲜技术

一、水产品的构成和特性

　　水产品是指鱼类、甲壳类、贝壳类、海藻类等鲜品及其加工制品。水产品味道鲜美，营养丰富，还存在某些特殊的营养成分或生理活性物质。水产品的某些组成具有不稳定性，容易发生化学变化，特别是鱼、贝类容易腐败变质。这主要是由于鱼、贝类携带的细菌种类繁多且易渗透；体内含有活力很强的酶，这些酶在鱼、贝类被捕获后由于环境温度的升高而活性增强，从而导致快速腐败。此外，鱼、贝类

图 6-1

个体小，组织疏松，表皮保护能力弱，水分含量高，也会造成腐败速度的加快。

（一）水产品的特性

1. 鱼体的质量组成

鱼体的质量组成主要由肌肉、皮、骨头、头、鳍、鳞、鳔和肝等内脏组成。肌肉是主要可食部分，占鱼类体重的 40% ～ 50%。

2. 鱼肉的物理性质

（1）密度

鱼肉的成分中，水分占极大比例，其相对密度大致接近于 1，但其随温度降低而减小。这主要是在冻结时，鱼体中的水分冻结成冰，使容积增大所致。密度变化的大小与鱼体水分含量及水分的冻结数量有关。

（2）比热容

一般无机物和有机物的水溶液的比热容大多小于水的比热容，其浓度越大，比热容越小；反之则大。鱼的比热容主要与鱼体中含有的水分及温度有关。水分含量越少，比热容越小；温度低于冻结点时，比热容显著下降。鲜鱼的比热容为 2.85 ～ 3.35kJ/（kg·℃），冻鱼的比热容为 1.33 ～ 1.85kJ/（kg·℃）。

（3）冰点

水产品在低温状态下开始形成冰晶的温度叫冰点。一般海水鱼的冰点为 –0.6 ～ –0.2℃，淡水鱼的冰点为 –0.2 ～ –0.7℃。含水量高的水产品取上限值，含水量低的水产品取下限值。

（4）焓：每千克物品在某温度下所含热量称为该物品在该温度下的焓，用 kj/kg 表示。当物品不发生相变时，焓值的下降或上升伴随着温度的下降或上升。当发生相变时，焓值虽有明显的变化，但温度基本不变。

（5）导热系数

在冰点以上，鱼的导热系数变化不大，可当作常数，冷却鱼的导热系数为 0.457 ～ 0.48W/（m·℃）。随着温度降低，水分逐渐冻结成冰，由于冰的导热系数比水的导热系数差不多大 4 倍，所以冻鱼的导热系数随温度降低而不断增大。鱼在整个冻结过程中平均导热系数为 1.144 ～ 1.371W/（m·℃）。

（6）表面传热系数

鱼的表面传热系数与热导率有关，随导热系数的增大而增大。此外，表面传热系数与比热容和密度有关，随它们的减小而增加。当温度在 0℃ 以下时，表面传热系数随温度的下降而增大。

（7）比表面积

鱼的表面积与体积之比，称为比表面积（F/V）。鱼的比表面积一般在 0.75 ～ 0.85。圆筒形的鱼，其断面越扁平，则比表面积越大，对鱼冻结越有利，因为此时的传热加强；但对冻藏来说，比表面积越小越好，这样可以减少干耗。

（二）水产品的构成

1. 鱼肉的化学组成

鱼体肌肉组织中所含有的化学成分可分为有机和无机两大类，其中包括水分、蛋白质、脂肪、无机盐、浸出物及少量的维生素、酶类等。

2. 水产品肌肉的主要营养成分

水产品的营养成分,主要有水分、蛋白质、脂肪、浸出物、无机物、糖类、维生素和酶类。图 6-2 为鱼的营养成分示意图。

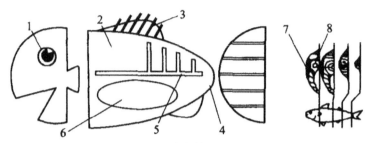

图 6-2　鱼的营养成分示意图

1. 头、眼球周围（含有多糖体,能使血管、皮肤变得柔软）2. 皮（比鱼肉含有更多的维生素 A、维生素 B,黑色鱼皮维生素凛含量更高）3. 鳍（可制鱼鳍酒）4. 软骨、筋（含有抑制软骨素的成分）5. 骨（含有钙等矿物质,还含有胶原蛋白,可制骨粉）6. 内脏（含有大量维生素和矿物质,皮下脂肪中含有高度不饱和脂肪酸）7. 暗色肉（除含蛋白质外,还含有较多脂类、维生素,营养价值极高）8. 普通肉（含有优质蛋白质）

（1）水分

鱼肉中的水分含量最大,占 60% ~ 85%。水的重要性是显而易见的,通过水的作用,使 DNA、蛋白质等生物高分子保持着特殊结构,影响着一些物质的性质和功能。

（2）蛋白质

鱼肉蛋白质是营养价值很高的完全蛋白质,约占 20%。它的氨基酸组成与猪、牛等畜肉相似,但比畜肉容易被人消化和吸收,平均消化率达 97%。

（3）脂肪

鱼体脂肪含量随品种、饵料和捕获季节不同而异,占 1% ~ 85%。如黄鱼、鳗鱼等含脂肪少,称为少脂鱼,而射鱼、带鱼等则为多脂鱼。某些鱼类（如鲨类、鳕类）的肌肉中含脂量很少,但其肝脏中含脂量很高,有的可达 60%。鱼类脂肪中含有较多的不饱和脂肪酸,因此溶点低,容易氧化酸败,这是导致冻鱼在储藏过程中质量下降的一个不利因素。

（4）糖类

鱼体内含糖量很少,仅在一些鱼类的肝中储存着糖原,是能量的来源。鱼类肌肉糖原的含量与鱼的致死方式密切相关。鱼被活杀时,其含量要高一些,为 0.3% ~ 1.0%,这与哺乳动物肌肉中的含量几乎相同。

（5）维生素

鱼体内维生素的含量随种类、捕获地点、季节、饵料、性别、年龄等的变化而变化。一般的鱼维生素含量与陆生动物相比并无特别之处,但鱼肝中含有丰富的维生素 A,如每克鳕鱼肝油中维生素 A 的含量为 3240 ~ 12930 μg。

（6）无机盐

鱼体中的无机盐以化合物和盐溶液的形式存在。其种类很多,主要有钾、钠、钙、镁、硫、氯、碘、铜、铁、锰、溴等元素，含量为 1% ~ 2%。无机盐主要聚集在鱼体骨骼中，占 5% ~ 11%。由于无机盐的存在，其溶液的冻结温度将降低。

（7）浸出物成分

将鱼、贝类组织切碎后，用温水进行提取，过滤或离心后得到的液体成分称为浸出物。鱼肉的浸出物占其干重的 2% ~ 5%，软体动物和节足动物的较多，约占 6%。浸出物中含有多种成分，除去水溶性蛋白、多糖、色素、维生素等成分后，剩余的游离氨基酸、肽、有机碱、核苷酸及其关联化合物、糖原、有机酸等总称为浸出物成分。一般浸出物的概念不包括无机盐。浸出物中的成分大多是与生物新陈代谢有关的物质，它们也是一些营养物质、呈味物质、生理活性物质等，对水产品的色、香、味等有着直接或间接的影响。在鱼、贝类的保鲜过程中，这些有机成分往往要发生较大的变化，甚至流失，造成不必要的损失。

（三）鱼类死后的鲜度变化

鱼类被捕获死亡后，鱼体就开始产生一系列生理和生物学变化。鱼体死后变化大体可分为死后僵硬、自溶、腐败 3 个阶段。

1. 僵硬

鱼类经起捕致死后，正常生理功能遭到破坏，吞噬细胞失去作用，血液循环、氧气输送、体温调节也随之消失。此时，氧化还原电势下降，各种酶解反应开始。刚死时，肌肉尚柔软且富有弹性，放置片刻后（历时长短视品种与季节温度不同而异）肌肉收缩僵硬，缺乏弹性。在僵硬阶段，主要变化有糖原酵解、磷酸肌酸、二磷酸腺苷等的分解。这些分解作用，一方面放出热量（能量）使鱼体温度回升，加速酶和微生物作用；另一方面鱼体内积累了乳酸、磷酸，鱼肉 pH 可下降到 5.6 左右，降低了鱼肉的保水性，同时在酸性条件下也不利于细菌的繁殖。

鱼活着时，分泌黏液是它的正常生理功能，起保护作用。当鱼死后，直到僵硬，这种黏液仍在不断分泌。这是由于含蓄在鱼体组织细胞内像小颗粒般的黏液体因吸收水分而膨胀，进而逐渐向体外分泌。它对微生物失去防御作用，却成了腐败菌的良好培养基。黏液的主要成分是黏蛋白，呈透明状，当温度在 3 ~ 5℃或更高时，极易使鱼体腐败，并产生腐臭味，但鱼肉组织不至有腐败象征。

鱼死后不久即发生僵硬，颚骨和鳃盖紧闭，肌肉缺乏弹性。鱼死亡后僵硬的原因与畜肉相同，只是僵硬的时间更快，过程更短。鱼体僵硬期开始的早迟和持续时间的长短，与鱼的种类、死前的生理状态、捕捞的方法和运输保藏条件、温度有关，其中温度的影响是主要的，温度越低，僵硬期开始得越迟，僵硬持续时间越长。一般在夏天气温中，僵硬期不超过数小时，在冬天或尽快的冷藏条件下，则可维持数天。

鱼在僵硬阶段内鲜度几乎不变化。为了保持鱼体鲜度，在捕获后要尽快冷却处理，这样可以延长鱼体的保存时间。

2. 自溶

鱼体的自溶阶段主要有两个变化：一是蛋白质分解，二是核苷酸一类物质继续分解。

鱼类经过僵硬阶段后，又缓慢地解除，肌肉重新变软，但失去固有弹性。这种软化不是死僵的逆过程，而是由于组织中的各种蛋白质水解酶的作用结果，将蛋白质逐渐分解为脉、腺和多肽类，进而分解各种氨基酸及各种碱性物质，鱼肉的 pH 又回升。这种变化称为自溶或自行消化。应该指出，自溶本身不是腐败分解，因为自溶作用并非无限制地进行，使部分蛋白质分解成氨基酸和可溶性含氮物后即达到平衡，不易分解到最终产物。但由于鱼肉中的蛋白质越来越多地变成氨基酸一类物质，则为腐败微生物的繁殖提供了有利条件，从而加速腐败进程。

自溶作用的快慢与鱼种、温度和肌肉组织中的 pH 有关，其中温度是主要因素。温度越高，酶的活性越强，自溶作用越快；低温保藏中酶的活性减弱甚至受到抑制，从而减缓或停止自溶作用。自溶阶段的鱼类，其鲜度已下降。

3. 腐败

鱼类腐败主要是腐败微生物作用的结果。严格地说，腐败实际上与死后僵硬同时进行，只不过其量不同而已。僵硬阶段细菌数量和分解产物增加不多。因为蛋白质中的氮源不能被细菌直接利用，仅仅只能利用浸出物成分中非蛋白氮；此外，僵硬期鱼肉的 pH 呈酸性，不宜于细菌生长繁殖。进入自溶期后，只要有少量氨基酸和低分子含氮物质生成，细菌就可以利用它并迅速繁殖起来。当繁殖到某种程度，细菌还可以分泌成孢外酶直接分解蛋白质。因此，自溶作用助长了腐败的进程。

腐败细菌主要从鱼体表面的黏液、鳃耙及消化道等部位侵入到鱼体内。当温度适宜时，细菌在黏液中繁殖起来，使鱼体表面变得混浊，产生不快气味，并进一步侵入鱼皮，固着鱼鳞的结缔组织处发生蛋白质分解，鱼鳞很容易脱落。当细菌从体表黏液进入眼部组织时，眼角膜变得混浊，并使固定眼球的结缔组织分解，因而眼球陷入眼窝。由于大多数情况下鱼是窒息而死，鱼鳃充血，给细菌繁殖创造了有利条件，在它的作用下，使原来红色的鳃耙变为褐色，并产生臭气。当细菌在肠内繁殖，它穿通肠壁进入腹腔各脏器组织进行分解并产生气体，使腹腔压力升高，腹腔膨胀甚至破裂，部分鱼肠从肛门脱出。细菌进一步繁殖，逐渐侵入沿着脊柱行走的大血管，并引起溶血现象，进而使骨肉分离。当腐败过程向组织深部推进时，可以波及一块又一块新组织，结果将鱼肉蛋白质、氨基酸及其他含氮物通过其水解、脱氨、脱羟、氧化还原等作用分解为氨、三甲胺、组胺、腐胺、吲哚、硫化氢，以及甲醛等一类有毒的腐败产物。

当上述腐败产物积累到一定数量后，如误食就会中毒。如硫化氢是中毒的挥发性气体；腐胺等有降血压作用；酪胺、色胺有升血压作用；组胺有刺激胃酸分泌、扩张微血管、引起风疹（荨麻疹）过敏作用；腐败的海产鱼、虾、蟹食后容易引起溶血性弧菌食物中毒等。

综上所述，鱼体僵硬前后鲜度是好的，自溶阶段鲜度已下降，腐败严重时误食则会引起中毒。使鱼类死后僵硬、自溶、腐败的直接原因是酶、细菌及氧化作用，而这三个作用与环境温度、湿度、空气以及水分活度等有着密切的关系。这就是说，要做好鱼的保鲜，一定要在鱼一起捕就采取低温措施，如待到鲜度下降后再去进行保鲜，就达不到应有效果。

二、水产品的鲜度等级及鉴定

水产品在保藏、运输、销售或加工等环节中，对其鲜度的评定是一项极其重要的工作。

（一）鲜度等级和标准

由于水产品的种类繁多，质量特征不一，水产品的鲜度等级只能根据具体类别加以规定。对于鱼类，鲜度一般分为新鲜、次新鲜及变质3个等级。结合具体的品种及质量特征，可以分得更为详细。但必须注意，鲜度等级只是水产品质量等级的一部分，水产品的质量还与个体大小、品种等有关。一般在同一鲜度等级下，水产品按个体大小分级，例如带鱼按习惯分成1指宽、2指宽、3～4指宽、5指宽及5指以上5个级别，鲳鱼分为细鲳、中鲳及粗鲳3个等级，舌鳎则分为 K_1（大于41cm）、K（36～40cm）、M（26～35cm）、P（20～25cm）及体长在20cm以下的5个等级。

（二）鲜度的评定方法

水产品鲜度评定方法，通常有感官鉴定和指标测定两大类。前者包括对生鲜状态进行评定及在煮熟状态下进行评定，后者则包括微生物学鉴定法、物理学鉴定法和化学鉴定法的测定。各方法的测定结果应有良好的一致性。对于不同的品种，应侧重于某些指标，但感官鉴定则是最重要的方法。

1. 感官鉴定法

水产品的感官鉴定是通过人的感觉（视觉、味觉、嗅觉、听觉、触觉）来鉴别评价水产品品质优劣的一种检验方法。其特点是快速，不需要仪器设备，现已被世界各国广泛采用。但每个人的感觉有差异，且不能给出一个量的概念，所以在某些场合下应用受到一定限制。

对鲜度稍差或异味较轻的水产品以感官检验难以判断品质鲜度时，可以将样品蒸或煮熟后，通过嗅气味、观察色泽或汤汁色泽，品尝滋味，来判定鲜度等级。

①样品。把具有代表性的样品（如鱼取中段，虾随机抽取一定数量）去除不可食部分，洗净、沥水，用锡箔纸严密包好，置于蒸锅中隔水蒸熟。如用汤煮则置于适量水中煮熟。水煮样品一般不超过0.5kg。对虾类等个体比较小的水产品，可以整个水煮。鱼类则去头去内脏后，切成3cm左右的段，将水烧开后放入样品，再次煮熟后停止加热，开盖嗅其蒸汽气味，再看汤汁，最后品尝滋味。

②人员。评定人员应不少于5个，必须感觉灵敏，且有一定经验。评定前3d内应忌烟、酒及辛辣食物。评定前用清水漱口、咬嚼淡面包、漱口，如此重复3次。

③记分表准备。记分表有多种形式，也可根据需要自己设计。

④评定。首先，把锡箔纸打开一个小口子，用手把气味扇至鼻子底下，鉴定样品气味。不论样品质量好坏，不提倡直接用鼻子凑上去闻气味，以免影响对下一个样品的鉴定。鉴定应及时、迅速，防止最后一个鉴定人员鉴定时气味淡化。其次，将锡箔纸完全打开，鉴定食物色泽。第三，品尝鉴定样品的口感、味道。第四，如用水煮，鉴定汤汁色泽、味道及煮熟过程中散落于汤汁中的碎肉。

2. 微生物学鉴定法

由于鱼体在死后僵硬阶段细菌繁殖缓慢，到自溶阶段后期，由于含氮物质分解增多，细菌繁殖很快，因此测出的细菌数的多少，大致反映了鱼体的新鲜度。一般细菌总数每克小于 10^4 个的为新鲜鱼，每克大于 10^6 个的作为腐败开始，介于两者之间为次新鲜鱼。其测定方法可参照《全国食品卫生检验方法》执行。由于该方法花费时间长（培养时间需24h），操作较烦琐，需要专门的实验室，故较多用于研究工作中。

3. 物理学鉴定

此法主要测定鱼的质地、持水率、鱼肉电阻、眼球水晶体混浊度等。质地测定需专用的质地测定仪，可测定水产品的硬度、脆性、弹性、凝聚性、附着性、咀嚼性、胶黏性等参数，与感官鉴定具有较好的一致性。持水率的测定只需1台离心机及称量设备。由于物理学测定还未建立起系统的参照标准，故测定结果只能相对比而言。要准确判断鱼的鲜度等级，目前还较困难。

4. 化学鉴定法

国内常测的是挥发性盐基氮、pH、K值。一般把挥发性盐基氮的含量30mg/100g作为初步腐败的界限标准。pH在鱼死后的各个阶段也不一致，在僵硬阶段pH在6～6.8，自溶阶段pH接近7，腐败开始后pH大于7。因此，可根据pH的不同判别鱼的鲜度。K值则在20%以下为新鲜鱼，60%～80%为初期腐败。

除上述指标外，对于鲐、鲹鱼等中上层鱼类，还要测定其组胺的含量，因为组胺达到700～1000mg/kg时，会使一些人发生过敏性食物中毒。

三、水产品的低温保鲜

水产品新鲜度的下降，主要原因是酶、微生物的作用，以及氧化、水解等化学反应的结果。要想保持鲜度或减缓腐败速度，可以应用物理、化学、生物等手段对原料进行处理，从而保持或尽量保持其原有的新鲜程度。

目前实际应用于水产品的保鲜技术，已有低温保鲜、气调保鲜、高压保鲜、辐照保鲜、化学保鲜、生物保鲜等，其中以低温保鲜应用得最为广泛。低温保鲜可分为冻结和非冻结两种方法。如果对水产品的保藏期要求是首位的，那么最好采用冻结或部分冻结的方法来保质；如果对水产品的质量要求是首要的，则采用非冻结的方法，一般非冻结的方法有冰藏保鲜、冷海水保鲜、微冻保鲜和超冷保鲜。

（一）冰藏保鲜

冰藏保鲜是目前渔船作业最常用的保鲜技术。因为用冰作为冷却介质，简单易行，不需要额外的动力，也不需对渔船作改造。在出海时带上机制冰或天然冰，使用时将冰块砸碎，一层冰、一层鱼，均匀撒冰。一般鱼层厚度为50～100mm，冰鱼混合物堆装高度一般为75cm，否则易压伤鱼体。鲜鱼的加冰数量取决于冷却鱼货和保鲜过程中维持低温所需的冷量。鱼体从初温至0～-1℃时所需的冰量计算公式如下：

$$m_i = \frac{3.316\Delta t}{33.16} m_f$$

式中：m_i 为需冰量（t）；3.316为鱼体的比热容［kJ/（kg·℃）］；Δt 为鱼体从初温冷却到低温时的温度差（℃）；33.16为冰的融解热（kj/kg）；m_f 为所需冷却的鱼货量（t）。

用这种方法冷却鱼，速度较慢，鱼体温度达不到 0℃，只能达到 1℃。

鱼体冷却速度与鱼的品种、大小也有关系，多脂鱼或大型鱼类的冷却速度慢。当冰的质量为鱼的质量的 200%，由 20℃冷却至 1℃时，如鱼体厚度为 50mm，需 110min；如鱼体厚度为 60mm，需 150min；如鱼体厚度为 70mm，需 235min；如鱼体厚度为 80mm，需 325min。

用海水冰冷却鱼类比用淡水冰好，因为海水冰的熔点比淡水冰低（–1℃），并有较强的抑制酶活性的作用，能使鱼体不失去固有的色泽和硬度，保持鳃的颜色和眼球的透明度等。但海水冰熔点低（一般低于 –1℃），因此保藏温度相对要求低，不然冰会很快融化。此外，冰表面不干燥，俗称为"湿冰"。

用冰冷却的鱼不能长期保藏，一般淡水鱼为 8 ～ 10d，海水鱼为 10 ～ 15d。在冰中加入适当的防腐剂，如氯化物、臭氧、过氧化氢等成为防腐冰，可延长冷却鱼的储藏期。总之，低温、清洁、迅速这三点是此方法最基本的要求。

在冰藏过程中，除了用冰量要充足外，保鲜方法对鱼货质量和保鲜期也有重要影响。保鲜过程中应注意如下事项：

第一，渔获后，应尽快洗净鱼体。要用清洁的淡水洗，不得已时可用清洁的海水洗。对有些要去除腮、内脏的鱼，应去除干净并洗净血迹和污物，注意防止细菌污染。

第二，要及时迅速理鱼。按品种、大小分类，把压坏、破腹、损伤的鱼选出，剔除有毒和不能食用的鱼，将易变质的鱼按顺序先作处理，避免长时间停留在高温环境中。

第三，尽快撒冰装箱。用冰量要充足，冰粒要细，撒冰要均匀，一层冰、一层鱼，不能脱冰。

第四，融冰水要流出。融冰水往下流，下层鱼会被污染，故每层鱼箱之间要用塑料布或硫酸纸隔开。应经常检查融冰水，其温度不应超过 3℃，若超过要及时加冰。融冰水应是色清无臭味的，如有臭味，则说明鱼货已部分变质。

第五，控制好舱温。进货前，应对船舱进行预冷。保鲜时，舱底、壁应多撒几层冰。舱温应控制在 2℃ ±1℃，有制冷设备的船，切勿把舱温降到低于 0℃用海水冰的，否则上层的盖冰会形成一层较硬的冰盖，使鱼体与冰之间无法直接接触。鱼体因得不到冰的冷却，热量散发不出，造成温度降不下来，会使鱼变色、变质。

第六，渔船到达码头后应在最短时间内卸货，或去冷冻库房储存，或去鱼市鲜销，或去水产品加工车间，这时的鱼往往已过了僵硬期。

（二）冷海水保鲜

冷海水保鲜是把渔获物保藏在 0 ～ –1℃的冷海水中，从而达到储藏保鲜的目的。这种方法适合于围网作业捕捞所得的中上层鱼类。因为这类鱼大多数是红肉鱼，活动能力强，即使捕获后也仍然活蹦乱跳，很难做到一层冰一层鱼那样地储藏。如果不立即将其冷却降低温度，其体内的酶就会很快作用，造成鲜度的迅速下降。

具体的操作方法是将渔获物装入隔热舱内，同时加冰和盐。加冰是为了降低温度至 0℃左右，所用量与冰藏保鲜时一样；同时加冰重 3% 的食盐以使冰点下降。待满舱时，注入海水，这时还要启动制冷装置进一步降温和保温，最终使温度保持在 0 ～ –1℃。加入海水的量与渔获量之比为 3 ： 7。

这种保鲜方法的优点是鱼体降温快，操作简单迅速，如再配以吸鱼泵操作，则可大大降低装卸劳动强度，渔获物新鲜度好。其不足之处是需要配备制冷装置，随着储藏时间（5d以上）的增加，鱼体开始逐渐膨胀、变咸、变色。为此，冷海水仅作为预冷用，即把鱼体温度冷却到 0℃左右，再取出撒冰保鲜。如在冷海水里冷却储藏，时间只允许 3 ～ 5d。

（三）微冻保鲜

微冻保鲜是将渔获物保藏在其细胞汁液冻结温度以下（−3℃左右）的一种轻度冷冻的保鲜方法，也称为过冷却或部分冷冻。在微冻状态下，鱼体内的部分水分发生冻结，微生物体内的部分水分也发生了冻结，这样就改变了微生物细胞的生理生化反应，某些细菌开始死亡，其他一些细菌的活动也受到了抑制，使鱼体在较长时间内保持鲜度而不发生腐败变质。与冰藏相比较，能延长保鲜期 1.5 ～ 2 倍，即 20 ～ 27d。此外，解冻时汁液流失少，鱼体表面色泽好，所需降温耗能也少。但对操作的技术性要求高，特别是对温度的控制要求严格，稍有不慎就会引起冰晶对细胞的损伤。

鱼类的微冻温度因鱼的种类、微冻方法而略有不同。根据淡水鱼的冻结点在 −0.2 ～ −0.7℃，淡海水鱼在 −0.75℃，洄游性海水鱼在 −1.5℃，底栖性海水鱼在 −2℃这些特点，微冻范围一般在 −2 ～ −3℃。

实际应用时有如下方式。

1. 加冰或加盐混合微冻

冰盐混合物是一种最常用的简易制冷剂。它们在短时间内能吸收大量的热能，从而使渔获物降温。尤其是两者混在一起时，不仅冰融化要吸收热，盐的溶解也要吸收热。冰中加入的盐越多，所得温度就越低。要使渔获鱼类达到微冻温度 −3℃，可以在冰中加入 3%的食盐。

例如用冰盐混合物保鲜梭子蟹，保藏期可达 12d 左右，比一般冰藏保鲜时间延长了 1 倍。具体方法是底层铺一层 10cm 厚的冰，然后上面一层蟹、一层冰（5cm），冰上均匀地撒上占冰重 2% ～ 3% 的食盐，最上层多加些冰和盐。

2. 冷却微冻

用制冷机冷却的风吹向渔获鱼类，使鱼体表面温度达到 −3℃，此时鱼体内部一般在 −1 ～ −2℃。然后在 −3℃的舱温中保藏，保藏时间最长的可达 20d。其缺点是鱼体表面容易干燥，另外还需制冷机。

3. 低温盐水微冻

低温盐水与空气相比具有冷却速度快的优点，通常冷却使用的温度为 −3 ～ −5℃，盐的浓度控制在 10%。具体操作：先将盐放入海水中配成约 10% 的浓度，然后开启制冷机，使盐水降温到 −5℃，把渔获鱼类装入盐水中浸泡 3 ～ 4h，冷却至体表温度 −5℃时（此时鱼体内温度为 −2 ～ −3℃），再转移到预先冷却到 −3℃的保温舱中保藏。

（四）超冷保鲜

超级快速冷却是一种新型保鲜技术。具体的做法是把渔获鱼类立即用 −10℃的盐水作吊水处理，根据鱼体大小的不同，可在 10 ～ 30min 之内使鱼体表面冻结而急速冷却。这样缓慢致死后的鱼处于鱼仓或集装箱内的冷水中，其体表解冻时要吸收热量，从而使得鱼体内部初步冷却，然后再根据不同保藏目的及用途确定储藏温度。

超冷保鲜是将鱼杀死和初期的急速冷却同时实现，它可以最大限度地保持鱼体原本的鲜度和鱼肉品质，原因是它能抑制死后的生物化学变化。

经过超冷处理，保藏的鲤鱼肌肉组织用显微镜来观察，发现鱼体表肉组织没有冻过的痕迹，也没有发现组织被破坏或损伤的情况。活鱼经吊水处理，即使体表被冻结，若是在短时间内马上解冻也是有复苏游动自如的可能，这也说明了肌肉细胞几乎没有受到损伤。

超冷保鲜是一个技术性很强的保鲜方法。冷盐水的温度、盐水的浓度、吊水处理的时间都是很关键的技术参数，不管其中哪一个因素掌握不好都会给渔获鱼类质量带来严重损伤。因此，对鱼种及其大小、鱼体初温、环境温度、盐水浓度、处理时间、储藏过程中的质量变化等还需要做很多基础工作，细化处理过程的每一个环节，规范整个操作程序及操作参数，以求有更强的实用性。

（五）冻结与冻藏保鲜

前面介绍的几种低温保鲜方法都有一个共同的特点，就是鱼体内部并未完全冻结，细菌和酶的活力也没有完全失活，保鲜期一般不超过 20℃。为了长期储藏，必须将鱼体的热量散去，使其温度降到 –15 ～ –18℃。

1. 鱼的冻结

（1）冻结前的清洗和整理

首先剔出已腐败变质和受机械损伤的鱼和杂鱼，然后将鱼放在 3 ～ 4℃的清洁水中洗涤，以清除鱼体上的黏液和污物（无鳞多脂的鱼，如带鱼、蜗鱼等则不必清洗，因洗涤会使其在冷藏过程中因脂肪氧化而迅速变黄）。清洗时要轻拿轻放，在水中停留时间不得过长。鱼清洗完后就要进行整理，整理得是否平直整齐，影响到鱼的质量和损耗。不整齐的鱼不仅堆装困难，而且相互缠绕在一起，在销售过程中常易断头、断尾，损耗要增加 10% 左右。

（2）冻结方法

把鱼体的温度降至 –18℃可储藏 2 ～ 3 个月，–25 ～ 30℃可储藏 1 年。水被冻结成冰后，鱼体内的液体成分约有 90% 变成了固体，使得大多数生物化学反应不能进行或不易进行。按照冷却介质的不同，冻结的方法主要有如下几种。

①吹风冻结法

搁架式冻结法：将鱼盘放在管架上，再用风机吹风，风速为 1.5 ～ 2m/s，鱼盘与管架进行接触传热以及鱼与管架间的冷空气对流换热而散失热量。冻结间温度为 –20 ～ –25℃，相对湿度 90% ～ 95%。定时改变空气流动的方向，以保证冻结间内各部位降温一致。但风不能直接吹到鱼体上，以免引起鱼体因脱水过多而变白。这种方法设备简单，温度均匀，耗电量少，但劳动强度大。

强烈吹风冻结法：目前采用隧道式空气冻结装置。冻结速度快，能力大，耗用劳力少，在渔业中使用较广。其库温为 –20 ～ –25℃，鱼体终温达到 –15 ～ –18℃。将鱼放入冻鱼车的鱼盘内或吊轨（装鱼笼架）上，每辆鱼车装 20 盘鱼，冻鱼车双列布置，用冷风机强烈吹风，风速为 3～5m/s，冻结时间在 8～11h 不等，一般是 1 日冻 2 次。

②平板接触冻结法

卧式平板冻结器：把鱼装在鱼盘中，鱼盘平放在冻结平板上，开动液压系统，使平板与鱼品间的接触压力为 6 864.66～29 419.95Pa。然后关好进货门，对平板供液降温制冷，致使与平板接触的鱼品迅速冻结。当鱼品厚为 60～80mm，氨蒸发温度为 -33℃时，经 2～3h 就可以将鱼冻好。

立式平板冻结器：将鱼品装入各平板之间的空间，向平板机供液降温制冷，鱼品受两边平板迅速吸热而冻结成块。每块的厚度一般为 80～100mm，质量一般为 20～25kg，冻结时间为 3～4h。

卧式平板冻结器可以冻结已包装的食品，对于体型较小的水产品甚为适宜。立式平板冻结器操作简便，适用范围较大，可以冻结各种中小型鱼品，但不能冻结已包装的鱼品和大型鱼品。

③盐水冻结法

接触式冻结：将低温盐水直接与鱼体接触，利用盐水的对流传热，使鱼体迅速冻结。它分沉浸式和淋浇式两种。沉浸式是将鱼用铁丝笼装好浸入温度为 -18℃的盐水中，在盐水搅拌器的作用下，使鱼体温降到 -4～-5℃。淋浇式是将 -20℃左右的盐水，以淋浇或喷雾方式迅速喷注到鱼体上。这种方法的最大优点是鱼体冻结迅速，耗冷量少，冻结时间一般为 1～3h，在冻结过程中没有干耗。缺点是盐水会略微侵入鱼体表面，使鱼味变咸、鱼体变色、成形不规则。

非接触式冻结：将鱼放在容器中，再将容器放入低温的盐水中，使鱼体与盐水不直接接触。这种方法的优点是冻结速度快，冻结时间短，没有干耗，质量好。缺点是盐水对设备的腐蚀性较大，使用寿命短，操作麻烦，并要注意防止盐水漏入鱼品中。

④液化气体冻结法

将液态氮或二氧化碳喷射于鱼品上可获得快速冻结，也可以将鱼品直接浸入液化气体中。液态氮在大气压下的沸点为 -193.56℃，其潜热为 199.5kJ/kg；液化二氧化碳在 -78.9℃蒸发，可吸收 575.0kJ/kg 的潜能。用液化气体冻结的优点：a. 冻结速度快，比平板冻结快 5～6 倍，比空气冻结快 20～30 倍；b. 冻品质量好，由于冻结速度快，产生的冰晶小，对细胞的破坏很轻微，解冻汁液流失少；c. 干耗小，以牡蛎为例，鼓风冻结干耗 8%，液氮喷淋冻结 0.8%；d. 抗氧化，氮气可隔绝空气中的氧，不易使冻品氧化；设备简单，投资少。缺点是：大个体冻品容易产生鱼裂，这是由于内外瞬间温差太大造成；冷媒回收很困难，氮成本相对很高，只适宜冻结高档水产品。

（3）鱼体在冻结时的变化

鱼体在冻结过程中，会发生物理和化学变化，鱼体变得坚硬。这是由于鱼体水分大部分被冻结成冰所致，使鱼体体积增大，密度减小。由于水分蒸发，使鱼体产生干缩损耗，质量减轻。由于鱼体内血红素破坏及光线对冰晶的折射，使鱼体色泽较鲜明。

在冻结过程中，肌肉细胞组织结构因水分结冰而受到不同程度的破坏。破坏程度与冻结速度的快慢有关。

（4）冻鱼的脱盘和包冰衣

冻结完毕后的鱼应立即脱盘和包冰衣，然后进行冻藏。脱盘和包冰衣的场所应是阴凉的，并具有良好的给、排水条件。

①冻鱼的脱盘。脱盘的方法现在大多采用浸水融脱的方法，即将鱼盘放在一个具有常温的水槽中，将鱼盘浮在水中，使鱼块与盘冻粘的地方融化脱离，然后立即将盘反转，倾出鱼块。有些冷库采用机械脱盘装置。它是一个可以移动的翻盘机械，可将经过水槽后的鱼盘推到脱盘机的台板上，由翻板旋转动作将鱼盘翻到滑板上，使鱼与盘分离。

②冻鱼的包冰衣。脱离鱼盘的冻鱼块在进入冻藏间前必须立即包冰衣，其目的是使鱼体与外界空气隔绝，以减少干耗，防止鱼体产生体晶升华、脂肪氧化和色泽消失等变化。操作方法是将脱盘的鱼块立即运入一个水槽内浸泡 3 ~ 5s，再使其滑到一条滑道上，滴除过多的水分，体外很快被包上一层冰衣。包冰衣前，鱼体温度最好在 –15℃以下。包冰衣槽的水应是预先冷却至 5℃左右的清洁水。水槽上还应有补充冷却水和排水装置。补充的冷却水量随水注厚度和损耗情况决定。

如果需要用坚厚的冰层保护鱼冻品，可在冻结过程加水，使鱼类完全冻结在冰块中间，如对虾的冻结有时采用此工艺。

2. 鱼的冻藏

水产品冻结后要想长期保持其鲜度，还要在较低的温度下储藏，即冻藏。在冻藏过程中受温度、氧气、冰晶、湿度等的影响，冻品还会发生氧化、干耗等变化。因此，只有质量好的干净的冻鱼经包冰衣后，才能送入冻藏间内作长期储藏。

（1）冻藏温度

冻藏温度对冻品品质影响极大，温度越低，品质越好，储藏期限越长。但考虑到设备的耐受性及经济效益以及冻品所要求的保鲜期限，我国的冷库一般是 –18℃以下，相对湿度为 98% ~ 100%。国际冷冻协会推荐水产品冻藏温度：少脂鱼（牙鲆等）–20℃，多脂鱼（鲐鱼等）–30℃，因此冷藏库设计时最低温度应达到 –30℃。

（2）冻品在冻藏过程中的品质保持

冻藏温度的高低是影响品质的主要因素之一，此外还有温度的波动幅度、包装材料、湿度、堆放方式等。在冻藏过程中如果不注意这些细节，将会给冻品品质造成极大的危害。

①干耗。水分蒸发和冰晶升华能造成冻品的质量损耗，即干耗。水蒸气蒸发量的多少与冻藏库房的温度、相对湿度、空气流速有关。一般来说，温度越高，湿度越低，空气流速越快，则水分蒸发越快越多。此外，冻品表面积、包装材料等也对干耗有一定影响。

干耗不仅是一个物理变化过程。开始时，冰晶仅在冻品表面发生升华，随着时间的延长，逐渐向里发展，使内部深处的冰晶也发生升华。升华后的地方成为微细空穴，组织变成了海绵状，这样就大大增加了冻品与空气的接触面积，促进了脂肪的氧化，使外观、风味、营养价值发生劣化。通过表层包冰衣和密封包装的方法可以减少干耗。

②冰晶成长。冻藏温度的波动会严重改变水产品冰晶体积和数目。当温度略有上升时，水产品中的一部分冰晶会融化，首先是细胞内的冰结晶融化成水，使液相增加。因蒸汽压的存在，水分透过细胞膜扩散到细胞外的间隙中，当温度下降时，这些水分就附着并冻结

到细胞间隙中的冰晶上，引起冰晶的长大，水产品质量下降。要改变这种状况可采用以下措施：一是降低冻藏温度使冻结率提高。在 –30℃以下冻藏时，即使温度略有波动，小冰晶也不易融化，水分迁移很少。二是采用快速冻结能使鱼贝类中 90% 以上的水分冻结在原来位置，使其来不及迁移就被冻结。在通过 –1 ～ –5℃最大冰晶生成带的停留时间很短。三是严格控制库房温度，防止波动，–18℃以下冻藏时允许有 3℃的波动。减少开门次数、进出人数、开灯时间等增加热量的机会。

③脂肪酸败

在长期冻藏过程中，鱼体受到空气中氧气作用，鱼体的大量不饱和脂肪酸极易氧化，使鱼味变苦、颜色变黄；加上水分对脂肪的缓慢分解作用，形成甘油和脂肪酸，致使鱼体内脂肪发生油烧和酸败。要防止冻鱼的脂肪酸败，一般可采用如下措施：一是包冰衣、装箱，避免和减少与空气接触。二是冻藏温度要低，而且要稳定。三是防止冻藏间漏氨，因为环境中有氨会加速"油烧"。四是使用抗氧化剂或抗氧化剂和防腐剂两者并用。在水产品上使用的抗氧化剂有 BHT 和 BHA 等，规定用量在 0.01% ～ 0.02%。

④颜色的变化

在冻藏过程中，由于多种原因，将使鱼体颜色发生变化，如黄花鱼由黄色变成灰白色，乌贼由花斑纹变成暗红色，对虾由青灰色变成粉红色等。一般来说，降低储藏温度可使水产品不变色或少变色。

（六）水产品的冷藏链

水产品从水中被捞起后一直到食用之前，应始终处于较低的温度环境中，从而保持其鲜度不发生变化或少发生变化。前面介绍的仅仅是冷却冷冻的具体技术，实际上的操作环节很多，其中无论哪个环节处理不当都会对水产品品质有严重的损害。这些环节具体是：渔船冰藏→陆上冻结→冷藏库→冷藏运输车船等→调配冷藏库→冷藏或保温车→商场冷藏展示柜→家用冰箱→解冻→食用。

四、水产品的其他保鲜技术

（一）气调保鲜

1. 气调对水产品的保鲜作用

气调保鲜是一种通过调节和控制食品所处环境中气体组成的保鲜方法。气调方法对水产品的保鲜也与肉类一样，有如下作用。

（1）防止油脂的氧化

水产品在一般保鲜过程中，脂肪容易发生氧化，降解为醛、酮和羧酸等低分子化合物，导致水产品发生氧化酸败。由于采取了低氧、无氧和充氮，就可以使脂肪的氧化酸败减弱或不会发生。这不仅防止了水产品因脂肪氧化酸败所产生的异味，而且还防止了因"油烧"所产生的颜色变化。

氧气除了会使水产品中的脂肪发生氧化酸败，还可以使水产品中多种成分如抗坏血酸、谷胱甘肽、半胱氨酸等发生氧化反应。水产品成分的氧化不仅降低了食品的营养价值，甚至产生过氧化类脂物等有毒物质，使食品的色、香、味品质变差，而采用气调保鲜可避免或减轻这些不利于水产品质量的一系列变化。

（2）抑制微生物生长繁殖

好氧性微生物在低氧环境下，其生长繁殖就会受到抑制。在氧气浓度为6%～8%的环境中，某些霉菌就停止生长或发育受阻，若再结合低温条件，可延长水产品货架寿命。

（3）保持鱼肉的颜色

鱼肉在新鲜的时候，都是鲜亮的红色或白色，当暴露在空气中以后，颜色会越来越暗，最后呈紫黑色。这种颜色的变化，与微生物引发的腐败无关，而是鱼肉内部固有的物质，即肌肉中的肌红蛋白和血液中的血红蛋白引起的。这两种蛋白在生物中的任务是输送氧，原本是呈红色，一旦与氧结合就氧化生成甲基肌红蛋白，发生变色。采用气调保鲜就不会发生变色，增进商品价值。

此外，水产品的气调保鲜还可使水产品由原来的冻结保鲜向非冷冻流通转化。就是将冰鲜的鱼加工成鱼片后，再用气调包装、低温（0℃以上）运输，可在1～2d内从工厂到商店，再经1～2d到消费者手中，在整个过程中始终保持鱼的新鲜度。

2. 低水分产品的气调包装

鲣节、干海苔和一些干燥的调味菜包都属低水分食品，细菌在这样低的水分活度下难以生长繁殖。在这种情况下，用气调包装的主要目的就是保持水产品原有的颜色和防止脂质氧化。用氮气包装鲣节和煮干品，可使喜欢干燥食物的鲣节虫和粉螨类害虫，在无氧情况下无法存活。同时，还可以防止食品氧化。因为作为商品的鲣节一般都削得很薄，使其比表面积增大，增加了与氧接触的机会，易发生褐变，产生哈喇味而失去商品价值。用氮气包装可以储藏很长时间而无不利影响。

比上述干燥品水分再多一些的半干制品、佃煮类等，如幼鳗鱼干、晒竹荚鱼片、煮干品、鱿鱼丝等，为了防止氧化、变色，使用除去氧气的包装更易发生褐变，但用亚硫酸处理后，再用氮气包装就可以防止变色。对于半干制品，用二氧化碳包装效果会更好。

3. 高水分产品的气调包装

在水产品中有的制品含水量很高，如生鱼片、鱼糕等鱼糜制品、明太鱼子、鲑鳟鱼子等，采用气调包装，可防止细菌性的腐败变坏。如新鲜烤鱼卷原本只可保鲜2d，但若用二氧化碳包装，可以保鲜6d；鱼糕原本的保鲜期是4d，气调包装后可保鲜8～9d。

4. 新鲜鱼类的气调保鲜

（1）包装前预处理

鱼类原料表面污染的细菌总数常高达10^5～10^6个/cm，必须经过清洗、去内脏、分割并用消毒液处理后再实施气调包装。消毒液处理以乳酸钠缓冲液的效果最佳，其次是"84"消毒液，但后者高浓度时有强烈的漂白作用影响产品色泽。消毒液的浓度和消毒时间需根据鱼的种类和污染程度而定。鱼经消毒液处理后，鱼体的细菌污染数可降低到10^4～10^3/cm²。二氧化碳最有效抑菌作用是在细菌生长的滞后期，可控制在10^2～10^3个/cm²，因而原料经过消毒减菌预处理后气调包装，保鲜效果最好。

（2）气体混合比例和包装材料

鱼类在自然环境中可能会受到厌氧梭状芽孢杆菌孢子污染，尤其是海水鱼。在缺氧条件下，这些芽孢会产生一种毒素，当储藏温度超过4℃，这种毒素会引起食物中毒。因此，少脂鱼类用二氧化碳、氧气、氮气组成的混合气体气调包装可取得较好的保鲜效果。在混合气体中，二氧化碳是主要的抑菌剂，但二氧化碳易溶于鱼肉中的水和脂肪使鱼肉渗出汁液，过高浓度的二氧化碳甚至会使蛋白质变性而影响鲜味。鱼类气调包装混合气体中的氧气浓度为10%～20%，而二氧化碳的浓度不超过70%，其余为氮气，可以取得较好的抑菌效果。

塑料包装薄膜对气体有一定的渗透率，其中二氧化碳的渗透率是氧气的4倍，氮气的16倍，二氧化碳很容易从包装内渗透到大气而降低其有效的抑菌浓度。因此，气调包装的包装材料要选用透气率低的塑料薄膜，例如KPET/PE复合膜（涂布聚偏二氯乙烯（PVDC）的聚酯（PET）与聚乙烯（PE）复合薄膜）。

5. 气调保鲜效果

鱼的种类、新鲜程度和储藏温度对气调包装的保鲜效果有一定影响，活杀的淡水鱼比海水鱼的保鲜效果好，海水鱼中海鳗和带鱼的保鲜效果比小黄鱼好。

鱼类气调包装产品的安全货架期，在0～2℃下为7～14d。这种短期保鲜类型的产品易被消费者接受，并可以达到一级鲜度的保鲜效果，比目前一般3d的货架期提高1倍以上。

（二）高压保鲜

水产品风味独特，含细菌多，常规的保鲜方法很难保持其鲜度。采用高压（一般100MPa以上）技术，则能保持其原有的颜色、气味、滋味，只是外观和质地会略有改变，同时还能杀死微生物，并使酶失活。高压对水产品保鲜的应用主要有如下3方面：

1. 高压处理鱼肉制品

向鱼肉内加1%～3%的食盐并研磨搅拌20min，然后制成2.5cm厚的块状。在100～600MPa、0℃下处理10min，发现在400MPa下处理的鱼糜凝胶强度最大。一般可选用鳕鱼、沙丁鱼、鲤鱼和金枪鱼等。

2. 高压解冻

通常冷冻水产品的解冻方法有自然解冻、流水解冻、加热解冻、电磁波解冻等。前3种方法解冻时有温度梯度，而电磁波解冻可能会有过热现象或不能解冻完全。将冷冻品在高压下解冻，冻品中的冰晶瞬间就会液化，减小了冰晶对细胞的损伤，从而使汁液的流失量也下降。高压解冻的速度大大快于自然解冻法。

3. 高压不冻冷藏

在常压下进行冻藏会使水产品组织内形成冰晶，引起组织的破坏，造成汁液流失，蛋白质失水过多而变性严重。在高压条件下，这些问题可以得到有效解决。

（三）化学保鲜

化学保鲜就是在水产品中加入对人体无害的化学物质，延长保鲜时间，如盐腌、糟醉、糖渍、酸渍及烟熏等。使用化学保鲜剂最为关注的问题就是卫生安全性。过去常用的烟熏法和硝酸盐添加法，因怀疑其有致癌性已用得越来越少了。还有一些化学品如安息香酸、甲醛、硼酸等也可以用于水产品的保鲜，但它们有一定毒性，并且在食用之前不能完全处理干净，所以不宜提倡。用于保鲜的食品添加剂有许多种，它们的理化性质和保鲜机理也各不相同，有的是抑制细菌的，有的是改变环境的，还有的是抗氧化的。因此，一定要选择符合国家卫生标准的食品添加剂，以保证消费者的身体健康。

1. 食品添加剂保鲜

目前应用于保鲜的食品添加剂主要有以下几种：

（1）防腐剂

作用机理是控制微生物的生理活动，使微生物发育减缓或停止。常用的有苯甲酸钠、山梨酸钾、二氧化硫、亚硫酸盐、硝酸盐等，使用量都在每千克 1 克以下。

（2）杀菌剂

能够有效地杀灭食品中微生物，分为氧化型和还原型两大类。

氧化型杀菌剂的杀菌机理是通过氧化剂分解时释放强氧化能力的新生态氧，使微生物被氧化而致死。氯制剂则是利用其有效氯成分渗入微生物细胞后，破坏核蛋白和酶蛋白的巯基，或者抑制对氧化作用敏感的酶类，使微生物死亡。常用的有过氧乙酸、漂白粉、漂白精等，使用浓度一般在 0.1% ～ 0.5%。直接用在水产品中的很少，而与水产品直接接触的容器、工具等都是采用这种方法杀菌的。

还原型杀菌剂的杀菌机理是利用还原剂消耗环境中的氧，使好氧性微生物缺氧致死，同时还能阻碍微生物生理活动中酶的活力，从而控制微生物的繁殖。常用的有亚硫酸及其钠盐、硫磺等。在水产品中使用此类化学保鲜剂的目的侧重于防止产品表面的褐变。

（3）抗氧化剂

是防止或延缓食品氧化变质的一类物质。水产品所含有的高不饱和脂肪酸特别容易被氧化，从而使水产品的风味和颜色劣化，并且产生对人体健康有害的物质。常用的抗氧化剂分为油溶性和水溶性两种。油溶性包括二丁基羟基甲苯（BHT）、维生素 E、没食子酸丙酯等；水溶性包括异抗坏血酸及其钠盐、植酸、EDTA 等。

水产品在保鲜过程中单独使用抗氧化剂的效果并不明显，只有与其他保鲜方法共同使用才能达到抗氧化目的。一般是在干制、冷藏、辐射时，辅以抗氧化剂来共同抑制产品表面的氧化作用。

2. 抗生素保鲜

某些微生物在新陈代谢过程中能产生一种对其他微生物有杀灭或抑制作用的物质，这些物质称为抗生素，例如金霉素、氯霉素和土霉素都是放线菌的代谢产物。抗生素的抗菌效能是普通化学防腐剂的几百倍甚至上千倍，但其缺点是抗菌谱带窄，只能对一种或几种菌有效。

目前已将抗生素应用于水产品或其他食品的保鲜和储藏，但使用剂量极少。首先要考虑对人体的安全性，是否能通过代谢消化掉，不会对人体健康产生危害。其次是要考虑其对腐败菌的抗菌谱带是否宽广。第三，成本要低，操作方便。现在在食品中最常用的抗生素是乳酸链球菌素，它可以抑制厌氧芽孢菌的生长。

（四）电离辐射保鲜

对水产品的电离辐射保鲜一般采用 3kGy 左右的低剂量照射。因为采用中高剂量会产生较大的异味，有使人不快的辐射臭。也可采用 3℃的冷藏结合低剂量辐射的操作方法，能大大减轻异臭味。

国际上对水产品的辐射卫生标准有统一规定。国际原子能机构、世界卫生组织和联合国粮农组织一致认为，用低于 0.1Gy 的剂量辐射处理任何食品（包括水产品）都不会引起毒理学上的危害，无须进行毒理安全性方面的实验。比利时、荷兰曾应用放射线辐射对水产品进行杀菌。

【知识链接】

> 鱼类经捕获致死后，其体内仍进行着各种复杂的变化，根据特征大体可分为死后僵硬、自溶和腐败变质三个阶段。水产品鲜度评定的方法通常有感官评定和指标测定两大类。水产品的冷却方法有水冷却法和冷海水冷却、冰盐混合冷却等方法。冷却或微冻一般都用于鲜鱼的运输、加工、销售前的暂时贮藏。为了长期贮藏鱼类，必须将鱼体温度降到更低限度，使鱼体内大致有 90% 的水分冻结成冰，即冻结加工。

任务二　水产品的冷链物流管理

一、水产品冷链物流市场

（一）水产品行业现状

1. 水产品市场概况

全世界的水产品总产量一直保持低速持续增长，同时，中国的水产品产量一直保持着高速增长势头，位居世界第一位，尤其是养殖产量已占到世界养殖总产量的 70% 以上，是世界上唯一一个养殖产量超过捕捞产量的国家。

同时，中国食品方面的物质性消费需求，正在快速地向精神消费需求转变。水产品的养殖、加工、销售，在满足了传统市场的基础上，都瞄准餐饮市场、旅游市场，以准确把握市场的变化。

2. 水产品生产现状

第一，大面积水产品开发势头强劲，优势水产品区域化布局逐渐形成。由于食品安全日益受到重视，市场上对有机食品、天然食品、野生食品的需求日趋旺盛，使得曾经被人们所不问津的大水面水产养殖重新回到水产养殖舞台上来，中国优势水产品区域化布局基本形成，各地一批批优势水产品产区、优势水产品应运而生。

第二，水产品出现品牌竞争势头。在市场经济快速发展的今天，品牌经营是水产业强渔兴水的有效途径。品牌化的竞争已经成为水产品行业的新动向。

以通威鱼为例，通威鱼一直雄踞水产行业的桥头堡，在中国各大超市一举成名，以其无泥腥味和其他异味、肉质细嫩、味道鲜美、健康安全的独特品质，深受广大消费者的欢迎和好评。通威鱼有良好的生态环境，严格按照国家规定的无公害水产品生产技术和规程生产和加工，产品没有受有毒有害物质污染，经过这一番精雕细琢，使得这一个小家碧玉般的鱼儿"一举成名天下知"。

第三，水产品加工方兴未艾。水产品加工和综合利用是渔业生产的延续，大力发展水产品加工和综合利用，对支持水产养殖业的发展具有重要作用，不仅提高了渔业资源的附加值，也为涉渔产业拓展了发展空间，还为渔民就业提供了发展途径。

目前，我国已能生产水产加工品数百种，如烤鳗、鱼糜制品以及传统的熏制品、糟制品等。水产品通过加工后上市，可集中回收利用水产品加工废弃，减少对环境的污染；同时，还增加水产品食用的快捷性、方便性、多味性、多样性和个性化等。另外，水产品还有一些特异性和功能性作用，目前的研究已经发现在水产品中有 2000 多种生物活性物质，是保健性食品、功能性食品以及药品的加工原料，通过加工可消耗掉大量的水产品原料，从而为水产品养殖生产和水产品产量的增加提供发展空间。

（二）水产品冷链现状

1. 水产品产业链

经过二十几年的快速发展，中国的水产品行业已经形成了从养殖、捕捞到营销的一整套完整的产业链体系。其运作流程如下：

根据市场的反馈信息，水产品养殖户或企业以及水产品捕捞企业生产出生鲜水产品，或经过水产品的初级加工或直接进入水产品专业市场，进而进入国际市场、零售、深加工等领域，其中餐饮业占有很大比重，再通过这些渠道进入最终消费者手中。整个过程中又涉及其他相关行业，如设备制造业、商业服务业、贸易、流通领域、仓储业、饲料产业等，分别为水产品行业在生产、流通领域提供产品和服务。另外，根据国家政策对水产品行业实施宏观调控，落实产业规划也是渔政部门的主要工作。而自律性协会则对主管部门对水产品行业的管理起到了非常大的补充作用，而且纯粹民营，由渔农自发组织的民间渔业协会、商会如雨后春笋般涌现。这种民间协会与以往计划经济时期留下来的，或者是政府部门转变成的协会，有很大不同，最大区别在于，他们是自己领导自己，自己管理自己。他们是纯粹市场经济的产物。通过协会，帮助渔农争取到更大范围的话语权；同时，对于市场新产品、工艺、饲养等方面的开发则主要是科研部门的任务，这些科研部门主要分布在高等院校和国家、地方性研究所；同时，一些有实力的民营和国有企业也建立了相应的科研成果转化研究机构，如通威集团等。

上述企业形成了水产品行业的产业链条，其中，水产品专业市场在整个行业中起着至关重要的作用。中国水产品行业还处于自由竞争阶段，市场集中度较低，产品同质化程度较高，因此，各水产品生产企业只能被动接受市场博弈的平均价格，而对产品价格的影响力较小。使得专业化市场在整个产业链中占据了主要的地位，成为水产品流通的主渠道。

2. 水产品的流通现状

经过近 20 年的水产品市场发育，我国的水产品流通已呈现下列格局：

（1）批发市场体系逐步完善，已成为水产品流通的主渠道

近几年，我国的水产品批发交易发展迅速，水产品批发市场的建设也较快。除沿海主要港口城市外，大多数大中城市也都相继建立起了适合本地特点的水产品批发市场。目前，我国的专业水产品批发市场已有333个，其中主产区、主销区和主要集散地有13个定点的专业批发市场。这些批发市场集冷藏、运输、批发、零售于一体，对水产品市场的繁荣发展起积极的推动作用。此外，水产品市场信息网络建设也较快，如全国水产商情网络、沿海国有海洋捕捞信息网络、长江流域主要城市水产品信息网络、14个大中城市水产品信息网络、全国水产品信息网络等，对水产品市场信息交流、扩大产品销售等都起到了较大的促进作用。

（2）区域水产品市场尚待发育，潜力巨大

四川、重庆、湖北两省一市是传统的水产品主产区和主销区，尤其是淡水水产品的销量一直很大，这些地区素有吃鱼习惯，而且食法多样、独特。上述两省一市人口众多，合计有1.5亿人，人均水产品占有量不足25kg，远远低于全国的人均占有量。如果要达到全国人均占有量的水平，尚有很大的发展空间，若其农村市场继续开发、周边市场继续拓展，以及人口增长因素一并考虑，生产空间会更大。

（3）水产品零售业交易活跃，对批发交易起到了互补作用

我国的水产品零售除商场、个体水产商店和生产企业直销外，主要是遍及各地的城乡集贸市场和水产品批发专业市场。目前，我国各地都建立了大量的集贸市场，这对水产品批发交易起到了很好的互补作用，也方便了消费者。

（4）进口产品的成倍进入

因为在中国生产捕捞的海产品中，中档适销的商品，严重供给不足。比如，带鱼、黄花鱼、鲳鱼、鱿鱼、乌贼、鲦鱼等。这些市场需求，都需要进口商品来补充。即便在前几年，高达35%的关税情况下，每年通过各种渠道进入中国市场的进口带鱼，也达到百万吨水平，且均为优质鱼。与中国当年生产的带鱼，数量持平。

与水产品相关联的有关市场也已经全面放开。比如，商业服务业、贸易、流通领域、仓储业等。会有更多的外资进入中国水产品市场，在流通领域、仓储领域、加工领域、养殖领域、饲料领域、渔用机械与设备领域全面地介入。外资将从高端市场入手，逐步地向低端市场渗透。在国外的大量资金、先进的技术、一流的设备无阻碍地进入中国水产品市场之后，中国的企业，应该有所准备。

（5）市场营销方式日新月异

当今的水产品养殖经营者一改过去单季卖鱼的习惯，开展多元化的营销方式和策略，有的随养随卖，什么时候赚钱什么时候卖。如节假日或重大活动的时候可随时上市；有的上门到相关单位或个人家庭联

图6-3

系销售。有的抓住地域性价差信息的机会，实现异地销售；还有的以鱼换取生产资料和生活资料；另外，通过垂钓上市不但可以解决卖难问题，还可卖出好的价格，像草鱼、鲫鱼垂钓价格比市场价格要高两倍多，这也是巧卖鱼的一大策略。还有的地方以节促鱼，实现渔业增效；或进超市、连锁商店；或通过网上销售；或通过展会、商会推介；或加工出口，实现出口创汇。

二、水产品冷链物流原理

（一）水产品的分类及其成分

1. 水产品的分类

水产品是指鱼类、甲壳类、贝壳类、海藻类等鲜品及其加工制品，由于它们营养丰富、味道鲜美，是我国人民十分喜爱的副食品。

鱼类有淡水鱼和海水鱼之分。主要养殖品种有青鱼、草鱼、鲢鱼、鳙鱼、鲫鱼。随着经济的发展、人民生活水平的提高，蟹、甲鱼、淡水虾养殖的发展也十分迅猛，其产量、产值大幅增长。我国水产生物资源十分丰富，鱼类、头足类、虾蟹类、贝藻类有200多种，常见的海水鱼有大黄鱼、小黄鱼、带鱼、鲳鱼、马鲛鱼、鳓鱼、鲌鱼。

2. 水产品的成分

鱼、贝类的营养成分主要集中于可食部分，而鱼体的可食部分一般占整个体重的50%～70%，如带鱼72%、马鲛鱼70%、黄鲷鱼50%、鳙鱼46%。虽然因鱼、贝类种类、年龄、季节、营养状态、性别不同，各种化学成分含量有较大变动，但主要成分大致为：水分70%～85%、蛋白质15%～20%、脂肪1%～10%、碳水化合物0.5%～1.0%、灰分1.0%～1.5%。但极个别与上述数值不同。

（二）水产品的鲜度等级及评定

1. 水产品鲜度评定的意义和要求

水产品在保藏、运输、销售或加工等环节中，对其鲜度的评定是一项极其重要的工作，据文献报道，现有的评定方法有20多种。但因水产品种类繁多、评定方法自身的局限性，要做到简易、迅速、正确地评定水产品的品质并非易事，这一方面要求评定人员掌握系统的、科学的评定知识，另一方面要求评定人员有丰富的评定经验。

2. 水产品的鲜度等级

由于水产品的种类繁多，质量特征不一，我们谈论水产品的鲜度等级时就无法统而论之。对于鱼类来讲，鲜度一般分为新鲜、次新鲜及变质三个等级，结合具体的品种及质量特征，可以分得更详细些。

这里要提醒注意的是，鲜度等级只是水产品质量等级的一部分，水产品的质量还受个体大小、品种等的影响。一般在同一鲜度等级下，水产品按个体大小分级，如带鱼按习惯分成1指宽、2指宽、3～4指宽、5指宽及5指宽以上五个级别，鲳鱼分为细鲳、中鲳及粗鲳3个等级，舌鳎则分为K1：大于41cm、K：36cm～40cm、M：26cm～35cm、P：20cm～25cm及体长在20cm以下的5个等级。

3. 水产品鲜度评定方法

水产品鲜度评定方法通常有感官评定和指标测定两大类。前者包括对生鲜状态进行评定及在煮熟状态下进行评定，后者则包括细菌学方法、物理学方法和化学方法测定。各种方法的测定结果应有良好的一致性。对于不同的品种，应侧重于某些指标，但感官评定则是最重要的方法。

水产品感官评定是以人的感官来判别鱼鳃、鱼眼的状态，鱼肉的松紧程度，鱼皮上和鳃中所分泌的黏液的量、色泽和气味以及鱼肉断面上的色泽等基本标志和对鱼的鲜度进行评定的方法。感官评定人员应具有良好的专业知识和职业道德，排除各种干扰因素，实事求是地进行评定。

（三）水产品冷却保鲜的要求

水产品流通过程中，除活鱼运输外，要用物理或化学方法延缓或抑制其腐败变质，保持它的新鲜状态和品质。保鲜的方法有低温保鲜、电离辐射保鲜、化学保鲜、气调保鲜等。其中使用最早、应用最广的是低温保鲜。

鱼的腐败变质是由于体内所含酶及体上附着的细菌共同作用的结果。无论是酶的作用或细菌繁殖，其生理生化作用都要求适宜的温度和水分，在低温和不适宜的环境下就难以进行。鱼体上附着的腐败细菌主要是嗜冷性微生物，在左右生长缓慢；0℃以下，温度稍有下降，即可显著抑制细菌生长、繁殖；温度降至 −10℃ 以下，则细菌繁殖完全停止。

为了保证冷却鱼的质量，除了采用快速的冷却方法以外，还应该避免一切对保藏鱼体鲜度不利的因素。首先，必须从鱼类开始捕获起就应重视保鲜问题。实验证明在鱼类离开水面时立即死亡，它的僵硬时间要比经过长期挣扎后死亡的鱼要迟，有利于鱼体鲜度的保持。为了最大限度地限制微生物对鱼体的污染，鱼类捕上来后要用清洁的水清洗鱼体表面。任何过程中如用不清洁的水洗鱼，招致新的微生物在鱼体上传播，均会降低鱼的质量。其次，为了减缓微生物的活动和生化过程，鱼类的冷却应立即进行，采取快速冷却，使鱼体中液汁温度接近冰点。由于鱼类生活在较低的温度环境内，因此鱼体中的酶在低温下的活性比温血动物强，所以在同样低温下，刚死的鱼体内生物化学过程比温血动物的速度高。为了保证鱼的质量，应将温度快速地降低到接近 0℃。当然，还要十分重视和鱼体接触的各个环节，使其符合卫生条件，防止细菌对鱼体的污染。例如，储藏和运输场所、容器和工具等都要求清洁卫生。

（四）水产品冷链物流的要求

1. 满足顾客对水产品多品种、小批量订货和处理的要求

水产品物流的货物品种多，这是因为水产品资源丰富，品种繁多。各种鱼、虾、蟹、贝等类多达千种，一些大宗经济水产品亦达百余种，还有冷冻、干制、腌制、罐制、调味品、鱼糜制品、营养保健品等多种加工制品。但就单个水产品种类讲，饭店或超市等顾客每日需求或订货批量往往只有近百公斤。

2. 满足保持水产品鲜活性的要求

水产品通常是鲜活或生鲜商品，客户对其保鲜和色泽等要求很高，其保质期很短，所以水产品在物流过程中需要快速流转。因为鲜活性，部分水产品需要冷藏和冷链，需要分

为常温品、低温品和冷冻品等不同属性进行储存和输运。例如，生鲜高档金枪鱼保鲜储存和输运，甚至需要 –60℃的超低温冷库设备。

3. 满足包装良好、防止腐变的特殊要求

水产品水分含量高，体内组织酶类活性强，容易腐烂变质。水产业从生产第一线开始，船上保鲜，码头起卸，挑选加工，冻结入库，运输中转，市场销售等都涉及包装问题，如果水产品物流没有良好的包装或容器就会导致到手的鱼变质，如按照 1% 的损失率计算，中国全年将损失水产品 45 万吨，折合经济损失 50 多亿元。

4. 满足缓解水产品需求量不平衡性的要求

由于生活的地理环境差异很大，水产品消费人口分布不均匀。例如，中国 70% 的人口集中在东部沿海一带，加上东部居民具有消费水产品的偏好，使内地和沿海水产品消费有明显差别或不平衡性。此外，水产品具有季节性集中生产和均衡性消费等特性，水产品物流系统必须缓解需求量的不平衡性。

三、水产品冷链物流操作

（一）水产品的包装

1. 水产品包装原则

活鲜水产品要求在较短的时间内就可到达消费者手中，以保证水产品的鲜度，因此活鲜水产品不需要采取特殊的包装方法或微生物控制。但是，活鲜水产品的包装还是要达到一定的水平才能够满足市场的需求。

活鲜水产品的包装原则是活鲜水产品在包装过程中，为了保持其鲜味及新鲜度，应该通过包装来防止水分的蒸发和细菌的二次污染，尽量减少水产品脂肪的氧化变质，防止产品滴汁及防止气味污染等。

第一，防止水分的蒸发。活鲜水产品在包装过程中，如果过分干燥脱水，将会导致产品本身组织、颜色及鲜味的变化，影响其新鲜度。造成水分过度蒸发的原因与包装储存条件不佳及包装材料的水蒸气透过率太大有直接的关系。

第二，防止细菌的二次污染。虽然健康水产品的肉质从微生物学来说是无菌的，但在水产品其表面黏液和消化道内存在大量种类繁多的细菌。当水产品被宰杀后，这些细菌会迅速侵袭其组织内的所有成分。在市场中出售的活鲜水产品，其外包装虽然不能够抑制食品上附着的细菌发育，但可以防止流通中细菌的二次污染，在活鲜水产品的包装到出售过程中，如果采用低温预先冷却的方式，然后在 3℃～ 5℃的低温下流通，出售时就能够保持食品的新鲜度。

第三，防止产品脂肪的氧化。在室温条件下，由于氧的存在，水产品中油脂成分的酸败加快，采用良好的隔氧包装材料并结合冷藏技术将在很大程度上减少油脂成分酸败加快。

第四，防止气味的污染。水产品存储在透气性包装容器内，即使在低温环境中，仅仅几小时后就会散发出强烈的腥味，这是产品本身鲜味损失的结果，外界的异味透过包装也可以污染产品。因此，包装应该选用透气率低、气体隔绝性能好的材料，以解决气体的内外污染问题。

第五，防止产品滴汁。在水产品的包装中，由于要切割产品将不可避免地出现滴汁现象，如果在包装中出现滴汁将影响包装的形象。如在包装中放入吸水衬垫既可吸收滴出汁液，又可降低包装内的污染。

2. 水产品包装的具体要求

对活鲜水产品包装的基本要求是活鲜水产品在包装时应该充分考虑到活鲜水产品在储存流通过程中将会产生的问题，比如气味的污染、产品的滴汁、氧化等因素。因此，对其包装无论在技术上还是在材料上都提出了相应的要求。

第一，包装材料对产品不得有任何的污染，哪怕是气味的污染。

第二，包装材料应该具有良好的气密性及透气性，能够有效地防止气体的内外污染问题及防止产品氧化而产生的酸败。

第三，包装材料应该具有良好的水蒸气和挥发物质的隔绝性能，能够在低温冷藏条件下防止水分的蒸发。

第四，包装技术应该便于采取热封工艺。

第五，产品的包装设计应该美化产品的形象，富有吸引力，达到促进销售的目的。

第六，包装材料的选用以及包装的结构设计应适用包装技术的要求，才能够优化包装性能，降低包装的成本。

3. 水产品的包装材料

活鲜水产食品的包装材料对于活鲜水产品的包装，根据其不同的技术要求可以采用不同的包装材料。通常在超级市场买到的新鲜鱼、贝类食品，许多是装在盘中后用氯乙烯塑料、聚乙烯、聚苯乙烯、聚丁二烯的弹力拉伸薄膜包装的；高级虾、干贝类食品，是放在泡沫容器中，用高聚物的薄膜密封包装的；沙丁鱼和鲗刀鱼之类的鲜鱼则是放在盘中，用氯乙烯塑料的弹力拉伸薄膜包装的。

（二）水产品的储藏

1. 水产品的冷却方法

不同的冷却方法具有不同的冷藏保鲜效果，冰冷却法其储藏温度为0℃～3℃，保鲜期约为7～12天；冷海水冷却法保冷温度为-1℃～0℃，保鲜期为9～12天。除此之外还有空气冷却、冰盐混合冷却等。

其中冰冷却法（即碎冰冷却，又称冰藏或冰鲜）是鲜水产品保藏运输中使用最普遍的方法。由于冰鲜鱼最接近活鲜鱼的生物特性，故各国至今对这个传统保鲜方法仍放在极重要的地位。水产品冰冷却的方法有两种，即撒冰法与水冰法。

（1）撒冰法

撒冰法是将碎冰直接撒到鱼体表面。它的好处是简便，融冰水又可洗鱼体表面，除去细菌和黏液，还可以防止表面氧化和干燥。撒冰法一般用于整鱼的储藏。常用的冰有天然冰和机制冰（有块状、片状、管状）。若用块冰保鲜，使用前应将块冰砸碎。片冰使用方便，不易损伤鱼体，散布和冷却容易均匀。制冰设备简单，可以在船上及时生产使用。丹麦等国家都广泛使用片冰来保鲜鱼货质量。在远海作业船上，国外还使用海水冰。海水冰没有固定的融点，在储藏过程中会很快析出盐水，变为淡水冰。它用于虾类，降温快，可防止变色。但不许将被污染的海水及港湾内的海水用来制冰。日本渔轮上还广泛采用海淡水混合冰。

（2）水冰法

水冰法即先用冰把清水或清海水降温（清水0℃，海水为−1℃），然后把鱼类浸泡在水冰中。其优点是冷却速度快。应用于死后僵硬快的或捕获量大的鱼效果很好，如鲐鱼、沙丁鱼。淡水鱼可用淡水加冰，也可用海水加冰，而海水鱼只许海水加冰，不可用淡水加冰，主要防止色变。海水中加淡水冰，其盐度下降，故加冰的同时要加盐，使其盐度不变（一般外海盐度约为3.4%，江河出口处低一些）。如不加盐，则可把淡水冰放入聚乙烯袋中，这样可保持海水的盐度。实际水冰法一般都只用于迅速降温，待鱼体冷却到0℃时即取出，改用撒冰保藏。并不是整个保鲜过程都用水冰法，因为浸的时间过长，鱼肉会吸水膨胀，易变质。冷却海水的供冷方式有制冷机制冷冷却、制冷机和碎冰结合冷却等。一般认为，要在短时间内冷却大量渔获物，采用机、冰结合的供冷方式较为适宜和有效。因为冰具有较大的融化潜热，借它来冷却刚入舱的渔获物，而在鱼舱保冷阶段，每天用较小的冷量可以补偿外界向鱼舱渗入的热量。因此，可以选用负荷较小的制冷机，从而减少船上动力和安装位置的限制。一般鱼与海水的比例约为7：3。

2．水产品冷藏条件

对不同鱼有不同的储藏温度，温度越低、保藏期越长、质量越好。储藏温度不得高于−18℃。现在国际上采用−24℃可较低温度保存，并保持相对湿度95%～100%。

（1）鱼类的储存条件

一般鱼类在−18℃可储存9个月，如果在−24℃可储存1年。例如，冻鳗、沙丁鱼（肥鱼）在−18℃情况下可储存6个月；−25℃情况下可储存10个月。冻鳕鱼（中等肥鱼）−18℃情况下可储存8个月；−25℃情况下可储存12个月。冻比目鱼、黄鱼（瘦鱼）在−18℃情况下可储存10个月；−25℃情况下可储存14个月。阿拉斯加优质狭鳕鱼糜在−18℃、−23℃、−29℃时分别可以储存1个月、2个月和半年。

（2）鲜虾储存条件

虾的储存要求在−18℃以下。据测试在−18℃时可储藏12个月，−23℃时可储藏14个月，−29℃时可储藏16个月，温度越低，储藏期越长。

（3）贝类的储存条件

蛏（缢蛏、蛏子）用塑料袋套装后装箱，冷藏库储存在−25℃～−18℃，相对湿度95%～98%，冻藏期限6～10个月。牡蛎（海蛎子、蛎黄）用塑料袋套装后装箱在−18℃以下低温冷藏库中储存。

3．水产品冷藏保管措施

鱼冻结完成后，应立即出冻、脱盘、包装，送入冻藏间冻藏。

鱼类经过冻结加工后，其死后变化的速度大大减缓，这是冷冻鱼类得以长期保藏的根本原因。但鱼体的变化没有完全停止，即使将冻鱼储藏在最适宜的条件下，也不可能完全阻止其死后变化的发生和进行，而且这些变化的量，随着时间的积累而增加。冻鱼在冻藏期间的变化，主要有脂肪氧化、色泽变化、质量损失（干耗）及冰结晶成长等。因此，作为冷藏物流操作的要点就是采取相应措施，减少这些变化。

（1）减少干耗的措施

鱼类在冻藏中所发生的干耗，除了造成经济上的损失外，更重要的是引起冻鱼品味、质量下降。冻品的干耗问题，很早就引起许多学者及企业管理人员的重视，但至今还没有完全解决。以干耗原因分析，它不仅同冻藏间的温度与湿度有关，而且同冷库结构、季节温度也有关。一般以镀冰衣、包装、降低冻藏温度等来减少干耗；有的在冻鱼堆垛上盖一层霜，再覆帆布，帆布上浇一层水，使其形成一层冰衣，相对代替鱼体水分的蒸发（升华）；鱼货进入冻藏间之前，预先要有计划，应保证冻藏间内装满，因为干耗同冻品表面积以及冻藏间内留下的空间容积有关，如果空间所占容积大，干耗自然要大。

（2）防止冰结晶成长的措施

鱼经过冻结以后，组织内的水结成冰，体积膨胀。冰结晶的大小与冻结速度有关，冻结速度快，冰结晶细小，分布也均匀。但在冻藏过程中，往往由于冻藏间的温度波动大，使冰结晶长大。要防止冰结晶长大，则在储藏过程中尽量使温度稳定，冻藏间要少开门，进出货要迅速，尽量避免外界热量的传入。

（3）防止色泽变化的措施

鱼、贝类一经冻结，其色泽有明显变化，冻藏一段时间以后，色泽变化更为严重。如黄鱼的姜黄色变灰白色，乌贼的花斑纹变为暗红色。鱼、贝类变色的原因包括自然色泽的分解和新的变色物质的产生两个方面。自然色泽的破坏表现为红色鱼肉的褪色，如冷冻金枪鱼的变色；产生新的变色物质，如白色鱼肉的褐变、虾类的黑变等。上述变色不仅使商品外观不佳，而且会产生臭气，使失去香味、营养价值下降。不同的色变应有不同的处理方法。

（4）防止脂肪氧化的措施

在长期冻藏中，脂肪酸往往在冰的压力作用下，由内部转移到表层，因此很容易同空气中氧气作用，产生酸败。要防止冻鱼在冻藏过程中的脂肪氧化，须从这两个因素考虑。一般可用以下措施：

第一，避免和减少与氧的接触。镀冰衣、装箱都是有效办法，也是减少干耗、变色的有效方法。

第二，冻藏温度要低，而且要稳定。许多试验证明，即使在 -25℃ 也不能完全防止脂肪氧化，只有在 -35℃ 以下才能有效地防止脂肪氧化。库温要稳定，避免冰结晶长大产生内压把游离脂肪酸由内向表层转移。

第三，防止冻藏间漏氨。在进行冻鱼冻藏时，必须防止氨管漏气，因为环境中有氨会加速油烧，同时提出鲨鱼、红鱼类不能同其他鱼类同室储藏。

第四，使用抗氧化剂，或抗氧化剂与防腐剂两者并用。

总之，冻鱼在冻藏中，冻藏温度应低于 -18℃。为了减少鱼类在冻藏期中的脂肪氧化、变色、干耗及冰结晶成长，除了镀冰衣、装箱、使用抗氧化剂等措施外，应把冻藏温度降到更低一些为好。库温要保持稳定，尽量少开门，进出货要迅速，以免外界热量传入库内。对于散装冻鱼，最好每隔 1～2 个月镀一次冰衣。

（三）水产品的运输

活体海鲜水产品的运输方法要因地制宜，以干法和湿法两类为主，归纳起来大致有以下几种：

1. 干运

干运又称无水运输法，它是将水冷却到使鱼虾暂停生命活动的温度，然后脱水运输，到达目的地后，再将鱼虾放入水中，它们会重新苏醒过来。在脱水状态下，其生命可维持24h以上。这种运输法不仅使鱼虾的鲜活度大大提高，而且可以节省运费，是一种较理想的运输方法。

2. 淋水运输

适用于贻贝、扇贝、文蛤、牡蛎、青蟹等，运输途中要定时观察并喷淋海水。

3. 帆布桶运输

采用粗帆布缝制成帆布桶，其底部多数为正方形，少数为圆形，其长度与高度可据运输数量与车船体积而定，一般是0.8m～1.2m。制成后涂刷石蜡，用铁架支撑，装运的数量可根据鱼虾个体大小、水温高低、运输时间长短等条件而定，一般每吨水可装成鱼100kg左右。用火车、汽车、马车或船只运输均可，途中采取换水的方法以补充氧气，所换水的水质一定要事先处理好，以免发生意外。一般运程可达6天。如果经常给桶内充气或充氧，运程则更长。此法安全，但设备等成本略高些。若成活率高，还是相当合算。

4. 塑料袋包装运输

先把活鱼虾消毒，在塑料袋中装入配备好的水，再将鱼虾按不同规格和数量装入，然后挤掉袋中的空气，并灌入适量氧气，用橡皮圈束紧袋口。然后将塑料袋装入纸皮箱中，每箱可装1～2袋，最好用泡沫箱装，夏天气温高，可在箱内放一小袋冰块降温。此法目前在世界各地广泛采用，安全系数大。

5. 冷冻运输

采用专用冷冻运输箱装运活鱼。一般运输箱绝热性采用20cm厚的聚氨酯板，用不锈钢制成骨架，注入大约100L海水和90L淡水，再将体积相当于800L的鱼和90L的冰放入箱中。在封闭箱口前，再加入30L冰即可。

【案例分析】

广州黄沙海鲜水产品交易市场

1. 优越的地理位置

广州黄沙海鲜水产品交易市场是目前国内比较大的水产品交易市场。市场位于东经113°5′8″，北纬23°07′。在广州市珠江隧道口、地铁口西侧的珠江岸边，南临白鹅潭、西面是广铁南站，从黄沙大道的丛桂路、西猪栏路和六二三路均可直达场内，远洋大型渔轮、四乡小船均可直抵市场码头，水路、公路、铁路交通极为方便。

2. 丰富的经营管理经验

广州黄沙海鲜水产品交易市场是由广州港新风港务公司主办、市工商市场分局协办。1994年7月开业至今，市场车水马龙、经营秩序良好，档口生意蒸蒸日上，市场营销积累了丰富的管理经验，有完善的市场交易章程和经营守则，市场内真正体现："公平买卖、合理消费"，深受广大经营档主和消费者的高度赞扬，连续多年受省、市主管部门的表彰，获"全省文明市场""消费者满意市场""广东省渔业产业龙头企业"

等荣誉称号，是目前华南地区最大的水产品综合交易市场，也是全国三大国家级水产品批发中心之一。

3. 完善的配套设施

市场占地 25000 多平方米，固定档口 233 个，临时档口 50 多个，停车场可同时停放 250 多辆汽车，市场前沿码头可靠泊十多艘 3000t 级以下的船舶。有完善的水、电供应系统，保证 24h 不间断电源运作，配备先进的通信设备，齐全的环保卫生等设施。

4. 鲜活丰富品种众多

市场品种丰富多样，产销价格合理。目前以鲜活水产品为龙头，其中以独具岭南特色的鲜活水产品为其经营特色。以"活鲜"为代表的黄沙市场，比日本、东南亚等地海鲜水产市场毫不逊色，连美国、加拿大等国家的大型高档鱼市场也惊叹不止。

5. 交易活跃辐射面广

市场经营活跃，交易数量巨大。每天 24h 全天候都可以进行交易。每天进场交易的车次多达 1000 辆次，日交易量达 600 多吨，其中从北方空运至市场的活海鲜有 150t 左右，而打包空运至北京、上海、杭州、沈阳、哈尔滨、重庆、成都、贵阳、昆明、南宁、武汉、石家庄等大中城市的海产品达 200 多吨，每天成交额逾 2000 多万元。

（1）省内主要辐射区域有

沿海东线的南澳、汕头、汕尾、海陆丰、惠阳、惠东、深圳、珠海等地区；沿海西线有湛江、阳江、茂名、电白、阳江、台山等地为代表；珠江三角洲的东莞、南海、顺德、三水等地也占相当大的交易量。

（2）国内主要辐射

肯定地说，全国各大、中城市，都有黄沙市场海鲜销售客户网络，都有水产品的经营者进场交易。

（3）国际主要辐射国家

美国、加拿大、澳大利亚、新西兰、日本、新加坡、马来西亚、泰国、越南等二十多个国家主要大城市已建立有海鲜水产品的进出口业务。可以说，广州黄沙海鲜水产品交易市场在国际上已享有一定的知名度。

据悉，从 2000 年开始，广州黄沙海鲜水产品交易市场正式升级改造扩建，2005 年 6 月，一期约 4 万平方米的五层裙楼工程建成，首层正式投入营运，将逐步按照国家级水产品中心批发市场的发展规划，推进中心批发市场总体工程的全面建设。升级扩建后的广州黄沙海鲜水产品交易中心，由两座 15 层主楼及一座 5 层裙楼组成，建筑面积达 18 万平方米。届时市场的年交易量将达到 40 万吨，交易额将超过 100 亿元。交易中心的经营品种除做大做强现有鲜活水产品外，还将拓展冰鲜以及其他水产干货、冷冻水产品、包装加工食品等项目。交易中心还积极建设电子商业、拍卖等现代先进的交易方式，将建成一个现代化、国际多元化的中心批发市场，成为集水产品交易、饮食、娱乐、旅游观光为一体的羊城新亮点，成为中国乃至全球有知名度和影响力的水产品中心批发市场。

一、单项选择题

1. 将碎冰直接与鱼体接触而冷却鱼的保鲜方法叫（　　）。

A. 辐照保鲜法　　B. 水冰法

C. 冷冻法 D. 撒冰法

2. 水产品中心从 –1℃降到 –5℃所需的时间，在（　　）分钟之内为快速，超过此即为慢速。

A. 10　　　　　　　B. 30　　　　　　　C. 60　　　　　　　D. 120

3. 我国选用的水产品冻藏温度为（　　）或以下。

A. –10℃　　　　　B. –18℃　　　　　C. –25℃　　　　　D. –30℃

4. 冷却海水保鲜是将渔获物浸渍在（　　）的冷却海水中保鲜的一种方法。

A. –1 ~ 0℃　　　　B. –1 ~ 4℃　　　　C. 0 ~ 4℃　　　　D. –1 ~ –5℃

二、多项选择题

1. 影响水产品腐败的因素有（　　）。

A. 鱼的种类　　　　B. 温度　　　　　　C. pH 值　　　　　D. 自溶作用

2. 鱼、贝类保鲜的其他方法有（　　）等。

A. 气调保鲜　　　　B. 化学保鲜　　　　C. 生物保鲜　　　　D. 辐射保鲜

3. 水产品微冻保鲜主要有（　　）。

A. 冰盐混合微冻法　　　　　　　　　B. 低温盐水微冻法

C. 空气冷却微冻法　　　　　　　　　D. 冷却海水保鲜法

4. 鲜活水产的鲜度管理主要靠提升养殖技术，在（　　）密度等各方面保障鱼类的生存环境。

A. 水温　　　　　　B. 水质　　　　　　C. 氧气　　　　　　D. 盐度

5. 常用的活鱼运输方法有（　　）。

A. 增氧法　　　　　B. 麻醉法　　　　　C. 低温法　　　　　D. 无水法

三、简答题

1. 鱼体死后的变化有哪些？

2. 水产品的冷却方法有哪些？

3. 鱼的微冻保鲜方法有哪些？

4. 简述鱼的冻结过程。

项目七　乳制品的冷链仓储管理

 **任务导入**

> 乳制品的储藏、运输、销售都需要冷链，禽蛋类在储藏和运输过程中对温度也有严格的要求，为了确保新鲜乳制品和禽蛋从生产源头安全地送达到消费者的手中，冷链物流在整个链条中扮演着重要的角色，如果这些产品在分销渠道没有严格的冷链环境，流通环节产生了"断链"，将会导致产品在冷链物流环节产生较大损失。

学习大纲

1. 学习原料乳的处理与保鲜。
2. 掌握消毒乳的加工与保鲜。
3. 了解冷饮、奶业及速冻品冷链。

任务一　乳产品的冷库操作与管理

一、原料乳的验收与保鲜

（一）验收质量要求

原料乳是指从奶畜乳房中挤出的未经加热消毒的乳。原料乳的质量状况直接影响着乳制品的质量，只有优质的原料乳，才能生产出优质的乳制品。而奶畜的饲养不易集中，饲养水平悬殊，使得乳的质量参差不齐，因此做好乳的验收工作，把好原料乳的质量关十分重要。一般乳品厂奶源比较分散的地区应设置一定数量的收奶站、点，在比较大的牧场也应设有收奶点，并固定专人验收及对收纳的奶作初步处理（如过滤、冷却等），然后用奶桶或奶槽车运回乳品厂再做进一步的处理。

原料乳的质量要求：轻工部规定，生产全脂奶粉的原料乳的质量要符合下列10条标准，其他乳制品可以此作为参考。

1．采用由健康母牛挤出的新鲜乳汁。

2．不得使用产前 15d 内的胎乳和产后 7d 内的初乳。

3．不得含有肉眼可见的机械杂质。

4．具有新鲜牛乳的滋气味，不得有外来异味，如饲料味、苦味、臭味和涩味等。

5．为均匀无沉淀的液体，呈浓厚黏性者不得使用。

6．色泽为白色，不得有红色、绿色、显著黄色。

7．酸度不超过 20°T，个别地区允许使用不高于°T 的牛乳。

8．牛乳的乳脂肪＞3.0%，全脂乳固体＞11.5%。

9．不得使用任何化学物质和防腐剂。

10．汞和有机氯农药的残留量标准：汞不高于 0.01mg/kg，六六六不高于 0.1mg/kg，DDT 不高于 0.1mg/kg。

此外，有些地区还规定相对密度为 1.028 ～ 1.032；细菌总数每 1 毫升不得超过 50 万个。

（二）验收方法

根据原料乳的质量要求，一般验收的项目包括感官检验和理化性质检验两个方面。要求对送交的每个容器的乳逐个进行检验，并将好坏乳分别接纳利用。

1．感官检验

包括对色泽、质地、杂质情况及气味的检验，对可疑者再做有关理化性质检验。

2．理化性质检验

要求对每个容器的乳都要做乙醇试验和相对密度测定。对感官检验可疑的乳，再做相应的掺假检验。

（1）乙醇试验与乳酸度测定

乙醇试验是目前判断乳新鲜度最常用的方法。因乙醇有强亲水性，新鲜乳对乙醇的脱水作用呈现稳定性，但乙醇能使酸度升高的酪蛋白脱水而发生沉淀。酸度越高，沉淀越严重，以此可判断乳酸度的高低。

对某些要求用酸度低的原料乳生产的乳制品如干酪（要求在 18°T 以下），选择原料乳时应用乙醇体积分数为 72% 的乙醇做试验。

乙醇试验注意事项：

①非脂乳固体较高的水牛乳、牦牛乳和羊乳，乙醇试验呈阳性反应，但热稳定不一定差，乳不一定不新鲜。因此，对这些乳进行乙醇试验，应选用低于乙醇体积分数为 68% 的乙醇溶液。由于地区不同，尚无统一标准。

②牛乳冰冻，也会形成乙醇阳性乳，但对热稳定性影响不大，仍可作为乳制品原料。

③乙醇应是纯的，pH 必须调到中性，使用时间超过 5 ～ 10d 后必须重新调节。

乳酸度还可用如下方法测定：取 10ml 牛乳，用 20ml 蒸储水稀释，加入 5g/L 的酚酞 0.5ml（约 10 滴），以 0.1mol/L 氢氧化钠溶液滴定，边滴边摇，直至呈现微红色在 1min 内不消失为终点。所消耗的氢氧化钠体积（ml）乘以 10，即为该乳样的酸度（°T）。

用上述方法滴定后，按下列公式换算即可。

$$乳酸度 = \frac{滴定用\ 0.1md/LNaOH\ 体积（ml）\times 0.009}{供试牛乳的质量} \times 100\%$$

（2）相对密度测定

测定乳的相对密度主要是为了检验乳中是否掺水。因为牛乳的相对密度一般为 1.028～1.034，与乳中非脂乳固体的含量成正比，当乳中掺水后，乳中非脂乳固体含量下降，相对密度随之变小。当被检验乳的相对密度小于 1.028 时，便有掺水的嫌疑。测定方法如下：

①将乳样充分搅拌均匀后仔细地沿量筒壁倒入量筒内，防止产生泡沫影响读数。将密度计（乳稠汁）小心放入乳中，使其沉入到 1.030 刻度处，然后使其在乳中自动流动（防止与量筒壁接触），静止 2～3min 后，两眼与密度计同乳面接触处成水平位置进行读数，读取弯月面上缘处的数字。

②用温度计测定乳的温度。

③计算相对密度：乳的相对密度是指 20℃时乳与同体积 4℃水的质量之比［d（20℃/4℃）］。所以，如果乳温不是20℃时，需进行校正。乳的相对密度随温度升高而降低，随温度降低而升高。温度每变化 1℃，实际相对密度减小或增加 0.0002，故校正为实际相对密度应加上或减去 0.0002。例如乳温度为 18℃时测得相对密度为 1.034，则校正为 20℃时乳的相对密度应为：

$$d\left(20^{\circ}C/4^{\circ}C\right) = 1.028 - [0.0002\times(20-18)] = 1.0276\ \text{false}$$

④将求得的相对密度 d（20℃/4℃）加 0.002，换算成被检乳的相对密度泌（15℃/15℃）。

（3）掺假检验

①掺碱（碳酸钠）的检验：鲜乳保藏不好时酸度往往升高，为了躲避被检出高酸度，常在乳中掺碱。对色泽发黄、口尝有碱味或苦涩味的乳，应进行掺碱检验。

测定方法：于 5ml 乳样中，加入 5ml 0.5g/L 玫瑰红酸乙醇溶液摇匀。乳呈肉桂黄色为正常，呈玫瑰红色为掺碱，掺碱越多，玫瑰红色越鲜艳。

②掺淀粉的检验，掺水的牛乳，乳汁变得稀薄，相对密度降低。向乳中掺淀粉，可使乳变稠，相对密度接近正常。对有沉渣物的乳，应进行掺淀粉检验。

测定方法：取乳样 5ml 注入试管中，加入碘溶液 2～3 滴。乳中掺有淀粉时，呈蓝色、紫色或暗红色及其沉淀物。未掺淀粉者稍呈黄色。

碘溶液的配制：取碘化钾 1g 溶于少量蒸馏水中，然后用此溶液溶解结晶碘 5g，待结晶碘完全溶解后，移入 100ml 容量瓶中，加水至刻度即可。

③掺食盐的检验：向掺水乳中掺食盐，可以提高乳的相对密度。口尝有咸味的乳，有掺食盐的嫌疑。

测定方法：取乳样 1ml 于试管中，滴入 100g/L 铬酸钾 2～3 滴，加入 0.01mol/L 硝酸银 5ml（羊乳需 7ml）摇匀。溶液呈浅黄色者表明掺有食盐，呈棕红色者表明未掺食盐。

（三）原料乳的处理与保鲜

原料乳验收合格后，还要经过一系列的处理过程才能加工乳制品，主要包括过滤、净化、冷却、储存、运输、均质及标准化等处理和保鲜环节。

1. 过滤

挤下的乳必须及时进行过滤，以除去杂质和部分微生物。最常用的方法是用纱布过滤。将 3 ～ 4 层消毒纱布结扎在乳桶口上，挤下的乳经称重后倒入铁桶中即可。要求纱布的一个过滤面不超过 50kg 乳。使用后的纱布应立即用温水清洗，再用 0.5g/L 的碱水洗涤，然后再用清水洗净，最后煮沸 10 ～ 20min 杀菌，存放在清洁干燥处备用。凡是将乳由一个容器送到另一个容器，或从一个工序送入另一个工序时，都应进行过滤。

2. 净化

为了获得高纯净度的原料乳，过滤后应再通过净乳机净化。目前生产中使用的净乳机可自动排渣，净化效果较好。在净乳前乳温保持在 32℃时净化效果更好。净化后的乳最好直接加工，否则应立即冷却。

3. 冷却

可以抑制乳中微生物的生长繁殖。到目前为止，冷却后在低温条件下储藏仍然是乳保鲜的基本方法。刚挤出的乳，温度在 36℃左右，是微生物最易繁殖的温度。为此，乳挤出后应迅速冷却，净化后的乳也应立即冷却。

冷却方法，既可利用当地天然冷源条件，将奶桶置于井水、河水、自来水等水源中，在不断轻轻搅拌下使乳冷却；也可利用表面式冷却器（也叫冷排）和片式冷却器等设备使乳冷却。

乳冷却的温度越低，保存时间越长。但在实际生产中，应根据乳需要保存的时间长短，确定冷却温度。

4. 储藏

乳冷却后应尽可能保存在低温条件下，以防止乳温升高。因为冷却只是暂时停止微生物活动，当乳温升高后，微生物又会生长繁殖。冷却后的乳最好储于储奶罐内，储奶罐有卧式和立式两种，罐壁有绝热层，内有搅拌器，可定时开启，使奶温均匀并防止脂肪上浮。

5. 运输

运输途中要防止乳温升高和乳过度振荡。为此，夏季应在早、晚运输，容器应尽量装满，最好采用奶槽车运输。

6. 均质

牛乳的均质，是在 14 ～ 21MPa 的压力下，把乳从细孔压出使脂肪球破碎，使直径 $3\mu m$ 左右的脂肪球变成直径 $1\mu m$ 以下，而且随着均质压力的提高脂肪球越小。均质乳能有效防止乳静置时形成稀奶油层和降低凝块张力（即凝块变软）。

7. 标准化

乳中的成分，随奶畜品种、地区、季节和饲养管理等因素不同有较大的差异。因此，在生产乳制品时，为了获得与标准规定一致的产品，必须对原料乳进行标准化处理，调整乳中脂肪与非脂乳固体间的比例关系。如原料乳中脂肪含量不足，应添加稀奶油或分离掉一部分脱脂乳；如脂肪含量过高，则可添加脱脂乳或分离掉一部分稀奶油。标准化工作是在储奶缸的原料乳中进行或在标准化机中连续地进行。

二、消毒乳的加工与保鲜

（一）消毒乳的种类

消毒乳指将原料乳经处理、包装后可直接供消费者饮用的商品乳。

1. 全脂消毒乳

这是目前消费量最多的消毒乳。它以合格的鲜乳为原料，不添加任何添加剂，经净乳、杀菌、包装后直接供消费者饮用，但各项卫生指标必须符合有关卫生标准。

2. 强化消毒乳

在鲜乳中添加乳中易缺乏的营养物质，如添加某种维生素或铁、锌、碘等微量元素，使乳的营养成分更加全面，但其风味及外观与全脂消毒乳基本相同。如多维奶、铁锌奶、碘奶等。

3. 花式消毒乳

主要在风味和口感上对消毒乳加以改进。如在乳中添加咖啡、可可或各种果汁，使其风味和外观与全脂消毒乳不同。如咖啡奶、可可奶、果汁奶等。

（二）消毒乳的加工和保鲜

消毒乳的加工工艺流程：原料乳的验收→过滤或净化→标准化→均质→杀菌→冷却→灌装→封盖→装箱→冷藏。

1. 料乳的验收

消毒乳的质量决定于原料乳，因此对原料乳的质量必须严格管理，认真检验。主要的检验项目为：色泽、滋气味、温度、相对密度、乙醇试验、酸度、脂肪、细菌数（直接镜检法）、杂质等。必要时抽查抗菌物质、农药残留（DDT、BHC）、乳腺炎菌和亚甲蓝试验等。

2. 过滤或净化

原料乳验收合格后必须进行过滤净化。最简单的过滤方法是用3层纱布过滤，有的厂家采用双联过滤器过滤。生产保质期较长的灭菌乳时，还应通过净乳机进行净乳处理，以除去乳中细小的机械杂质及一些细菌细胞。

3. 标准化

根据我国食品卫生标准规定，消毒乳的含脂率为3.0%，因此，凡不符合此标准的原料乳都必须进行标准化处理。处理时通常用添加稀奶油或脱脂乳来调整原料乳中的脂肪含量。

4. 均质

就是将乳脂肪球在强力的机械作用下被破碎成小的脂肪球，以防止脂肪的上浮分离，并改善乳的消化吸收程度。均质时须将乳预热到60℃左右，然后使其通过 14～21MPa 压力的均质阀而使脂肪球粉碎。经均质后，除了脂肪球被破碎外，蛋白质颗粒也变小，故当凝固时，形成的凝块较软，组织光滑，黏度增加。

5. 杀菌和灭菌

目前在乳品生产中，一般采用加热方法进行杀菌和灭菌。通过加热，大部分微生物杀灭时称为杀菌，而全部微生物杀灭时称为灭菌。常用方法有以下几种：

（1）低温长时杀菌法

简称 LTLT 杀菌法或保温杀菌法。杀菌条件为 60 ~ 65℃、30min 或 72 ~ 75℃、10 ~ 15min。此法杀菌的主要设备是保温消毒缸，杀菌操作为分批间歇式。杀菌所需时间较长，杀菌效果不够理想。但由于投资少，适于小型乳品厂使用。

（2）高温短时杀菌法简称 HTST 杀菌法

杀菌条件为 72 ~ 75℃、15 ~ 16s 或 80 ~ 85℃、10 ~ 15s。此法是一种连续式杀菌法，适于较大规模的乳品厂使用。全套杀菌设备包括：片式热交换器或管式热交换器、平衡槽、乳泵和温度自动控制器及自动记录仪等，有些还配有均质机和标准化机。该法的主要优点是效率高，可以对大量牛乳连续杀菌，杀菌率可达 97% ~ 99%，但在消毒乳中还残留少数耐热性较强的细菌。

（3）普通高温灭菌法

灭菌条件为 115 ~ 120℃、15 ~ 20min，可全部杀灭乳中的微生物。灭菌效率高，适于瓶装 2 次灭菌奶的生产。产品在常温下可保存数月而不变质。

（4）超高温灭菌法

简称 UHT 灭菌法。灭菌条件为 130 ~ 150℃、2 ~ 0.5s，可全部杀灭乳中的微生物。由于此法杀菌时间很短，对乳的营养成分影响最小，是一种较理想的加热灭菌方法。

消毒牛乳由于采用的杀菌或灭菌的方法不同，其质量也不一样。不同杀菌方法生产的消毒乳，细菌残存数和杀灭率都有差异，在 25℃的恒温箱内保藏 48h 后，其质量变化情况。

6．冷却

乳经杀菌后，虽然绝大部分细菌已经消灭，但是在以后各项操作中还有可能污染。为了抑制乳中细菌的生长繁殖，杀菌后必须及时进行冷却。用片式杀菌时，乳通过冷却区段后已冷至 4℃。如用保温缸或管式杀菌器时，需用冷排或其他方法将乳冷却至 2 ~ 4℃。冷却后的乳应直接分装，及时发送给消费者。如不能立即发送时，也应在 5℃以下的冷库内储藏。

7．灌装、装箱及冷藏

（1）灌装容器

灌装容器，小型乳品厂主要采用玻璃瓶、聚乙烯塑料瓶或塑料袋；大型乳品厂有采用塑料涂膜夹层纸或铝箔夹层纸包装的。一般都在自动生产流水线上进行，包装后自动装入箱内，然后移至 5℃以下的冷库保藏或直接发送。

（2）灌装方法

瓶装时，大型乳品厂多采用自动装瓶机和自动封瓶机，并与洗瓶机直接连接。这种机器的工作过程如下：洗净的乳瓶由传送带从洗瓶机送到自动装瓶机，用纸盖将奶瓶封好，随后加封纸罩或金属盖。封好的奶瓶落到输出台上。

（3）纸屋包装方法

这种包装采用塑料涂膜夹层纸。其包装方法为：将塑料涂膜夹层纸带经过圆滚进入机器，在这里纸带先经过紫外线杀菌，然后卷成纵向的纸筒。当纸筒通过出乳口时，乳就装入纸筒。再转移到下部，这里有两对加热板，以垂直方向对纸筒加压，同时封闭装好乳的纸筒口，然后再由剪断机剪成小屋子形。

乳的生产、储藏以及运输、配送过程中，必须采用全程冷藏链保鲜。只有这样，才能保证乳品质量和消费者的饮用安全。

三、乳制品的包装及保鲜技术

乳制品中导致腐败的菌是低温腐败菌，低温腐败菌是乳制品保藏过程中常见的污染菌。有些腐败菌如假单胞杆菌属中某些菌株具有很强的分解脂肪和蛋白质的能力，在低温下可将乳蛋白分解成蛋白豚或将脂肪分解产生脂肪腐败味，导致冷藏乳制品腐败。产碱杆菌属可使牛乳中的有机盐（柠檬酸盐）分解成碳酸盐，从而使牛乳转变为碱性，发生黏性变质。黄杆菌属能在低温下生长，可产生脂溶性色素，有很强的分解蛋白质的能力，使乳品发生乳清分离、凝固、变色等腐败变质现象。乳制品的包装及保鲜技术对乳制品原有的口味、微量元素含量及营养等方面有着非常重要的作用。

（一）乳制品包装技术

无论是液态奶还是固态乳制品，其包装形式中最常见的是软包装，过去，简单的单层塑料袋充斥了整个软包装市场，而今，单层塑料袋已逐渐淡出乳品软包装市场，各种新材料、新技术使乳品软包装市场焕然一新，适合于各种鲜奶的复合包装材料（黑白膜、纸/塑复合、纸/塑/铝复合），造型新颖、成本不一的包装形式（利乐枕、百利包、康美包等），功能先进、生产效率高的印刷复合设备（凹印机、柔印机、干式复合机），使乳品软包装市场呈现一派繁荣景象。造成乳制品变质、变味的原因有很多，从包装上来分析，很重要的一个原因是用于乳制品包装的塑料复合膜、袋，其阻氧性能远远不符合要求。下面我们介绍几种乳制品的包装：

目前，我国液态奶的包装形式主要有利乐无菌砖、利乐枕、屋顶包、泉林包、塑料薄膜软包装（如百利包）等。

1. 利乐无菌砖、利乐枕类包装

利乐无菌砖、利乐枕是瑞典利乐公司的专利产品，从 20 世纪 80 年代进入我国市场以来，一直处于行业领先的垄断地位，占据了国内市场 90% 以上的份额。现在，山东泉林包装有限公司也开发出了相同类型的包装材料——泉林包，并在乳品和饮料包装领域逐渐成长起来，市场发展前景较好。

采用该类包装的乳品保质期长，适合远距离运输，有利于扩大产品的销售范围，是超高温瞬间灭菌奶高档包装的主要形式之一。如图 7-1

图 7-1　利乐枕类包装

2. 屋顶包

屋顶包是由美国国际纸业引入我国的一种包装概念，目前除国际纸业以外，一些国内包装企业也开发出了不同材料的屋顶形包装，包括纸塑复合材料和纸铝塑复合材料的包装。

目前，国内使用的屋顶包中较为典型的一种结构为印刷层/纸/PE，其中，PE 层主要通过挤出涂布方式进行复合，复合用纸是经过特殊处理的专用纸，印刷采用高氏或施密特公司的醇溶性油墨。屋顶包乳品的保质期因材料结构不同，差别较大，一般保质期为45天左右的屋顶包主要用于乳品生产基地周边的鲜奶销售包装。由于这种包装的阻隔性能较差，因此在运输和销售过程需要利用冷链储运，其消费群主要集中在长江以南地区。如图7-2。

3. 复合塑料软包装

在我国的乳品包装中，塑料软包装凭着本身成本低、生产效率高、印刷精美等特点，在液态奶包装市场中占有相当大的比例。是长江以北地区销售液态奶的主要包装形式，也是一种经济实用的包装，发展前景广阔。

图7-2 屋顶包

复合包装膜所用的薄膜材料主要为聚乙烯（PE）共挤膜，其层数不同、原料配比不同，应用领域也不同。如目前流行的"百利包"就是一种可用于包装超高温瞬间灭菌奶的包装膜。如图7-3。

包装产品实则是包装材料、形式、机械及技术等多个元素的不断变化，推动了乳制品包装的不断提高，时至今日，乳制品包装经历了时间的历练，已经进入了多元化时代。

图7-3 复合塑料软包装

（二）乳制品保鲜技术

各种乳制品贮藏保鲜都必须要冷藏，而冷藏前首先要冷却（前处理），目的是尽快将食品的温度下降至接近食品的冰点及时抑制和减缓食品中微生物的繁殖和生化反应的速度，保持食品良好品质与鲜度，延长食品保质期。适于乳品冷却的方法是空气冷却法，即利用低温空气流过食品表面，使食品温度下降，低温杀菌。

不同的乳制品需要的保藏条件也是不一样的，下面我们介绍几种常见乳制品保鲜技术。

1. 酸乳

酸乳是液状或半固体食品，是发酵乳制品的一种。乳经乳酸菌发酵而成。其中含有活性乳酸菌，具有调节人体肠道中微生物菌群平衡的作用。酸乳的原料是牛乳，制成成品后要经过冷藏、配送和零售三个阶段才能出库进入流通。酸乳在0～4℃下贮藏较好，凝固的酸乳在此条件下存放一周，能保证质量，但存放过久，一旦表面长霉就不能食用了。它的贮藏要以下几个环节：

（1）冷藏：低于5℃恒定温度下，一般要求在冷库中存放48小时以上。

（2）配送：温度应＜10℃，尽量避免颠簸和摇晃，以免品质遭受破坏和过多的乳清析出。

（3）销售：乳制品存放在冷藏陈列柜中，温度应＜10℃，购买后如不即刻食用，应放入冷柜中冷藏，不能放在冰箱中的冷冻室贮藏，因为冻结后酸乳中的水分和脂肪会发生分离。

2. 炼乳

炼乳是牛乳的浓缩产品，分甜炼乳和淡炼乳两种。贮藏温度 ≤ 15℃，最高温度 ≤ 20℃，温度需恒定。

3. 乳粉

乳粉是奶粉将牛奶除去水分后制成的粉末，它适宜保存。要延长保质期，包装很重要。它主要有以下三种方式：

第一，塑料包装。如采用 500 克单层聚乙烯薄膜包装，成本低，劳动强度轻，有一定的防潮效果，但阻隔性差，乳粉易变质，且袋易受损，只能满足短期贮存的需要；保质期一般为 3 个月。

第二，如果采用铝箔复合袋包装，避免光线、水分和空气的渗入，有利于乳粉的长期保存；保质期一般为 12 个月；装袋后装入硬纸盒更好。

第三，充氮包装，先将袋内抽成真空，立即充入 99% 氮气再密封，可明显延长保质期（24℃下 9 个月，风味不变）。

4. 干酪

干酪是用皱胃酶或胃蛋白酶将原料中的蛋白质凝聚成块，再将凝块加工、成型和发酵成熟而制成的一种乳制品。

其包装方法是先用硫酸纸包装一层，再用普通包装纸包两层，包好放于纸盒内，纸盒是由瓦楞纸制成。并要求每一个包装箱内只能包装同一类型、同一质量等级和接近同一成熟期的产品。保藏时温度一般为 -5℃。

5. 奶油

奶油又称黄油或白脱，是稀奶油经成熟、搅拌、压炼而成的一种奶制品。

包装后立即放入冷库中，温度 < 15℃，如需长期保存则温度 23℃。出库后，在常温下时间越短越好，10℃下不超过 10 天。奶油容易吸收外界气体，应注意不与异味物质存放在一起，运输时应低温。

为了提高奶油的保藏性需要进行抗氧化和防霉处理，可以在压炼完毕包装之前添加一些规定允许而且无害的抗氧化剂。抗氧化剂在奶油压炼时添加，使其均匀分布或喷涂于包装纸上。

6. 冰淇凌

冰淇凌是以牛乳或乳制品为主原料，加入蛋或蛋制品、甜味料、乳花剂、稳定剂及香料等，经混合、杀菌、均质、老化、凝冻、成型和硬化等工艺制成的体积膨胀的冷冻饮料。

温度控制：硬化处理温度控制在 -25 ~ -40℃，售前温度控制在 -25 ~ -30℃，零售时温度控制在 -18℃左右。

除此以外，还有很多保鲜技术，如二氧化氯法、超声波保鲜技术、紫外线保鲜技术、辐照保鲜技术、超高压保鲜技术、脉冲电场和脉冲磁场保鲜技术、乳酸链球菌素保鲜技术等高科技的乳制品保鲜技术。

【知识链接】

乳制品在运输过程中必须要注意以下几点：

第一，防止鲜奶在运输中温度升高，尤其在夏季运输，最好选择在早晚或夜间进行运输。

第二，运输工具最好采用专用的奶罐车。如用奶桶运输应用隔热材料遮盖。

第三，容器内必须装满盖严，以防止在运输过程中因震荡而升温或溅出。

第四，尽量缩短运输时间，严禁中途长时间停留。

第五，运输容器要严格消毒，避免在运输过程中被污染。

任务二 冷饮、奶业及速冻品冷链

一、冷饮冷链

（一）冷饮市场现状

1. 市场消费情况

冰激凌以其美观、冰凉、快乐与甜蜜的感受，自 19 世纪问世以来，越来越受到世界各地人们的喜爱。目前，世界第一大冰激凌消费国美国人均年消费冰激凌为 23kg，澳大利亚为 17kg，瑞典为 16kg，日本为 11kg，荷兰为 18kg，而中国人均消费量仅为 1.2kg，所以说冰激凌市场尽管从 20 世纪 90 年代以来，每年以约 10% 的速度在递增，但市场潜力依然巨大。中国潜力巨大的冰激凌市场吸引了巨大资本的追捧和关注，这一切都为中国冰激凌工业的发展带来了广阔的市场前景。

我国冷饮市场的消费总量不断上升，消费的季节性差异逐步消失。随着人们冷饮消费习惯的改变、人均收入增加、消费群体不断扩大以及我国城市化的发展，一段时间内，冷饮的生产销售仍将呈现上升趋势。

2. 品种状况

冷饮的新品种所占市场份额增加。冷饮的生产厂家深知，一个冷饮品牌要成功，新品开发要占到 30% ~ 40% 的分量，它不仅有助于夺取市场份额，还会带动老品种的销售。新产品包括在口味、结构、组合甚至包装上不断更新的产品。

另外，冰品结构的简单化，口味的纯正化成为主流。冰品市场上虽然布丁类产品还是有一定销量的产品，但是主流还是具有比较清爽口感的纯冰制的产品，不管固形物的多少，都是尽量将产品口感向"清爽"的方向靠近，这种产品结构简单，但对产品的香气、口感有比较高的要求。

3. 价格状况

伴随着能源价格的上涨，冷饮生产成本当然也随之增长。但冷饮价格并没像人们预期的那样水涨船高。从几家大型的冷饮企业提供的产品价格表上来看，"和路雪""伊利""蒙牛""雀巢"等9家企业的178种老产品价格，调高的仅4种，持平的有172种。从整个市场来看，价格非但没有涨，反而个别产品的出厂价比2006年还略有下降。另外，无论是伊利、蒙牛等国内巨头，还是雀巢、和路雪等外国名牌，为了争夺市场份额都将中低端冷饮市场作为今夏冷饮战的"主战场"，而实施低价策略作为最简单直接也最能够吸引消费者眼球的营销方式，无疑成为众多巨头们的首选。当外资加大了向下试探的力度后，原本就在中、低端市场游走的国内品牌，便开始向更低的价格区间进行尝试。

4．行业竞争情况

随着竞争的加剧，大企业广告宣传上投入的力度也随之增加。蒙牛公司花巨资购买央视的黄金时段的广告，并全力打造包括"绿色心情"在内的蒙牛系列产品；伊利的"百变圈"、宏宝莱的"非你不渴"等都在广告上投入较大。大中型企业逐渐把广告投入当作巩固老市场，开发新品市场的有力手段，这将逐渐夯实企业的自身品牌价值。

（二）冷饮物流市场

1．冷饮的流通渠道

传统的营销渠道是金字塔形的，在1996年以前，冷饮市场较为流行，也为一些企业作出了很大的贡献。如伊利在东北的总代理就是此体制的典范。随着生产能力的过剩，冷饮生产技术的透明，竞争的加剧，这种传统渠道的缺点越来越显现出来，具体表现在各企业难以有效地控制销售渠道、多层级的渠道，使利润的分配达不到均衡，扼杀了价格的竞争优势、多层级的渠道，信息的反馈难以及时、有效，在一定程度上延误了企业的决策时机，增加了企业的决策成本，降低了企业的效率，各企业的政策及促销方案得不到有效的执行及落实。

冷饮的销售渠道深受冷链的制约相对比较复杂，它不仅要经过经销商、各级批发商，还要经过各级终端才能进入消费者的口中，所以各大品牌从未放松过渠道的运作。渠道已经是品牌营销和产品营销的有力支柱了。像"和路雪"每年向终端投放6000台冰柜，现在已经累积达60000台，投入之高令人咋舌。目前，冷饮渠道攻略基本延续伊利的三级策略，采用"一级调控、二级配送、三级终端"的通路整合模式。在优化渠道的过程中各大品牌乃至中小品牌策略清晰，动作敏捷。因此大量的经销商因为没有达到企业的要求而沦为配送商，甚至被剥夺代理权，企业转而自建网络。在消费者品牌认知度较高、中心城市竞争激烈的情况下，渠道延伸，重心下移，抢占三、四级市场已经势在必行！

进行渠道细分，可以使产品发挥更大的辐射力，网络更加密集有序，是深度分销的必然。冷饮渠道要进行不同的细分，主营渠道成为销量和利润的主要来源，其他渠道要通过发展渠道运作商和配送商的形式，进行渗透的开发和培育，实现整个渠道的交叉覆盖，最终巩固品牌的竞争基础。

2．冷饮物流市场

基于对冷饮流通渠道的分析，开展冷饮物流业务，可以从以下三个方面努力。一是锁定大客户，重点开拓像蒙牛、伊利、光明等国内龙头企业；二是立足重点地区，分别以上海、北京及广州、深圳为中心，在华东、华北以及华南区域开展业务；三是实施精细化运作，降低物流成本。

对于物流企业来说，开展冷饮物流业务有其优劣势。优势在于，技术要求不是很高，业务操作相对简单，随着冷饮产量稳步上升，物流需求持续增加，企业本身已有一定的基础设施、操作经验和客户渠道。而劣势在于，增值服务需求少，必须承担生产厂家转嫁的物流成本风险，收入随需求增加，利润却逐渐降低。且目前行业正处于盘整期，前景一般，还得考虑淡季运输资源如何充分利用。

（三）冷饮物流策略

渠道服务将成为冷饮行业一个新的关注点，关键在于争夺有限的冷链！冷饮的物流营销队伍是一支营销行业的特种兵，他们每天都拼搏在冷链的争夺上，终端的任何一台冰柜，只要能有点空间，都在争夺谁在第一时间内把自己的产品装进去！这对于终端物流体系来说是不小的挑战。目前，各冷饮企业在物流上都采取了以下策略来保证整个冷链物流的高效运作。

1. 速度策略

这取决于配送半径的合理规划，配送路线的合理设定，配送效率的高低，否则你的访销制就是跟在竞争对手的后面走，除非你的个别品类具有绝对的影响力，否则已经没有容纳产品的空间，冷链被抢先占领。而这种冷链的争夺每日都在进行，在销售旺季表现得更加激烈！因此在设计访销制上，既要在上午第一时间抢占，又要在下午时间进行及时补货，还要设计好次日访销品种和数量。

2. 服务策略

客情关系的扎实，保证了产品的充分铺设，这取决售后服务的快速机制，良好的售后服务是维系客情的前提。鉴于冷饮随机消费的特点，终端的人为推广和介绍也起到一定的推动作用，这也是一部分产品在没有宣传策略的前提下，仍然热销的原因。

3. 快速反应（QR）策略

对于终端售点一个细微市场变化，都要进行快速反应，面对竞争对手的任何正面攻势，都要在第一时间内进行快速应对，否则以点带面将会导致整个销售局面的翻盘。冷饮竞争就是这样残酷和无情！这取决于冷饮消费的特点，随机消费概率较大，旺季过去，机会将不再重来！

总之，在宣传策略、产品策略、价格策略完善的前提下，在地面推广策略的匹配下，争夺冷链的竞争显得尤为重要，这是距离成功的最后一步，做好营销的最后一公里的工作，才能确保冷链物流的全面成功！

二、奶业冷链

（一）奶业市场现状

1. 行业现状与规模

牛奶，曾几何时，仅仅与中国人的孩提时代有过亲密接触，中国人传统的饮食结构中并不包括这一有些西化的营养食品。奶粉，在计划经济时代，也是凭票供应的紧俏商品。随着市场经济来临，人们生活水平的提高必然伴随着饮食质量的提升。牛奶产品渐渐走入了寻常百姓的日常生活。但在相当长的一段时间内，牛奶的普及率并没有大幅度的提升。20 世纪 90 年代，保健食品风靡一时，人们热衷于购买补钙、补铁的营养品，却对身边随处可见的奶制品视而不见。近几年，随着保健品市场由无序竞争转入平稳发展期，同时城乡居民生活水平提高，对自身健康更加关心，牛奶的消费量呈现大幅度增长的趋势。特别是 1998 年以后，中国奶业消费经历了一个"爆发性增长期"，牛奶的普及率大幅度提升，北京、上海等很多大中城市的消费者每周饮用一次以上纯鲜牛奶的比例已达到 70% 以上。另外，所有包装形式的纯鲜牛奶的消费季节性都不强。由此多数人都将其作为一种日常食品饮用。纯鲜牛奶的消费者背景与全部人口的结构状况越来越接近也说明了牛奶普及率的稳步提升。

2. 行业发展潜力与空间

据中国乳制品工业协会预测，未来 5 年，中国乳类产品消费将大幅度增加，特别是液态奶，预计年增长率可达 30%，而且乳业被列为国家重点扶持项目，由九部委局联手推动的"国家学生饮用奶计划"的实施，将拉动乳业需求每年增加 150 万吨，我国乳业市场发展潜力与空间巨大，前景广阔。

3. 行业竞争状况

当前奶业市场的竞争有进一步加剧的趋势，有的新闻媒体称为群雄逐鹿的"战国时代"。乳业市场的竞争看起来纷繁复杂，但是竞争的重点基本上还是围绕争夺奶源、争消费市场、争要素投入，以及人才、技术、管理、服务等方面展开。总之已经从过去侧重于某个方面的竞争转变为综合实力的竞争。

这些在市场经济大潮中按照统一游戏规则开展的竞争，是正常的，不可避免的。这种竞争，有利于资源的合理配置，有利于提高企业的技术和管理水平，有利于整个产业的发展。

中国乳品企业竞相扩大生产能力抢占市场，一些非乳品行业也开始转向乳业，中国乳业已形成了竞争态势。实力雄厚的内蒙古伊利和蒙牛集团、黑龙江完达山集团、上海光明集团、北京三元集团等快速发展。它们在技术改造的基础上，趁机扩大生产能力，抢占乳业市场。光明在山东组建了鲜奶生产基地，兼并了武汉海口乳品厂等多家企业；三元一方面在呼伦贝尔建起了奶源基地，另一方面南下深圳、厦门、福州等地寻找合作者；内蒙古伊利集团公司先后整合了上海、天津以及东北的乳品企业，使全集团公司冰激凌和液态奶销量持续上升。面对日益看好的乳业市场，中国一些资金雄厚的食品、房地产、饲料等企业，也纷纷将资金投向乳业。浙江娃哈哈集团、宁夏新华百货公司和四川希望集团等，先后转行进入乳品行业。国外金融业与实业也开始携手打入中国乳品市场。据悉，瑞士银行澳大利亚分行已派员协同澳洲驻杭州领事馆官员，与浙江的一家乳品企业商谈合作，拟在当地出资建大型乳品厂。

此外，随着关税下调，国外乳品企业也大量进入中国市场。从 1995 年至今，世界排名前 20 位的乳业品牌全都进入中国市场，目前在我国的 45 家外商投资乳品企业则几乎涵盖了所有国际知名跨国公司。国际乳业巨头中已有 4 家在中国建厂。跨国公司如瑞士雀巢、日本森永、意大利帕玛拉特等，都先后在黑龙江建立了自己的奶源基地和生产基地，通过合资、收购、租赁、委托加工等形式间接控制当地奶源。

4. 液态奶市场行情

液态奶从 1996 年起得到迅速发展，目前，全国大中型城市中液态奶消费量明显超过奶粉，如在上海有 59% 的居民经常饮用液态奶。

液态奶大品种可分为巴氏杀菌奶、屋型保鲜奶、UHT 奶、酸奶等；从风味方面可分为纯鲜、果味、果粒、甜牛奶、蔬菜汁等；从功能方面可分为营养强化奶、免疫奶等。巴氏杀菌奶是液态奶中销量最大的产品种类，占 50% 左右，屋型保鲜奶次之，约占 30%，酸奶居于末位；原味鲜牛奶饮用比例最高，如在上海饮用比例为 64%、广州为 33%、北京为 29%、成都为 27%。除此之外，营养强化奶、花色牛奶的销量上升势头较强劲。在北方，酸奶的饮用比例高于南方地区。从包装规格来看，250ml 以下小包装奶在液态奶中占主导地位。

液态奶市场仍然是一个零散性市场，目前还未出现占明显优势的全国性品牌，在大部分地区都以一个区域性品牌为主。在低价位的巴氏消毒瓶/袋奶市场中本地品牌的优势明显，竞争也越来越趋向本地化。

（二）奶业冷链

1. 奶业冷链的结构

从上游来看，加工企业与奶源采用紧密的整合方式。奶源可以是农民合作组织，也可能是纵向整合的生产基地或原奶企业，分散农户的小规模生产必须通过采用合作经营方式进行组织。

从下游来看，加工企业的配送物流交给专业配送中心完成以发展核心竞争力，配送中心不仅提供物流配送服务，而且负责产品营销、客户管理等工作。为了保证加工与配送有效协调，配送中心与加工企业之间必须建立完善的供应链管理平台。在该供应链模式下，加工企业必须对物流配送中心具备较强的控制力。一般地，配送中心由企业原有的内部物流通过内部整合形成，从而保证整合的稳定性。

2. 奶业冷链的特点

我国奶业发展呈现出"一快一多一大"的特点。"一快"，即奶业发展速度、增长速度、产品开发速度越来越快。"一多"，即生产、销售同一种奶制品的厂商越来越多。"一大"，即买方市场已经形成，消费者选择品牌的余地越来越大，奶业市场竞争格局为分散竞争，在一定程度上呈现出无序状态，各企业位置变化可能性很大。目前，价格战、广告战以及行业利润水平过低的问题正是奶业无序竞争的具体体现。整个奶业供应链不够紧密，尤其是北方乳业企业，在液态奶保鲜技术、长距离的运输、标准化、物流配送方面更需加强。

（1）纵向整合的组织形式

与其他的农产品不同，奶业供应链中，原奶到加工之间不存在批发市场这个流通环节。原奶的生产与加工是高度整合的。原奶生产由原奶企业、基地、奶农完成。原料到加工的运输有多种形式。对于小型奶业企业，原料物流主要通过经纪人和个体运输户完成。大型奶业企业一般有自己的生产基地，并配备相应的物流体系。在市场竞争中，奶源的争夺和整合是重中之重。大型奶业进入一个新的市场多是从奶源开始，力求本地化经营，以提高供应链资源整合效率。

（2）冷链质量要求很高

在物流上是完全的冷链系统。在我国，从原奶、生产到加工都在 24h 内完成，整个物流过程都要求有低温冷藏设备。为了争夺市场，奶业企业向零售商免费提供冷藏设备。

（3）冷链较短，流通半径小

大部分液态奶产品以奶源为中心 2～4h 车程，而奶制品产品结构中以液态奶和奶粉为主，奶酪、黄油、炼乳等深加工产品比例较低，从而限制了奶产品供应链的长度。我国北方的乳业企业，在进入南方及长三角地区市场时，具备奶源优势后，就需要建立完善的物流配送体系，加大产品的配送半径，提高产品的包装、运输等物流能力。

（4）物流提供商的多样化

从原奶物流来看，我国的原奶运输商很多是个体户运输能力有限。加工企业对运输商的进入门槛和各环节的协作、沟通及服务不足，与发达国家相比，奶业整合还不成熟。物流企业对加工企业依赖性较大。从产品物流来看，我国绝大部分企业使用乙方物流，大型企业一般具有较高物流整合度，拥有专门的物流部门，甚至较为独立的物流公司。加工企业与下游的整合在本地市场定位很广泛，从超市到零售店规模不等。对于外地市场往往通过销售代理来完成市场拓展，市场定位一般为集团消费。面向终端用户的物流一般有代理商完成。随着加工企业物流整合程度的增加，我国已经出现加工企业的物流部门逐渐独立为第三方物流，除满足本企业需求外，还可对外提供服务。

（三）奶业与物流

1. 奶业销售渠道与物流

由于区域市场牛奶竞争激烈，各品牌加大了对主要流通渠道的争夺。目前牛奶销售渠道有大卖场、大中超市、便利店、夫妻店、食杂店等，但大卖场、大型超市系统不但有着高昂的"进店费"，而且进场后的条码费、上架费、节日费、店庆费、老店翻新费、促销费等大笔费用，也令刚起步的企业望而却步。

随着市场竞争的日益加剧，整个乳业链所能提供的降低成本空间已经非常狭小，在这种情况下，中国乳业正谋求通过物流来建立自己新的增长点和竞争优势。

对乳业来说，寻找新的增长点已是燃眉之急。上海壹言商务咨询有限公司首席策划师直截了当地指出，"利润重新分配"的问题必须提到日程上来，乳业链之所以如此脆弱，一方面是因为产品成本高，而市场价格低，另一方面是市场操作费用高、无序竞争使企业把利润全部投在了终端竞争上，但是要把成本降到很低，总是有可以压低的地方，要从中间环节找原因，即压低居高不下的物流成本。

为了挤压物流成本中的水分，乳品企业开辟了三条渠道：第一条是从工厂到物流配送中心再到一些大卖场、连锁超市和便利店；第二条通路是送奶上户，产品从工厂到配送中心，然后直接送到社区奶站，再由送奶工送到每个门户；第三条通路是通过数百家经销商打入各地的商场超市和社区。

日前，国内乳品生产分为两大阵营——以"巴氏奶"为主的城市型企业和以"常温奶"为主的奶源型企业。城市型乳业主攻巴氏消毒奶，保质期比较短，需要新鲜的牛奶作原料，这类企业以光明、三元为代表；奶源型乳业则主要生产保质期比较长的超高温消毒奶，以伊利、蒙牛为代表。不同的产品定位决定了它们将采取不同的路线。

奶源型企业的所长是通过经销商向城市型企业腹地发起冲击。蒙牛趁势从全国 2000 多个经销商中遴选了百余家佼佼者达成伙伴关系，一举完成了全国重要省市的销售网络建设。蒙牛的变阵，目的是想实现和经销商的捆绑，稳固其销售通道，形成垄断的销售体系。而伊利、蒙牛开始亲临一线又给竞争激烈的渠道竞争增加了变数。蒙牛液态奶公司近日公开在其网站招标运输项目，吸引了众多运输公司驻足。

2. 奶业产品与物流

产品特色是物流策略中必须提前考虑的，许多城市乳品企业无法正视自身及区域的特点，盲目跟随行业热潮投入非差异化产品，结果是以己之短扬其人之长，大家可以看到许多这样的例子，成都市场尤其为甚，大范围改变企业自身的产品特征对现有物流体系是巨大冲击，可以这么说过去几年所谓成功的全国乳品企业均是在某一项产品上全面建立竞争优势的，而那些在产品特征上全面开花的地方乳品公司却鲜有胜绩，20 世纪 90 年代末基于华东相对完善零售市场的光明新鲜屋，扎根于深厚小店经销网络的伊利妙酸乳，以及今天满足大卖场特征的蒙牛无不证明这点。妙士类新鲜屋乳饮料和以河北、山东为基地的城镇化特色浓郁的袋奶屹立不倒更是有利的佐证。

3. 定价策略与物流

定价策略是最后关键影响要素，目前企业间比较通用的竞争定价是无视自身特征的盲目举动也为物流优化设置障碍，由于缺乏品牌个性加大同质竞争从而减少物流体系中的增值服务，结局是乱设销售网点，全面拖累物流网络效率直至崩溃，而那些优秀企业通过合理定价策略加上弹性促销支持来简化物流程序、强化物流控制手段，却实现了良好规划的目的。

（四）奶业冷链物流策略

通过以上对牛奶冷链物流各方关系的分析可以看出，依企业自身利益而定的物流策略规划显得十分重要。具体的物流策略是以服务客户为核心目标，具体贯彻落实运输策略、库存策略、设施选址策略来展开的。

物流策略规划要考虑企业自身及市场的情况，通常区域公司会面对外部扩张冲动及区域防御抵抗两大课题。通常为了提高效率，在调整之前我们要评估现有网络，下列四方面是核心需要考虑的内容：

1. 物流网络策略

市场产品和服务需求的变动会严重影响物流运转体系进而增加许多不可控费用，例如南方某企业在推广全国品牌，通过央视广告拉动的网络需求虚火在面临市场压力情况下大量采取原地倾销的手段来制止货物回流，原因在于对市场需求误判的情况下，单向的物流网络设计造成货物销售流动不畅时，无应急计划可施，结果是品牌受损，经销网络失去信心。又如华东某城市乳业客户在面临北方强势品牌价格促销攻击的情况下，加固自身订户网络并充分加大新鲜服务差异化，在开放通路中有效出击并控制网络销售增加，结果是牢牢控制当地市场的高效一网，而把高耗一网扔给了竞争对手。

2. 客户服务策略

客户服务的水平也是一大课题，区域市场通常的乳产品分销面临三类客户：订户、经销商、零售商家。许多地方企业往往力求全面控制，但结果是全面服务质量崩溃，而进攻者往往是聚集兵力在某点施展，可见有轻重缓急的量体设计自己网络及配套产品方为上策，笔者曾经参观考察过某全国大品牌北京分销处，尽管是个单一代理商，但品牌经理人和代理商的团队把对市场服务体系的控制做到无微不至，结果是不说自明，迅速占领了北京市场成为强势品牌。

物流的本质是服务，市场竞争的现状是客户稀缺经济，那么物流策略就是通过高效低耗的服务来争夺稀缺的资源，采取区域市场策略的乳品企业就是要不断创造快速变化的游戏节奏（新概念产品开发，地方特色产品，时效服务，冷藏产品导向等），利用自身生产灵活、物流便捷来控制竞争节奏。

3. 物流成本策略

物流成本相对那些产品毛利高的品牌企业（养乐多或以酸奶为主营的）而言，还未考虑通过优化体系来节约，可是大多数的乳品企业尤其是规模中等的区域公司，在产品特色不明显、销售毛利不断下降的不可逆转趋势下，必须重新规划自己的实物供给分拨中的成本。例如，西南某些市场的活动分销网络充分调动员工及加盟商的积极性，在特定时间、特定网络进行快速实物配送，从而实现网络成本最低、效率最高的目标，尽管自身品牌号召力弱，但实际市场控制效果比较好。

4. 信息系统策略

物流界通常共识是物流好坏标准是看企业的信息技术运用能力，例如，某些区域乳品公司订奶上门，网络没有信息系统支持或仅仅是简单信息采集，无法做到基于信息的决策支持，结果是在一些外来品牌的集中促销攻势下慌了方寸，过度反应，加速网络瓦解。积极的例子是有些都市经营保鲜类产品的乳品企业积极开拓思路，在零售运输分销路线安排工作中充分利用信息技术提高里程效率节约能耗，创造出比同类竞争对手节约能耗 30% 的佳绩。当然信息系统运用的好坏取决于企业整体教育水平和管理团队对其重要性的认识，谁抢占了这里的制高点，谁就为将来竞争埋下胜利的种子，值得一提的是，在区域乳品公司的物流策略重点中，货物跟踪及订单处理速度尤为重要。

目前，光明牛奶在实施 VMI 的目的，除了解决供应商管理的问题外，还希望能够根据 DC（客户分销中心）或 POS（零售终端）的销售情况进行有效的客户需求预测，减少库存水平（客户和供应商），以便减少供应链的成本。在预测报单功能上，光明这套系统基本达到要求。在原料奶—生产—仓库—销售等关键节点，据介绍，目前光明正在建设 WMS（仓库管理系统）系统。

图 7-4

（五）奶业冷链物流操作

1. 牛奶的储藏

冷却后的牛奶，应尽可能保存在低温处，以防止温度升高。根据试验，如将牛奶冷却到18℃时，对鲜牛奶的保存已经有相当的作用。如冷却到13℃，则保存12h以上仍然保持其新鲜度。

由于冷却只能暂时停止微生物的生命活动，当牛奶温度逐渐升高时，微生物又开始活动，所以牛奶在冷却后应在整个保存时间内维持低温。在不影响质量的条件下，温度越低保存时间也就越长。

鲜牛奶储存中，储牛奶槽的隔热尤为重要。必须要在低温下能保持相当长的时间。规定将水置于50.8 mm厚度保温层的储牛奶槽中，当水温与槽外温差为16.6℃的情况下，18h水温的上升必须控制在1.6℃以下。若在4.5℃保存时，24 h内搅拌20 min，脂肪率的变化在0.1%以下。

2. 牛奶的运输

牛奶的运输是牛奶品生产上重要的一环，运输不妥，往往造成很大的损失，甚至无法进行生产。如用汽车或其他交通工具运输时必须注意下列几点：

（1）防止运输途中温度升高

特别在夏季，运输途中往往使温度很快升高，因此运输时间最好安排在夜间或早晨，或用隔热材料遮盖奶桶。

（2）保持清洁

运输时所用的容器必须保持清洁卫生，并加以严格杀菌。奶桶盖应有特殊的闭锁扣，盖内应有橡皮衬垫，不要用布块、油纸、纸张等作奶桶的衬垫物。因为布块可成为带菌的媒介物，用油纸或其他物做衬垫时，不仅带菌而且不容易把奶桶盖严。此外，更不允许用麦秆、稻草、青草或树叶等作衬垫。

（3）防止震荡

容器内必须装满并盖严，以防止震荡。

（4）快速运输

严格执行责任制，按路程计算时间，尽量缩短中途停留时间，以免鲜牛奶变质。

（5）采用牛奶槽车

长距离运送牛奶时，最好采用牛奶槽车。国产牛奶槽车有SPB—30型，容量为3100 kg，牛奶槽为不锈钢，车后部带有离心式奶泵，装卸方便。国外有塑料牛奶槽车，车体轻便，价格低廉，隔热效果良好，使用极为方便。用牛奶槽车运输牛奶时，牛奶槽车必须一直开到储藏间。牛奶槽车的输乳软管与牛乳场的储乳冷却罐的出口阀相接。牛奶槽车一般装有一台计量泵，能自动记录接受牛奶的容量。此外，接受的牛奶也可以依据所记录的不同液面高度来计算。需要注意，牛奶槽车的收集槽分成几个隔间，每个隔间依次装满，以防牛奶在运输中晃动。冷却罐一旦输送完毕，牛奶泵应立即停止工作，避免将空气送入牛奶中。当牛奶槽车按收牛奶路线装完一轮后应立即将牛奶送交牛奶制品加工厂。

三、速冻品冷链

（一）速冻品行业现状

1. 速冻食品的发展与现状

速冻食品是在 −25℃以下迅速冻结，然后在 −18℃或更低温度条件下储藏运输、长期保存的一种新兴食品，由于其加工的原料均为新鲜食品，采用先进的设备，且加工有严格的工艺要求，速冻形成的冰晶小，可以说是最大限度地保持了天然食品原有的新鲜程度、色泽、风味及营养成分。

速冻食品已经成为世界上发展最快的食品之一，在我国也是 20 世纪 90 年代以来成长最快的食品。目前，发达国家人均年消费速冻食品达 20kg 以上，年需求总量达 6000 多万吨。我国速冻食品的人均年消费能力发展空间还十分巨大。

2. 速冻食品的种类

速冻食品主要有水产、果蔬、肉禽蛋、调理方便食品四大类。目前，国际上速冻食品的品种达 3000 多种。其中，美国有 2700 多种，从早餐、中餐、晚餐到点心、汤料、甜食，还有低盐、低糖、低脂肪等；亚洲速冻食品发展最好的国家——日本也达 3100 多种。

目前，在我国，内销的米、面类产品占据主要的冷冻食品市场份额，受欢迎的种类分别有：饺子、汤圆、包子、馄饨、馒头、花卷、烧卖、粽子等。速冻食品也已成为中国城市消费者日常饮食生活不可缺少的部分，并日益成为城市家庭的主流食品之一。同时，从行业发展的宏观角度来看，速冻食品产业已经成为一些以农牧业为主的内陆地区经济发展的主要产业。面粉加工业、畜牧养殖业、蔬菜加工业作为整个产业链的重要组成部分，在生产加工技术水平、产品种类、产品结构等方面也随之得到了蓬勃的发展。

中国现有速冻食品企业 1000 多家，生产的速冻食品品种达 100 多个，包括速冻果蔬类、水产类、调理食品以及米面点心类等。其中，速冻果蔬类、水产类、速冻禽肉类产品以出口或餐饮使用为主要销售渠道。从国内一类城市、二类城市的各大超市、卖场冰柜中的产品种类不难看出，速冻水饺、速冻云吞、速冻汤圆是国内速冻米食品中销量最大的三类产品。

（二）速冻品冷链市场

1. 市场规模

目前，中国的速冻食品行业的市场集中度相对较高，产品的销量集中在家庭收入较高的一类、二类城市。从消费模式上划分，90% 以上的速冻食品消费集中在家庭消费，而餐饮业这样重量级的消费速冻食品的渠道尚未开发。购买高档产品的消费者多数在上海、北京、广州、深圳等一类城市。主要消费群为职业女性和单身白领。

2. 市场竞争

目前，速冻品行业现已形成了一批中国知名品牌。规模经济的会聚品牌已成各种细分市场的鼎足之势。同其他食品品项比，各企业的内部发展也处于探索中前进阶段，不断加强自身的技术实力、完善产品链、探索成功的运营模式等都是各生产企业面临的必须战胜的挑战。

（1）湾仔码头

从 1978 年臧健和在中国香港湾仔码头开始卖手工包制的水饺，到 1985 年在中国香港设立第一家湾仔码头水饺工厂，"湾仔码头"已经占领了中国香港 100% 的新鲜水饺市场和 30% 以上的冷冻水饺市场。在 1997 年与美国通用磨坊公司合作后，湾仔码头水饺又继而在上海、广州建立生产基地，推出手工包制的"湾仔码头"水饺、馄饨和汤圆。如今湾仔码头水饺已占据了华南市场冷冻食品的半壁江山，在北京也达到了 20% 以上的市场份额。

（2）郑州三全食品股份有限公司

郑州三全食品股份有限公司始创于 1992 年，是一家以生产速冻食品为主的股份制企业。中国第一颗速冻汤圆、第一个速冻粽子都出自三全。公司的主要产品是以汤圆、水饺、粽子、面点、米饭为主的中式速冻及常温食品，共有数百个品种，年产量数十万吨。

（3）河南思念食品股份有限公司

河南思念食品股份有限公司是一家大型的专业速冻食品生产企业，成立于 1997 年，以年均 135% 的增长率飞速发展，拥有 20 万吨速冻食品的生产能力。产品进驻中国大小超市，拥有完善的连锁经营模式、标准化的生产能力、高效的物流配送网络。沃尔玛、家乐福、麦德龙先后与思念公司签订了贴牌生产全球供货的合作协议。思念管理层认为，进一步发展的方向无非两条：延伸产品线，延伸产业链。其中，"制造＋零售"的发展思路得到了更多青睐，因此，选择快餐业为新的经济增长点，以利于企业快速成长，决定与国际连锁经营管理公司合作，打造"一江两岸"餐饮品牌。

（三）速冻品冷链物流

1. 速冻品对物流的要求

如今，限制我国速冻食品发展的一个重要因素就是流通领域的冷藏链发展极不完善。由于速冻食品要求在 −18℃ 或更低温度条件下来储藏与运输，而相关的物流与其他销售企业一般不具备其条件。我国只有计划经济时代建立的一些肉食和禽蛋企业有此储藏设施，但大都运行不好，且设备严重老化。结果，已经发展起来的部分速冻食品以及乳品等企业大都被迫自行在全国建立储藏设施和冷藏运输车辆，造成产品成本加大，也无法为其他企业服务，不能形成规模经济。

此领域的第三服务企业不出现，其他企业一旦介入，起步时的投入成本自然加大，不利于行业本身的发展。另一方面，部分小企业受行业利润的驱动，不严格按照速冻食品的要求储藏与运输，产品以次充好，造成市场的无序竞争，消费者的安全得不到保证，最终消费者的利益受到损害，速冻行业更会雪上加霜。

2. 销售渠道

从销售模式的角度来考虑，改变目前的销售渠道结构，增加产品销量来带动利润的增长。由目前的以城市居民为主要消费对象，拓展餐饮市场。可见，速冻食品向餐饮业发展的空间巨大。速冻食品在餐饮业发展的优势主要有如下几点：

（1）产品品质稳定性比新鲜的好

（2）减少准备的时间

（3）容易储藏

（4）降低成本

其中，最关键的因素是消费者对餐馆提供的食物满意。而对于餐馆而言，店主省时、省钱而且容易储藏。

作为生产制造企业，可以借鉴上述四方面的问题，按本企业所存在的实际问题的严重程度、资金状况和投资计划进行对比分析，制定出符合本企业发展规划的改进行动方案，保持持续的市场竞争力，从而可以更好地把握这一产业结构调整发展阶段的有利时机，稳定市场地位，扩大市场份额，创造更多的市场利润。

3. 建立速冻食品供应链

综观速冻食品行业的大部分企业，大体上有三类：一类是靠自身积累、经过多年发展后起来的，有的前期还得到技术和资金上的支持。部分已经形成知名品牌，主要集中在面点食品。部分以出口为主，像水产类，有江苏的宝龙和海豚、湖北的德炎等。二类是专为近年来发展迅速的新流通业态——超市、卖场、便利店、专业生鲜食品店进行配套生产的半加工企业，一般没有自己的品牌，使用超市的自营品牌。其产品品种较多，涉及整个四大类速冻食品，但包装较为简陋，部分食品的安全与新鲜度得不到保证。三类是地方性的作坊企业，其产品也较多，尤以水产类为最。它们大部分并不具备要求的速冻设备，只是经过传统的"慢冻"生产的产品，安全性与新鲜度很难得到保证，其以短期利润为主要目标。总体上说介入该行业的企业实力普遍不强，急需更多的社会力量共同推动行业向前发展。

图 7-5

【案例分析】

光明乳业的冷链物流

1. 光明乳业：冷链舞者

跻身世界乳业十强是上海光明乳业有限公司的远景目标，而成为物流企业和食品行业内冷藏物流的"航母"则是其物流事业的最终目标。

光明乳业成立于 1996 年，是目前中国规模最大的乳制品生产和销售企业之一。

（1）三条销售通路争市场

国内乳品企业一般分为奶源型和城市型两种类型，光明是传统的城市型企业。它的销售通路有三条：第一条是从工厂到物流配送中心再到一些大卖场、连锁超市和便利店，光明对此的承诺是"365×24"配送，就是一年 365 天每天 24h 配送。

第二条通路是送奶上户，产品从工厂到配送中心，然后直接送到社区奶站，再由送奶工送到每个门户，完成最后 1km 的配送。在市区，平均每个送奶工负责 200 户人家。

第三条通路是将常温奶通过几百家经销商打入各地的商超和社区，这种销售通路是伊利和蒙牛这样的奶源型企业的主要销售通路。现在，光明乳业的常温奶已经覆盖到全国 500 多个城市。

光明自信比竞争对手多两条通路，在它看来，食品行业包括乳业发展到最后都将是阵地战，而到那时，光明的优势就会显示出来。

（2）刻意信息化

直到 2000 年以前，光明还只是在某些环节上以与国内软件公司合作开发的一套小型系统支撑业务运作，但随着业务的迅速扩张，光明敏锐地意识到信息流对整个商流和物流的促进作用。它在决定上企业级 ERP 系统时，选择了 Oracle 公司。

但一个整体信息化平台并不能解决所有的问题。光明乳业的物流事业部发现，公司的 ERP 系统主要作用在处理销售订单部分，无法完整控制企业对销售订单的履约，尤其是不能帮助全面管理仓库里的物流作业。

从 2006 年开始，光明有意识地引进了一些物流管理软件和一些与物流相关的信息化开发项目，其中最早引进的是 WMS（仓库管理系统）。它开始越来越深刻地认识到信息化是物流发展的非常重要的因素，并在投资 1.7 亿元兴建物流配送中心的规划里，把相当大的一部分放在了信息化的开发上。

（3）"冷酷"到底

为了支持自身的主营业务，光明乳业多年来一直在不断完善它的冷藏物流。其乳业物流事业部总经理杨海欣说：光明的物流第一是要服务自己，支持光明跻身于乳品业的世界十强；第二是要在食品行业内成为冷藏物流的"航母"。

光明的鲜奶配送是冷链概念，即强调所有环节都在冷藏环境下（0℃～4℃）进行并保持不中断。7 月，上海持续高温，可当你接近库房门口时，5m 之外就能感受到一阵凉气从里面奔涌而出。

光明是全机械化挤奶，牛奶一挤出来马上就被冷却，装入冷藏奶槽车送到工厂；到达工厂后，奶槽车直接与管道连接，进入加工程序；产品生产出来后都被放在物流配送中心的冷库里，商超销售的产品由冷藏车直接配送到商超。值得一提的是，光明的设计思想是"门到门"，冷库有门廊，温度保持在 0℃ -10℃ 的范围内，冷藏车到冷库接货时，车先倒进冷库门廊里，从而保证这条链条永不中断。

为了使冷链在最后 1km 也能够不中断，光明先后共投入了 500 多万元来完善社区小冷库。7 月发布的最新统计数据说，光明在上海已经建立了 200 个社区小冷库。

光明的鲜奶在社区小冷库里放置的时候温度还要冷却，这样等送到千家万户时，鲜奶就会达到一个合理的温度。据光明乳业公关部经理龚妍奇说，光明有 2700 多人的送奶大军，他们是用三轮车来完成最后配送的。这些三轮车也都有保温层和冰袋，甚至光明为用户提供的奶箱也都被设计成了保温型的，所以，用户在早上 7 点上班前拿到的牛奶还是冷的。

在整个华东地区，光明有 1 万多个网点，覆盖了 20 多个城市，冷藏车每天的运输量在 5000t 左右，行程大概 10 万公里，相当于在上海与北京之间跑 40 个来回。光明以自有的 200 多辆冷藏车为核心车队，还整合了相当多的社会冷藏车资源来为其服务。

（4）迈向第三方物流

光明乳业的物流事业部是经过几次大的变革才诞生的，最早的时候叫车队，归销售部管，后来叫运输公司，再后来才成立了物流事业部。

实际上，光明乳业已经拿到了第三方物流的经营执照，而且已经开始为两家外资食品企业做配送业务。这是一个"双赢"的局面。比如，其中一家外企以前每到夏季就不得不停产某些产品，因为这些产品在夏季高温下无法运送到门店，在途中就会融化掉，而由于与光明的合作，它今年夏天不但没停产，还通过光明的网络向北京、广州等地配送产品。

上海壹言商务咨询有限公司的首席策划师汤志庆说，光明的通路今后可能并不单单送它的牛奶，还有很多社会性产品。

"它在通路上投了很多钱，"汤志庆说，"如果只用来送瓶装奶，那它的赢利将会遥遥无期。"

2. 光明乳业：物流理念及技术运用的作用

近十年来光明乳业迅速发展的历史，是推动光明乳业物流事业摆脱落后分散的人力物流，向物流事业的集约化、标准化、信息化、机械化、电子化、自动化方向发展的历史。

集中体现的效果是在"面向市场发展，适应客户需求，保证产品质量，提高运作效率，降低运作成本"这个前提下进行的。

光明乳业物流事业部近几年来为更好地为公司完成"企业物流"的服务使命，对物流内部作了如下方面的物流技术和设备的运用和改造，起到了一定的效果。

用托盘装载食品包装箱运作在物流流通领域产生的运作效率（一托盘货的交接，只需交还相同的空托盘，不需搬货后还托盘）已为我们所了解。那么，公司内部、企业与企业间运作的托盘互换性标准化从前端：产品下线，外包装箱装板（搭花）标准——生产厂家，后端：用托盘上货架，装车运输——物流运作的标准是我们研究托盘尺寸、载重，达到互换性目的的重要课题，应从整个公司流通领域的各企业适用性来设计、确定：

（1）流通的标准托盘其运作意义在于：

一是实现物流运作不用人力，用铲车或用堆高机装卸的基本条件（可提高运作效率，降低装卸费用）。

二是实现用堆高机装卸，并用统一货架（与托盘相匹配的储位）储存的重要前提（可提高仓储利用率，降低仓储成本，为实现标准储位信息化提供依据）。

三是提高车辆满载率的基本条件（按使用的各种车辆车厢尺寸——长、宽、高的满载率的通用性为标准，制定托盘的通用尺寸，达到货架储位，车辆装载的互换性。可为物流内部对各种产品的装载量集约为托盘数，提供各种不同车辆的单车准确载量及提供 TMS 信息系统车辆运载基数）。

（2）流通的标准托盘其物流管理意义在于：

一是实现和完成公司内部标准：设备、器具运作通用标准的重要环节（提高公司内部企业与企业的物流运作效率，降低公司物流运作成本）。

二是逐步完善和提出合理的（食品）行业在流通领域中通用标准的前提。

用高层货架储存货品，提高库房有效空间的利用率，已开始广泛使用。根据物流对光明乳制品的进出货需求（托盘上货箱堆垛尺寸为：宽＜1.2m；长＜1m～1.1m；堆高＜1.5m），有以下几种针对不同的物流业态的货架利用形式可以借鉴：

第一，对品种少，批号少，储存期较长，进出批量大的食品：适应使用"驶入式"高层货架。储存形式应考虑：一个巷道在同一个立面的上下几层存同一品种，同一批号的产品。对取货、进货不受上下货位限制，便于操作。

货架巷道深度的利用：应考虑储存同一品种，同一批号用同一巷道。

吞吐量的大小：量大则深，量小则浅。操作管理方便。

货架层次的利用：应考虑堆高机高度的操作性能，操作者技能，托盘上物品重量，进出货频率，来考虑确定货架层次及每层货架高度（光明产品的货架储存高度，根据业态运作模式，多为"驶入式"货架，3～4层高，不超过4层，最为合适）。其仓库布局特点是：车行通道少，仓储面积利用率大，存货率高。

第二，对品种多，批号多，储存期较短，进出批量小的食品：适应使用"单面直接式"高层货架。储存形式考虑：进出频率高的存中下层。进出频率低的存中高层。一个品种一块托盘。取货、进货不受限制，便于操作（光明物流用此货架储存形式为少数，与"驶入式"货架搭配使用）。其仓库布局特点是：车行通道多，仓库面积利用率小。

注：因乳制品属低附加值产品。所以，物流设备的配备不需投入高精度、高自动化、高价值设备，已经可以满足当前物流运作的需要。我们认为，设备投入应考虑：细分功能，合理利用，各取所需，合理投入，体现效果的思路。

总之，用标准托盘，结合货架，堆高机的综合利用，所产生的劳动生产率提高和仓储成本的降低（货架越高，仓库的单位面积利用率越高）的效果是很明显的。实现物流托盘标准化、货架化、铲车化是在货物进出量大，进出频率高的前提下采取的较为有效的改进措施。在任何情况下，加快货品的流动是物流研究的一个重要前提。

在物流配货领域，尤其是对便利店冷藏产品的拆另配送业务领域，是在光明乳业的冷链配送基础上，面向不同业态的服务需求，学习和采用新的运作方案的开拓和尝试，是提高物流能力的重要途径。

"电子标签"配货方案针对：品种多，发货点多，进货量多，单位配货量少，配货时间短，要求快的特点（当日生产，当日进库，即时发货）。并以进货验货，中分验货，细分验货三次验货的操作方法，将从人工看"发货单"的发货差错率千分之二，提高到无纸化发货的发货差错率万分之二。因使用电子系统操作，操作人员减少了一半以上，提高了劳动生产率。

"电子标签"的现场操作需要IT信息系统的支持，每个产品的"商品条形码"在操作前必须预先导入、确认。需将供应商的产品信息，客户的每日总进货信息，单店送货信息，退货信息等预先导入。经系统整理排出每日送货线路单、中分单、送货单、退货单等，支持和完成现场操作。

此发货系统不适应每日配货量少，配货点少，产品无商品条形码，没有与客户联网的信息系统支持，不能体现其发货效率的配货形式。

本章练习

一、单项选择题

1. 酸乳在销售时应置于（　　　）。
A. 货架上　　　　　　　B. 运输车中　　　　　　C. 冷柜中　　　　　　　D. 保鲜盒中

2. 巴氏杀菌奶的保质期为（　　　）。
A. 1 ～ 2 天　　　　　　　　　　　　　　B. 7 ～ 15 天
C. 15 ～ 30 天　　　　　　　　　　　　　D. 一个月以上

3. 干酪保藏时温度一般为（　　　）。
A. 1℃　　　　　　　B. –8℃　　　　　　　C. –9℃　　　　　　　D. –5℃

二、多项选择题

1. 消毒乳的加工和保鲜包括（　　　）。
A. 过滤或净化　　　　　　　B. 利乐枕类包装　　　　　　C. 标准化
D. 均质　　　　　　　　　　E. 杀菌和灭菌　　　　　　　F. 冷却
G. 灌装、装箱及冷藏

2. 下列属于乳制品包装技术的有（　　　）。
A. 利乐无菌砖　　　　　　　　　　B. 利乐枕类包装
C. 屋顶包　　　　　　　　　　　　D. 复合塑料软包装

三、简答题

1. 牛奶在物流配送中有什么特殊要求？
2. 乳制品在运输过程中要注意哪些事项？
3. 请简述常见乳制品的保鲜技术？

参 考 文 献

[1] 周叶，郑家文 . 农产品冷链物流碳减排的机理、路径与策略研究 [M]. 北京：经济科
　　学出版社，2019.

[2] 张晓明，孙旭 . 物流信息化与物联网发展背景下的农产品冷链物流优化研究 [M]. 北
　　京：经济管理出版社，2019.

[3] 白世贞，曲志华 . 冷链物流 [M]. 中国财富出版社，2019.

[4] 鲍琳，周丹、孙于庆 . 食品冷藏与冷链技术 [M]. 北京：机械工业出版社，2019.

[5] 郑健民，周洁红 . 农产品物流管理实务 [M]. 国家开放大学出版社，2019.

[6] 张玉华，王国利 . 农产品冷链物流技术原理与实践 [M]. 北京：中国轻工业出版社，
　　2018.

[7] 蔡晓莹 . 农产品冷链物流管理体系 [M]. 吉林出版集团股份有限公司，2018.

[8] 李学德 . 高科技下的农产品冷链物流 [M]. 北京：现代出版社，2018.

[9] 吴砚峰 . 农产品检验与物理安全 [M]. 北京：北京理工大学出版社，2018.

[10] 张滨丽，卞兴超 . 农产品物流实务 [M]. 哈尔滨：哈尔滨工程大学出版社，2017.

[11] 范炳絮 . 现代农村农产品物流研究 [M]. 哈尔滨：东北林业大学出版社，2017.

[12] 刘丽红，李涛，姜海军 . 农产品加工与贮藏保鲜技术 [M]. 北京：中国农业科学技
　　术出版社，2019.

[13] 胡盛新，余文畅，胡光灿 . 现代农产品质量安全实用技术问答 [M]. 武汉：湖北科
　　学技术出版社，2019.

[14] 郑晓杰 . 农产品贮藏与加工 [M]. 北京：中国农业出版社，2019.

[15] 王丽琼，徐凌 . 果蔬保鲜与加工第 2 版 [M]. 北京：中国农业大学出版社，2018.

[16] 李益恩 . 核桃加工实用技术 [M]. 成都：四川科学技术出版社，2018.

[17] 印遇龙，徐宝才 . 猪肉产品加工与流通 [M]. 北京：中国农业大学出版社，2018.

[18] 张凤英，李俊儒，周文 . 猕猴桃加工实用技术 [M]. 成都：四川科学技术出版社，
　　2018.

[19] 程琦 . 三产融合背景下生鲜产品安全供应体系研究 [M]. 北京: 科学技术文献出版社，
　　2018.

[20] 郭俊英 . 蓝莓优质高效生产技术 [M]. 北京：中国科学技术出版社，2018.

[21] 王茂春，俞媛编；王茂春 . 农产品仓储与运输管理实操 [M]. 贵阳：贵州大学出版社，
　　2018.

[22] 冯晓元, 王纪华. 鲜食农产品营养科学与安全消费指南 [M]. 北京: 中国农业出版社, 2018.

[23] 李梅青. 农产品（食品）加工与贮藏 [M]. 合肥: 合肥工业大学出版社, 2018.

[24] 常海军, 周文斌. 畜禽肉制品加工工艺与技术 [M]. 哈尔滨: 哈尔滨工程大学出版社, 2018.

[25] 杨敏, 杨富民. 现代绿色食品管理与生产技术 [M]. 北京: 化学工业出版社, 2018.

[26] 王存堂, 蒋继峰, 李鹏. 肉与肉制品加工技术 [M]. 哈尔滨: 哈尔滨工程大学出版社, 2017.

[27] 岳蕾. 农产品贮运与保鲜 [M]. 北京: 中国农业出版社, 2017.

[28] 汪利虹, 冷凯君. 冷链物流管理 [M]. 机械工业出版社, 2019.

[29] 李学工. 冷链物流策划实务 [M]. 北京: 清华大学出版社, 2019.

[30] 吕建军, 侯云先. 冷链物流 [M]. 北京: 中国经济出版社, 2018.

[31] 杨清, 吴立鸿. 冷链物流运营管理 [M]. 北京: 北京理工大学出版社, 2018.

[32] 刘斌. 冷链物流供冷关键技术研究 [M]. 天津: 天津大学出版社, 2018.

[33] 宁鹏飞编. 冷链物流技术与设备 [M]. 青岛: 中国海洋大学出版社, 2018.

[34] 杨静秋, 俞乐, 梁金智. 物流管理及冷链物流探究 [M]. 延吉: 延边大学出版社, 2018.

[35] 蔡晓莹. 农产品冷链物流管理体系 [M]. 吉林出版集团股份有限公司, 2018.